光盘 / 模板 / 店标 /1.psd

光盘 / 模板 / 店标 /2.psd

光盘 / 模板 / 店标 /3.psd

光盘 / 模板 / 店标 /4.psd

光盘 / 模板 / 店标 /5.psd

光盘 / 模板 / 店标 /6.psd

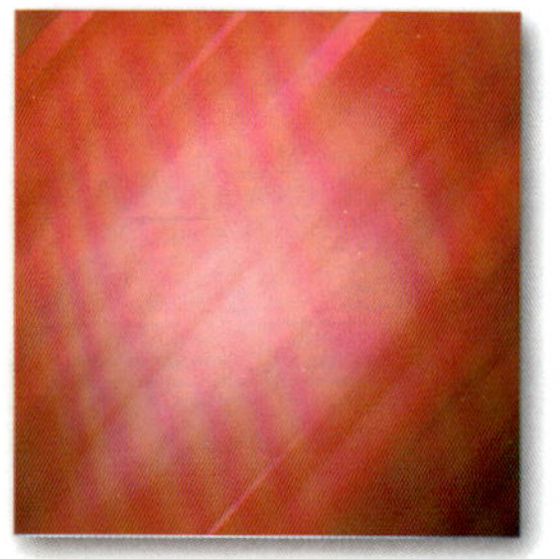

光盘 / 模板 / 店标 /7.psd

光盘 / 模板 / 店标 /8.psd

光盘 / 模板 / 店标 /9.psd

光盘 / 模板 / 店标 /10.psd

光盘 / 模板 / 店标 /11.psd

光盘 / 模板 / 店标 /12.psd

光盘/模板/店标/13.psd

光盘/模板/店标/14.psd

光盘/模板/店标/15.psd

光盘/模板/店标/16.psd

光盘 / 模板 / 促销 /1.ps

光盘 / 模板 / 促销 /5.psd

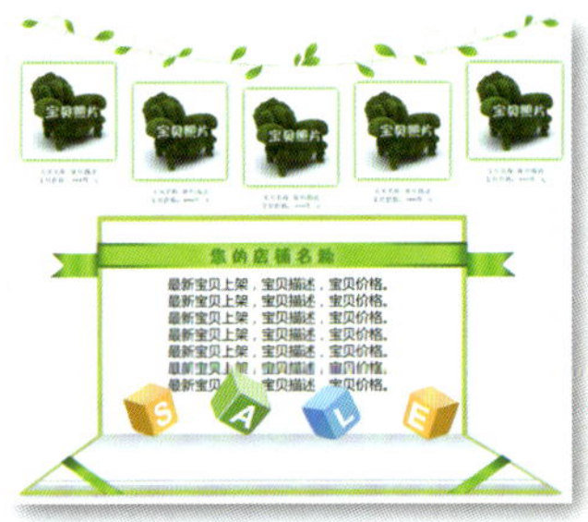

光盘 / 模板 / 促销 /2.psd

光盘 / 模板 / 促销 /6.psd

光盘 / 模板 / 促销 /3.psd

光盘 / 模板 / 促销 /7.psd

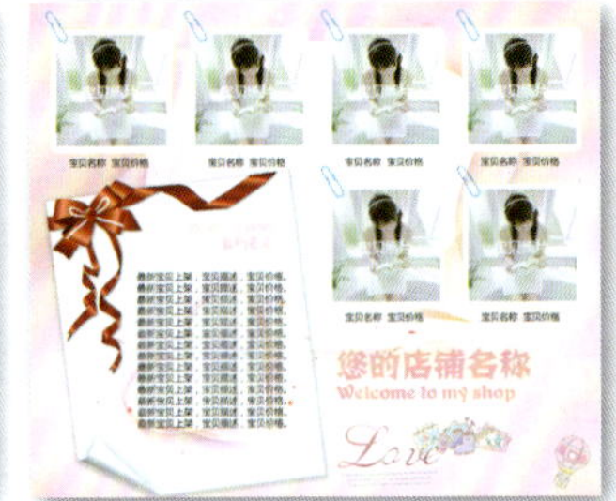
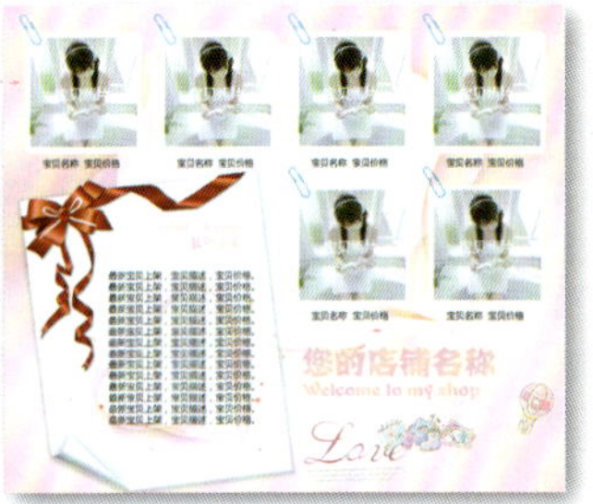

光盘 / 模板 / 促销 /4.psd

光盘 / 模板 / 促销 /8.psd

光盘 / 模板 / 店招 /1.psd

光盘 / 模板 / 店招 /2.psd

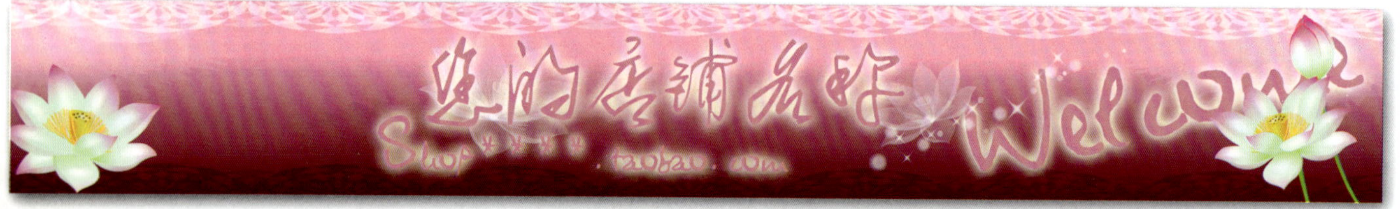

光盘 / 模板 / 店招 /3.psd

光盘 / 模板 / 店招 /4.psd

光盘 / 模板 / 店招 /5.psd

光盘 / 模板 / 店招 /6.psd

光盘 / 模板 / 店招 /7.psd

光盘 / 模板 / 店招 /8.psd

光盘 / 模板 / 店招 /9.psd

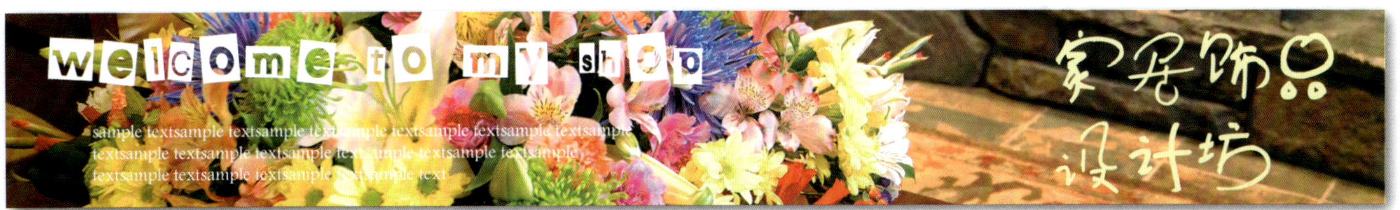

光盘 / 模板 / 店招 /10.psd

光盘 / 模板 / 店招 /11.psd

光盘 / 模板 / 店招 /12.psd

光盘 / 模板 / 店招 /13.psd

光盘 / 模板 / 店招 /14.psd

光盘 / 模板 / 店招 /15.psd

光盘 / 模板 / 店招 /16.psd

光盘 / 模板 / 店招 /17.psd

光盘 / 模板 / 店招 /18.psd

光盘 / 模板 / 分类 /

1.psd

2.psd

3.psd

4.psd

5.psd

6.psd

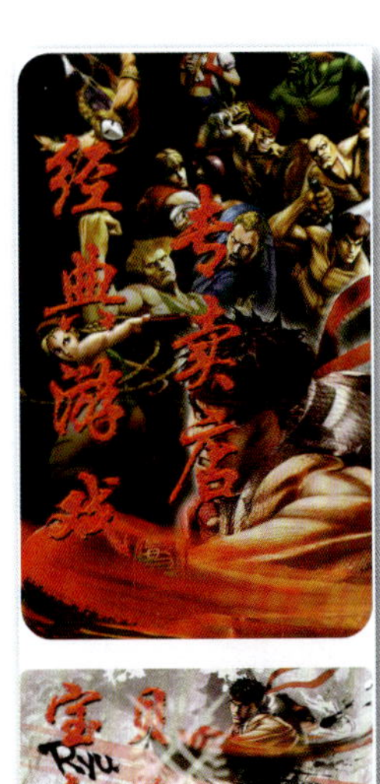

7.psd

8.psd

9.psd

10.psd

光盘 / 模板 / 水印 /

1.psd

2.psd

3.psd

4.psd

5.psd

6.psd

7.psd

8.psd

9.psd

10.psd

11.psd

12.psd

光盘 / 模板 / 水印 /

13.psd

14.psd

15.psd

16.psd

17.psd

18.psd

19.psd

20.psd

21.psd

22.psd

23.psd

24.psd

25.psd

26.psd

27.psd

28.psd

光盘／模板／水印／

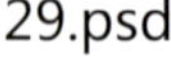

29.psd

30.psd

31.psd

32.psd

33.psd

34.psd

35.psd

36.psd

37.psd

38.psd

39.psd

40.psd

光盘 / 模板 / 整体装修 /

1.psd

1 宝贝内页 .psd

2.psd

2 宝贝内页 .psd

3.psd

3 宝贝内页 .psd

4.psd

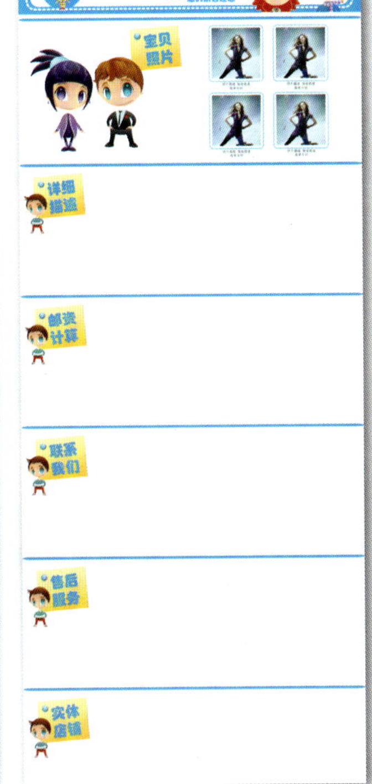

4 宝贝内页 .psd

A	 A2	 A3	 A4	 A5
 A6	 A7	 A8	 A9	 A10
 B	 B2	 B3	 B4	 B5
 B6	 B7	 B8	 B9	 B10
 C	 C2	 C3	 C4	 C5
 C6	 C7	 C8	 C9	 C10
 D	 D2	 D3	 D4	 D5

光盘 / 模板 / 设计素材

E	E2	E3	E4	E5
E6	E7	E8	E9	E10
E11	E12	E13	E14	E15
E16	E17	E18	E19	E20
E21	E22	E23	E24	E25
E26	E27	E28	E29	E30
E31	E32	E33	E34	E35

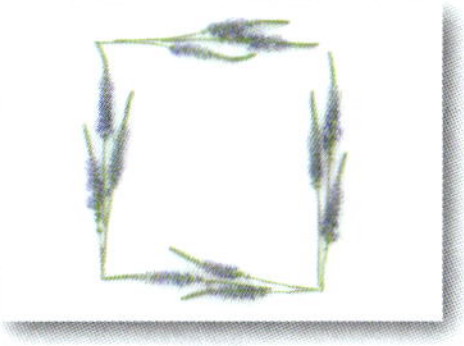

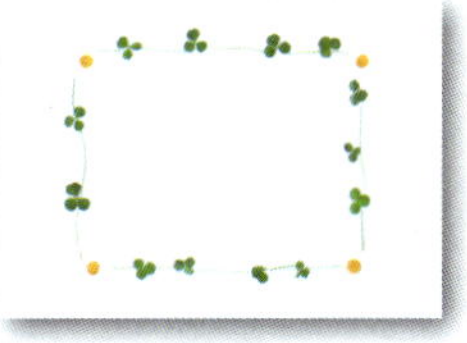

F	 F2	 F3	 F4	 F5
 F6	 F7	 F8	 F9	 F10
 F11	 F12	 F13	 F14	 F15
 F16	 F17	 F18	 F19	 F20
 F21	 F22	 F23	 F24	 F25
 F26	 F27	 F28	 F29	 F30
 F31	 F32	 F33	 F34	 F35

光盘/模板/整体装修/4.psd

淘宝
网店
拍摄/装修/推广
完全攻略
马鑫 等/编著
SHOPPING
清华大学出版社
北京

内 容 提 要

本书定位于淘宝网店拍摄、装修与推广策略。并且提供了大量的装修模板，读者可以直接将这些模板应用到店铺中，也可以借鉴模板的内容，并通过在本书中学到的知识，白手起家，进行店铺装修，从而令自己的店铺蓬荜生辉。

本书内容翔实，举例典型，结构清晰，图文并茂，每个实例都倾注了作者的经验和想象力，具有较高的可读性和可操作性，希望广大读者能够从中受益。

图书在版编目（CIP）数据

淘宝网店拍摄/装修/推广完全攻略/马鑫等编著.—北京：清华大学出版社，2011.6（2013.9 重印）

ISBN 978-7-302-23990-1

Ⅰ.①淘…　Ⅱ.①马…　Ⅲ.①电子商务－商业经营－基本知识　Ⅳ.①F713.36

中国版本图书馆CIP数据核字（2010）第207209号

责任编辑： 陈绿春
责任校对： 徐俊伟
责任印制： 沈　露

出版发行： 清华大学出版社
　　网　　址： http://www.tup.com.cn，http://www.wqbook.com
　　地　　址： 北京清华大学学研大厦 A 座　　**邮　　编：** 100084
　　社 总 机： 010-62770175　　**邮　　购：** 010-62786544
　　投稿与读者服务： 010-62776969，c-service@tup.tsinghua.edu.cn
　　质 量 反 馈： 010-62772015，zhiliang@tup.tsinghua.edu.cn
印 刷 者： 北京世知印务有限公司
装 订 者： 三河市金元印装有限公司
经　　销： 全国新华书店
开　　本： 203mm×260mm　**印　张：** 17　**插　页：** 8　**字　　数：** 465 千字
　　附光盘 1 张
版　　次： 2011 年 6 月第 1 版　　**印　　次：** 2013 年 9 月第 3 次印刷
印　　数： 6001～7500
定　　价： 36.00 元

产品编号：038414-01

序

当“老板”有太多的方法，您可以投巨资购买房产，作为公司的办公地点，在招聘会上招聘员工为您打工。您也可以在自由市场上抢一个小地方，铺上一块破布，摆上一些“袜子”、“手套”，张开您的“贵口”吆喝着兜售这些廉价的商品。以上两种方式都是当“老板”，前者昂贵，后者廉价，但并不是说昂贵的就一定挣钱，廉价的就一定赔钱。作为80、90后的新人类，您并不是不想作“昂贵”的老板，只是恨自己不是“富二代”。但是作“廉价”的老板也不是这样做的，这不是我们要的生活。

为什么要作“老板”，可能有很多初衷，您可能是一个在职场非常优秀的员工，只是公司不能提供更好的发展机会，只有作老板才能实现人生价值；您也可能是一个普通的员工，总是找不到自己喜欢的工作，在若干种工作之间跳转后，还是觉得作老板会更好些；您也可能是没人请的“达人”，没有一个公司可以容纳您这样的高手，所以只能作老板；您也可能是没有人请的“贤人”，只能自己作老板来填满自己的“无底洞”。您属于哪种情况，也可能我列举的都不是，可以找个类似的“座位”，坐下试试，看看是否合适。上述的这些情况并不是没有顺序的，从前至后，是成功与否的概率排序。如果您正好坐在最后一个“座位”上，并不是一定要失败，只不过需要更多的精力去打理您的生意，否则就一定失败。

这本书并不是给第一种人写的，因为他们有太多的想法，不会因为一些建议而改变，剩下的三种人完全可以从这本书中得到一些帮助。如果您有大量的资金也无需读这本书，可以找些“资本经济”的书来读一下，那样赚钱更容易，如果您只有“摆地摊”的资金，读这本书一定有太多的帮助。如果您要在风吹日晒下工作，不要读这本书，因为您不是我们这个圈的人，如果您想坐在空调间中当“老板”，可以读读这本书，因为计算机不太支持户外工作。

下面进入正题，在淘宝网作老板。如果您是淘宝网的新手，就要先了解一下淘宝网的简介。淘宝成立于2003年5月10日，由阿里巴巴集团投资创办。经过6年的发展，截至2009年6月，淘宝拥有注册会员1.45亿，2008年实现年交易额999.6亿人民币，是亚洲最大的网络零售商圈。

截至2008年底，已经有57万人通过在淘宝开店实现了就业（国内第三方机构艾瑞统计），带动的物流、支付、营销等产业链上间接的就业机会达到162万个（国际第三方机构IDC统计）。最简单的淘宝网简介可以归纳为一句话：“最火、最赚钱的网络虚拟市场”，如果您希望进入这个市场作老板，就需要对它有一定的了解。可能很多人虽然没有在这里作过老板，但是在这里作过太多次顾客，可能有大量的工资都是在这里消费掉的，所以才会对这里这么感兴趣。如果您是淘宝网的购物达人，那就太好了，您距离作成功的淘宝老板就近多了，知己知彼嘛。在淘宝网作老板的“门槛”是非常低的，只要您是一个合法的自然人（有身份证）就可以，卖什么都可以，这些东西可以是市场上常规的（袜子、手套），也可以是市场上不常见的（时间、募捐），只要您可以想到的都可以(只要遵守中华人民共和国的法律,不能出售"枪"、"身"等)。

当一个市场的准入"门槛"低了,那么什么样的人都可以在市场中摆个"摊子",巨量的顾客涌入市场,如果这些"摊子"是依次摆好的,那么"瞎猫"还能碰上"死耗子"呢。多烂的摊子都能做上生意,"没有不开张的油盐店"。但是在淘宝网上就绝对不会出现这样的问题,如果您不会做生意(老板),您还就真开不了张,还就一个子也挣不到。如果您是淘宝的购物达人,一定会知道为什么。因为淘宝在展示商品时,提供了大量的排序方式,比如:价格、销量、人气等,大多数人都会按照这些排序浏览商品,如果您销售的东西,没有任何优势,顾客根本就看不到,您说能卖出去吗?

给您3个一定可以作好老板的方法,保证有用:

1. 卖的东西只有您有,整个淘宝独此一份。

2. 卖的价格,整个淘宝最低。

3. 店家信用最高,销量最高。

解读上述3点,如果您卖的东西只有您有,一切都会变得非常容易,只要他想要,只能在这里购买,只要价格他可以接受,一定可以成交。那么如何找到只有您有的商品呢?自己DIY(动手制作),也可以花费大量的精力和时间去寻找。如果您的东西价格最低,就需要找到这个商品的最终渠道,得到最低的进货价,这一点可能不容易,但是可以"赔本赚吆喝"嘛(这也是淘宝的销售和推广手段)。以上两点除了要有精力去找,还要有运气,但是第三点需要通过努力来现实,如果做到第三点您就成功了。

说了这么多,就是让大家对淘宝有个感兴的认识,还有太多的内容会在本书中给大家讲述。最后跟您说一句"泼冷水"的话:在淘宝网中做到成功,非常不容易。除了启动资金低外,所有的要求都比实体店高,要做好心理准备。下面就开始第一部分的学习。

太多的金钱需要用掉全身的力气才能举起

前言

想到前几年开始在淘宝中开店的时候，既有喜悦，也有忧伤。喜悦的是那种有作老板的感觉，忧伤的是真的好累。这样的感觉相信您也一样有过。如果您购买了这本书，也许您的生意并不是非常好，但是千万不要灰心，成功的曙光就在前面，因为您正在为之奋斗。

虽然店铺装修并不能成为一个店铺成功与否的绝对条件，但是它一定是个必要条件。一个装修非常好的店铺，可以体现出很多特性：①店铺非常专业。②店主对店铺非常上心。③力求为买家打造一个非常好的环境……好处还是非常多的。其实在淘宝中，已经有大量搞店铺装修的专业店家，您可以在相应的店铺中购买产品，并装修到自己的店铺中。我也在相应的店铺中看了许多，说句实话，价格真是不菲，一个非常小的组件就卖到几十元，一个整体的装修需要儿白元。但是他们只对您服务一次，后期的调整，想必还需要付费。自己动手 DIY 一定是您现在想的，为您解决这样的问题，就是我所想的，也是本书编写的初衷。

一本书的使用是非常简单的，阅读书中的内容，查看光盘，并在计算机中尝试一下。但是使用本书就不同了，首先，您要学习书中讲述的基础知识，这是您必须了解的。尝试书中的实例制作，帮您充分了解软件的使用。当对软件有了充分了解后，可以将光盘中的模板文件打开，修改为您希望得到的店铺装修组件。最后，您可对光盘中提供的琐碎素材进行拼接，得到最终的装修店铺。但是笔者并不希望以后在淘宝中看到太多类似的店铺，还是希望读者通过本书的学习，能够白手起家，进行自己店铺的装修。

本书的定价现在还不太清楚，绝对不会超过 100 元，但是您看看光盘中提供的内容，就会觉得非常超值，因为笔者制作的这些模板的价格远远超过书的价格。光盘中还提供了一些教学视频，虽然没有书中介绍得详细，但是读者可以通过这些视频进行软件学习，从而成为一个可以 DIY 店铺装修的高手。

本书内容翔实，举例典型，结构清晰，图文并茂，每个实例都倾注了作者的经验和想象力，具有较高的可读性和可操作性，希望广大读者能够从中受益。

本书由马鑫主笔，窦珊珊、窦坚、马玉田、王克勤、李桂萍、缪振钢、万晓莎、王建周、王一丹、马志通、马杰、戴风光、王满库、林铮、刘娜、于菲菲、张威、张立梅、张洁、李杰、董翠萍、简效慧、张英、那岩、刘志明、马超、邓崇茂等也参与了本书的编写工作，在此对他们表示由衷的感谢。由于编写时间有限，错漏之处在所难免，欢迎广大读者批评和指正。

作者于北京

目录

第 3 章 照片的整体调整

第 4 章 调整色彩

第 5 章 美化人物照片

第 6 章 添加文字

第 7 章 添加水印

第 8 章 制作店铺标志

第 9 章 制作商品分类

第 10 章 制作店铺公告

第 11 章 制作招牌通栏

第 12 章 制作左侧模块

第 13 章 制作右侧模块

第 14 章 制作宝贝详情

第 1 章　拍摄商品的基本方法

在网络上购买商品，是无法在购买前真实地看到要购买的商品的，这是实体店铺和网络店铺购买商品时最明显的区别。很多人不愿意在网络上购买商品，这是一个非常重要的原因。如果将阻碍顾客购买商品的这一原因很好地解决，就可以让自己的店铺脱颖而出。在网络中更好地展示商品有很多方法，拍摄照片就是一个很好的解决方法，但并不是简单地拍摄一张照片就可以让顾客心甘情愿地购买商品，只有通过照片将顾客的所有疑虑一一解决，才是最好的办法。拍摄商品照片有较多分类，比如概况照片、细节照片、使用（试穿）照片等，只有比较全面地提供照片，才能让顾客身临其境地了解要购买的商品情况。本章主要介绍商品的拍摄方法，淘宝网标如图 1–1 所示。

淘宝网
Taobao.com

图 1–1

1.1　减少投资使用手边的数码相机

如果您的店铺启动资金较少，手边又拥有一台相机（非传统的胶片相机），就不要另行购买一台更好的了。这里所说的相机是数码相机（DC），因为使用 DC 可以所拍及所得，不用通过冲印就能得到照片。如果真的没有，可以去买一台，如果没钱，就越便宜越好，二手的也将就了，挣了钱就卖一台 Canon 1DS Mark IV（终极梦想），如图 1–2 所示。前期可以节省点，为开始时的无知做些准备（开始作淘宝老板时一定会赔些钱的，尤其是没有学好本书的）。

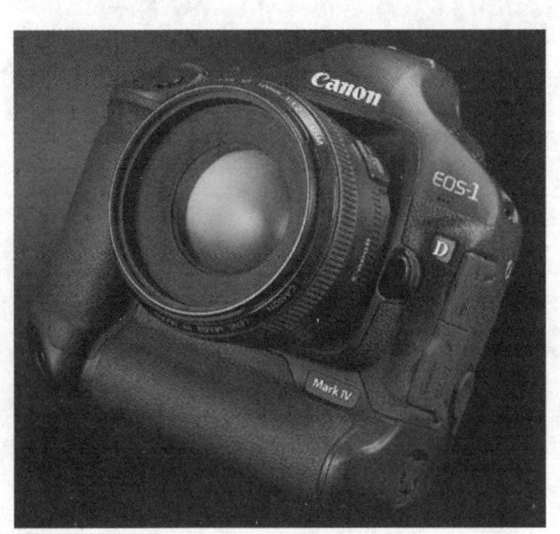

图 1–2

如果您没有拍摄照片的经验，只是没事用小相机或手机弄个“自拍”，或许会以为拍不出好照片是相机的问题，其实这不是最要紧的，如果没有好的拍摄技法，即使白送您一台 Canon 1DS Mark IV，您也会觉得不方便。只要充分掌握了拍摄技法，用手机也可以拍出“大师”的作品，如图 1–3 所示。

图 1–3

1.2　数码相机的选购

如果您手边没有现成的 DC，那只能去买一台了，可以去市场中购买，也可以借这个机会在淘宝中购买一台，体验一些网购的经历。这一次购买就要带着问题去买了，我为什么要在他们家买，他们在销售时哪一点做得好，这样会给您后期开店带来很大的帮助。不论您是否有足够的资金，都需要浏览这一章的内容。除非您拥有几万元的预算，就直接购买了 Canon 1DS Mark IV，可以跳过这一小节。

1.2.1 感光元件和分辨率

数码相机的感光元件就是其成像器件，相当于传统相机使用的“胶卷”，不过数码相机的感光元件是与相机一体的，是数码相机的成像心脏。数码相机的成像器件将图像中的光学信息转化为数字信号。目前感光元件有两种：一种是广泛使用的 CCD（电荷耦合）元件；另一种是新兴的 CMOS（互补金属氧化物半导体）器件，如图 1-4 所示。

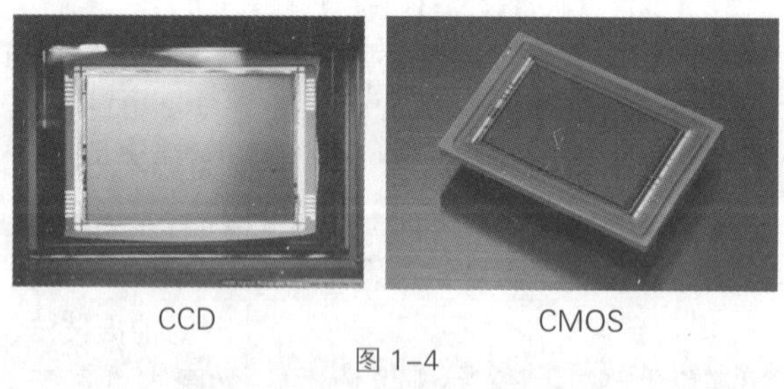

CCD　　CMOS

图 1-4

数码相机的分辨率是指相机中光敏元件的数目。在消费级数码相机中，在相同分辨率下，CMOS 比 CCD 便宜，但是 CMOS 光敏器件产生的图像质量要低一些。所以比较高级一点的数码相机都广泛使用 CCD 作为感光元件，但是最高级的数码相机也采用 CMOS 的感光元件。

感光器材的分辨率是成像质量的最大决定因素，但是这是指数码相机的有效分辨率，有些商家在注明数码相机的分辨率时，会用到插值分辨率这个概念，比如插值分辨率有 400 万的数码相机，其真实分辨率只有 300 万甚至 200 万，这个 400 万分辨率，只不过等于 200 万或者 300 万的真实像素拿来用软件放大后的分辨率，其清晰度还是和 200 万或 300 万像素的清晰度一样。所以在选购数码相机时，一定要注意商家注明的分辨率是真实分辨率还是插值分辨率。

1.2.2 数码相机的镜头

对于消费级数码相机来说，镜头是不可以更换的，所以数码相机的镜头也是很重要的一个概念。消费级数码相机的镜头一般分为光学变焦镜头和定焦镜头，对于消费级数码相机来说，光学变焦镜头成像质量比定焦镜头要好很多，这一点和单反镜头是相反的，因为在消费级数码相机中，定焦镜头的做工、材料一般都不如光学变焦镜头。

另外在取景和构图方面，光学变焦镜头也是很方便的。另外，有些商家会用数码变焦来混淆变焦这个概念，其实数码变焦也是相机内部软件进行的变焦，使用之后图像会变得很模糊，没有使用价值，所以在购买数码相机时，必须分清楚相机的变焦是光学变焦还是数码变焦。各种镜头如图 1-5 所示。

图 1-5

1.2.3 数码相机的电源

消费级数码相机一直是耗电大户，因为数码相机的液晶屏幕、感光器材、镜头变焦动作都会消耗大量的电源。所以，在选购数码相机时，应该重视数码相机的电源持续能力，毕竟谁都不想在充分享受数码影像带来的乐趣时，突然出现“电量不足”的警告吧？数码相机的电源一般分为两种，一种是使用普通5号电池的数码相机，另外一种是使用专门锂离子充电电池的数码相机。

对于使用5号电池的数码相机，一般建议购买可充电式镍氢电池作为相机的电源，而使用专门锂离子充电电池的数码相机，为了相机的安全，最好还是购买原厂的电池作为备用电源吧。使用5号电池的相机在电源的选购方面有很多选择，在电源耗尽的时候，可以购买普通电池来应急，缺点就是闪光灯回电速度较慢；锂离子电池的缺点就是价格比较昂贵，而且选择不多，在电池耗尽又没有备用电池的情况下，只能是欲哭无泪了，如图1–6所示。

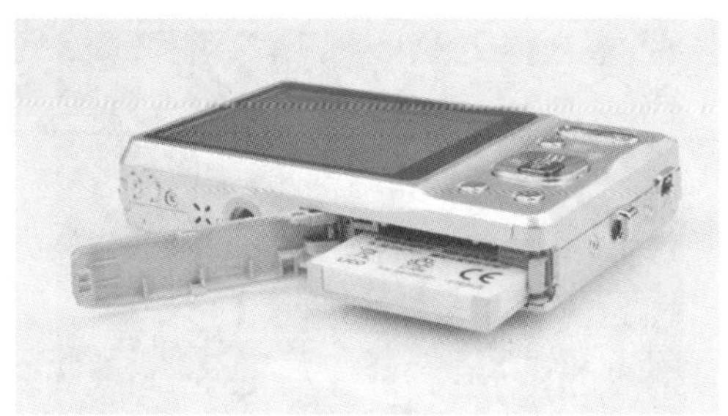

图1–6

1.3 数码相机的附加功能

如果您的DC是一个比较新的产品，除了一些标准的硬件匹配外，一定还提供了大量的附加功能，有些功能没有太大的作用，只是在销售产品时的一些噱头。但是有些功能没有的话，在使用DC进行展品的拍摄时会比较麻烦。下面就来介绍一下这些功能，可拿出您的DC看看是否包含这些功能。

1.3.1 微距

近拍距离又称为微距拍摄，通常在消费级数码相机上有一朵小花的那个按钮，就是微距拍摄的转换按钮，如图1–7所示。

图1–7

微距摄影是数码相机的特长之一，用微距拍摄可以把很普通的场景拍成戏剧性的场面。微距特别擅长表现花鸟鱼虫等细小的东西，对细节可以充分展示，而且也可以随心所欲地表现自己在选题、构图、用光方面的创意，不像拍摄风光、人物、民俗文化等题材，要受很多条件的制约。微距上手比较快，虽然多为小品，但其中也往往包含很多作者的良苦用心，也能称得上是精品。在拍摄商品的细节图时，使用微距功能非常有效，如果您的DC没有这个功能，还是换一台吧。有无使用微距拍摄的效果对比如图1–8所示。在使用微距进行展品拍摄时，和普通的拍摄流程有些不同，并不是直接按下快门即可。首先使用“三脚架”（如果没有该设备一定要拿稳相机），对准相应的展品并取景，先半按快门，当取景器中的图像保持清晰后，再全按快门。

未使用微距

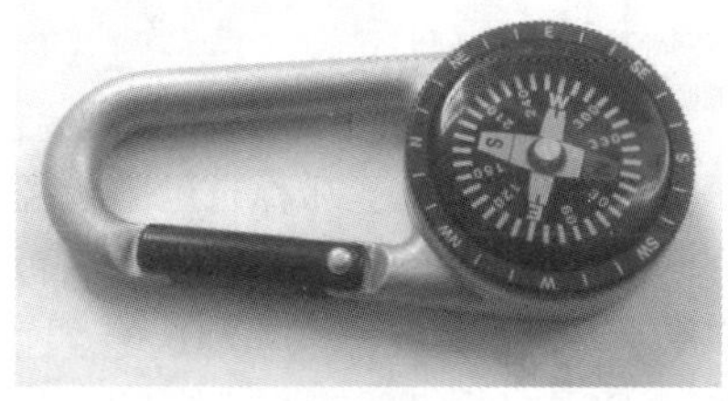

使用微距

图1–8

1.3.2 白平衡

多数光源都不是100%纯白色的，它们都有一个特定的“色温”。例如，正午太阳的光线与纯白色较为接近，而日出与日落时，太阳的光线会偏黄。

白平衡是数码相机的一个极重要概念。所谓白平衡（White Balance），就是数码相机对白色物体的还原。当我们用肉眼观看这大千世界时，在不同的光线下，对相同颜色的感觉基本是相同的。比如在早晨旭日初升时，看一个白色的物体，感到它是白的；而在夜晚昏暗的灯光下，看到白色物体，会感到它仍然是白的。这是由于人类在出生以后的成长过程中，大脑已经对不同光线下物体的彩色还原了适应性。但是，作为数码相机，可没有人眼的适应性，在不同的光线下，由于CCD输出的不平衡性，会造成数码相机彩色还原失真。一般情况下，人们习惯性地认为太阳光是白色的，已知直射日光的色温是5200K左右，白炽灯的色温是3000K左右。用传统相机的日光片拍摄时，白炽灯光由于色温太低，照片会偏黄偏红。所以通常现场光线的色温低于相机设定的色温时，照片往往偏黄偏红，现场光线的色温高于相机设定时，照片就会偏蓝。

用传统胶片机拍摄时，色温问题不容易掌握，通常用不同类型的胶片来解决。例如有日光型、灯光型胶片之分，或者用转换多种色温滤镜的方法来调整，操作起来较麻烦。数码相机的白平衡装置就是根据色温的不同，调节感光材料（CCD）的各个色彩的响应强度，使色彩平衡。由于在不同的光照下，人眼都能把白色的物体确认为白色，所以，白色就作为确认其他色彩是否平衡的标准，或者是说当白色正确地反映成白色时，其他的色彩也就正确了，平衡了。这就是白平衡的含义。

数码相机就是预设了几种光源的色温，来适应不同的光源要求。一般家用数码相机有白炽灯（约3000K色温）、荧光灯（4200K色温）、直射日光（约5200K色温）、闪光灯（约5400K色温）、多云（约6000K色温）、阴影（约8000K色温）几种模式。当拍摄的时候，只要设定相应的白平衡位置，就可以得到自然色彩的准确还原。而且一般数码相机还有自动白平衡设置，可以适应大部分光源色温。但是遇到现场光源复杂时，相机自动白平衡判断也容易失误，用户可以通过CCD观看结果，用手动来调节。当用手动白平衡设定时，最准确的方法就是用一张白纸，让相机取景完全充满白纸，并设定在手动白平衡功能上，按相机说明书操作一遍就可以了，这样在现场特定的光源下，就可以把白色还原正确了。

一般白平衡有多种模式，以适应不同的场景拍摄，如自动白平衡、钨光白平衡、荧光白平衡、室内白平衡、手动调节，如图1–9所示。

错误的白平衡

正确的白平衡

图1–9

1. 自动白平衡

自动白平衡通常为数码相机的默认设置。相机中有一结构复杂的矩形图，它可决定画面中的白平衡基准点，以此来达到白平衡调校。这种自动白平衡的准确率是非常高的，但是在特定光线下拍摄时，效果较差，而在多云天气下，许多自动白平衡系统的效果极差，可能会导致画面偏蓝。

2. 钨光白平衡

钨光白平衡也称“白炽光”或者“室内光”。该设置一般用于由灯泡照明的环境中（如家中），当相机的白平衡系统知道将不用闪光灯在这种环境中拍摄时，它就会开始决定白平衡的位置。不使用闪光灯在室内拍照时，一定要使用这个设置。

3. 荧光白平衡

适合在荧光灯下作白平衡调节，因为荧光的

类型有很多种，如冷白和暖白，因而有些相机有不只一种荧光白平衡调节。各个地方使用的荧光灯不同，因而“荧光”设置也不一样，摄影师必须确定照明是哪种“荧光”，使相机进行效果最佳的白平衡设置。在所有的设置当中，“荧光”设置是最难决定的，例如有一些办公室和学校里使用多种荧光类型的组合，这里的“荧光”设置就非常难以处理了，最好的办法就是“试拍”了。

4. 室内白平衡

室内白平衡或称为多云、阴天白平衡，适合把昏暗处的光线调置原色状态。并不是所有的数码相机都有这种白平衡设置，一般来说，白平衡系统在室外情况时处于最优状态，无需这些设置。但有些制造商在相机上添加了这些特别的白平衡设置，这些白平衡的使用依相机的不同而不同。

5. 手动调节

这种白平衡在不同的地方有各不相同的名称，它们描述的是某些普通灯光情况下的白平衡设置。一般来说，用户需要给相机指出白平衡的基准点，即在画面中哪一个“白色”物体作为白点。但问题是什么是“白色”，譬如不同的白纸会有不同的白色，有些白纸可能稍微偏黄些，有些白纸可能稍稍偏白，而且光线会影响人们对“白色”色感，那么怎样确定“真正的白色”？解决这个问题的一种方法是随身携带一张标准的白纸，拍摄时拿出来，比较一下被摄体就行了。这个方法的效果非常好，那么在室内拍摄中很难决定设置时，不妨“参照”白纸设置白平衡。在没有白纸的时候，可让相机对准眼球认为是白色的物体进行调节。

1.4　室内拍摄

拍摄一张非常好的商品照片，并不都取决于使用的相机，其他一些设备和拿着相机的操作者，也决定着照片的优劣。在室内拍摄商品照片是用户常用的方式，下面就对这种拍摄场景进行必要的讲述。

1.4.1　简单地布景

白手起家的淘宝商家不可能像一些专业卖家，配置高昂的布景设备，甚至进入专业的摄影棚进行商品拍摄。一般情况下，只是在自己家中找一个适当的位置进行拍摄。这也是在室内拍摄和摄影棚拍摄的一大区别。如果在室内可以腾出一个面积并不是非常大的空间，将一些无关的东西移开，并且配置一个简单的工作台，就可以拍出一些媲美专业的商品照片了，如图 1–10 所示。

图 1–10

当要布置一个简单的拍摄场景时，主要应考虑到拍摄商品对象和室内空间的因素，按照不同的要求进行场景布置。如果拍摄的商品都比较小，可以制作（购买）一个封闭的摄影箱，如果商品的尺寸比较大或不定时，可以配置一个开放的摄影台（角）。如果要拍摄“麻豆（模特）”时，就要将一（多）面墙布置为摄影场景。在设置场景时，一定要将没有用的东西移开，并且布置一个单色的背景，这主要起到突出商品的作用。

如果听一个专业的摄影师讲述拍摄方法时，一定感觉到一个比拍摄照片更重要的因素，就是“光源”。在室外进行拍摄时，可以采用自然光。而在室内拍摄时，一定要配置专业的光源，不一定必须购买专业的灯光设置，但是一定要有（台灯、地灯）。一定要为这些光源腾出一些位置，并且在拍摄时不要“穿帮”，如图 1–11 所示。

图 1–11

1.4.2 反光板

如果空间有限，要清空这些物品，可能就没有地方睡觉了。那么可以采用遮挡的方法，营造一个独立的空间。一般情况下，人们会采用遮光板的方法来营造，遮光板一般都采用 KT 板，也就是广告行业中使用塑料（塑料泡沫）制成的白色平板，如图 1–12 所示。

图 1–12

KT 板的尺寸比较大，一般比较常见的为 1.2×2.4m，比较便宜的也就是 15 ~ 30 元一张，质量好的价格也要高一些。如果要制作的拍摄空间不是非常大的话，买一张就够了。KT 板是有一定硬度的，使用“壁纸刀”可以非常容易地进行裁切。

考虑好要制作的简易摄影棚的尺寸，将 KT 板进行裁切，再采用一些“粘合剂”将它们粘贴在一起，如图 1–13 所示。制作的摄影棚必须保留两个面的开口，拥有射灯和拍摄，具体将口留在哪里，可以根据不同的拍摄对象进行设置。KT 板有多种颜色，常见的有白色和黑色，也有一些特殊颜色的。如果拍摄对象有白色位置，就需要再制作一个黑色的，从而更好地衬托相应的物品，以此类推，要将物品和摄影棚的颜色差开。在市场上也有出售的简易摄影棚，它的价格也不是非常高，如果只是一个简单的摄影棚，价格也就在 100 元以内，还有些简单摄影棚的套餐，其中还包括一些灯光设备，价格会在 200~500 元，如果您有一些预算，买一套也是不错的方案，如图 1–14 所示。

图 1–13

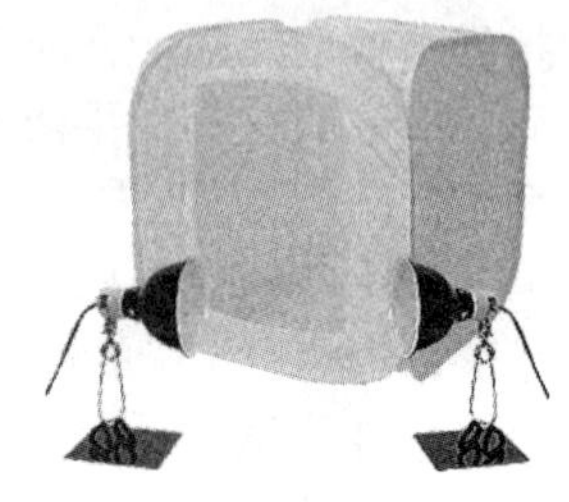

图 1–14

1.4.3 使用背景纸

如果觉得使用“摄影棚”拍摄的商品照片背景过于单调，可以将一些背景纸放置在“摄影棚”中，作为不同的背景使用。如果购买专业的背景纸，可能因为图案和尺寸的问题，不能胜任用户的要求。其实可以到礼品店购买一些礼品的包装纸，这些纸的种类较多，而且尺寸也非常合适，如图 1–15 所示。

图 1–15

1.4.4 使用实景

在拍摄商品照片时，如果有一些真实的场景可以使用，就非常好了。这里并不是说所有商品都要采用真实的场景（这是无法实现的），只是说利用现有的场景，为适合的商品进行拍摄。真实的场景会更好地展示相应的商品，但是一定要营造相应的光源。如果家里有一个漂亮的小餐桌，并且要拍摄的商品是一个小杯子或小玩具，那么在这里拍摄就要比在“摄影棚”中好很多，如图1-16所示。如果您要销售的物品是比较单一的，布置一个专门的实景也是一个非常好的想法。如果是专门销售毛绒玩具,可以布置一个沙发、床等。如果是专门销售厨房用品，可以布置一个好看的橱柜。以此类推，可以应用到很多的领域。

图 1-16

1.5　布光

拍摄商品是一种造型行为，布光是让塑造的形象更具有表现力的关键。静物产品丰富多彩，在拍摄中通过布光，不仅要表现出它们的软硬感、粗细感、轻重感、薄厚感，甚至是冷热感，还要通过影像的视觉传达，使买家直观地看到商品的不同形态，联想到商品在手中的感受。在拍摄构思中，要有“光”的造型意识，调动“光”的造型手段，才能达到强烈的视觉效果。

由于物体结构质地和表面肌理各不相同，所以吸收光和反射光的能力也不相同。因此，根据不同质感对光线的不同反映，把物体大致可以分为：吸光体、反光体、透明体。这只是比较概括地分类，有些产品的质地介于吸光体、反光体、透明体其中的两者之间，或是兼有吸光体、反光体、透明体三者组合而成的复合型产品。但是只有对简单而质地基本的物体的布光表现加以探究，才能塑造好复杂的物体。

专业的产品摄影的照明也会应用到许多小反光镜、白色或灰色的补光板和黑屏。大部分时候，当摄影师需要时，才将较大的黑色、白色或灰色卡纸裁成需要的尺寸。小片反光镜对于局部补光很有效，而小片凹镜可以产生反光点。采购各种直径和焦距的凹镜会有所帮助，它们比刮胡子用的镜子更好用。

有时还需要用到各种颜色的镜面塑料片和银箔、金箔卡，最好是能用剪刀裁切的款式。在拍摄饮品时，就会需要这些镜面塑料片和金属亮面，或半雾面卡片。将各种颜色的镜面塑料片或卡纸裁成所需的形状，用铅丝或贴纸裱在玻璃杯或瓶子后面，调整它的反光，以获得玻璃杯与饮品合适的透明照色。

有时候需要全白的背景来表现产品，这时拍摄台是很有用的。拍摄台是用铝管搭架而成，半透明的树脂玻璃作台面，磨沙面在上使它不反光，后面弯曲向上形成平顺的背景。适当的灯光由后照明拍摄台，可以得到一个无纹理纯白的背景。

1.5.1　吸光体的拍摄

吸光体产品包括毛皮、衣服、布料、食品、水果、粗陶、橡胶、亚光塑料等。它们的表面通常是不光滑的。因此对光的反射比较稳定，即物体固有色比较稳定统一，而且通常这些产品本身的视觉层次比较丰富。为了再现吸光体表面的层次质感，布光的灯位通常以侧光、顺光、侧顺光为主，而且光比较小，这样使其层次和色彩表现得都更加丰富，如图1-17所示。

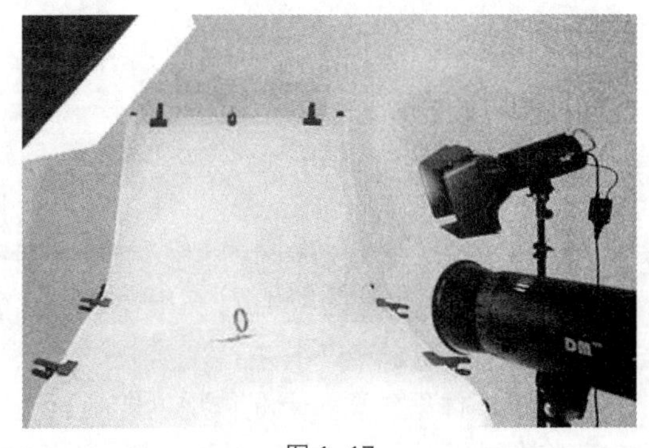
图 1-17

1.5.2 反光体的拍摄

反光体表面非常光滑，对光的反射能力比较强，犹如一面镜子，所以塑造反光体一般都是让其出现“黑白分明”的反差视觉效果。反光体是些表面光滑的金属或是没有花纹的瓷器。要表现它们表面的光滑，就不能使一个立体面中出现多个不统一的光斑或黑斑，因此最好的方法就是采用大面积照射的光或利用反光板照明，光源的面积越大越好。很多情况下，反射在反光物体上的白色线条可能是不均匀的，但必须是保持渐变统一性的，这样才显得真实，如果表面光亮的反光体上出现高光，则可通过很弱的直射光源获得。

反光体布光最关键的就是反光效果的处理，所以在实际拍摄中，一般使用黑色或白色卡纸来反光，特别是对柱状体或球体等立体面不明显的反光体，如图 1–18 所示。

图 1–18

1.5.3 透明体的拍摄

由于光线能穿透透明体本身，所以一般选择逆光、侧逆光等，光质偏硬，使其产生玲珑剔透的艺术效果，体现质感。透明体大多是酒、水等液体，或者是玻璃制品。

拍摄透明体很重要一点是体现主体的通透程度。在布光时一般采用透射光照明，常用逆光位，光源可以穿透透明体，在不同的质感上形成不同的亮度。有时为了加强透明体的形体造型，并使其与高亮逆光的背景剥离，可以在透明体左侧、右侧和上方加黑色卡纸，来勾勒造型线条。当然在使用逆光的时候应该注意，不能使光源出现，一般用柔光纸来遮住光源，如图 1–19 所示。

图 1–19

1.5.4 翻拍

专业的翻拍摄影通常是为平面原稿作记录，或是为没有底片的照片复制新的照片。翻拍的用途和可用的设备决定所使用的相机尺寸，理论上从 35mm 至大型相机都可以进行翻拍。主要问题在于如何拍摄不变形的原稿，如何平均照明原稿，获得正确的曝光，及选择最合适的镜头。

对于大多数的原稿翻拍，两支闪灯就够用了，如果原稿很大，也许需要用到 4 支闪灯。当使用两支闪灯翻拍时，将闪灯角度调整至 45° 照射原稿为佳。最好的角度是左边的闪灯照射在原稿右边三分之一的地方，右边的闪灯照射在原稿左边三分之一的地方，这样两边的闪光会有一点重叠。检查照明是否均衡，可以垂直放一支铅笔于原稿中央。铅笔两旁的阴影必须深度相同。如果不同，调整其中之一的闪灯功率，直到两旁阴影相当为止。这是比用测光表简单且有效的光线控制方法。但是严谨的布光还是需要用入射式测光表检查闪光是否均衡，确定原稿的中央及 4 个角落必须都是相同的读数。

降低不需要的散射光，可以放一张黑纸在原稿下，切勿用白纸。如果原稿不平整，翻拍前将原稿用厚纸板裱起来，或用一块干净平滑的玻璃覆盖。但有可能因此在玻璃中会有相机的反射，解决办法是在相机前设置一块不反光的黑卡纸板遮盖机身，只露出镜头。

有时候必须翻拍透明片而不是反射稿时，用黑色的卡纸遮盖被翻拍区域外的其他所有区域。测光时，用测光表从上面对着透明片测光，然后再进行相应的曝光修正，最后试拍一张照片，从视觉效果上来判断是否需要进一步的曝光修正。把这些数据资料保存起来，以供日后参考，这样会使翻拍变得更加方便，如图 1–20 所示。

图 1–20

1.6　户外拍摄

如果室内的环境实在不适合拍摄您的宝贝，可以采用一种更加廉价的拍摄方式，那就是户外，这样不但节省了资金，还会给人一种亲近大自然的感觉。户外拍摄有一个不可避免的问题就是光源，户外和室内不同，一般没有电源，只能采用自然的太阳光。找一个天气好的日子来拍摄也是必要条件，因为并不是每天的太阳光都为您“开”着。

1.6.1　选址

大自然是免费的，但是要找一个用以拍摄的位置，草坪、长椅等都是比较好的选择，如图 1–21 所示。找个比较好的方向，主要是光源的问题。如果家的附近有个小公园，那就太好了，这里有太多的好场景，避免了在家中拍摄背景太单调的问题。

图 1–21

1.6.2　光源

在户外进行拍摄时，如果太阳光非常强烈，一定拍摄不出层次分明的好照片，尤其是商品的表面非常光滑。也就是说，绝对不能将商品直接放在太阳直射的位置上，可以通过一些阴影进行光线调节，也是一个不错的选择。

1. 阴天

阴天是拍摄的好天气，厚厚的云彩将强烈的太阳光进行一定的遮蔽，就像在室内光源前面放置的柔光片，将强光转换为平缓的光线。如果能有这些的“好”天气，将“曝光补偿”功能设为轻微过曝 1/3 ~ 2/3 档，就可以将阴天的阴霾问题全部去除，如图 1–22 所示。

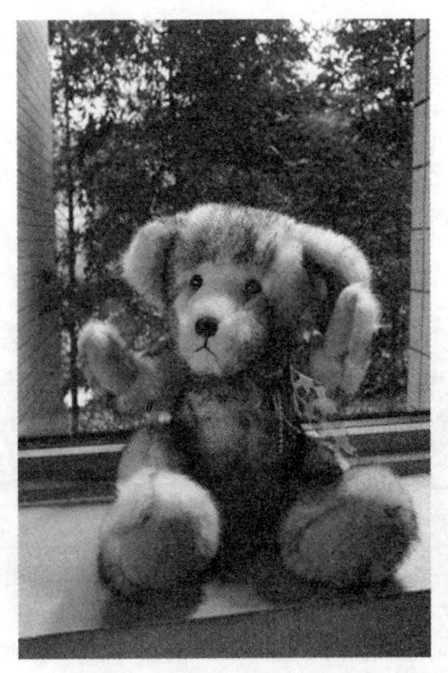

图 1–22

2. 使用反光板

使用反光板是给阴影中的对象、人物添加光线的简单办法，却可以让拍摄对象更引人注意。它所起到的全部作用，就是在需要稍微补光的情况下，能让整个图片看起来更出色。你希望照片因其内容吸引人，而不希望人们看到的时候评价太多，如“太硬，太直白的用光”。通常，这种情形需要光线简单化，只是增加一点点闪光来补光或反光补光。反光板可以简单到是一张白纸，只要能被用来改变光线的方向，投射到希望它投射的地方即可。在户外拍摄的时候，可尝试使用一张纸作为反光板，让光线投射到有阴影的区域。这个简单的技巧可以让一张普通图片变得精美，如图 1–23 所示。

图 1–23

3. 阴影

如果让强烈的光照耽误了拍摄商品的进度，是得不偿失的。如果光线过于强烈，可以在四周寻找一些树荫或阴影，利用一些半遮半掩的光线，来调整光线的照射亮度。如果是树荫，可以在背景中看到相应的阴影效果，同时也添加一些背景的细节，如图 1–24 所示。

图 1–24

1.7 闪光灯

一般而言，使用闪光灯拍摄照片是一种无奈的选择，不是在不得已的情况下，大多数人都不愿意使用闪光灯拍摄（特别是机身自带的弹起式闪光灯）。但是，如果拥有一款专用闪光灯设备（如尼康 SB–800 或佳能 580EX Ⅱ），并能很好地运用它，从而获得同样专业品质的摄影效果。下面就来探讨一下闪光灯的使用方法。

1.7.1 脱机闪光灯

这种方式让闪光灯脱离相机，改变光线的方向。固定在相机上的闪光灯直打在拍摄对象上的光是没有立体感的，这也是人们讨厌使用闪光灯的原因之一。但是，如果能把闪光灯从相机上移开，创建一个认为满意的方向性光源，就可以获得更惹人喜爱、更专业的效果，从而提升图片的立体感和深度。分离相机和闪光灯的方法之一，就是使用闪光灯同步线，用同步线把相机和闪光灯连起来，可以用左手手持闪光灯高高举起，向下朝向拍摄对象，这样就有了像太阳光一样打在拍摄对象上的定向侧光，进而获得专业品质的理想效果。如果使用的是尼康或佳能的单反相机，那么它们具有的无线闪光功能，会为创造方向性光源提供更加方便的条件，只需在相机上做一些设定，就可以在无线状态下随意使用闪光灯，如图 1–25 所示。

图 1–25

1.7.2 慢速快门

使用慢速快门，可提升背景清晰度。在室内使用闪光灯，往往是主体看起来很刺眼，背景却非常黑暗，因而照片看起来很丑陋。如果能使闪光灯与室内可用光线混合，拍摄对象后面的背景就会变得非常自然。这种技巧就叫“慢速快门”。首先，将相机设置为程序模式（P），并对准拍摄对象半按快门，查看取景器，读取光圈和快门速度数值，并记住它。之后，再将相机切换到手动模式（M），并拨到刚才记住的那两个数值，如果相机显示快门速度是1/60秒，那么，使用慢速快门就把它降到1/15秒后拍摄。不必担心拍摄对象会模糊，因为闪光灯启动时会锁定拍摄对象，而拍摄对象的背景会因为长时间曝光，而得到与主体一致的混合效果。

1.7.3 柔光罩

为闪光灯增加柔光罩，可使光线变得柔和，如图1-26所示。由于闪光灯的光源很小，虽然可以改变它的方向，却无法改变它刺目的光线，因此拍摄对象仍然显得怪怪的，阴冷干硬，毫不温暖。为了使光线变得柔和，就需要让光源变得更大。

图1-26

有几种方法可以达到这个效果。一是给闪光灯加一个柔光罩，这是最简单、便捷的方法，它可以使光线变得柔和、分散。如果再向上调45°，并照顾到其他地方，会得到非常满意的散射光源。二是运用反射光。可将细小的闪光灯光线，向前60°直接打到天花板上，因为光线传播时间较长，通过折射洒落在拍摄对象上会使光更广泛、更柔和，因而消除了刺目感。同时，因为光线来自上方，也使直射光造成的阴影消失在取景框之外，使光线变得更柔和，阴影也变得更柔和。但是，如果天花板太高（如教堂），或天花板有杂色时（折射变色），要慎用这个方法。三是使用透明柔光板。透明柔光板是一种很大的半透明织物，在专卖店都可以买到，平时可以折叠得很小，便于携带。把它放在闪光灯前面，当闪光灯的光打到上面时，这种透明柔光板可以传输，并急剧扩散光线，使光线变得散漫、柔和、平滑，达到一个更专业的高度。用户可以通过调整柔光板在拍摄对象与闪光灯之间的距离，得到想要的散光效果。据专家的经验，柔光板距拍摄对象越近越好，但要避免进入取景框中。使用柔光板有一点很麻烦，就是必须有人帮助举着它，或使用专用的架子来支撑它。

1.7.4 后帘同步

后帘同步，会让背景亮起来。同前面介绍的慢速快门一样，后帘同步的目的也是让背景变得更亮，与主体光线融为一体，但这一技巧操作起来相对简单。大家知道，闪光同步一般是在按下快门键的同时，也启动闪光灯。所以，它会把场景中的任何动作，在快门启动的刹那被凝固，而背景则会变得一片黑色。后帘同步就是让闪光灯在快门打开曝光结束时再启动（而不是在曝光开始时），这样相机首先为室内自然背景光曝光，在曝光结束时，才启动闪光灯来固定拍摄对象，这时背景就不会是一片黑色，而是有颜色、有深度和细节的，照片会呈现出专业的效果。但是，同样必须注意，后帘同步同慢速快门一样，快门速度的时间都比较长，拍摄时要保持相机平稳，否则背景会变得模糊不清。

1.7.5 输出功率

调整闪光灯输出功率，可创建与场景相融合的环境光。如果操作正确，这个技巧会让你在任何时候任何场地都可以获得柔和满意的自然光线，创建出闪光灯与环境光相一致并相互融合的光。就是说：不要改变光圈或者快门速度——而是降低闪光灯的输出功率，直到它与环境光一致。首先，用闪光灯拍摄一张照片并查看，如果闪光灯的光线明显强于环境光，就在闪光灯设备上降低一档输出功率，再拍摄一张测试照，如果仍感到闪光灯的光线明显，就再降低 1/2 档闪光灯输出功率；再拍摄，再测试，直到闪光灯的光线正好足够照亮拍摄对象，而又没有影响其他东西。这样，光线看起来非常真实自然，环境光和闪光灯的光线达到了完美平衡。这个技巧的效果非常不错，但必须经过多次测试才能获得。当然，前提条件是必须有一个专用闪光灯，如尼康 SB-800，如图 1-27 所示。

图 1-27

1.7.6 距离

闪光灯拍摄的距离。闪光灯拍摄的最远距离是多少？实际上每个闪光灯说明书上都有详细介绍，但是换算起来很麻烦。一般而言，如果使用了带柔光罩的闪光灯，或者是弹起式闪光灯，或者是某些让光线变得柔和的柔光装置，总的原则是不超过拍摄对象 3 米。如果需要在距拍摄对象 3 米以上的地方拍摄，就必须通过提升相机的感光值（ISO），来扩展闪光灯的功率范围。比如，在 3 米之内拍摄时，感光值（ISO）是 100，如果提升感光值（ISO）到 200，闪光灯功率就能翻倍，可以在距拍摄对象 6 米的地方拍摄。如果不想提升感光值（ISO），那就拆掉闪光灯上的柔光罩或其他柔光设备，这样光线就更有力，就能达到更远的地方，如图 1-28 所示。

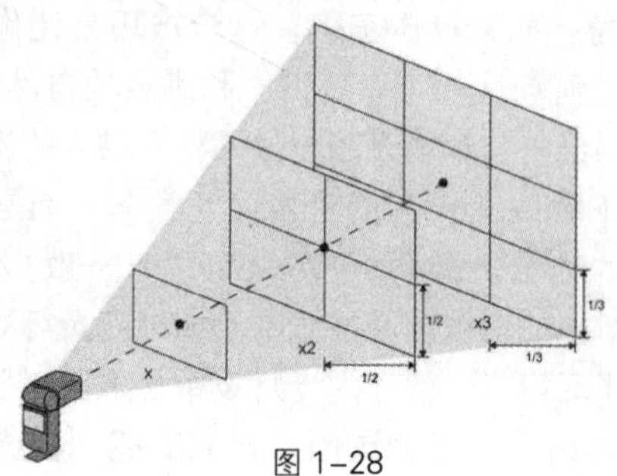

图 1-28

1.8 服装“麻豆”摄影

如果您是卖服装的，那么拍摄任务是比较重的，因为如果将服装摆在床上拍摄，效果可想而知。一定要将服装穿在身上进行拍摄，如果您的身材和相貌都是出众的话，就可以省下一笔银子。可如果您还不如当今的某位大姐，那就需要找朋友，或请一个“麻豆”。现在淘宝网也提供了相应的交流平台，可以咨询一下价格。一个比较好的“麻豆”还是可以让浏览量大大提高的，但是拍摄的技巧也绝对不能忽视。

1.8.1 灯光室

许多时装照片是在室内拍摄的。因此，建立一间灯光室对时装摄影是十分必要的。灯光室的长度不应小于 6 米，以便使用中焦镜头，高度不应低于 2 米，以便高角度布光或拍摄。灯光室的墙面应该是白色的，假如使用没有光泽、不会产生光斑的白色塑料板从地面铺起，一直铺上墙壁，形成一种无接缝背景，这对时装摄影的效果是十分明显的，如图 1-29 所示。

图 1-29

1.8.2 照明设备

最好配备两套设备。一套是闪光灯照明装置（配有造型灯和反光伞）；另一套是白炽灯照明装置。电子闪光灯轻便、灵活、强度大，便于捕捉模特的动态。但是，当追求多种用光效果时，闪光灯不如白炽灯。使用白炽灯便于控制用光的造型效果，但是当采用动态拍摄时，又不如闪光装置。小型灯光室常采用的白炽灯是 1000W 和 500W 的。把 1000W 的灯泡装在半反射光罩上用作主光；另一只 500W 的带有小反光罩的灯泡用作铺光。再配备 1~2 只 500W 的聚光灯用于其他造型目的，如图 1–30 所示。

图 1–30

1.8.3　模特

要拍好时装照片，对时装模特的选择也十分重要。要注意选择的模特适宜你所拍摄的时装款式，而不宜一味地以貌取人。模特的气质、年龄、体型，对时装摄影往往更为重要。不同的女模特有不同的气质，如迷人、文雅、纯真、活泼等。不同的男模特也是如此，如粗犷、健壮、英俊、潇洒等。在拍摄前，模特应进行化妆和整理发型。这也是不可忽视的重要工作。

拍摄时，应注意让模特放松不要紧张。摄影师应与模特随意交谈，不要使用命令性的语言，如自然点，笑一点。应注意采用引导的方法，让模特自由发挥，让模特做出自我感觉良好的姿态。要不住地称赞对方，并在称赞中提出你的建议，这样有助于模特轻松自如，笑容自然。模特良好的合作是拍摄时装照片十分重要的因素。

1.8.4　面料

用作展示的时装照片应该准确、逼真地再现时装面料的纹理、质感、亮度、图案和色彩。用光方法十分重要。各种时装面料的用光要点如下:

- 纹理明显的面料：宜采用集光斜射作主光。这样有助于质感的表现。同时还要用散射光作辅助光，把阴影部照亮些，以取得柔和悦目之效果。
- 丝绸、绸缎面料：为了表现出丝绸、绸缎闪光和耀眼的反光特征，宜采用强度较低的定向光源作主光。注意面料上反光的图形具有悦目的效果。此外再用 2~3 只散光灯作辅助光，减小反差，使画面呈柔和感。
- 印花面料：印花面料要表现好花纹图案，通常宜采用较平的均匀照明，可以两侧 45° 方位照明。使用黑白片拍摄印花面料时，要注意滤镜的使用，防止原本色彩对比醒目的色彩，在黑白照片上产生反差过小的不良效果。
- 纱类面料：拍摄纱类面料的时装，要采用逆光并辅以正面光，掌握好光比，以准确再现纱类面料的透明感为目的。拍摄纱裙服饰时，可借助风扇来取得潇洒的效果。
- 毛皮面料：毛皮服装是较难拍好的对象。高档皮毛与低档皮毛的差异，在照片上往往难以区分。拍摄黑色皮毛服装时，要注意使用丰富的照明，除使用一两只聚光灯外，还宜使用多只散光灯。曝光要充足，否则无法再现皮毛的质感与细节。浅色或中间灰调皮毛时装，相对要容易拍摄些。

1.9　构图

摄影就如同绘画，构图的作用极为重要。出色的构图，能使画面主次分明，详略得当，给人以美感。一幅照片，若不具备良好的构图形式，往往无法引人入胜，更不能尽兴地表达内容。在迈入艺术的自由王国之前，只有掌握其基本规律和标准方法，才能避免出现画虎不成反类犬之现象。

1.9.1　八大技法

这里有 10 个技巧帮助提升照片构图。如果不知道该如何构思一幅照片，可以从这里任何一个技巧开始学习。

（1）奇数法则

奇数法则是指在一幅照片中保持主体个数为奇数。一幅照片的主体可以是一个物体或 3 个人的小团体。这个技巧会使照片更加引人注意，也更符合人眼的审美，如图 1–31 所示。

图 1–31

（2）突出主体

突出主体是一个简单的引人注意的方法。这种方法不适用于所有照片，但当你想隐藏掉那些会分散观众注意力的物体时，这是一个非常有用的技巧。这个技巧最常用的方法是虚化背景。虚化背景会使所有分散观众注意力的东西变成模糊一片。可以通过使用大光圈（比如 1.8）、远焦和使用大面积传感器的相机（比如全画幅 DSLR）来获得浅景深，如图 1–32 所示。

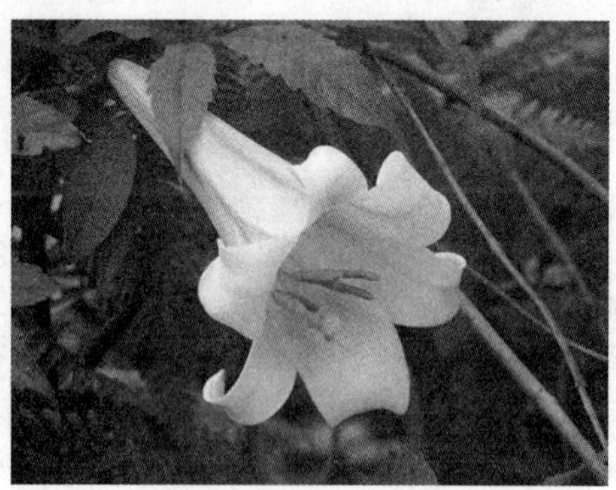

图 1–32

（3）简单化

明确主题最好的方法是使照片看起来非常简单。实现这一目标最简单的方法是在照片中只保留最少的拍摄对象。也可以同时使用上一个技巧虚化背景，如图 1–33 所示。

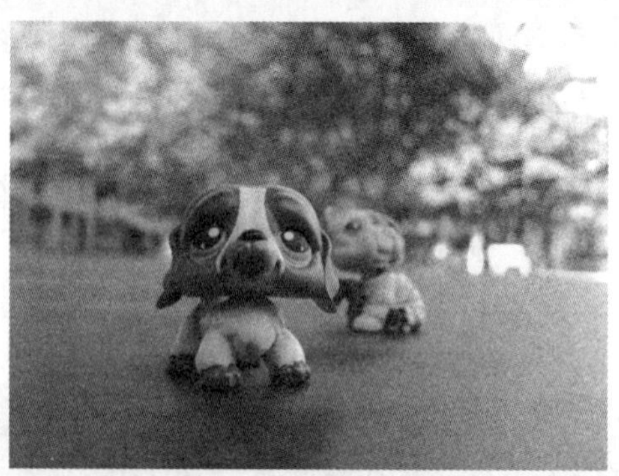

图 1–33

（4）将拍摄对象放在中心

将拍摄对象放在中心，会使照片保持平衡。这种方法最适合主体比较少的简单的照片，如图 1–34 所示。

图 1–34

（5）三分法则

这是最有效也是最流行的一种构图法则。读者可以使用这种简单的方法来提升照片构图。“三分法则”把照片沿横向和纵向三等分，令拍摄对象位于任意一个等分线相交的位置，如图 1–35 所示。

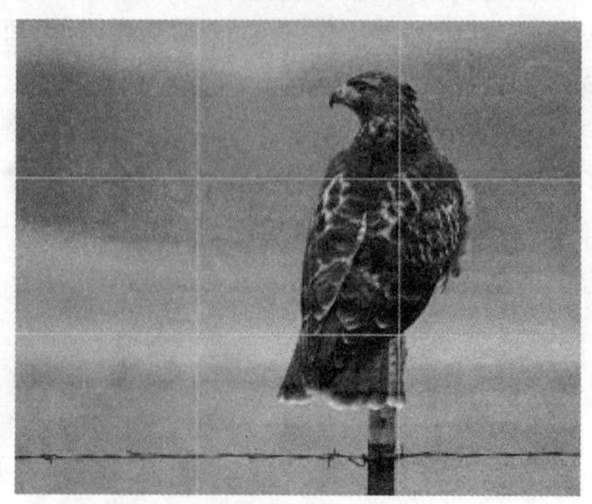

图 1–35

（6）S 形曲线

S 形曲线是一幅照片中呈现出 S 形的线条。这种线条会引导观众的视线沿着 S 形观看照片，并使照片变得有趣。S 形曲线也可以用于模特，来突出外形的曲线美，如图 1–36 所示。

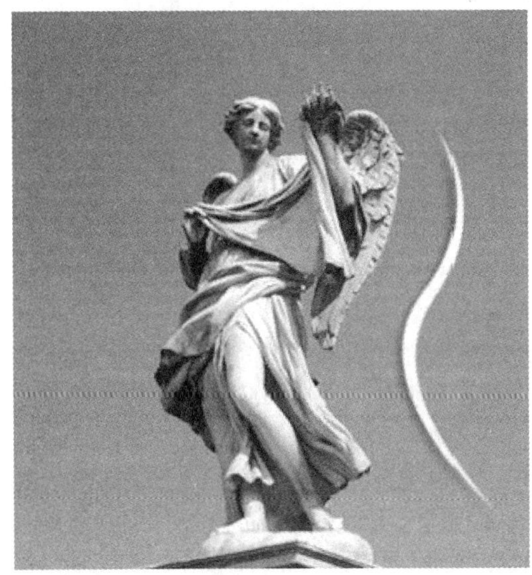

图 1–36

（7）充满画面

当你觉得已经足够接近拍摄对象时，可试着更近一些。令拍摄对象充满整幅画面，得到另一种构图，如图 1–37 所示。

图 1–37

（8）画框

这是一个很有创意的使用前景的方法！利用周围的环境给拍摄对象制作一个画框。这个技巧会给照片增色不少，并令它从其他照片中脱颖而出，如图 1–38 所示。

图 1–38

1.9.2　十大禁忌

初学摄影者常犯的错误包括：

（1）画面撑得太足

有些初学摄影者拍照时，喜欢让拍摄对象顶天立地充满画面，这很不利于照片后期的裁剪处理。同时也会令作品显得拘谨、死板，如图 1–39 所示。

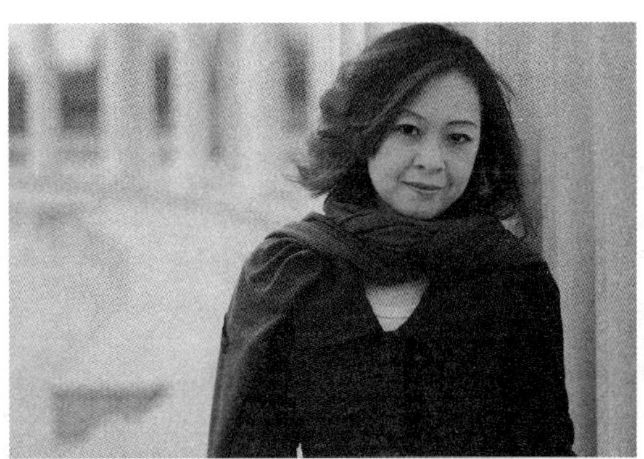

图 1–39

（2）地平线倾斜

有的人为了将一些高大的景物拍全，便在取景时采取了让画面倾斜的方法。这实在是个得不偿失的做法。如此，势必造成地平线倾斜，画面失衡，视觉感受不舒服，如图 1–40 所示。

图 1-40

（3）头撞南墙

拍摄侧面的人像或带有向前冲势的物体时，没有在画面主体的前方留一定的空间，给人一种头撞南墙的感觉，画面显得沉闷、压抑。

（4）附加物缠身

背景选择不当，产生了烟囱长在肩膀上、脑袋上冒出大树杈等现象，破坏了人物原来的形象。

（5）落格

当拍摄对象与高大的衬景在一起时，顾景不顾人，一味地将镜头抬高，结果景是拍全了，可人物在画面上常常只剩下个脑袋，落在画面的下端，非常难看。

（6）画面分裂

取景时没有处理好地平线的位置，将其置于画面正中，于是画面被一分为二，呈分裂状，缺乏和谐、统一之感。

（7）喧宾夺主

在画面中过多地表现了陪衬体，使主体物处于次要的地位，反而不引人注目。

（8）缺乏趣味中心

取景时缺乏忍痛割爱的精神，“鱼”取，“熊掌”亦取，意欲兼收并蓄，反而造成了画面无主次、少头绪、结构松散、杂乱无章的现象。

（9）各顾东西，神情不一致

在拍摄众人合影照时，人物的位置没安排好，不能形成一个向核心靠拢的趋势，画面形势呈分裂状，与作品所欲表现的主题不相符。

（10）画面失衡

在构图时没有顾及画面的影调结构、色彩结构的协调，造成画面色彩、影调失衡，影响照片效果。

小结

摄影真不是几句话就可以说清楚的，本章只是起到一个抛砖引玉的作用，如果读者非常感兴趣，可以再购买一些专业书籍进行更加深入的学习。这里再给读者讲一个投机取巧的方法，如果您销售的是大型企业制作的产品，可以到该产品的官方网站上下载一些产品照片，这样不但得到了非常精美的产品照片，而且不用花费大量的时间和金钱，如图 1-41 所示。

图 1-41

第 2 章　淘宝店铺装修基础

店铺装修具体有什么作用，可能读者还不能很好地理解。下面举一个例子，如果在浏览网站时，出现一个只有简单文字的站点，和一个图片、音乐、动画一应俱全的站点，您更喜欢浏览哪一个站点？同样是这两个站点，您感觉哪个站点更加的专业。回到淘宝网店这一层面，如果一个网店中的各个页面，只有很少的文字内容，即使您再喜欢相应的商品，可能也不会购买，而且还很有可能感觉他是一个“骗子”。

当人们看到一个制作（装修）非常精美的网店时，至少不会觉得这是一个“骗子”网店，而且会感到这是一个比较用心去做的店家，在某些层面上，会希望在这家店购买心怡的商品。这一点在进行网店建立时是非常重要的，尤其在新店开始的时候，如果您的信用很低，甚至是没有，这一点会给您的买家以信心。

2.1　店铺装修基本规律

店铺的装修一定也要遵循一些规律，这样才能做到事半功倍，下面就一一进行介绍。

2.1.1　纸上谈兵

当进行一个店铺装修时，首先要在脑海中，并在一张纸上进行简单的规划。这里需要先考虑清楚的是：

1. 店铺的色调。
2. 店铺的风格。
3. 店铺中的分类数量。
4. 分类的色彩和种类（文字还是图片）。
5. 描述是否分类。
6. 简单规划描述的布局。

举例如图 2-1 所示。

图 2-1

2.1.2　统一性

在制作店铺时，一定要做到店铺的统一性，也就是一套或两套模板，可以套用到所有的商品上，然后可以使用相应的上传功能，快速地将所有的商品页面进行装修，如图 2-2 所示。既然在店铺中只制作一套或两套模板，就要在设计时，考虑到该模板可以用到所有商品上，这一点并不容易做到，而且要进行反复修改。

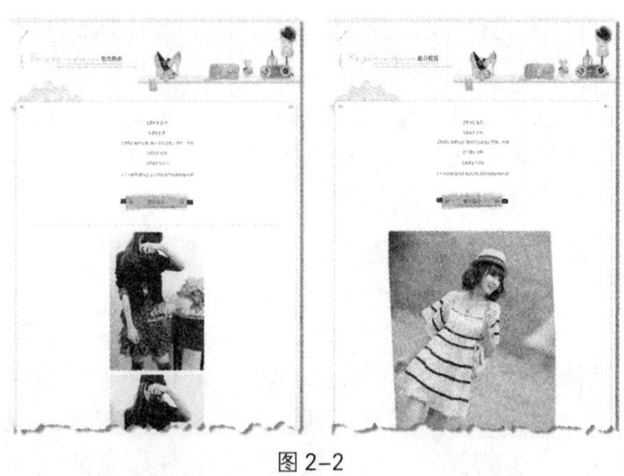

图 2-2

2.1.3　匹配商品

如果在一个店铺中销售的商品种类并不是非

常专一，将不能只使用一套模板。例如在店铺中既销售汽车用品，又销售女士内衣，如果采用同样的模板，一定会导致最少一个商品模板是不匹配的。这里并不建议在一个店铺中销售多种商品，如果是一些相关的还可以，如果相差过多，就绝对不太合适的。尤其是一些价格差异很大的商品，会给人"骗子"的感觉，例如一个店铺既销售笔记本电脑，又销售袜子，买家会感觉这是在用卖袜子赚"信用"，用卖笔记本骗钱。如果真的要销售多种商品，采用多个店铺的方法会好很多，后面会具体介绍。

2.1.4 不要太烦琐

当一个店铺的装修部分过于烦琐时，有可能导致浏览的速度减慢，虽然现在大中城市都采用了"宽带"链接技术，但是淘宝是面向全国的，所以一定要考虑到浏览速度的问题。如果让这个画蛇添足的问题影响了销售，一定是得不偿失的。这就要考虑到美观和简约的平衡，即使更喜欢让店铺美观一点，也可以通过很好的压缩图片来实现，后面会进行相应的介绍。

2.2 店铺装修基本流程

当要进行店铺装修时，一定要按照一定的流程进行，这样可以让工作更加顺利，不会出现在不同的工作层面进行反复跳转。人们进行家庭装修时，也要按照一定的规划进行。其实网店装修和家庭装修的流程是相似的，这样讲大家会更好理解。

2.2.1 确定风格

进行网店装修的第一步，就是确定要将店铺装修为什么风格，这一点不要专门按照自己的喜好进行定义。就像家庭装修一样，不能按照"户主"的喜好进行，一定要考虑到入住居室的全部成员。网络店铺也是如此，如果您喜好"科技"感觉，但是销售的是女士时装，这就非常的不合适。如果您正是一个小女生，又在销售时装，风格就会非常容易确定。但是如果您是一个大男生，如果在销售女士时装，就不能按照喜好去定义风格了，一定要按照顾客的喜好去定义。即使您是一个非常阳刚的男生，也需要装作是一个娇小的女生，去定义您的店铺风格，如图 2–3 所示。

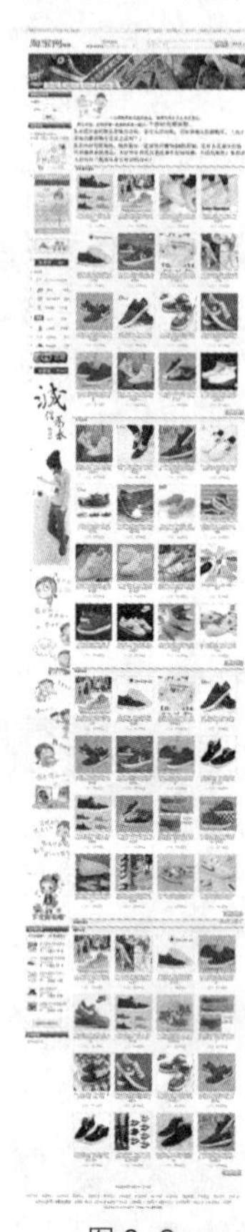

图 2–3

2.2.2 使用元素

在一个店铺中会出现很多元素，这些元素会放置在不同的空间位置上。并且不是一次性地将这些元素放置到店铺中，淘宝已经将一些元素定义了相应的位置，这些是无法调整的。在家庭装修时，要实现某些功能，需要在装修前确定，并且在装修的操作中予以执行。

在店铺装修时，除了一些必做的部分，还要考虑组成这些元素的组件，例如是否要添加 Flash 动画、音乐、视频等。如果要添加这些内容，就要有所准备，如图 2–4 所示。

图 2-4

2.2.3 收集素材

在制作软件前，需要在网络中寻找一些图像素材，并且这样可以非常容易地美化自己的店铺。只是在收集店铺素材时，要注意版权问题，不要直接使用别人店铺中的图片，这样容易惹来麻烦。

2.2.4 学习相关软件

当进行家庭装修时，如果请装修公司去做，需要花费不少“银子”。如果要自己操作的话，就要学习相应的工具操作方法。店铺装修也是同样的道理，如果要自己动手装修店铺，就要学习制作软件的使用，例如 Photoshop、Illustrator、Flash、Dreamweaver 等。一般情况下，无需将软件的所有功能都学会，只要用到哪里学哪里就可以了。如果要装修一个比较完备的店铺时，这几个软件也就够用了。而且这些软件都是 Adobe 公司出品的，互相的交互性比较好，软件的风格也比较相似，很容易上手，如图 2-5 所示。

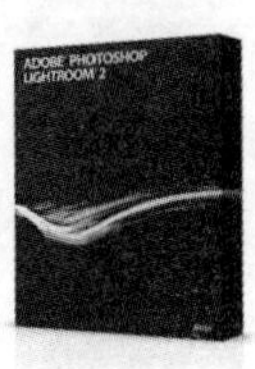

图 2-5

2.2.5 从纸上到屏幕

在进行店铺装修时，首先需要在纸上进行大概的设计，如果您非常懒，也要先在头脑中有一个概念，这样才能做到有的放矢。随后要在 Photoshop 软件中将所有的平面效果制作出来，确定无误后，再通过相应的软件制作成网页的形式。

2.2.6 制作商品图像

无论您的商品图像是从哪里得到的（拍摄或下载），都或多或少要进行修改，使其适合店铺中产品描述的要求，这里同样要使用到 Photoshop 软件，可想而知 Photoshop 软件的重要性，商品图像如图 2-6 所示。

图 2-6

2.2.7 拼合网页

当所有的组件制作完后，可以使用 Dreamweaver 软件，将它们拼合在一起，并且转换为通用的 HTML 文件，如图 2-7 所示。

```
<!DOCTYPE html>
<html>
        <head>
                <meta http-equiv="content-type" content="text/html; charset=GBK"/>
                <meta name="description" content="欢迎前来淘宝网品牌手表/流行手表类实力旺铺，选购冲冠100%好评 赛车运动表EF-524D-7AV/EF-524D-7A [现货],想了解更多冲冠100%好评 赛车运动表EF-524D-7AV/EF-524D-7A [现货]，请进入chrisage2009的永恒信誉名表专卖店实力旺铺，更多品牌手表/流行手表商品任你选购"/>
                <meta name="keywords" content="淘宝,掏宝,网上购物,店铺, 冲冠100%好评 赛车运动表EF-524D-7AV/EF-524D-7A [现货] 品牌手表/流行手表." />
                <meta http-equiv="X-UA-Compatible" content="IE=7" />
        <title>冲冠100%好评 赛车运动表EF-524D-7AV/EF-524D-7A [现货]-淘宝网</title>
                <script type="text/javascript">HUBBLE_st=+new Date()</script>
                <!-- css -->
        <link rel="stylesheet" type="text/css" href="http://a.tbcdn.cn/app/shop/shop-base-min.css?t=201001112309.css" />
        <link rel="stylesheet" type="text/css" media="screen" href="http://a.tbcdn.cn/app/shop/shop.css?t=201002041023.css" />
```

图 2-7

2.2.8　相册空间

淘宝网并没有给店家提供放置图片或其他素材的存储空间，如果要在店铺中添加素材，就必须放置在一个其他的空间。这些空间可以是免费的，也可以是收费的。如果您的素材并不是非常多，可以随意在一些提供免费空间的站点中进行存放。这些站点可以是 QQ 相册、网易相册、雅虎相册等，但属于一些比较烦琐的设置。在申请这些免费空间时，需要注意一点，使用免费空间的站点需要支持异站链接的，否则在淘宝站点中将无法看到相应的内容。如图 2-8 所示为一种盗链的形式，站点不允许将其中的图片链接到其他网站，只能显示为该状态，这种类型站点的空间是不能使用的。

图 2-8

因为是免费的空间，所以有时会出现一些问题，而且无法得到相应的权益。如果您的资金有一定预算，可以租用一个虚拟主机（Virtual Host Virtual Server）。虚拟主机，又称虚拟服务器、主机空间或是网页空间。虚拟并不是指不存在，而是因为空间是由实体的服务器延伸而来，其硬件系统可以是基于服务器群，或者单个服务器。

它采用的是互联网服务器采用的节省服务器硬件成本的技术，主要应用于 HTTP，FTP，EMAIL 等多项服务，将一台服务器的某项或者全部服务内容逻辑划分为多个服务单位，对外表现为多个服务器，从而充分利用服务器硬件资源。如果划分是系统级别的，则称为虚拟服务器。

如果您的店铺中只会出现一些照片，直接找一个免费的空间即可。但是如果店铺中含有音频、视频或 Flash 动画时，简单的免费空间可能无法胜任，那么还是需要租用一个虚拟的空间。

2.2.9　上传站点

如果您的商品并不是非常多时，可以通过淘宝站点的流程，一一将店铺和商品上传到相应的位置。如果您的商品较多时，就一定要使用到“淘宝助理”软件，帮助您快速将所有的商品上传，并能进行批量管理，如图 2-9 所示。

图 2-9

2.3　店铺装修的位置

刚开始开店的时候，由于资金和经验不足，一般都会做出一个简单的店铺，在淘宝网中称为“普通店铺”，这种店铺是完全免费的，组件比较少，可以用到的功能也比较少，相应可以装修的部分也比较少。除了普通的店铺外，淘宝还提供一种收费的店铺，称为“淘宝旺铺”。如果您是一个新手，这可以说是价格不菲，如果您是日进斗金的高手，这点钱真是九牛一毛。这个功能的收费标准是 150 元 / 季，一次性可以订购 3 个月、半年或者 1 年，是否要用自己考虑，如图 2-10 所示。

图 2-10

2.3.1　普通店铺

刚刚创建一个店铺时，该店铺就是一个普通店铺，它是完全免费的。普通店铺具体是这么样子，可能您已经看到了，如图 2–11 所示。普通店铺中只能有 3 个部分：店标、公告和分类。

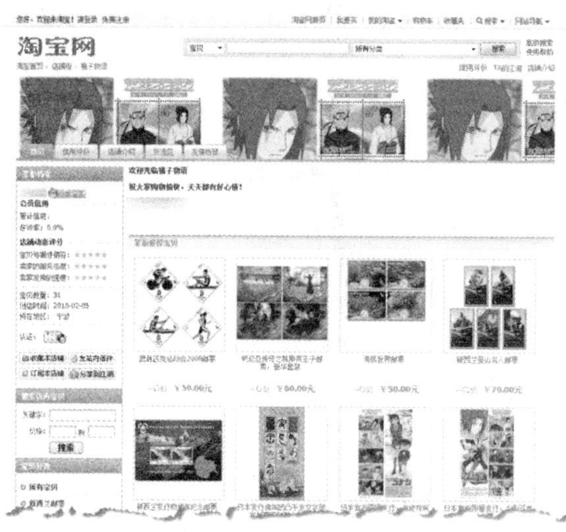

图 2–11

2.3.2　淘宝旺铺

当您花费“巨资”将店铺升级为旺铺时，您的店铺将出现更多的组件，虽然这些组件都是可以帮助您推广店铺的，但并不是说您的店铺就真成了“旺铺”。如果要真的旺起来，还需要做大量的工作。升级旺铺后，将拥有更多的组件，分别是：店标、促销区、左侧模板、右侧模板一、右侧模板二和分类，如图 2–12 所示。

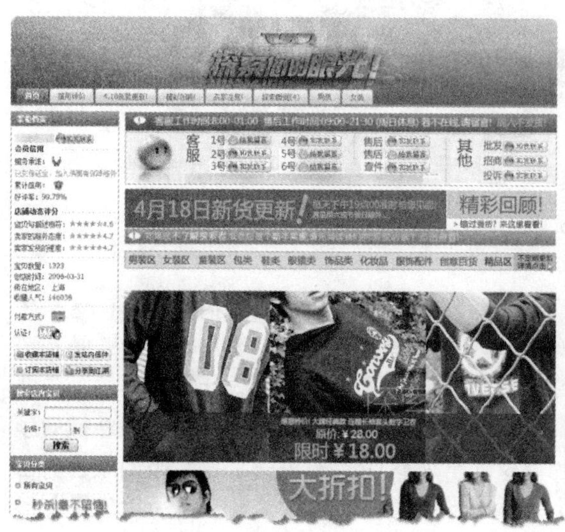

图 2–12

当店铺升级为“旺铺”时，除了提供更多的组件外，还增加了不少新功能：

1. 卖家可拥有一个全新的、自定义程度更大的店铺首页。

- 可在自己的店铺首页设置 950×120 像素大小的店铺招牌。
- 可以设置高度最大为 500 像素的宝贝促销区域，支持 html 代码。
- 可设定 3 个个性推广区，通过设定关键字、店铺类别、新旧程度、结束时间价格范围、显示方式、排序方式等条件，显示宝贝搜索结果。
- 宝贝详情页面可以显示店铺招牌和宝贝类目侧栏。
- 可以设定店铺风格，挑选自己喜欢的颜色。

2. 卖家可设置 5 个自定义页面，可在淘宝的模板内嵌入自定义的 html 代码。

3. 卖家可使用淘宝提供的 html 标签，显示宝贝列表。

2.3.3　普通店铺和淘宝旺铺的区别

两种店铺有什么样的差异，可以通过下表清晰地表示出来。读者考虑差异和要付出的资金，从而决定是否要申请“淘宝旺铺”。本书后期的装修操作主要以“淘宝旺铺”进行，但您是否申请“淘宝旺铺”并不影响学习，因为它们互相是有交叉的，如表 2–1 和图 2–13 所示。

表 2–1　普通店铺和淘宝旺铺的区别

比较项	旺铺	普通店铺
资费	（非消保卖家）150 元 / 季 （消保卖家）90 元 / 季	无
个性化首页	有店招和促销栏，首页更个性	无
自定义页	可设置 5 个自定义页	无
宝贝图片	较大	较小
首页推广区	可设置 3 大推广区	无
掌柜推荐	最多可设置 16 个	6 个
宝贝描述页	有店招，侧边栏	无店招、无侧边栏
店内自动推荐	有	无
更多淘宝新功能	有	无

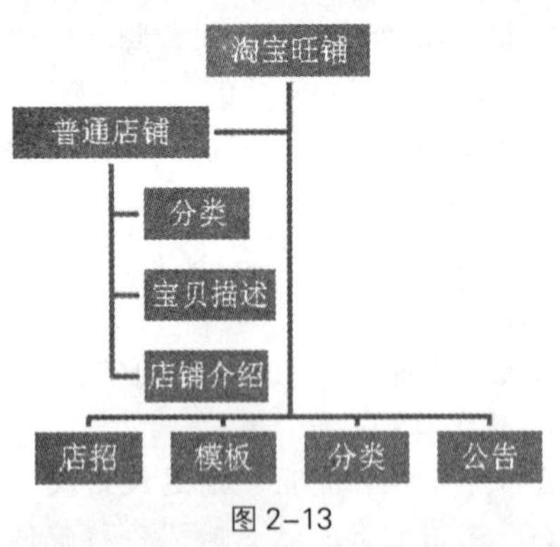

图 2-13

2.4 计算机图像知识

在讲述这一部分时，笔者的内心十分的纠结，真不好决定是否要给您这样一个不是很专业的用户，讲述更多的基础知识，但是考虑再三，还是要多少讲一些，否则您可能无法理解后面讲述的很多内容。

2.4.1 像素

“像素”又称画素，为图像显示的基本单位，译自英文 Pixel，pix 是英语单词 picture 的常用简写，加上英语单词 Element（元素），就得到 Pixel，故“像素”表示“图像元素”之意，有时亦被称为 Pel（Picture Element）。每个这样的信息元素不是一个点或一个方块，而是一个抽象的采样。仔细处理的话，一幅图像中的像素可以在任何尺度上看起来都不像分离的点或者方块；但是在很多情况下，它们采用点或者方块显示。每个像素可有各自的颜色值，可采用三原色显示，因而又分成红、绿、蓝 3 种子像素（RGB 色域），或者青、品红、黄和黑（CYMK 色域，印刷行业以及打印机中常见）。照片是一个个采样点的集合，故而单位面积内的像素越多，代表分辨率越高，所显示的图像就会接近于真实物体。

从上面的讲述中可以总结出如下要点：

1. “像素”为“位图”图像中的最小单位，最小为一个像素，不能为半个像素。

2. “像素”的形状为矩形，可以是正方形也可以是长方形，不能是其他的形状。

3. 一个“像素”只能定义为一个单色，不能定义为多个颜色，也不能定义为渐变颜色。

2.4.2 位图

位图图像也称为点阵图像或光栅图像，是由称作像素（Pixel）的单个点组成的。这些点可以进行不同的排列和染色，以构成图样。当放大位图时，可以看见构成整个图像的无数单个方块。扩大位图尺寸的效果是增多单个像素，从而使线条和形状显得参差不齐。然而，如果从稍远的位置观看它，位图图像的颜色和形状又显得是连续的。缩小位图尺寸也会使原图变形，因为此举是通过减少像素来使整个图像变小的。同样，由于位图图像是以排列的像素集合体形式创建的，所以不能单独操作局部位图。

因为位图图像是由相应数量的像素组成的，所以在单位尺寸上放置相应数量的像素，从而得到每一单位面积中的像素数量。每一个像素拥有一个相应的面积。当图像被放大时，可以比较明显地看到图像的像素，如图 2-14 所示。

图 2-14

2.4.3 向量图

矢量图使用直线和曲线来描述图形，这些图形的元素是一些点、线、矩形、多边形、圆和弧线等，它们都是通过数学公式计算获得的。矢量图形实际上是由线段形成外框轮廓，由外框的颜色以及外框所封闭的颜色决定显示出的颜色。由于矢量图形可通过公式计算获得，所以矢量图形文件的体积一般较小。矢量图形最大的优点是无论放大、缩小或旋转都不会失真，如图 2-15 所示。Adobe 公司的 Illustrator、Corel 公司的 CorelDRAW 是众多矢量图形设计软件中的佼佼者。大名鼎鼎的 Flash MX 制作的动画也是矢量图形动画。

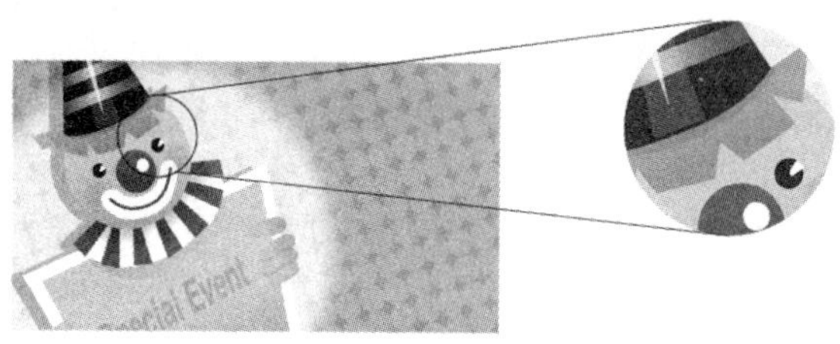

图 2-15

2.4.4　分辨率

图像分辨率（Image Resolution）：指图像中存储的信息量。这种分辨率有多种衡量方法，典型的是以每英寸的像素数（PPI）来衡量。图像分辨率和图像尺寸（高宽）的值一起决定文件的大小及输出的质量，该值越大，图形文件所占用的磁盘空间也就越多。图像分辨率以比例关系影响着文件的大小，即文件大小与其图像分辨率的平方成正比。如果保持图像尺寸不变，将图像分辨率提高一倍，则其文件大小增大为原来的 4 倍。从分辨率的单位即每英寸的像素数来看，当分辨率越高时，每一平方英寸的面积中含有的像素越多，相应的图像的细腻度也就越高。反之图像的细腻度越低，如图 2-16 所示。当进行店铺装修时，将分辨率设置为 72 像素 / 英尺即可，这样在屏幕中可以查看得比较清晰，并且更容易控制图像的尺寸。

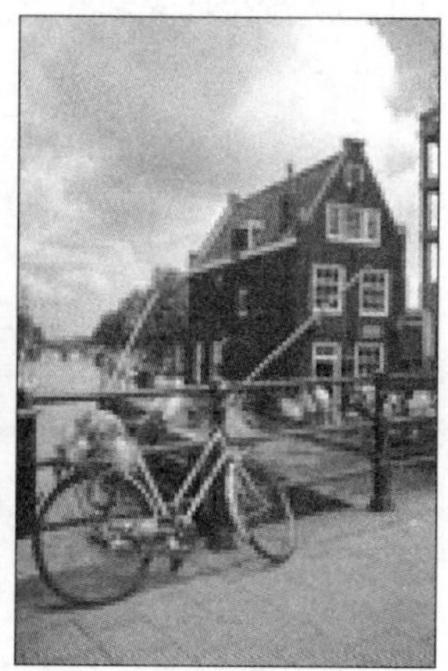

图 2-16

2.4.5　常用文件格式

在 Photoshop 软件中可以打开的图形图像文件的格式非常多，这些文件格式是通过不同的软件创建而成的，拥有不同的优点。在进行店铺装修操作时，可以根据不同的需要进行选择。具体这些文件格式包括：

1.GIF

GIF 文件格式是用于压缩具有单调颜色和清晰细节的图像（如线状图、徽标或带文字的插图）的标准格式。

GIF（Graphics Interchange Format）的原义是“图像互换格式”，是 CompuServe 公司在 1987 年开发的图像文件格式。GIF 文件的数据，是一种基于 LZW 算法的连续色调的无损压缩格式。其压缩率一般在 50%左右，它不属于任何应用程序。目前几乎所有的相关软件都支持它，公共领域有大量的软件在使用 GIF 图像文件。GIF 图像文件的数据是经过压缩的，而且采用了可变长度等压缩算法。所以 GIF 的图像深度从 1bit 到 8bit，也即 GIF 最多支持 256 种色彩的图像。GIF 格式的另一个特点是，其在一个 GIF 文件中可以存多幅彩色图像，如果把存于一个文件中的多幅图像数据逐幅读出，并显示到屏幕上，就可构成一种最简单的动画。

GIF 分为静态 GIF 和动画 GIF 两种，支持透明背景图像，适用于多种操作系统，其“体型”很小，网上的很多小动画都是 GIF 格式。其实 GIF 是将多幅图像保存为一个图像文件，从而形成动画，所以归根到底 GIF 仍然是图片文件格式。但 GIF 只能显示 256 色。

2.JPEG

JPEG 是 Joint Photographic Experts Group（联合图像专家组）的缩写，文件后辍名为“. jpg”或“. jpeg”，是最常用的图像文件格式，由一个软件开发联合会组织制定，是一种有损压缩格式，能够将图像压缩在很小的储存空间，图像中重复或不重要的资料会被丢失，因此容易造成图像数据的损伤。尤其是使用过高的压缩比例，将使解压缩后恢复的图像质量明显降低，如果追求高品质图像，不宜采用过高的压缩比例。但是JPEG压缩技术十分先进，它用有损压缩方式去除冗余的图像数据，在获得极高的压缩率的同时，能展现十分丰富生动的图像，换句话说，就是可以用最少的磁盘空间得到较好的图像品质。而且JPEG是一种很灵活的格式，具有调节图像质量的功能，允许用不同的压缩比例对文件进行压缩，支持多种压缩级别，压缩比率通常在10 ：1到40 ：1之间，压缩比越大，品质就越低；相反的，压缩比越小，品质就越好。比如可以把1.37MB的BMP位图文件压缩至20.3KB。当然也可以在图像质量和文件尺寸之间找到平衡点。JPEG格式压缩的主要是高频信息，对色彩的信息保留较好，适合应用于互联网，可减少图像的传输时间，可以支持24bit真彩色，也普遍应用于需要连续色调的图像。

JPEG格式是目前网络上最流行的图像格式，是可以把文件压缩到最小的格式，在Photoshop软件中以JPEG格式储存时，提供11级压缩级别，以0~10级表示。其中0级压缩比最高，图像品质最差。即使采用细节几乎无损的10级质量保存时，压缩比也可达5 ：1。以BMP格式保存时得到4.28MB图像文件，在采用JPG格式保存时，其文件仅为178KB，压缩比达到24 ：1。经过多次比较，采用第8级压缩为存储空间与图像质量兼得的最佳比例。如图2-17所示为不同压缩比例的JPEG图像。

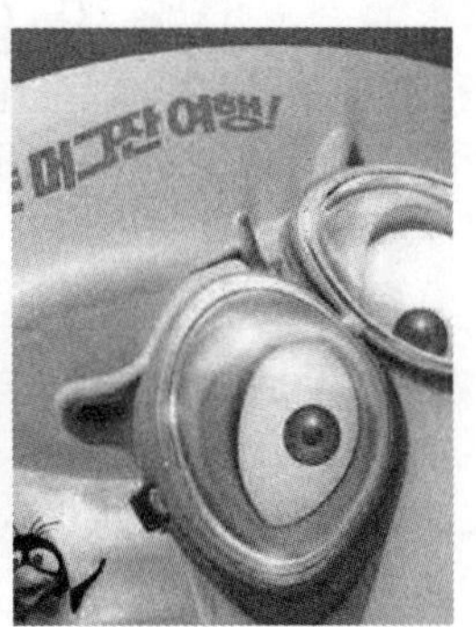

图2-17

3. Photoshop（PSD）

PSD/PDD是Adobe公司的图形设计软件Photoshop的专用格式，PSD文件可以存储成RGB或CMYK模式，还能够自定义颜色数并加以存储，还可以保存Photoshop的层、通道、路径等信息，是目前唯一能够支持全部图像色彩模式的格式，但体积庞大，在大多平面软件内部可以通用，另外在一些其他类型的编辑软件内也可使用，例如Office系列。但浏览器类的软件不支持。

大型文档格式(PSB)支持宽度或高度最大为300,000像素的文档。支持所有Photoshop功能（如图层、效果和滤镜）。可以将高动态范围32位/通道图像存储为PSB文件。目前，如果以PSB格式存储文档，存储的文档只能在Photoshop CS或更高版本中才能打开。其他应用程序和Photoshop的早期版本无法打开以PSB格式存储的文档。

4.PNG

PNG是20世纪90年代中期开始开发的图像文件存储格式，其目的是企图替代GIF和TIFF文件格式，同时增加一些GIF文件格式所不具备的特性。流式网络图形格式（Portable Network Graphic Format，PNG）名称来源于非官方的“PNG's Not GIF”，是一种位图文件（bitmap file）存储格式，读成“ping”。PNG用来存储灰度图像时，灰度图像的深度可多到16位，存储彩色图像时，彩色图像的深度可多到48位，并且还可存储多到16位的α通道数据。PNG使用从LZ77派生的无损数据压缩算法。

5.RAW

RAW的中文解释是“原材料”或“未经处理的东西”。RAW文件包含了原图片文件在传感器产生后，进入照相机图像处理器之前的一切照片信息。用户可以利用PC上的某些特定软件对RAW格式的图片进行处理。

2.5 常用软件

工欲善其事，必先利其器。进行店铺装修，

也要进行相应的工作。一般情况下，需要使用到 Adobe Photoshop、Adobe Illustrator、Adobe Flash、Adobe Dreamweaver 等软件，如果要享用这些软件的更多功能，就要将软件升级到最高版本，这些软件都是 Adobe 公司的，最近软件都升级到了 CS5 版本。但是为了便于使用，本书采用 CS4 中文版进行讲述，如果您没有安装这些软件，可以找到软件并安装。

2.5.1 Adobe Photoshop

Adobe Photoshop 是一个由 Adobe Systems 出品的专业图像处理软件。与该公司的其他软件一样，Photoshop 适用于 Mac OS 及 Microsoft Windows 两个操作系统，同时公司也发布了 Unix 操作系统上的版本。Google 也正在通过 Wine 资助 Linux 版 Photoshop 的研究。

Photoshop 主要处理以像素（Pixels）所构成的数字图像。利用其广泛的编修与绘图工具，可以更有效地进行图片编辑工作。独特的历史纪录浮动视窗和可编辑的图层效果功能使用户可以方便地测试效果。对各种滤镜的支持更令用户能够轻松地创造出奇幻的效果。目前，Photoshop 也正在被更多地用于处理网络图片。Photoshop 的几个后续版本中捆绑了一个独立的软件 ImageReady，加强了 Photoshop 对网络图像（主要是 GIF 图像文件）的支持功能。而在 CS3 中，ImageReady 被 Fireworks 所代替。Photoshop CS3 允许用户更容易升级到最新的硬件平台，支持苹果的 Intel 为内核的系统。2010 年 4 月 12 日发布的 Photoshop CS5 版，将本地支持 64 位技术，如图 2-18 所示。

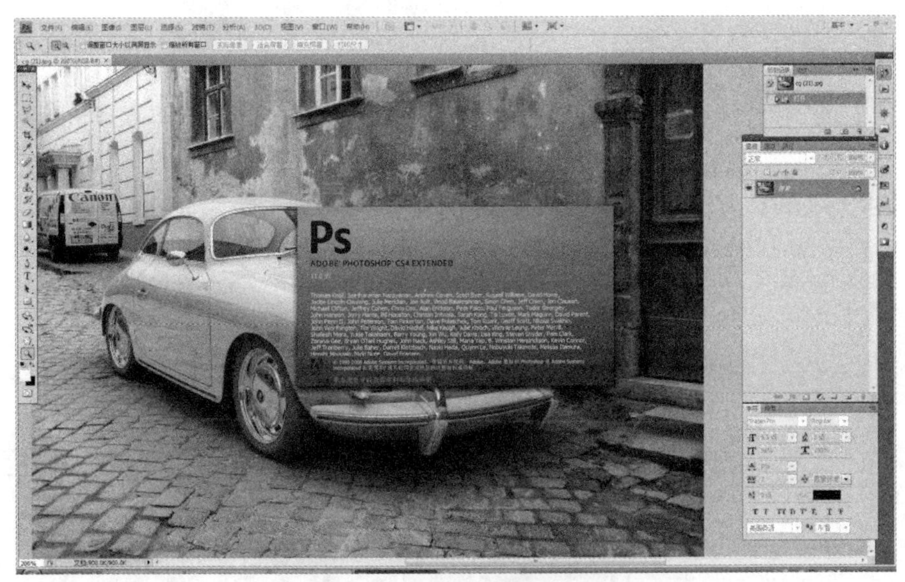

图 2-18

2.5.2 Adobe Illustrator

Adobe Illustrator 是 Adobe 公司推出的基于矢量的图形制作软件。最初是 1986 年为苹果公司麦金塔电脑设计开发的，1987 年 1 月发布，在此之前它只是 Adobe 内部的字体开发和 PostScript 编辑软件。

其最大特征在于贝塞尔曲线的使用，使得操作简单功能强大的矢量绘图成为可能。现在它还集成文字处理、上色等功能，在插图制作、印刷制品（如广告传单、小册子）设计制作方面也有广泛使用，事实上它已经成为桌面出版（DTP）业界的默认标准。它的主要竞争对手是 Macromedia Freehand；但是在 2005 年 4 月 18 日，Macromedia 被 Adobe 公司收购。

所谓的贝塞尔曲线方法，在这个软件中就是

通过"钢笔工具"设定"锚点"和"方向线"实现的。一般用户在一开始使用的时候，都感到不太习惯，并需要一定的练习；但是一旦掌握了，就能够随心所欲地绘制出各种线条，并直观可靠。

它作为创意软件套装 Creative Suite 的重要组成部分，与兄弟软件——位图图形处理软件 Photoshop 有类似的界面，并能共享一些插件和功能，实现无缝连接。同时它也可以将文件输出为 Flash 格式。因此，可以通过 Illustrator 让 Adobe 公司的产品与 Flash 连接，如图 2-19 所示。

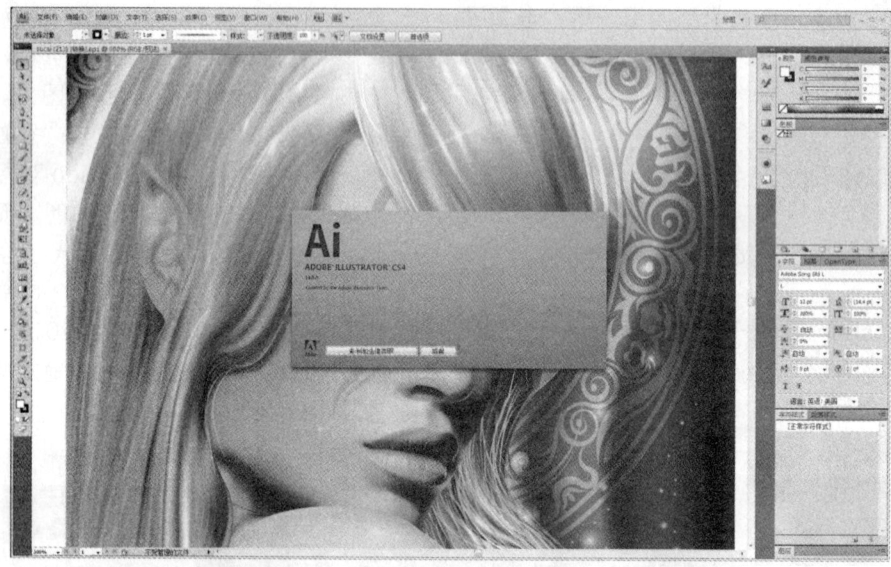

图 2-19

2.5.3　Adobe Flash

Adobe Flash，前称 Macromedia Flash，简称 Flash，前身 FutureSplash，既指 Adobe Flash Professional（多媒体创作程序），也指 Adobe Flash Player。自从 Macromedia 公司于 2005 年 12 月 3 日被 Adobe 公司收购，Flash 也就成为了 Adobe 旗下的软件，如图 2-20 所示。

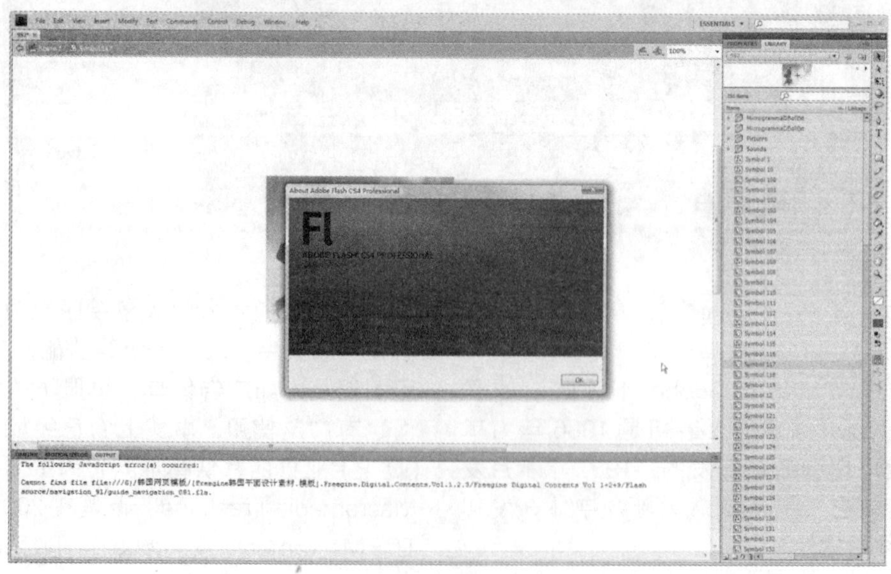

图 2-20

2.5.4 Adobe Dreamweaver

Adobe Dreamweaver 是 Adobe 公司著名的网站开发工具。它使用所见即所得的接口，亦有 HTML 编辑功能。它现在有 Mac 和 Windows 系统的版本。它原本由 Macromedia 公司所开发，随着 Macromedia 被 Adobe 收购后，Adobe 开始计划开发 Linux 版本的 Dreamweaver，如图 2-21 所示。

小结

您的软件是否准备好了？从下一章开始，进行一些具体操作的讲述，以提高您的动手能力。如果您从文字中不能非常好地理解掌握，可以在光盘中找到相应的视频教学文件，就会像身临其境一样完成学习的全过程。祝您好运！

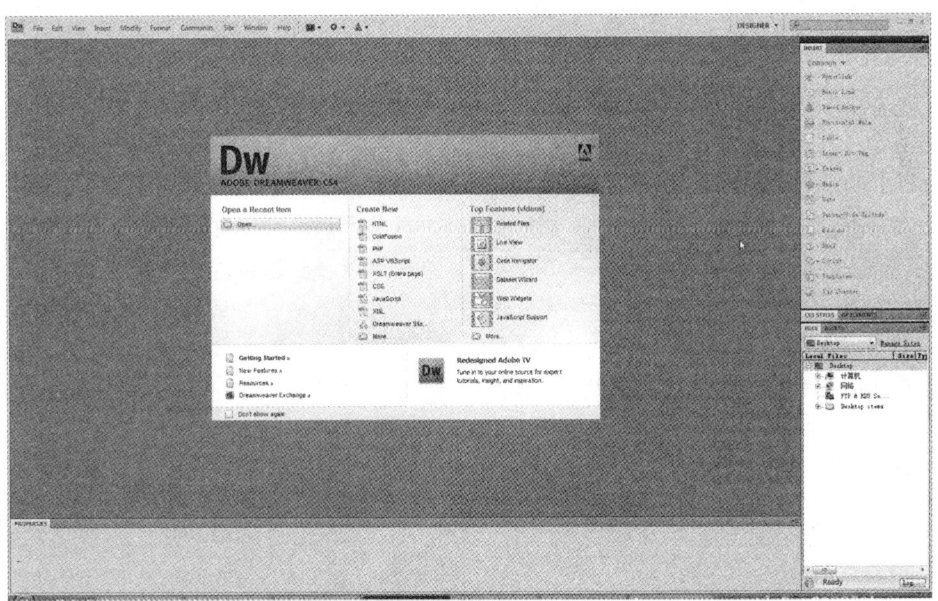

图 2-21

第3章　照片的整体调整

当使用相机拍摄了商品照片后，照片的质量不一定非常完美。如果您是一个摄影的新手就更加如此，就连专业摄影师也要进行后期处理才能得到一幅满意的照片。在本章中将使用Adobe Photoshop软件，对一些有问题的照片进行调整。并不是说本章的所有问题都会出现在您拍摄的照片中，只要按照相应的方法，有针对性地调整即可。

虽然当前的软件功能已经非常全面了，几乎可以修缮所有的瑕疵。但是在前期将照片拍摄得完美，比后期处理起来好，效果也更加自然。首先来熟悉一下软件。

3.1　初识Adobe Photoshop

Adobe Photoshop软件已经成为除Office外，大众必须要学会的一个软件，作为一个专业的卖家，该软件更是必学必会的。本书中只是对软件进行大致的讲述，引领大家完成一些有针对性的操作。在Photoshop软件中，面板、菜单和工具箱中的参数和按钮非常多，启动Photoshop，首先可以看到软件界面，执行“文件” > “新建” > “文档”命令，或使用快捷键Ctrl + N创建一个新的文档，如图3–1所示。

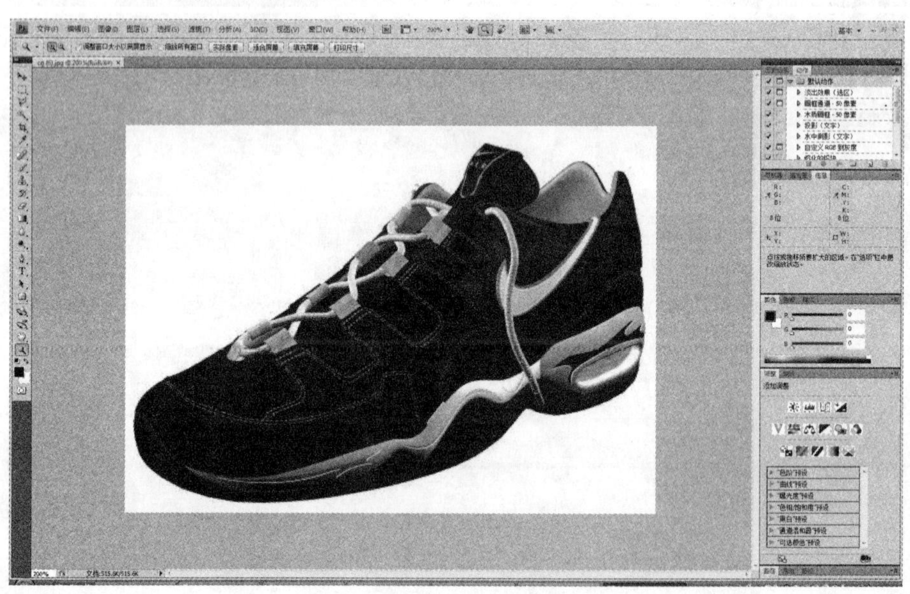

图3–1

3.1.1　工具箱与工具

工具箱中的工具主要用于图像的选择、修改、润色和创建。可以改变工具箱的外观以适合整个软件的界面。在默认情况下，工具箱显示为垂直方向的一列工具。也可以将其设置为双列或双行。但是，不能重排工具箱中各个工具的位置。要移动工具箱，请拖动其标题栏来进行。

拖动工具箱的状态栏，将其拖出，此时工具箱可以浮动在软件的界面中，单击工具箱顶部的按钮，可以依次切换工具箱的两种状态，即“纵排单列”和“纵排双列”状态，如图 3–2 所示。

当工具箱停放在软件的左侧位置时，可以单击工具箱顶部的按钮，切换工具箱的“纵排单列”和“纵排双列”状态。

在默认的工具箱中单击某个工具，可以将其选中。工具箱中还包含几个与可见工具相关的隐藏工具。工具图标右侧的箭头表明此工具下还有隐藏工具。选择隐藏工具的方法是：首先在工具箱中单击当前工具，然后按住鼠标，再选择需要的工具，如图 3–3 所示。

将指针停放在工具上时，会显示工具的名称及其键盘快捷键（此时出现的文本称为工具提示），如图 3–4 所示。当要选择某一个工具时，可以单击工具箱中相应的工具，也可以按下每一个工具所对应的快捷键，如果没有提供快捷键，则只能通过用鼠标单击的方式来选择。执行“窗口”>“工具”命令，可以将“工具箱”显示或隐藏。

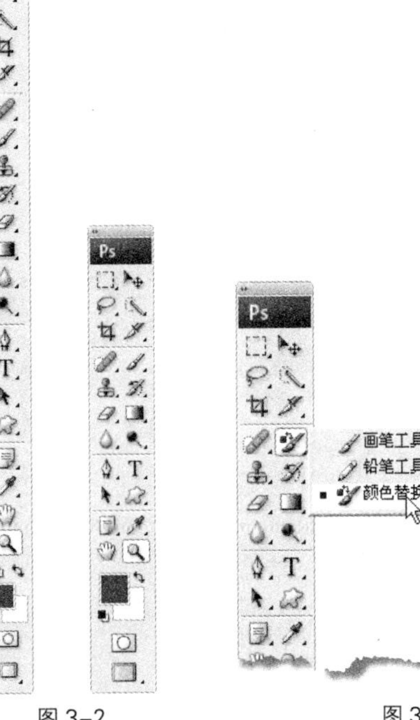

图 3–2

图 3–3

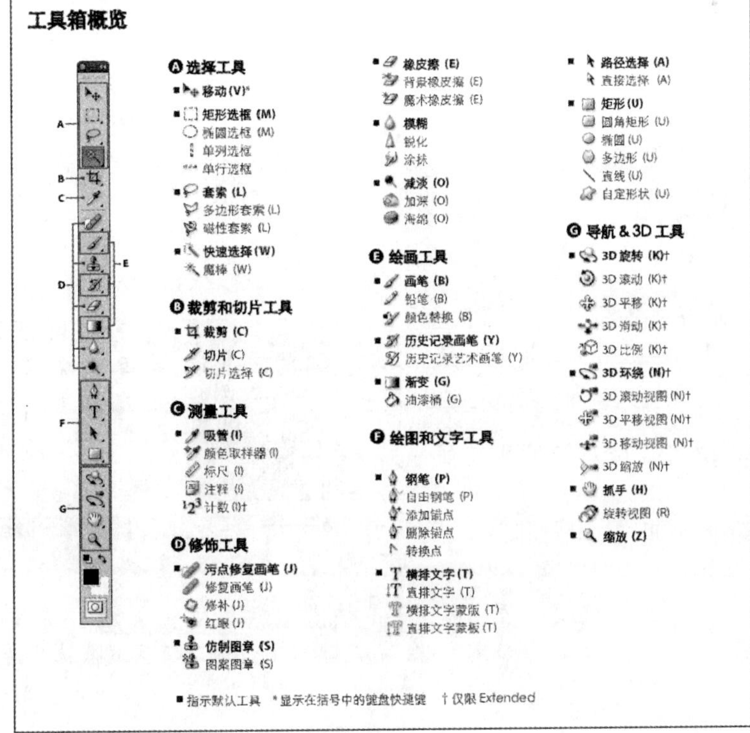

图 3–4

3.1.2 工具概述

- "选框"工具：使用"选框"工具可建立矩形、椭圆、单行和单列选区。
- "移动"工具：使用"移动"工具可移动选区、图层和参考线。
- "套索"工具：使用"套索"工具可建立手绘图、多边形（直边）和磁性（紧贴）选区。如图 3-5 所示。

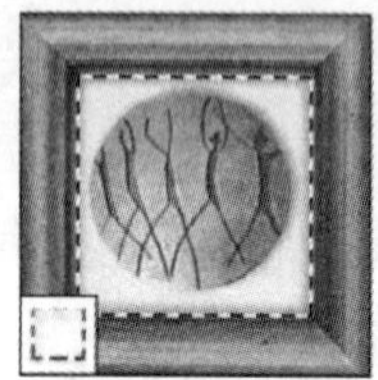
"选框"工具

"移动"工具

"套索"工具

图 3-5

- "快速选择"工具：使用"快速选择"工具可以使用可调整的圆形画笔笔尖快速"绘制"选区。
- "魔棒"工具：使用"魔棒"工具可选择着色相近的区域。
- "裁剪"工具：使用"裁剪"工具可裁切图像。如图 3-6 所示。

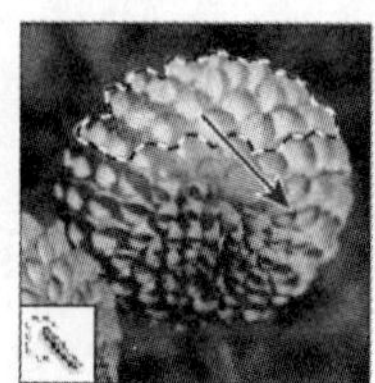
"快速选择"工具
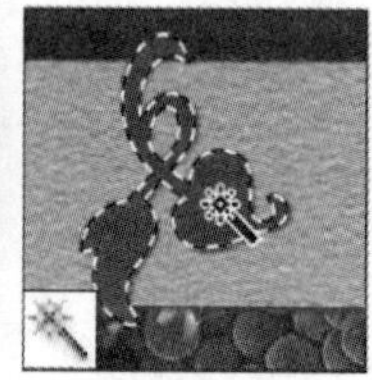
"魔棒"工具
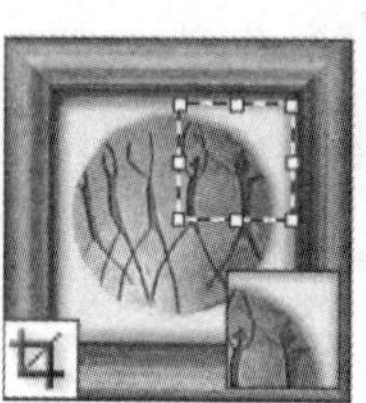
"裁剪"工具

图 3-6

- "切片"工具：使用"切片"工具可创建切片。
- "切片选择"工具：使用"切片选择"工具可选择切片。
- "污点修复画笔"工具：使用"污点修复画笔"工具可移去污点和对象。如图 3-7 所示。

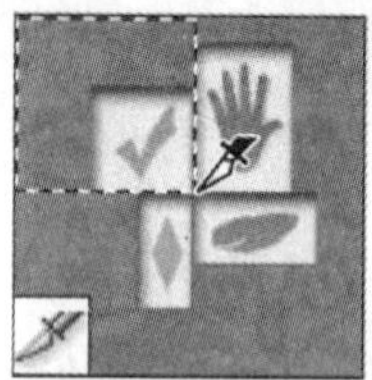
"切片"工具
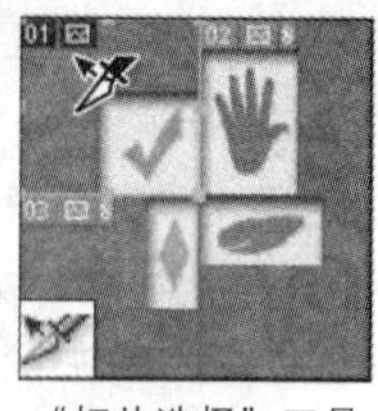
"切片选择"工具
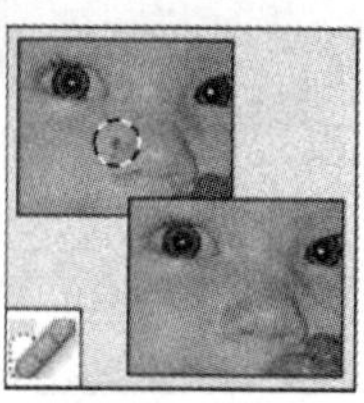
"污点修复画笔"工具

图 3-7

- "修复画笔"工具：使用"修复画笔"工具可利用样本或图案绘画，以修复图像中不理想的部分。
- "修补"工具：使用"修补"工具可使用样本或图案来修复所选图像区域中不理想的部分。
- "红眼"工具：使用"红眼"工具可移去由闪光灯导致的红色反光。如图 3-8 所示。

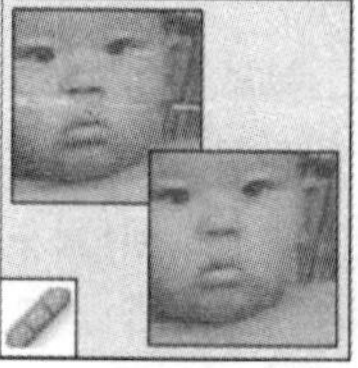
"修复画笔"工具
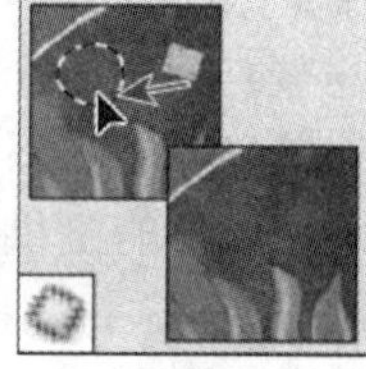
"修补"工具
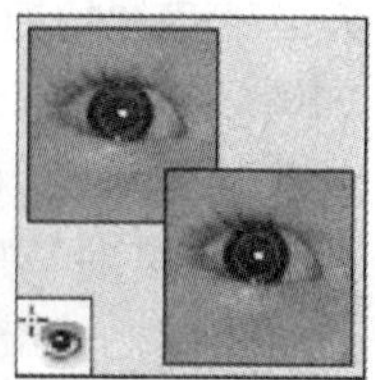
"红眼"工具

图 3-8

- "仿制图章"工具：使用"仿制图章"工具可利用图像的样本来绘画。
- "图案图章"工具：使用"图案图章"工具可使用图像的一部分作为图案来绘画。
- "橡皮擦"工具：使用"橡皮擦"工具可抹除像素，并将图像的局部恢复到以前存储的状态。如图 3-9 所示。

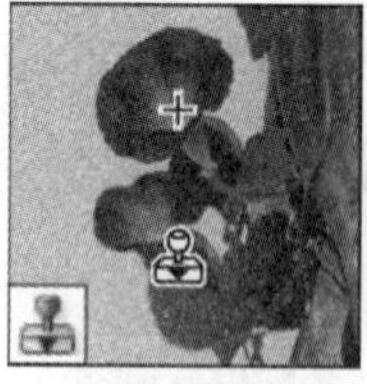
"仿制图章"工具

"图案图章"工具

"橡皮擦"工具

图 3-9

- "背景橡皮擦"工具：使用"背景橡皮擦"工具可通过拖动将区域擦抹为透明区域。
- "魔术橡皮擦"工具：使用"魔术橡皮擦"工

具只需单击一次，即可将纯色区域擦抹为透明区域。

- “模糊”工具：使用“模糊”工具可对图像中的硬边缘进行模糊处理。如图 3-10 所示。

“背景橡皮擦”工具

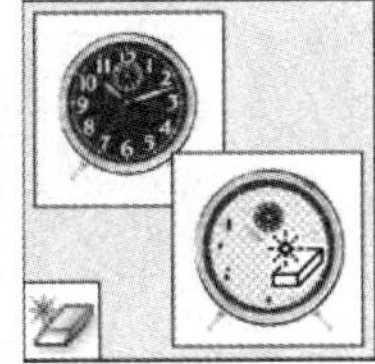
“魔术橡皮擦”工具

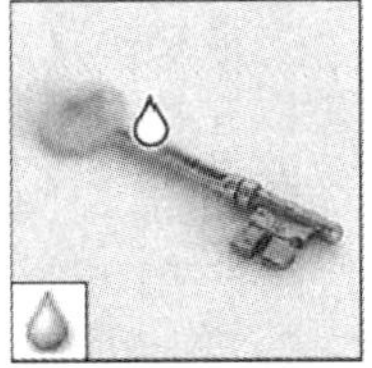
“模糊”工具

图 3-10

- “锐化”工具：使用“锐化”工具可锐化图像中的柔边缘。
- “涂抹”工具：使用“涂抹”工具可涂抹图像中的数据。
- “减淡”工具：使用“减淡”工具可使图像中的区域变亮。如图 3-11 所示。

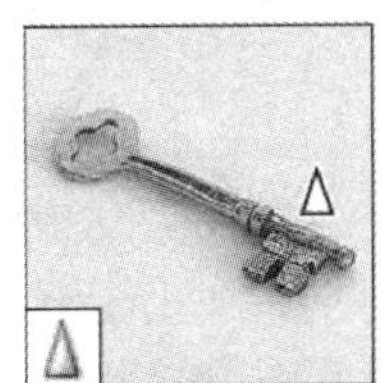
“锐化”工具

“涂抹”工具

“减淡”工具

图 3-11

- “加深”工具：使用“加深”工具可使图像中的区域变暗。
- “海绵”工具：使用“海绵”工具可更改区域的颜色饱和度。
- “画笔”工具：使用“画笔”工具可绘制画笔描边。如图 3-12 所示。

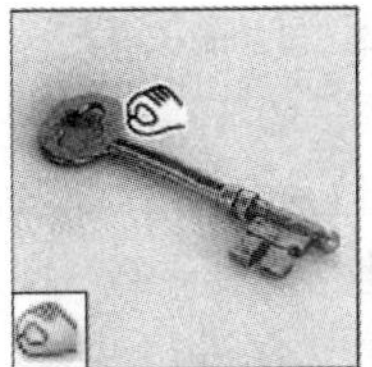
“加深”工具

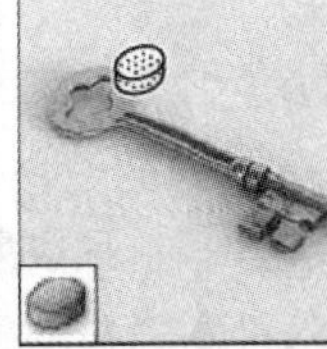
“海绵”工具

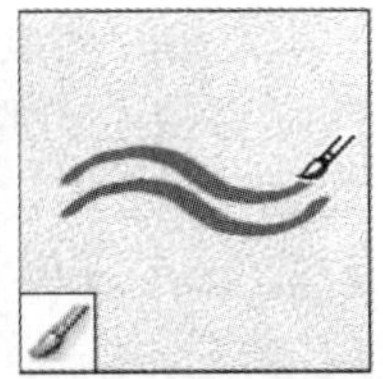
“画笔”工具

图 3-12

- “铅笔”工具：使用“铅笔”工具可绘制硬边描边。
- “颜色替换”工具：使用“颜色替换”工具可将选定颜色替换为新颜色。
- “历史记录画笔”工具：使用“历史记录画笔”工具可将选定状态或快照的副本绘制到当前图像窗口中。如图 3-13 所示。

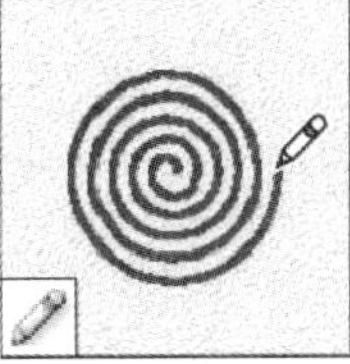
“铅笔”工具

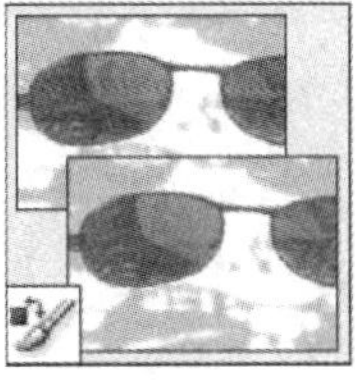
“颜色替换”工具

“历史记录画笔”工具

图 3-13

- “历史记录艺术画笔”工具：使用“历史记录艺术画笔”工具可使用选定状态或快照，通过模拟不同绘画风格的描边进行绘画。
- “渐变”工具：使用“渐变”工具可创建直线形、放射形、斜角形、反射形和菱形的颜色混合效果。
- “油漆桶”工具：使用“油漆桶”工具可使用前景色填充着色相近的区域。如图 3-14 所示。

“历史记录艺术画笔”工具

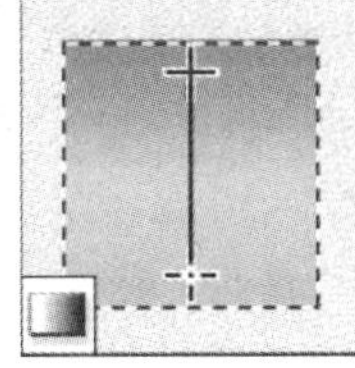
“渐变”工具

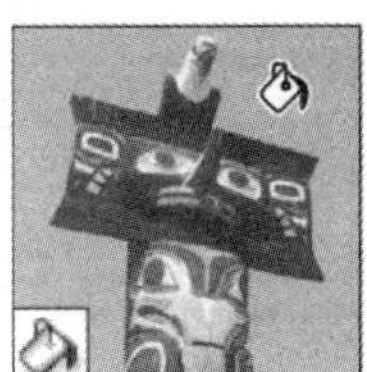
“油漆桶”工具

图 3-14

- “路径选择”工具：使用“路径选择”工具可建立显示锚点、方向线和方向点的形状或线段选区。
- “文字”工具：使用“文字”工具可在图像上创建文字。
- “文字蒙版”工具：使用“文字蒙版”工具可创建文字形状的选区。如图 3-15 所示。

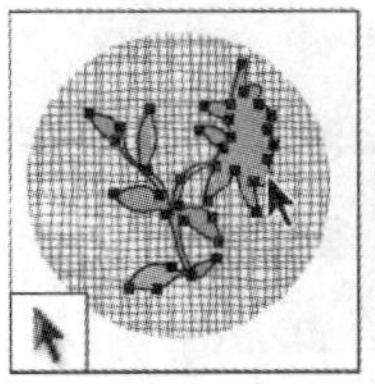
“路径选择”工具

“文字”工具

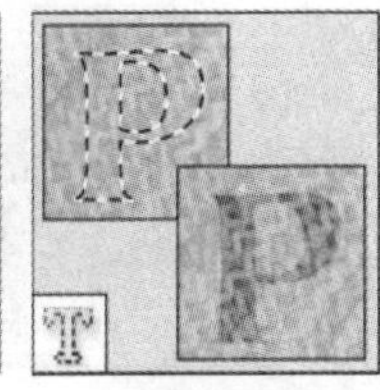
“文字蒙版”工具

图 3-15

- “钢笔”工具：使用“钢笔”工具可绘制边缘平滑的路径。
- “形状”工具和“直线”工具：使用“形状”工具和“直线”工具可在正常图层或形状图层中绘制形状和直线。
- “自定形状”工具：使用“自定形状”工具可创建从自定形状列表中选择的自定形状。如图3-16所示。

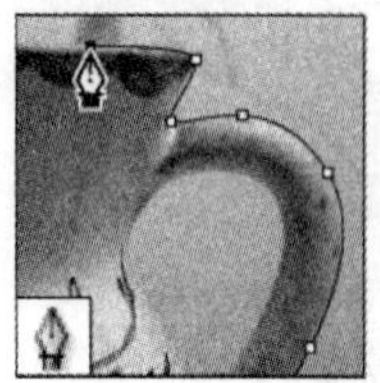
“钢笔”工具

“形状”工具

“自定形状”工具

图3-16

- “注释”工具：使用“注释”工具将创建可附加到图像的文字和语音注释。
- “吸管”工具：使用“吸管”工具可提取图像的色样。
- “测量”工具：使用“测量”工具可测量距离、位置和角度。
- “抓手”工具：使用“抓手”工具可在图像窗口内移动图像。
- “缩放”工具：使用“缩放”工具可放大和缩小图像的视图。如图3-17所示。

“注释”工具

“吸管”工具

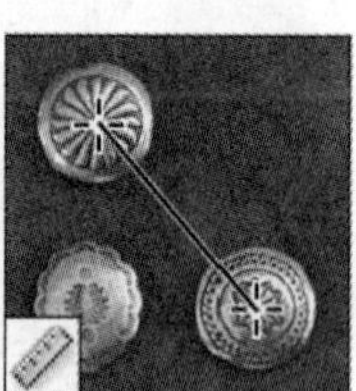
“测量”工具

“抓手”工具

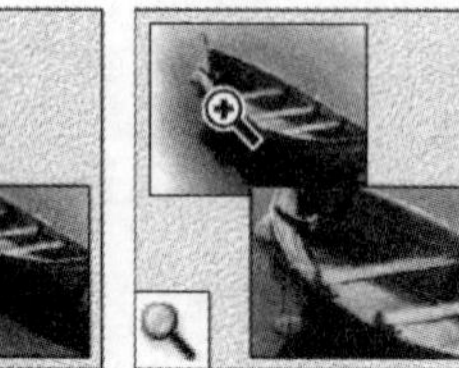
“缩放”工具

图3-17

3.2 调整图像尺寸

当前数码相机的像素都比较高，除了得到更高的分辨率外，还得到了一个非常大的图像文件，作为最终出现在网络中的图像无需这么大。大家可以在拍摄时，将相机的拍摄尺寸缩小，也可以在后期通过 Photoshop 软件将尺寸缩小。

3.2.1 调整文件尺寸

使用 Photoshop 软件可以调整图像的尺寸，可以将图像缩小，也可以将图像放大。缩小图像时，图像的清晰度保持不变，但是当放大图像时，尤其是大幅度地放大图像时，将会成正比例降低图像的清晰度。当要调整图像的尺寸时，可执行如下的操作：

1. 启动 Photoshop 软件，执行“文件”>“打开”命令，或使用快捷键 Ctrl+O，在弹出的对话框中选择要打开的文件，如图3-18所示。

2. 执行“图像”>“图像大小”命令，或使用快捷组合键 Ctrl+Alt+I，弹出如图3-19所示的对话框。在该对话框中，可以查看到图像的尺寸，也可以通过相应的设置调整图像的尺寸。

3. 在该对话框中含有两个选区，分别是“像素大小”和“文档大小”，当没有进行任何调整时，可以在“像素大小”选区中查看到该图像长度和宽度的像素尺寸。在编辑网络图像时，无需调整“文档大小”，只调整“像素大小”选区中的尺寸即可。如果要保持图像的横纵比例，需要勾选“约束比例”复选项。

4. 在“宽度”和“高度”文本框中输入数值，并且保持右侧的“单位”选项，一般无需调整。如果要调整单位，需要先调整单位后的参数。当勾选“约束比例”复选项时，只调整“宽度”或“高度”参数，另一个参数将按照相应的比例进行调整。一般情况下，不能取消对“约束比例”复选项的勾选，如果这样做，图像的比例就有可能发生变化，导致图像不真实。如图3-20所示。

5. 图像尺寸调整完毕后，单击“确定”按钮即可。

图 3–18

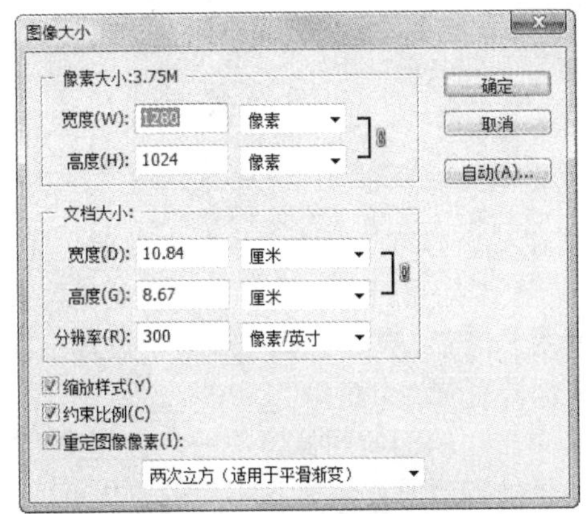

图 3–19

提示

当在“图像大小”对话框中调整参数后，如果要恢复原始的参数时，可以按下键盘上的 Alt 键，此时“取消”按钮将变成“复位”按钮，单击它可以恢复原始的参数。当将图像大小调整后，可以执行“编辑”>“重做”命令，或使用快捷键 Ctrl+Z，恢复上一步操作。使用快捷组合键 Ctrl+Alt+Z，还可以恢复多步操作。

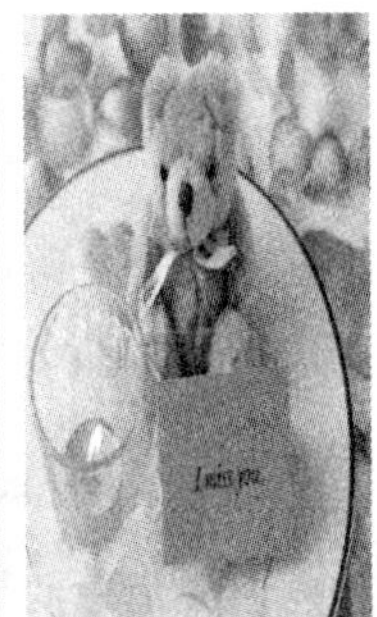

图 3–20

3.2.2　裁切图像

有时拍摄的照片中有一些没有意义的内容，或有影响构图的部分，就需要将相应的部分裁切掉。裁切后的尺寸一般会变小，也可以保持原有的尺寸。具体的操作方法如下：

1. 打开相应的图像文件。

2. 在工具箱中选中“裁切”工具，或使用快捷键 C。

3. 在图像中拖曳鼠标，将要保留的部分框选出来，可以调整边角上的控制柄，微调位置和尺寸，如图 3–21 所示。

图 3–21

4. 将鼠标放置到“裁切框”的中间时，鼠标变成▶状态，拖动它可以移动该“裁切框”的位置。

5. 将鼠标放置到“裁切框”的位置上，鼠标变成↘状态，单击并拖动可以调制“裁切框”的尺寸，同时按下键盘上的 Shift 键，可以锁定“裁切框”的横纵比例。

6. 调整“裁切框”的中心标记,定义旋转“裁切框”的中心。将鼠标放置到“裁切框”的控制柄外侧,鼠标变成↩状态,单击并拖动可以调制“裁切框”的角度，按下键盘上的 Shift 键，可以锁定“裁切框”旋转的角度为 45° 的倍值。

7. 设置完毕后，可以采用 3 种方式确定裁切操作。裁切后的效果如图 3–22 所示。

◇ 按下键盘上的 Enter 键。

◇ 在“裁切框”中双击鼠标。

◇ 在工具选项栏中单击“确定”按钮✓。

图 3–22

3.2.3 裁切固定尺寸

当要处理大量照片的尺寸时，可以对“裁切”工具的属性进行设置，这样裁切后的图像尺寸将统一。使用“裁切”工具，可以定义裁切后图像的尺寸和分辨率，具体的操作方法如下：

1. 在工具箱中选中“裁切”工具，或使用快捷键 C。

2. 在如图 3–23 所示的工具选项栏中进行设置，在“宽度”和“高度”文本框中输入相应的数值和单位。

宽度:	⇄ 高度:	分辨率:	像素/英寸 ▾	前面的图像	清除

图 3–23

3. 通过单击“交互”按钮⇄，可以将“宽度”和“高度”文本框中的参数进行调换。

提示

在“宽度”和“高度”文本框中输入数值时，必须要配合相应的单位，在使用中文版的 Photoshop 软件时，单位名称也一定要使用“中文”，例如“厘米”、“毫米”等，否则会弹出 Adobe Photoshop CS4 Extended 对话框，提示错误。

4. 在“分辨率”文本框中输入数值，并且在右侧的“单位”下拉列表中选择要使用的单位选项，建议使用“像素 / 英寸”选项。当不设置该项时，图像将保持原来的分辨率。

5. 单击“前面的图像”按钮，会直接将当前图像的尺寸和分辨率填写到相应的文本框中。当要裁切的图像有不想修改的尺寸和分辨率时，该按钮非常有用。

6. 当要清除“裁切”工具的尺寸设置时，可以单击“清除”按钮，将所有的参数设置清除。

7. 使用“裁切”工具，进行图像裁切，裁切后的图像和设置的尺寸、分辨率相同。

提示

定义“裁切”工具的尺寸时，如果尺寸和分辨率大于原图像的，会造成图像的尺寸增大，图像的质量也将降低。

3.2.4 增加图像尺寸

执行“选择”>“图像大小”命令，将尺寸数值增大。在“图像大小”对话框的“图像插值”下拉列表中选择不同的选项，定义增大图像尺寸时，进行像素添加的方式。在该下拉列表中可以选择到“邻近（保留硬边缘）”、“两次线性”、“两次立方（适用于平滑渐变）”、“两次立方较平滑（适用于扩大）”和“两次立方较锐利（适用于缩小）”选项。从下至上效果为从好到劣，即使使用再好的“插值方式”或插值软件，都无法将图像进行无损的增大处理。打一个比方，让世界上最好的画家，使用最好的画笔、颜料和纸张，只是对一个没有见过的景象或事物进行描述，这个画家是否可以绘制出一模一样的图像呢？答案一定是否定的。因为画家根本没有见过这一景象或事物，根本没有可能绘制出来。所以不要相信会有无损的插值软件，只能有效果更好的插值软件。当在进行图像的编辑工作时，尽可能不要使用插值的方式进行图像尺寸的增大，即使必须进行调整时，也一定要采用“两次立方”、“两次立方较平滑”或“两次立方较锐利”的插值方式。有条件的情况下，还可以采用更好的插值软件，例如，如图3-24所示的Photo Zoom软件。

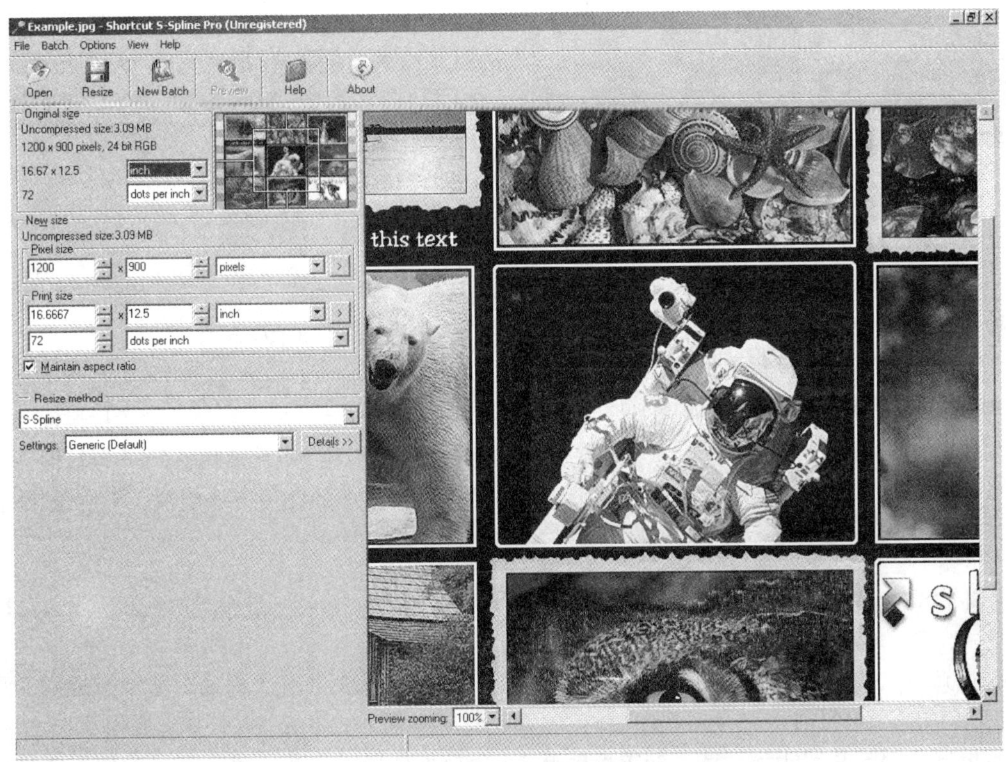

图 3-24

3.3 选取图像

在Photoshop软件中进行图像的编辑时，很多时候都要将一部分图像区域选中，从而更加有针对性地进行编辑处理。

3.3.1 矩形选框工具

“矩形选框”工具是比较基本的选择工具，可以在图像中定义一个“矩形”或“正方形”的选区，使用的方法非常简单。

1. 在工具箱中选择“矩形选框”工具，或使用快捷键 M。

2. 在图像中要定义选区的左上角单击鼠标，拖动到右下角的位置上，释放鼠标，定义选区，如图 3-25 所示。该操作没有后悔的余地，所以一定要准确。

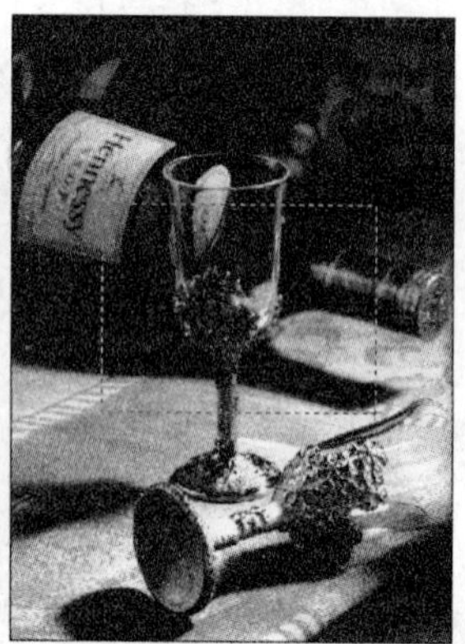

图 3-25

3.3.2 定义正方形选区

当要定义一个“正方形”的选区时，仍然使用“矩形选框”工具，只需要约束矩形两个边的比例为 1 ∶ 1。具体的操作方法如下：

1. 在工具箱中选择“矩形选框”工具，或使用快捷键 M。

2. 在图像中要定义选区的左上角单击鼠标，拖动到右下角的位置上，按住 Shift 键，先释放鼠标定义选区，再释放 Shift 键。

3.3.3 从中心定义矩形选区

一般情况下都是从“矩形”选区的角点处开始定义选区的，如果要从矩形选区的中心开始定义时，可以执行如下操作：

1. 在工具箱中选择“矩形选框”工具，或使用快捷键 M。

2. 在图像中要定义选区的中心位置上单击鼠标，拖动到外沿的位置上，按住 Alt 键，先释放鼠标定义选区，再释放 Alt 键。

提示

在定义选区时，如果要配合键盘上的快捷键，必须先释放鼠标，再释放快捷键，否则跟没有按快捷键的效果相同。

3.3.4 定义矩形选区的尺寸

当要创建精确“比例”或“尺寸”的矩形选区时，可以执行如下操作：

1. 在工具箱中选择“矩形选框”工具，或使用快捷键 M。

2. 在如图 3-26 所示的工具选项栏中的“样式”下拉列表中选择“固定比例”选项或“固定大小”选项，在“宽度”和“高度”文本框中分别输入相应的“比例”或“尺寸”数值。

3. 在图像中定义矩形选区。

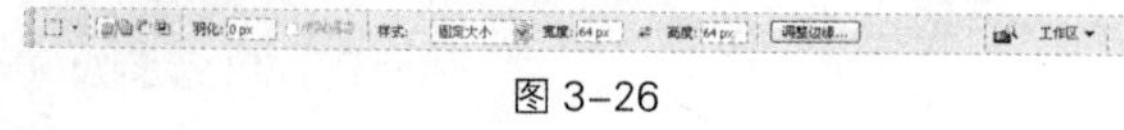

图 3-26

3.3.5 其他选区工具

在 Photoshop 软件中，除了提供简单的“矩形选框”工具外，还提供了一些其他形状的选区工具，具体的使用方法类似，不再重复讲述。

3.4 定义特殊形状选区

在对图像进行选择时，很少有规则的形状操作。在 Photoshop 软件中，提供了一些用于选择特殊图像的工具，这些工具的使用才是讲述的重点。

3.4.1 套索工具

“套索”工具是 Photoshop 软件中最自由的选区工具，只需要在图像中拖动，即可定义一个选区。但是因为控制鼠标的能力不同，所以使用该工具定义精确的选区比较困难。具体的操作方法如下：

1. 在工具箱中选择“套索”工具，或使用快捷键 L。

2. 在图像中要进行选取的位置上拖动鼠标，沿着选区的边缘进行拖动，将开始和结束的位置重合，释放鼠标即可定义相应的选区。如果开始和结束的位置并没有重合，会在两个位置上连接一条直线，定义相应的选区，如图 3-27 所示。

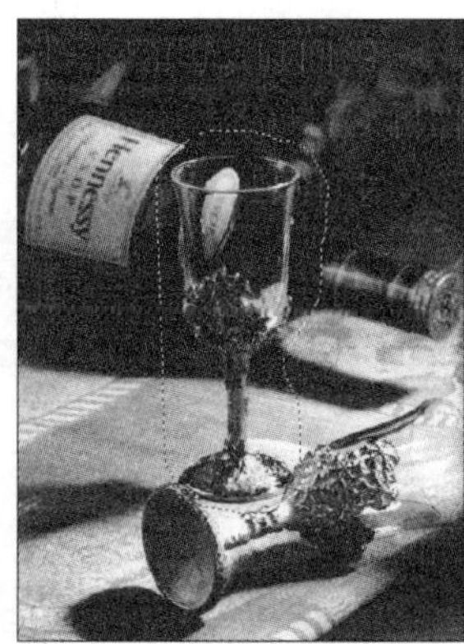

图 3-27

3.4.2　多边形套索工具

因为使用鼠标控制“套索”工具比较困难，无法非常精确地定义选区。所以 Photoshop 中还提供了“多边形套索”工具，通过单击鼠标，可以定义一个多边形的选区，相对而言比较方便。具体的操作方法如下：

1. 在工具箱中选择“多边形套索”工具，或使用快捷键 L。

2. 在要创建选区的位置上单击鼠标，拖到第二个节点的位置上单击鼠标，定义一条选区的直线。

3. 使用相应的方法，单击第三个、第四个……，将结束的点和开始的点重合在一起，此时，鼠标指针变成状态，单击鼠标定义选区，如图 3-28 所示。

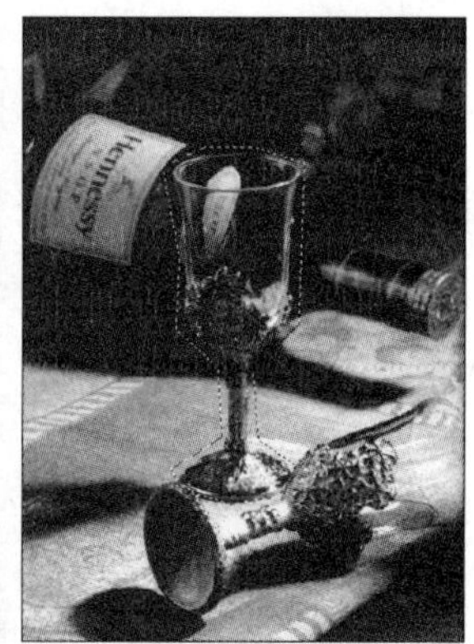

图 3-28

3.4.3　磁性套索工具

“磁性套索”工具是一个自由的，又是一个自动的选区工具，当选择一个边界比较清晰的图像时，可以使用该工具，在选区的边缘上拖动鼠标，选区的边缘将自动吸附到图像的边缘上。在使用该工具时，需要先进行设置，具体的操作方法如下：

1. 在工具箱中选择“磁性套索”工具，或使用快捷键 L。

2. 在如图 3-29 所示的工具选项栏中进行设置：

图 3-29

3. 在“宽度”文本框中指定查看的宽度。在“宽度”文本框中输入像素值。“磁性套索”工具检测从指针开始指定距离以内的边缘。

4. 在“对比度”文本框中指定套索对图像边缘的灵敏度。在“对比度”文本框中输入一个介于 1% 和 100% 之间的数值。较高的数值将只检测与其周边对比鲜明的边缘，较低的数值将检测低对比度边缘。

5. 在“频率”文本框中指定套索以什么频度设置紧固点。在“频率”文本框中输入 0 到 100 之间的数值。较高的数值会更快地固定选区边框。

6. 沿着要选择的图像边缘进行拖动鼠标，将开始和结束的点重合，此时，鼠标指针变成状态，单击鼠标定义选区，如图 3-30 所示。

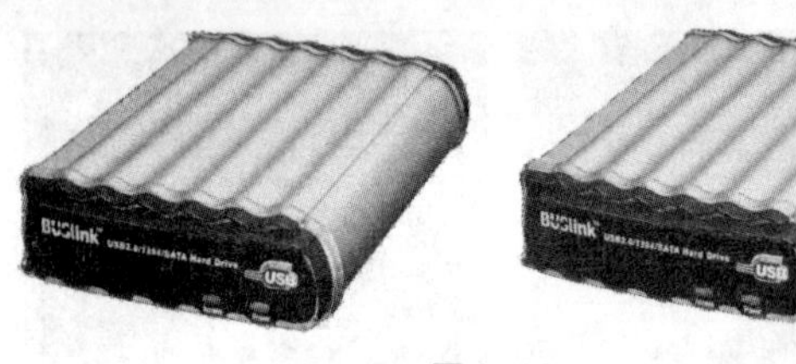

图 3-30

提示

当使用“磁性套索”工具进行图像选区的定义时，软件会按照相应的“频率”创建“固定点”，有时这些“固定点”并不是非常合适，可以按下 Del 键，将自动创建的“固定点”删除，如果要手动创建一个“固定点”时，可以在相应的位置上单击鼠标。

提示

当使用各种“套索”工具进行选区定义时，如果要中途取消操作，可以按下 Esc 键，将已经定义的部分取消。

3.4.4 魔棒工具

“魔棒”工具是 Photoshop 软件较早加入的快速选区工具，如果图像中要选择的颜色差异够小，只需要单击一下鼠标就可以将区域选中。但是根据不同的图像情况，需要对图像进行相应的设置，才能将该工具发挥得淋漓尽致。具体的操作方法如下：

1. 在工具箱中选中“魔棒”工具，或使用快捷键 W。

2. 在如图 3-31 所示的工具选项栏中进行相应的设置。

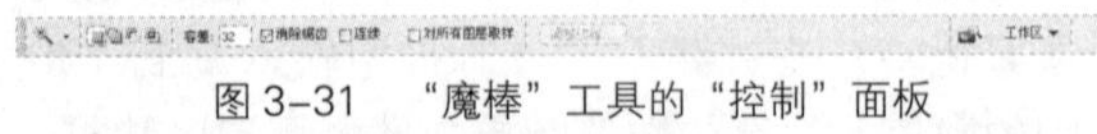

图 3-31 “魔棒”工具的“控制”面板

3. 在“容差”文本框中以像素为单位输入一个值，范围介于 0 到 255 之间。如果值较低，则会选择与所单击像素非常相似的少数几种颜色。如果值较高，则会选择范围更广的颜色。

4. 当勾选“连续”复选项时，将只选择相同颜色的邻近区域。当取消选中该复选项时，将会选择整个图像中相同颜色的所有像素。

5. 当勾选“对所有图层取样”复选项时，使用所有可见图层中的数据选择颜色区域。否则，“魔棒”工具将只从当前图层中选择颜色区域。

6. 设置完毕后，在要选择的位置上单击鼠标，即可将相应的颜色区域选中，如图 3-32 所示。

图 3-32

3.4.5 快速选择工具

“快速选择”工具是 Photoshop 软件中最新添加的选择工具，通过使用该工具，在要进行选择的区域中单击并拖动鼠标，将颜色近似的区域快速选中，同样需要相应的设置，才能发挥该工具的全部性能。具体的使用方法如下：

1. 在工具箱中选择“快速选择”工具，或使用快捷键 W。

2. 在如图 3-33 所示的工具选项栏中进行相应的设置。

图 3-33

3. 在“画笔”选区中更改“快速选择”工具的画笔大小，单击选项栏中的“画笔”按钮，在弹出如图 3-34 所示的面板中调整相应的数值，对画笔的尺寸进行设置，具体的方法可查看相关的章节。

图 3-34

提示

可以通过按下［、］键，将画笔的尺寸调整。

4. 当勾选“对所有图层取样”复选项时，将使用所有可见图层中的数据选择颜色区域。否则，“快速选择”工具将只从当前图层中选择颜色区域。

5. 勾选“自动增强”复选项，减少选区边界的粗糙度和块效应。将选区向图像边缘进一步流动，并应用一些边缘调整。

6. 设置完毕后，使用该工具在要选择的区域中拖动鼠标，将相应的区域选中，如图 3–35 所示。

图 3–35

3.5　使用钢笔工具定义路径

到这里并没有将选区的操作讲述完毕，因为在 Photoshop 软件中，如果要创建一个完全自定义而又非常好控制的选区，必须要使用到“钢笔”工具，并将其创建的“路径”转换为选区。这一操作，在 Photoshop 软件中以至整个平面设计领域都非常重要。

3.5.1　了解路径

“路径”是矢量绘图的最基本概念，路径是通过数学概念定义的，最基础的概念是两点连成一线，三个点可以定义一个面。在进行矢量绘图时，就是通过绘制路径并在路径中添加颜色，从而组成各种复杂的图形。路径并不是最小的矢量绘图单位，矢量是通过连接两个点形成的。在矢量绘图中，称点为“锚点”，称两个锚点之间的连线为“路径”，如图 3–36 所示。

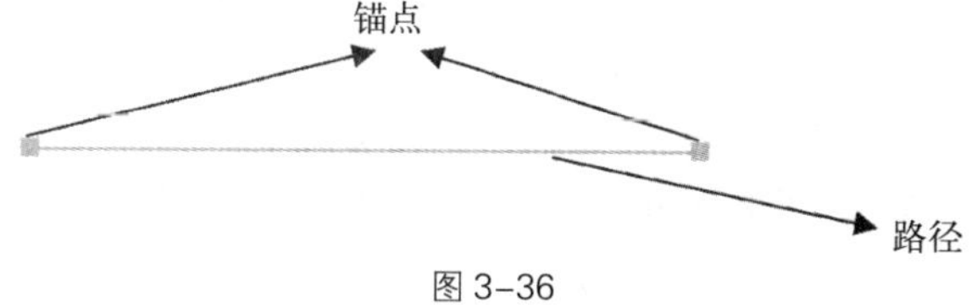

图 3–36

3.5.2　曲线和控制柄

在路径中可以分成直线和曲线，直线非常的简单，两个锚点和连接两个锚点的直线路径。当路径为曲线时，曲线弯曲的幅度和角度是通过“控制柄”定义的，如图 3–37 所示。控制柄越长，曲线的弯曲度越大。控制柄和曲线路径形成一个切线的关系，通过调整控制柄的方向，定义虚线的角度。

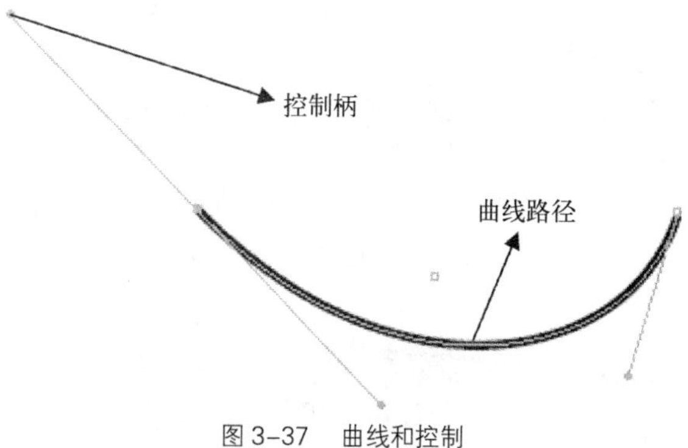

图 3–37　曲线和控制

3.5.3　锚点的分类

在路径中锚点可以控制路径的形态和位置，锚点也分成“直线锚点”和“曲线锚点”。在直线锚点中没有控制柄，锚点两侧的路径为直线。曲线锚点拥有控制柄，该锚点的两侧为曲线，如图 3–38 所示。

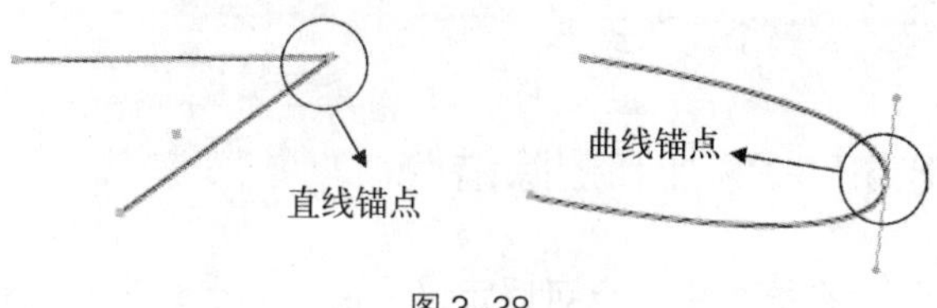

图 3–38

其中曲线锚点还分成两种，一种为“平滑锚点”，一种为“不平滑锚点”。在“平滑锚点”中拥有两条控制柄，并且这两条控制柄在一条直线上，锚点两端的控制柄的长度相同，该锚点两侧的曲线是非常平滑的。在“不平滑锚点”中，拥有两条或一条控制柄，两条控制柄可能不在一条直线上，并且两端的控制柄并不一样长，如图 3-39 所示。

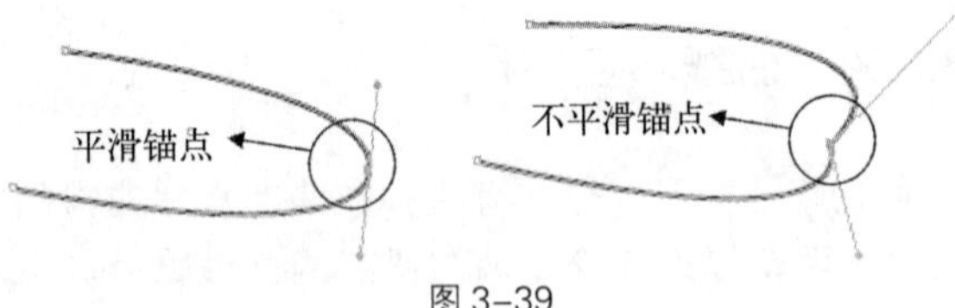

图 3-39

3.5.4 创建直线

当要在页面中创建一条直线时，可执行如下操作：

1. 在工具箱中选择“钢笔”工具，或使用快捷键 P。

2. 在页面要创建第一个锚点的位置上单击鼠标，创建一个锚点。

3. 在另外一个锚点的位置上单击鼠标，创建另一个锚点，连成一条直线，如图 3-40 所示。

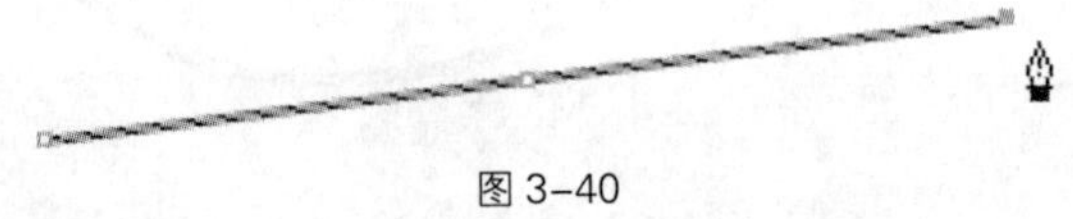

图 3-40

提示

在单击鼠标创建第二个锚点的同时，按下 Shift 键，创建的直线和页面将形成 45° 倍值的角度，也就是 45°、90°、135°……

4. 再次单击鼠标，可以继续创建连接的直线，当要将路径封闭时，可以在开始的锚点上单击鼠标，将整个路径封闭。

3.5.5 添加和删除锚点

在路径中锚点可以定义为曲线锚点，将路径定义为曲线，当要在路径的某个位置上创建锚点时，可以执行如下操作：

1. 在工具箱中选择“选择”工具，或使用快捷键 V，将要添加锚点的路径选中。

2. 在工具箱中选择“添加锚点”工具，在路径上要添加锚点的位置上单击鼠标，在该位置上添加锚点，如图 3-41 所示。

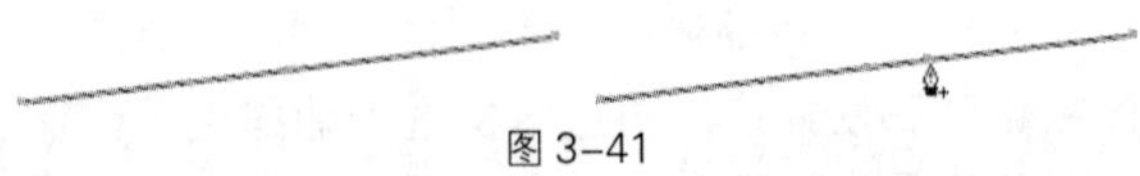

图 3-41

3. 当一个锚点失去使用意义时，可以将其删除，在工具箱中选择“删除锚点”工具，在路径中要删除的锚点上单击鼠标，将该锚点删除。这时，路径可能会发生形状的变化，如图 3-42 所示。

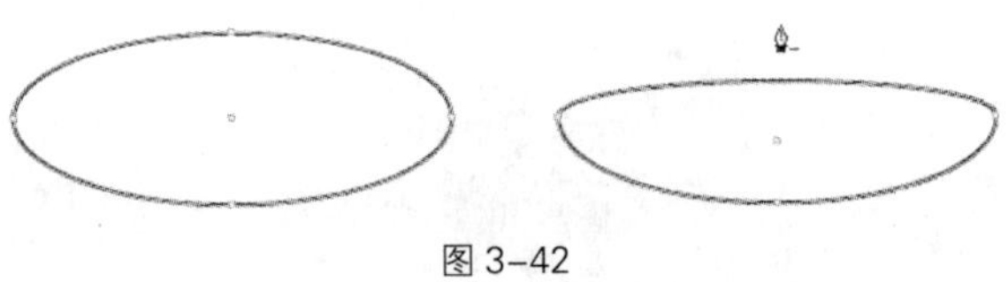

图 3-42

3.5.6 创建曲线

当要创建曲线时，使用比较基础的方法比较麻烦，但是绘制的路径会比较的平滑，具体的操作方法如下：

1. 在工具箱中选择“钢笔”工具，或使用快捷键 P。

2. 在页面中创建直线路径。

3. 在工具箱中选择“转换方向点”工具，或使用快捷键 Shift + C。

4. 单击要转换为曲线锚点的锚点对象，拖动鼠标控制出现的控制柄，将曲线调整到所要的状态，如图 3-43 所示。

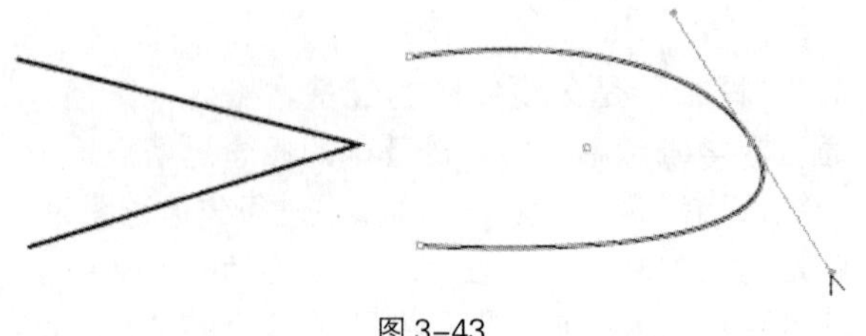

图 3-43

5. 当要调整控制柄，定义该平滑锚点为不平滑锚点时，可以继续使用“转换方向点”工具拖动控制柄，调整曲线路径的状态，如图 3–44 所示。

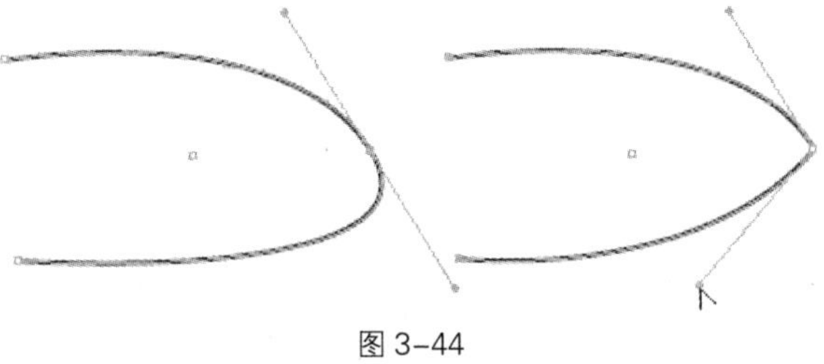

图 3–44

3.5.7　快速地创建曲线路径

如果使用上面的方法创建一个比较复杂的路径会非常麻烦，而且工作效率较低。可以使用如下方法快速创建曲线路径，但是需要多加练习，才可以游刃有余。

1. 在工具箱中选择“钢笔”工具，或使用快捷键 P。

2. 单击第一个锚点的位置。

3. 在创建曲线的第二个锚点上单击鼠标，不要释放，直接拖动鼠标，调整该曲线的控制柄，将曲线拟核到希望的位置上，如图 3–45 所示。

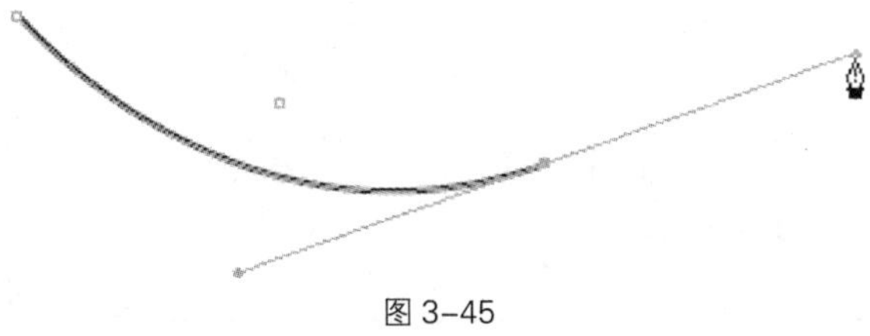

图 3–45

4. 此时如果再单击第三个锚点，创建的第二段曲线会由两个控制柄所控制，这样会不容易控制。所以按下 Alt 键，单击刚刚创建的锚点，此时右侧的控制柄将消失，定义下一段曲线为一个控制柄所控制，如图 3–46 所示。

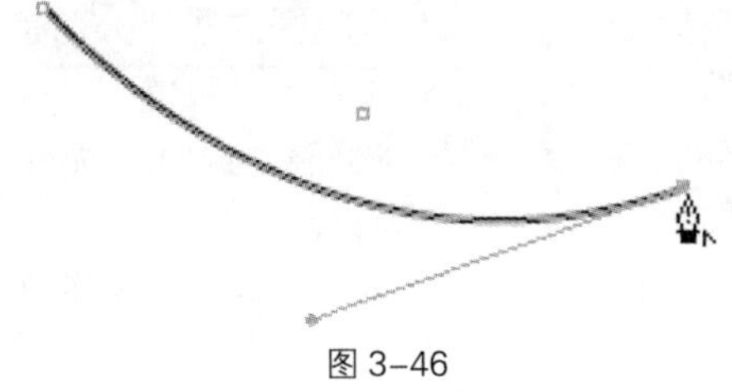

图 3–46

5. 循环 2~4 步的操作，创建后面的曲线，最后可以将其封闭。

3.5.8　转换路径为选区

前面讲述的创建“路径”对象的方法，都是为了创建“选区”而言的，当路径对象创建完毕后，可以执行如下操作，将路径对象转换为选区。

1. 执行“窗口” > “路径”命令，将如图 3–47 所示的“路径”面板调出。

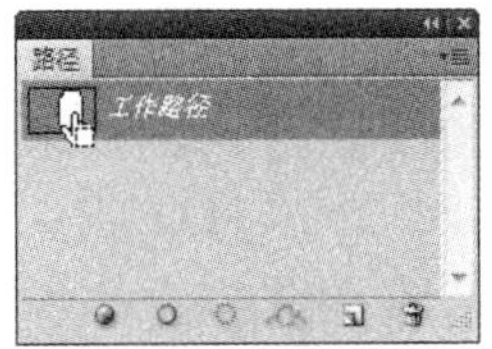

图 3–47

2. 按下 Ctrl 键，单击“路径”面板中的“工作路径”选项。将路径转换为选区，如图 3–48 所示。

图 3–48

3.6　羽化

在 Photoshop 软件中进行图像的选择时，一般情况下边缘多是比较生硬的。但是在执行一些操作时，例如“拷贝”、“粘贴”到其他的图像中，较生硬的边缘会不利图像的美观。所以可以在创建选区之前或之后，进行“羽化”操作，对选区的边缘进行柔化。具体的操作方法如下：

1. 在工具箱中选择任意的“选区”工具。

2. 在工具选项栏中的“羽化”文本框中输入数值。

3. 在图像中进行选区的定义。此时“选区”

的边缘将按照“羽化”范围进行柔化处理。“羽化”范围在选区边界上进行处理，内外各50%。

在进行选区定义之前进行羽化处理时，因为“选区”的边界会发生一定的变化，所以在定义多个选区时，就显得比较麻烦。可以在选区定义完毕后，再进行选区羽化的定义。具体的操作方法如下：

1. 在图像中定义选区，可以采用各种方法。

2. 执行“选择”>“修改”>“羽化”命令，或使用快捷键Shift+F6，弹出如图3-49所示的“羽化选区”对话框。

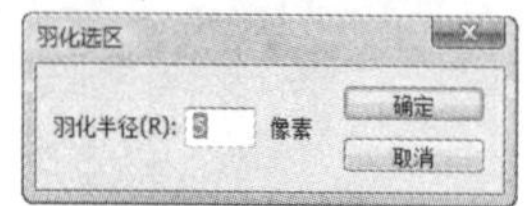

图3-49 “羽化选区”对话框

3. 在“羽化半径”文本框中输入要定义的“羽化范围”，设置完毕后单击“确定”按钮，执行羽化操作，如图3-50所示。

羽化前

羽化后

图3-50

提示

在工作中，每次建立选区后一般都要进行羽化处理，在一般分辨率的图像上，羽化的尺寸为3像素。

3.7 使用抽出功能去除背景

“抽出”是Photoshop专门用于消除图像背景的功能，因为该功能被放置在“滤镜”菜单下，所以在本章中讲述，但是该功能并非滤镜。在工作中，很多时候需要将图像的背景删除掉，然后更换背景。虽然这样的操作可以使用选区工具或钢笔工具进行选取，并将相应的部分删除，但是如果遇到边缘非常复杂的图像时，选取就显得非常复杂，甚至无法完成。使用Photoshop软件中提供的“抽出”功能，就很容易了，而且速度惊人。具体的操作方法如下：

提示

“抽出”功能在Photoshop CS2、CS3等版本中出现，在CS4版本后将不再提供，可以通过安装增效工具的方法添加。

1. 在Photoshop中，将要“抽出”的图像打开，执行“滤镜”>“抽出”命令，或使用快捷组合键Ctrl + Alt + X，会弹出如图3-51所示的“抽出”对话框。

图3-51

2. 在该对话框中选中“边缘高光器”工具，或使用快捷键B。使用该工具对要“抽出”的图像的边缘进行勾勒。

3. 图像的边缘处有时有比较杂乱的部分，要使用“边缘高光器”工具将这些部分覆盖，通过调整“画笔大小”文本框中的数值，定义该工具的尺寸。在“高光”下拉列表中选中不同的选项，定义该工具绘制的线条的颜色。

4. 使用“边缘高光器”工具，沿着图像的边缘拖曳绘制，如图3-52所示。

图 3-52

图 3-53

提示

在绘制图像的边缘时，有许多地方需要注意：

◇在标记图像的边缘时，不要将“边缘高光器”的尺寸设置得过大，因为软件在标记的线条中查找图像的颜色差异，如果线条过粗，会导致图像的边缘不准确。

◇在标记图像的边缘时，如果拥有大面积的杂乱部分，无需一点一点地描绘，只需要将整个部分覆盖即可。

◇在标记图像的边缘时，“边缘高光器”描边线条，需要保留的部分覆盖 1/3，不保留的部分覆盖 2/3。

◇如果要高光显示定义精确的边缘时，可以勾选“智能高光显示”复选项，可以自动调整宽度刚好覆盖住边缘的高光，与当前画笔的大小无关。

◇“边缘高光”必须将图像封闭，或者封闭到边缘处。

5. 当绘制的“边缘高光”线条发生错误时，可以在该对话框中选中“橡皮擦”工具，或使用快捷键 E，在图像中进行修改。

6. 在该对话框中单击“填充”工具，或使用快捷键 G，在“填充”下拉列表中选中不同的颜色选项，定义填充的颜色。

7. 在图像中要填充的部分单击鼠标，将其填充，标记要“抽出”的部分，如图 3-53 所示。

8. 如果图像的前景或背景包含大量纹理，需要勾选“带纹理的图像”复选项。

9. 在“平滑”文本框中输入数值，或拖动滑块来增加或降低轮廓的平滑程度。通常，为避免不需要的细节模糊处理，最好以 0 或一个较小的数值开头。如果抽出的结果中有明显的人工痕迹，可以增加“平滑”值，以帮助在下一次抽出中移去它们。

10. 从“通道”下拉列表中选择 Alpha 通道选项，以便基于 Alpha 通道中存储的选区进行高光处理。Alpha 通道应基于边缘边界的选区。如果修改了基于通道的高光，则菜单中的通道名称更改为“自定”。要使“通道”选项可用，图像必须有 Alpha 通道。

11. 如果对象非常复杂或者缺少清晰的内部，勾选“强制前景”复选项。当选中该选项时，在该对话框中选中“吸管”工具，或使用快捷键 I，然后在图像内部单击，以对前景色进行取样，或在“颜色”文本框中单击，并在“拾色器”面板中选择前景色。

12. 设置完毕后，单击“预览”按钮，预览图像的“抽出”效果，如图 3-54 所示。

13. 为了更好地查看“预览”效果，可以在“显示”下拉列表中选中不同的选项，当选中“抽出的”选项时，可以查看“预览”的效果，如果要恢复到原始的效果，可以选中“原稿”选项。

14. 在“效果”下拉列表中选中不同的选项，可以在“预览”中查看不同“背景”的效果。可

图 3-54

以勾选“显示高光”和“显示填充”复选项，将相应的部分显示出来。

15. 使用该对话框中的“清除”工具，或使用快捷键 C，在图像中拖曳，可以将图像中多余的部分擦除，从而对图像进行修饰。

16. 在该对话框中选中“边缘修饰”工具，或使用快捷键 T，在图像的边缘处拖曳，可以将不整齐的边缘部分齐整化。

17. 使用该对话框中“抓手”工具或“缩放”工具，将图像缩放，从而对图像进行更加精细的查看。

18. 设置完毕后，单击“确定”按钮，对图像进行“抽出”操作。

3.8 实例——拼合照片

下面制作一个实例，在进行店铺装修时经常会使用到。当拍摄一个商品时，一般都会从不同角度拍摄。但是店铺中页面的空间是有限的，所以可以将一个商品的多张照片拼合在一张照片中。方法比较简单，具体操作流程如下：

1. 首先要确定拼合后照片的尺寸，执行“文件”>“新建”命令，弹出如图 3-55 所示的“新建”对话框，在“名称”文本框中输入“角度图”，在“宽度”和“高度”文本框中分别输入 800 和 600，其他参数保持默认，单击“确定”按钮，创建一个新的图像。

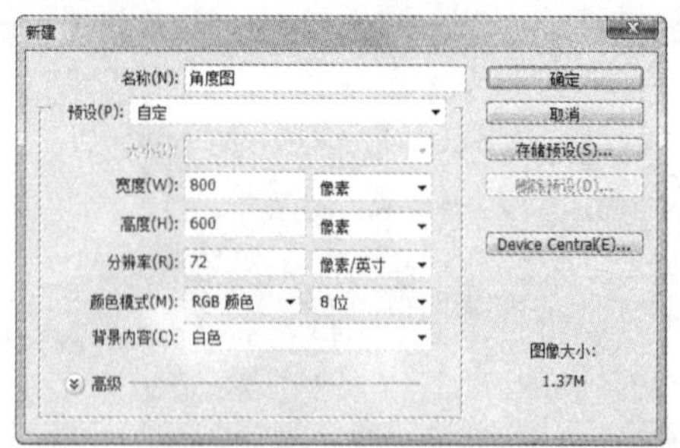

图 3-55

2. 执行“文件”>“打开”命令，或使用快捷键 Ctrl+O，在弹出的对话框中按住 Ctrl 键，将要打开的多个图像文件打开。

3. 在工具箱中选中“矩形选框”工具，将要拼合的图像部分选中，如图 3-56 所示。

图 3-56

4. 执行“编辑”>“拷贝”命令，或使用快捷键 Ctrl+C。

5. 回到“角度图”图像文件中，执行“编辑”>“粘贴”命令，或使用快捷键 Ctrl+V。

6. 此时可能会遇到图像尺寸过大，或图像位置不好，可以执行“编辑”>“自由变换”命令，或使用快捷键 Ctrl+T，出现“变形框”，按住 Shift 键，拖曳角落处的控制柄，调整图像的尺寸，如图 3-57 所示。

图 3-57

提示

使用“自由变换”命令，并配合相应的快捷键，可以实现不同的操作目的。

◇ **“缩放”**：将鼠标放到“控制框”上任意的控制柄上，鼠标变成↖状态，可以沿着不同的方向对图像进行缩放操作，同时按下 Shift 键，可以锁定图像的缩放比例。当在操作时按下 Alt 键，可以根据图像的中心进行缩放操作。

◇ **“旋转”**：将鼠标放到“控制框”的外侧，鼠标变成↻状态，拖曳它即可实现图层或图像的旋转，在操作的同时按下 Shift 键，可以锁定旋转的角度为 45° 的倍值。

◇ **“斜切”**：按下快捷键 Ctrl + Shift，将鼠标放到“控制框”中间的控制柄上，鼠标指针变成▶状态，拖曳鼠标可以对图像进行“斜切”操作。

◇ **“扭曲”**：按下 Ctrl 键，将鼠标放到“控制框”中任意的控制柄上，鼠标指针变成▶状态，拖动鼠标可以对图像进行“扭曲”操作。在拖动的同时按下 Shift 键，可以锁定拖动的角度为 45° 的倍值。

◇ **“透视”**：按下快捷键 Ctrl + Alt，将鼠标放到“控制柄”中角落的控制柄上，鼠标指针变成▶状态，拖动鼠标可以对图像进行“透视”操作。

◇ **“变形”**：单击工具选项栏中的“变形”按钮，进入变形“控制框”中，按照相应的操作方法进行即可。

7. 将鼠标放到“变形框”中间的位置，单击并拖动鼠标，可以移动图像的位置，按下回车键，确定变形，如图 3-58 所示。

图 3-58

8. 采用相应的方法，将其他图像也复制到图像中，并且调整图像的位置和尺寸，如图 3-59 所示。

图 3-59

3.9　实例——改变背景

当使用一个单色（白色）背景的图像时，可能给人没有身临其境的感觉，通过 Photoshop 的简单处理，可以更改一个背景，得到更好的效果，具体的操作方法如下：

1. 打开要制作的图像，如图 3-60 所示。

图 3-60

2. 在工具箱中选中“钢笔”工具，沿着要选中的图像部分绘制路径，如图 3-61 所示。

图 3-61

提示

在绘制路径时，一定要偏向要选中图像的部分，这样可以避免图像的“白边”问题，如图 3-62 所示。

图 3-62

3. 调出“路径”面板，按下 Ctrl 键，单击“工作路径”选项，读取相应的选区，如图 3-63 所示。

图 3-63

4. 执行菜单中的“修改”>“羽化”命令，或使用快捷键 Shift+F6，弹出如图 3-64 所示的“羽化选区”对话框，调整羽化的尺寸为 3 像素。

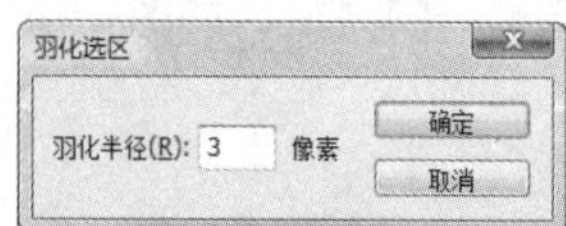

图 3-64

5. 执行“编辑”>“复制”命令，或使用快捷键 Ctrl+C，进行复制。

6. 打开一幅背景图像，如图 3-65 所示。

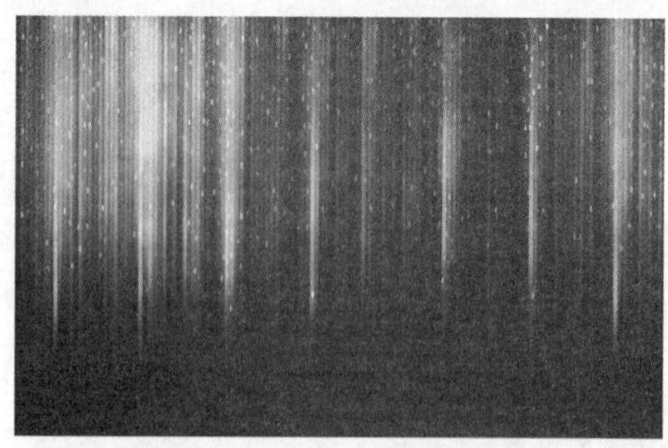
图 3-65

7. 执行“编辑”>“粘贴”命令，或使用快捷键 Ctrl+V，进行粘贴，如图 3-66 所示。

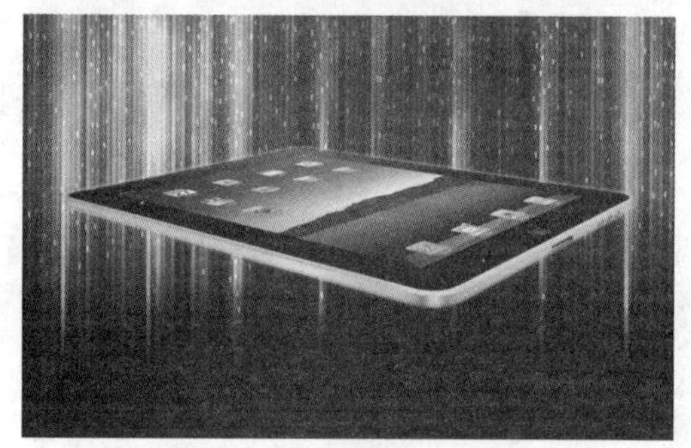
图 3-66

3.10 实例——旋转图像

在拍摄照片时，有时会因为各种原因导致图像倾斜，遇到这种情况，可以执行如下操作进行旋转。

1. 打开一幅出现倾斜的图像，如图 3-67 所示。

图 3-67

2. 在工具箱中选中“裁切”工具，在图像中单击并拖曳鼠标，定义裁切框。将鼠标放到裁切框的外侧，拖曳鼠标进行旋转，如图 3–68 所示。

图 3–68

3. 按下 Enter 键，确定旋转裁切操作，如图 3–69 所示。

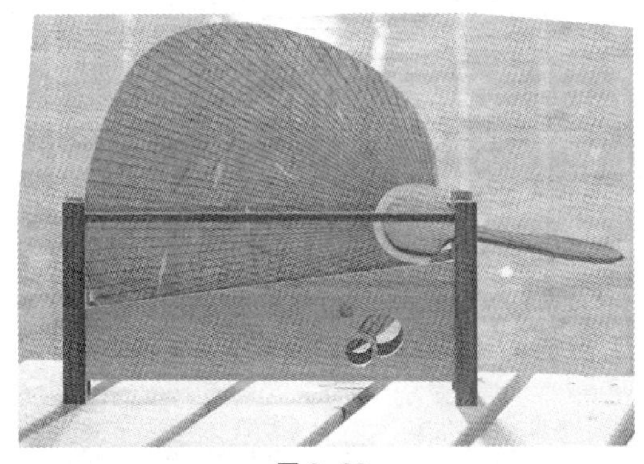

图 3–69

4. 在工具箱中选中“污点修复画笔”工具，在左上和右上位置拖曳进行绘画，填补空白，如图 3–70 所示。

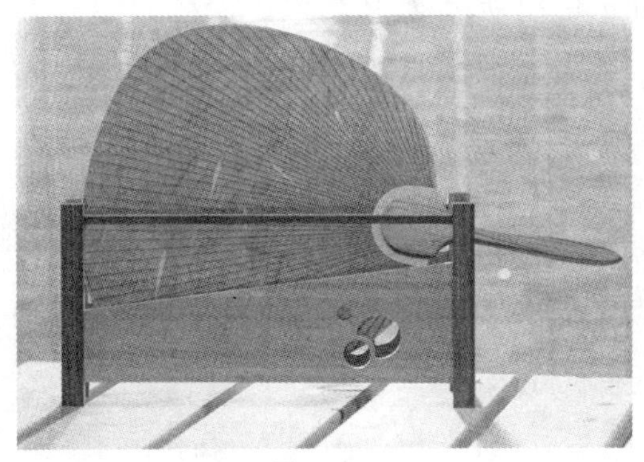

图 3–70

提示

“污点修复画笔”工具是一个非常强力的修复工具，这会在后期详细讲到。

3.11 实例——抠出羽毛

有些照片可以在拍摄时会出现没有明显边缘问题，如果要将如图所示的图像更换背景，使用上面的方法就比较麻烦，下面讲述一种特殊的方法，可以完全解决这样的问题。

1. 打开一幅羽毛图像，如图 3–71 所示。

图 3–71

2. 执行“窗口” > “通道”命令，将“通道”面板调出。分别单击“红”、“绿”、“蓝”通道选项，查看哪一个通道的颜色差异最大，如图 3–72 所示。

红　　绿

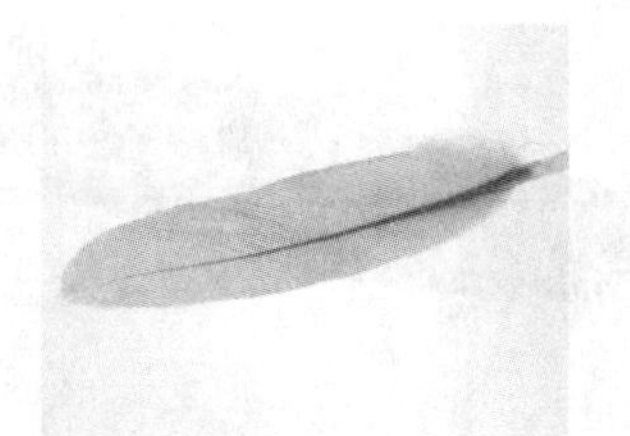

蓝

图 3–72

3. 查看到“绿”通道的颜色差异最大，在“通道”面板中拖曳“绿”通道到“新建通道”按钮上，进行复制，如图 3–73 所示。

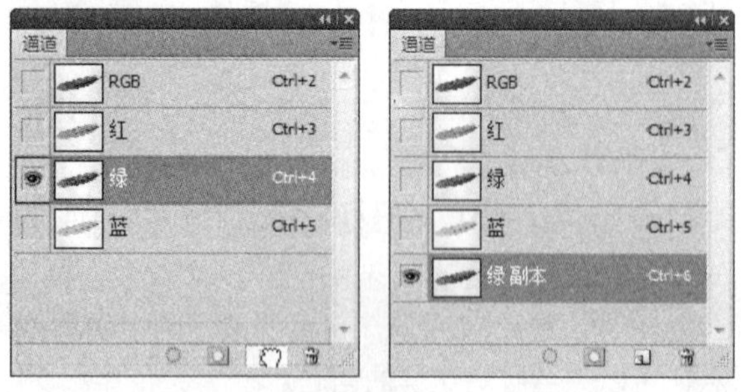

图 3–73

4. 使用快捷键 Ctrl+M，调出“曲线”对话框，使用鼠标拖曳曲线，调整到如图 3–74 所示的状态。单击“确定”按钮。

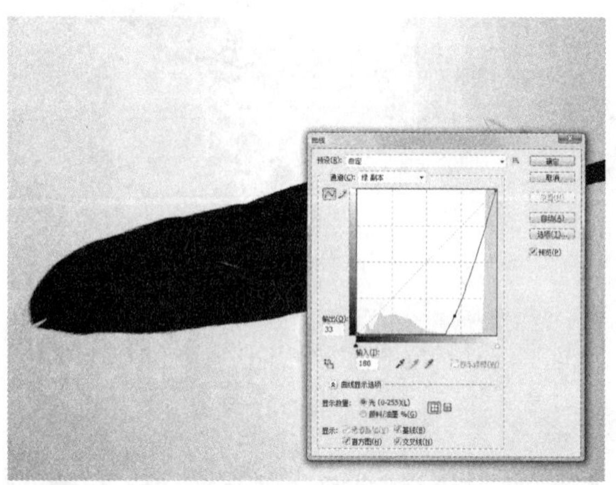
图 3–74

5. 在工具箱中选中“画笔”工具，并调整颜色为黑色，在“羽毛”中间的空白处单击并拖曳鼠标，如图 3–75 所示。

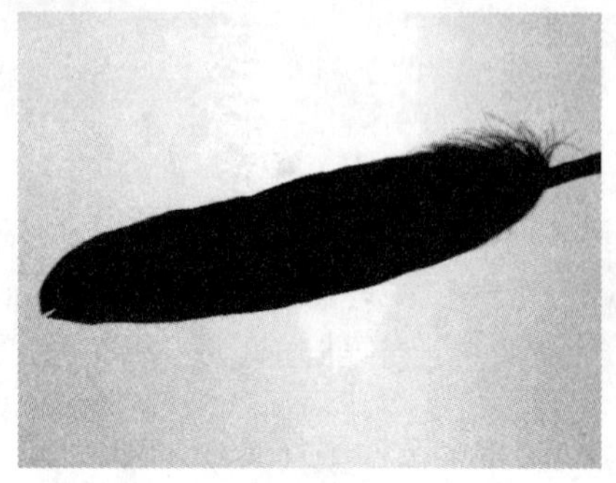
图 3–75

6. 使用快捷键 Ctrl+L，调出“色阶”对话框，拖曳中间的“中间调”滑块到最左侧，单击“确定”按钮，如图 3–76 所示。

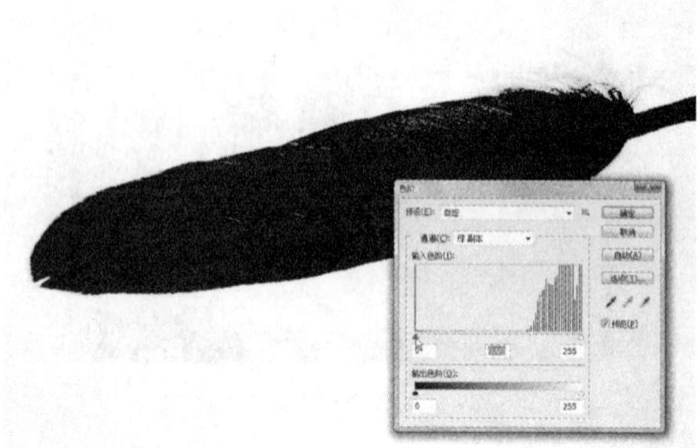
图 3–76

7. 在“通道”面板中，按住 Ctrl 键单击“绿副本”选项，读取相应的选区，如图 3–77 所示。

图 3–77

8. 使用快捷组合键 Ctrl+Shift+I，将选区反转，在“通道”面板中单击 RGB 选项，回到普通视图，如图 3–78 所示。

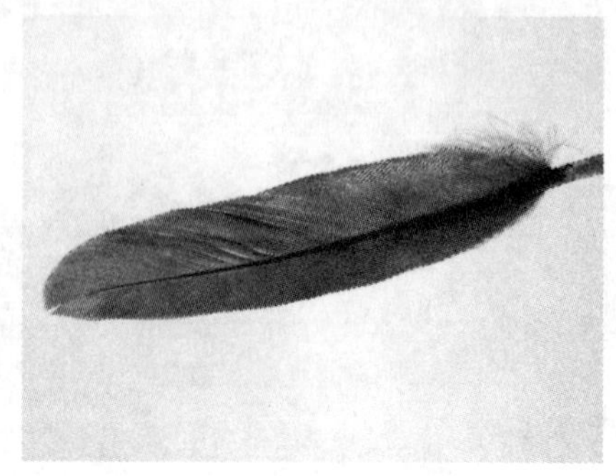
图 3–78

9. 执行“编辑”>“复制”命令，或使用快捷键 Ctrl+C，进行复制。

10. 打开一幅背景图像，如图 3-79 所示。

图 3-79

11. 执行“编辑”>“粘贴”命令，或使用快捷键 Ctrl+V，进行粘贴，如图 3-80 所示。

图 3-80

小结

在本章中，主要介绍了在 Photoshop 软件中，对拍摄照片的尺寸、角度的调整，对图像更换背景的方法等。本章的难度在于“钢笔”工具的使用，即使用得不好也不要着急，多加练习一定可以游刃有余。

第 4 章 调整色彩

无论您是摄影的新手还是老手，拍摄的照片的色彩都有可能出现一些偏差。有了 Photoshop 软件，可以轻松调整这些有问题的照片，得到一张色彩正确的照片。首先介绍一些功能的使用方法。

4.1 调整色阶

“色阶”是表示图像亮度强弱的指数标准，也就是色彩指数。图像的色彩丰满度和精细度是由色阶决定的。色阶是指亮度，和颜色无关，但最亮的只有白色，最不亮的只有黑色。

“色阶”指亮度的程度，和颜色无关，“色阶”表现了一幅图的明暗关系。如：24 位色的 RBG 空间数字图像，分别用 2^8（即 256）个阶度表示红、蓝、绿 3 个颜色，每个颜色的取值都是 0 到 255 的范围，理论上共有 256×256×256 种颜色。当然，显示设备不一定能充分表达出所有颜色的区别，肉眼也不能区分有些阶度。比如，对比度不佳的液晶显示器，可能会把 RGB（0、0、0）的颜色跟（1、1、1）显示得一样，或者即使显示有区别，肉眼看上去都是黑的。当要在 Photoshop 软件中为图像进行“色阶”调整时，可以执行如下操作：

1. 在 Photoshop 软件中，将要调整的图像打开，如图 4-1 所示。

图 4-1

2. 当要对图像中某一部分进行调整时，需要设定选区。

3. 执行“图像” > “调整” > “色阶”命令，或使用快捷键 Ctrl + L，弹出如图 4-2 所示的“色阶”对话框。

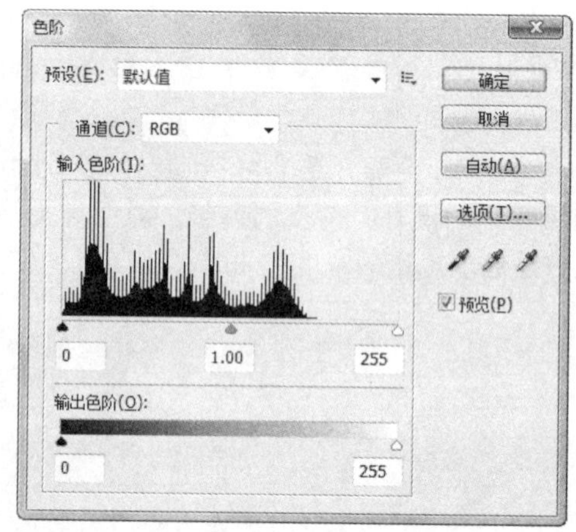

图 4-2

4. 在“输入色阶”选区中调整图像的亮度范围，在“色阶”图表中，标记了每一个亮度位置上像素的数量，当数值越高时，代表图像中该亮度位置上像素越多。拖动左侧的“暗调”滑块▲，调整图像中暗色调的位置，将该滑块向右拖动，图像将变暗，反之变亮。拖动右侧的“亮调”滑块△，调整图像中亮色调的位置，将该滑块向左拖动，图像将变亮，反之变暗。拖动“中间调”滑块▲，调整图像中“中间调”的位置，将该滑块向右拖动时图像变亮，反之变暗。可以用鼠标手动地对图像中的各个色调进行调整，也可以在其下面的文本框中输入精确的数值，如图 4-3 所示。

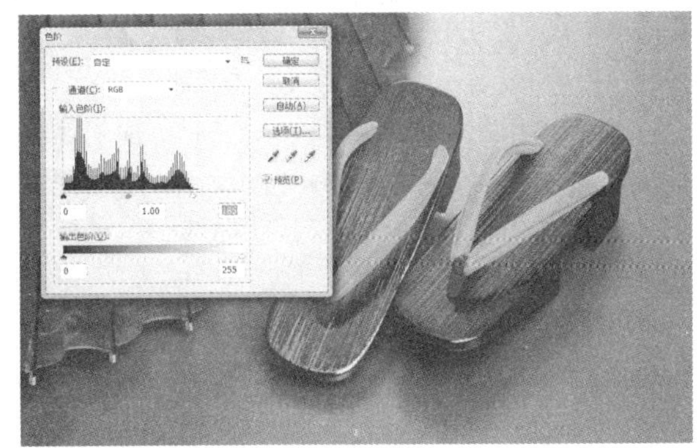

图 4-3

5. 设置完毕后，单击“确定”按钮，完成调整，如图 4-4 所示。

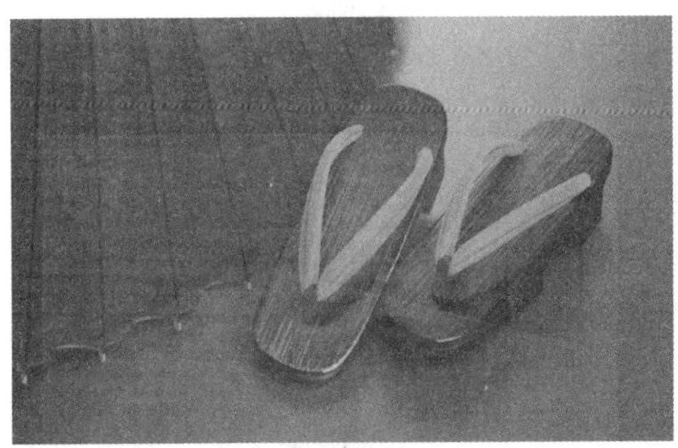

调整前

调整后

图 4-4

4.2 调整曲线

“曲线”功能同样是调整图像亮度的，但是和“色阶”不同的是，“色阶”是按照“线性”的方式进行亮度调整，而“曲线”是按照“曲线”的方式进行调整的，可以将某一个亮度自由地定义到其他的亮度位置上。具体的使用方法如下：

1. 在 Photoshop 软件中将要调整的图像打开，如图 4-5 所示。

图 4-5

2. 当要对图像中的某一部分调整时，需要定义相应的选区。

3. 执行“图像”>“调整”>“曲线”命令，或使用快捷键 Ctrl + M，将如图 4-6 所示的“曲线”对话框调出。

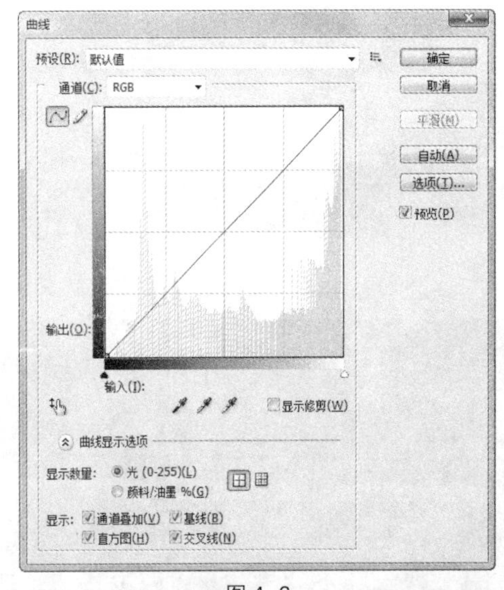

图 4-6

4. 在“曲线”对话框中拥有“输入”和“输出”两个轴，并且拥有一条斜线。在默认的情况下，“输入”和“输出”两个亮度的设置是相同的。在“斜线”上单击鼠标，可以定义一个节点，拖动该节点，可以调整“输入”和“输出”的亮度，从而调整图像中不同区域的亮度，如图 4–7 所示。

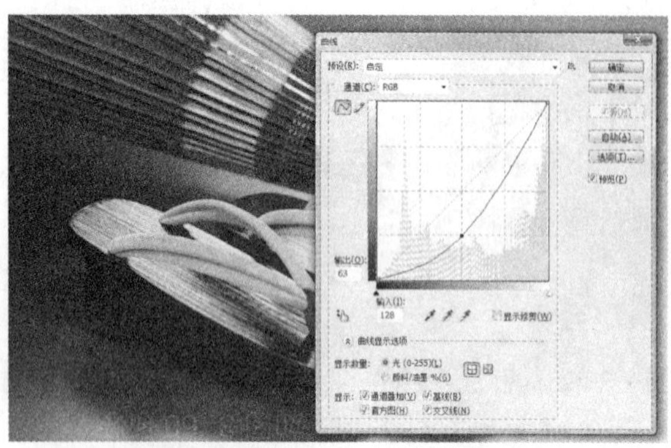

图 4–7

5. 设置完毕后，单击“确定”按钮，执行“曲线”调整，如图 4–8 所示。

调整前

调整后

图 4–8

4.3 调整色彩平衡

当图像中出现某种颜色的偏离时，或图像要偏向某种颜色时，可以使用 Photoshop 软件提供的“色彩平衡”命令，比较直观地对图像进行颜色调整。具体的操作方法如下：

1. 在 Photoshop 软件中打开要调整的图像，如图 4–9 所示。

图 4–9

2. 当要对图像中的某一部分进行调整时，需要设定相应的选区。

3. 执行“图像” > “调整” > “色彩平衡”命令，或使用快捷键 Ctrl + B，弹出如图 4–10 所示的“色彩平衡”对话框。

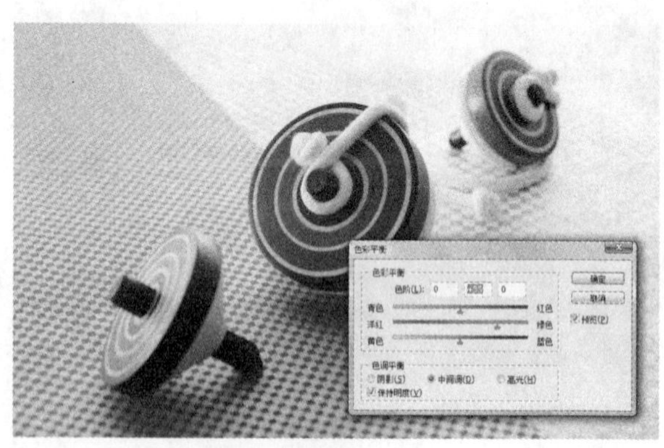

图 4–10

4. 在“青色”选项中拖动滑块，调整图像中的颜色，滑块向左时，图像将向“青色”调整，向右侧时，图像将向“红色”调整。也可以直接在“色阶”选区的第一个文本框中输入数值，正值时将偏向“红色”，负值时将偏向“青色”。

5. 在“洋红”选项中拖动滑块，调整图像中的颜色，滑块向左时，图像将向“洋红色”调整，向右侧时，图像将向“绿色”调整。也可以直接在“色阶”选区的第二个文本框中输入数值，正值时将偏向“绿色”，负值时将偏向“洋红色”。

6. 在“黄色”选项中拖动滑块，调整图像中的颜色，滑块向左时，图像将向“黄色”调整，向右侧时，图像将向“蓝色”调整。也可以直接在“色阶”选区的第一个文本框中输入数值，正值时将偏向“蓝色”，负值时将偏向“黄色”。

7. 设置完毕后，单击“确定”按钮，执行“颜色平衡”调整，如图 4-11 所示。

调整前

调整后

图 4-11

4.4 调整色相 / 饱和度

使用 Photoshop 软件中提供的“色相 / 饱和度”命令，可以调整图像中的色相，将原始的图像色相转换为其他的色相和饱和度，具体的设置方法如下：

1. 在 Photoshop 软件中打开要调整的图像，如图 4-12 所示。

图 4-12

2. 当要对图像中的某一部分调整时，需要设定相应的选区。

3. 执行“图像” > “调整” > “色相 / 饱和度”命令，或使用快捷键 Ctrl + U，弹出如图 4-13 所示的“色相 / 饱和度”对话框。

图 4-13

4. 在“色相”选项中拖动滑块，或直接在文本框中输入数值，对图像中的色相进行调整，此时该对话框中底部的色谱将发生偏转，上面的色谱为原始图像的色谱，下面的色谱为转换后的色谱。

5. 设置完毕后，单击“确定”按钮，执行“色相 / 饱和度”调整，如图 4-14 所示。

调整前

调整后

图 4-14

4.5 替换颜色处理

在 Photoshop 软件中还提供了一种比较直观的颜色调整方式，将“颜色范围”功能和调色功能进行结合，在图像中进行图像区域的选择，并进行调整。具体的操作方法如下：

1. 在 Photoshop 软件中将要调整的图像打开，如图 4-15 所示。

图 4-15

2. 当要对图像中的某一部分进行调整时，需要设定相应的选区。

3. 执行“图像”>“调整”>“替换颜色”命令，弹出如图 4-16 所示的“替换颜色”对话框。

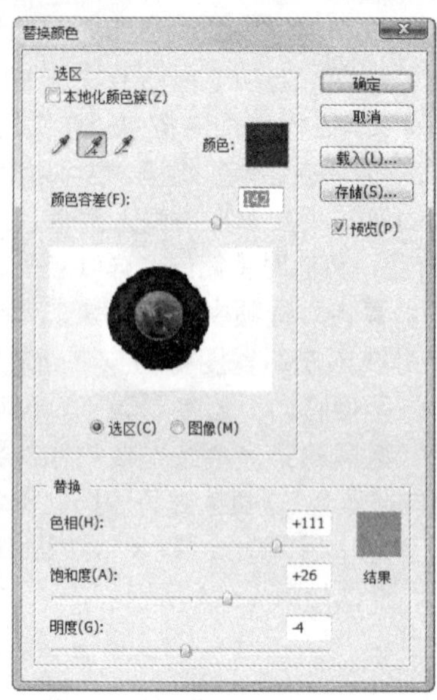

图 4-16

4. 在图像中单击鼠标，定义要调整的颜色区域。

5. 在“颜色容差”文本框中输入数值，也可以拖动下面的滑块进行细微的调整。当调整“颜色容差”时，会在下面的图像中有所表示，当显示为“黑色”时，代表不选中，当显示为“白色”时，代表完全选中。当显示为“灰色”时，代表半选中状态。

6. 单击“添加”按钮，在图像中单击鼠标，可以在当前的选区中添加新的选区，单击“减去”按钮，在图像中单击鼠标，可以在当前的选区中减去新的选区。

7. 当勾选“选中范围”复选项时，对话框中的图像将显示为选区的情况。当勾选“图像”复选项时，将在该对话框中显示图像的原图，在图像文件中显示选区的状态。

8. 在“替换”选区中，调整“色相”、“饱和度”和“明度”选项的滑块，也可以直接在文本框中输入数值。

9. 单击“载入”按钮，在弹出的“载入”对话框中选择要载入的“替换颜色”调整数据文件，单击“载入”按钮。

10. 设置完毕后，单击“确定”按钮，执行“替换颜色”操作，如图 4-17 所示。

调整前

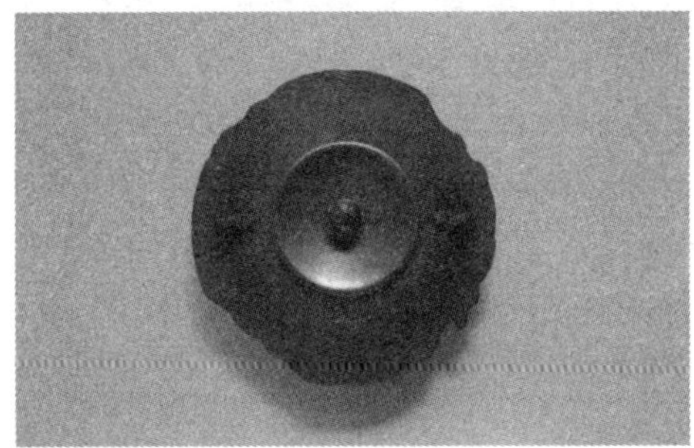

调整后

图 4-17

4.6　调整阴影／高光

在使用相机进行拍摄时，有时因为光源的问题，会拍出一些“逆光”的照片，这些照片整个的背景曝光都非常好，只是人物呈现曝光不足的问题。如果使用选区对曝光不足的部分进行调整，会发现进行选区的定义非常复杂。Photoshop 软件提供了“阴影 / 高光”命令，针对这样的图像进行调整是非常有用的，具体的使用方法如下：

1. 在 Photoshop 软件中将要调整的图像打开。

2. 执行“图像”>“调整”>“阴影 / 高光”命令，弹出如图 4-18 所示的“阴影 / 高光”对话框。

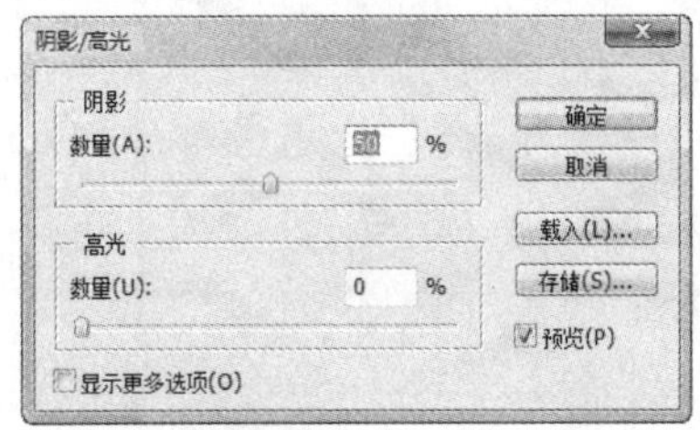

图 4-18

3. 在“阴影”选区中拖动“数量”滑块，或直接在文本框中输入数值，从而控制图像中阴影部分的亮度，数值越大，该部分图像越亮，反之越暗。

4. 在“高光”选区中拖动“数量”滑块，或直接在文本框中输入数值，从而控制图像中高光部分的亮度，数值越大，该部分图像越暗，反之越亮。

5. 当要进行更加详细的设置时，可以勾选“显示更多选项”复选项，该对话框变成如图 4-19 所示的状态。

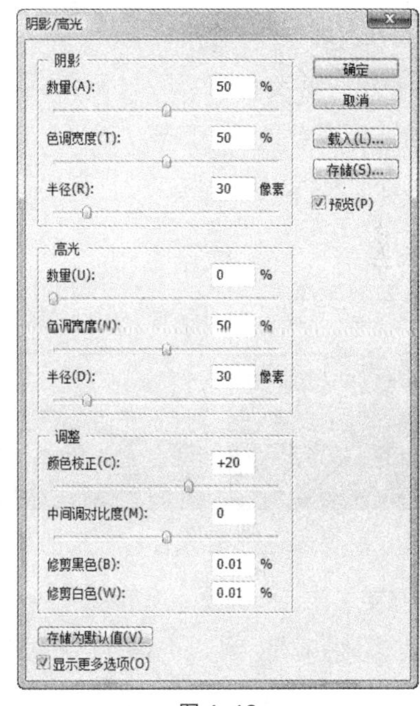

图 4-19

6. 调整“阴影”和“高光”区域中“色调宽度”滑块，或直接在文本框中输入数值，从而定义范围，数值越大范围越大，反之范围变小。

7. 调整“阴影”和“高光”区域中的“半径”滑块，或直接在文本框中输入数值，定义要调整各个区域周边像素的范围。

8. 拖动“颜色校正”滑块或直接在文本框中输入数值，从而调整“阴影”区域中的颜色饱和度。

9. 拖动“中间调对比度”滑块，或直接在文本框中输入数值，从而调整整个图像中中间色调的对比度。

10. 在“修剪黑色”和“修剪白色”文本框中输入数值，指定在图像中会将多少阴影和高光剪切到新的极端阴影和高光颜色。数值越大，生成的图像的对比度越大。

11. 单击“存储为默认值”按钮，定义当前的参数为该对话框的默认值。

12. 勾选“预览”复选项，可以在执行“阴影/高光”操作之前，在图像中查看相应的效果，如果不满意，可以重新调整。

13. 单击“存储”按钮，在弹出的“存储”对话框中选择要保存“阴影/高光”调整数据文件的位置，在“文件名”文本框中输入字符，单击“保存”按钮，进行保存。

14. 单击“载入”按钮，在弹出的“载入”对话框中选择要载入的“阴影/高光”调整数据文件，单击“载入”按钮。

15. 设置完毕后，单击“确定”按钮，执行“阴影/高光”操作，如图 4–20 所示。

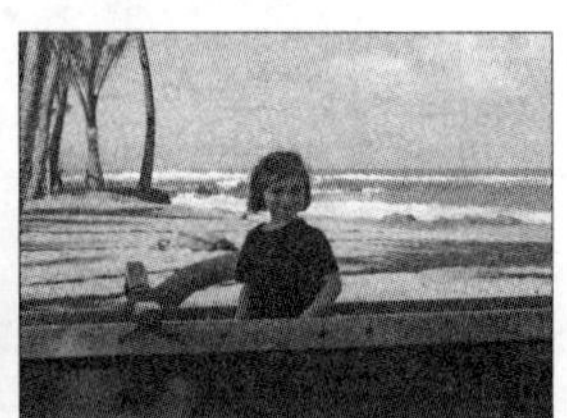

图 4–20

4.7 处理变化

Photoshop 软件为一些非专业用户提供了“变化”调色功能，使用该功能，可以对图像进行直观的变色操作，具体的使用方法如下：

1. 在 Photoshop 软件中将要调整的图像打开。

2. 当要对图像的某一部分进行调整时，需要设定相应的选区。

3. 执行“图像”>“调整”>“变化”命令，弹出如图 4–21 所示的“变化”对话框。

4. 在该对话框中选择要调整的图像位置，可以选择到“阴影”、“中间色调”、“高光”和“饱和度”选项。

5. 单击每一个“缩览图”按钮，可以按照不同的方向进行颜色调整。每一次单击，都可以向相应的方向调整。可以调整“粗糙/细腻”滑块，定义每一次单击的幅度，当靠近“粗糙”时，幅度变大，反之幅度降低。

6. 单击“存储”按钮，在弹出的“存储”对话框中，选择要保存“变化”调整数据文件的位置，

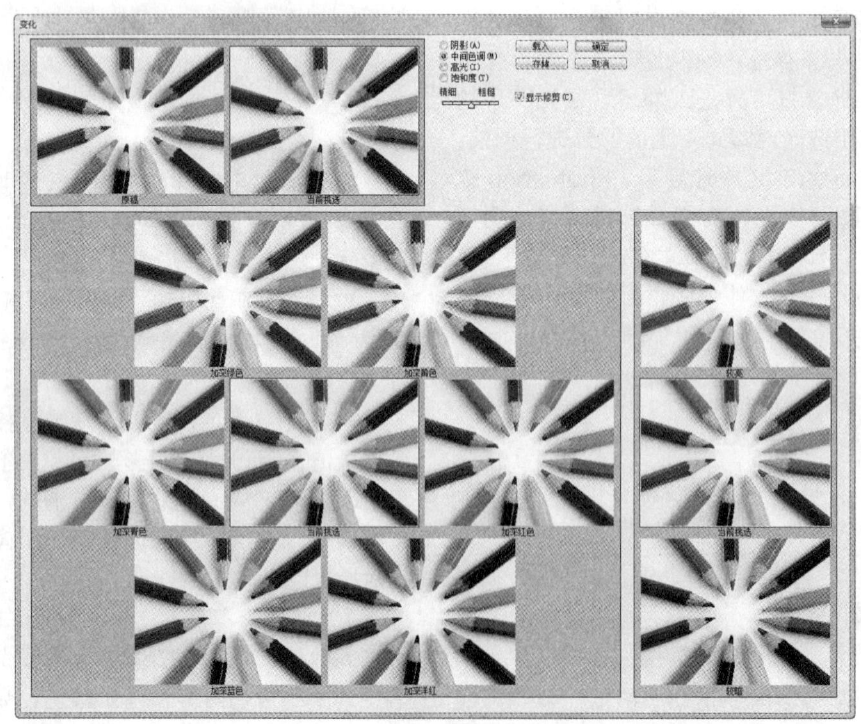

图 4–21

在“文件名”文本框中输入字符，单击“保存”按钮，进行保存。

7. 单击“载入”按钮，在弹出的“载入”对话框中选择要载入的“变化”调整数据文件，单击“载入”按钮。

8. 设置完毕后，单击“确定”按钮，执行“变化”操作。

4.8 实例——调整没有层次的照片

在拍摄过程中，往往因为光线的原因，导致照片没有层次，不能很好地表现商品的细节，遇到这种情况，可以执行如下操作。

1. 打开有问题的照片，如图 4-22 所示。可以看到照片中像下了雾，灰蒙蒙的一片。

图 4-22

2. 使用快捷键 Ctrl+L，打开“色阶”对话框，如图 4-23 所示。可以看到“输入色阶”中，左侧的部分没有任何像素，最右侧也是如此。所有像素都放置在靠右侧（高光）的部分。

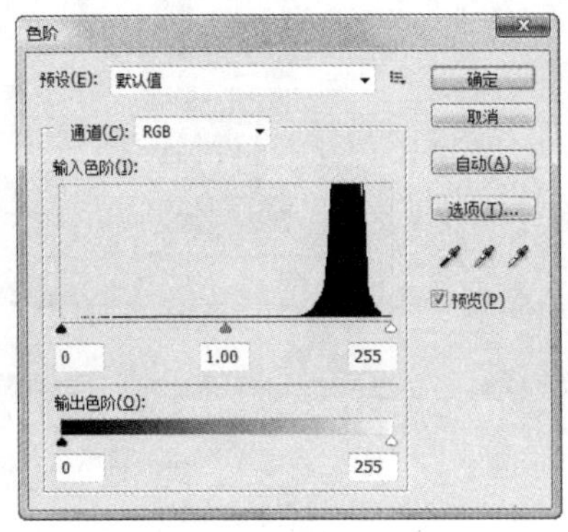

图 4-23

3. 在“色阶”对话框中，拖曳“暗调”（黑色）图标到有像素标记的边缘处，再拖曳“亮调”（白色）图标到有像素标记的边缘处，如图 4-24 所示。

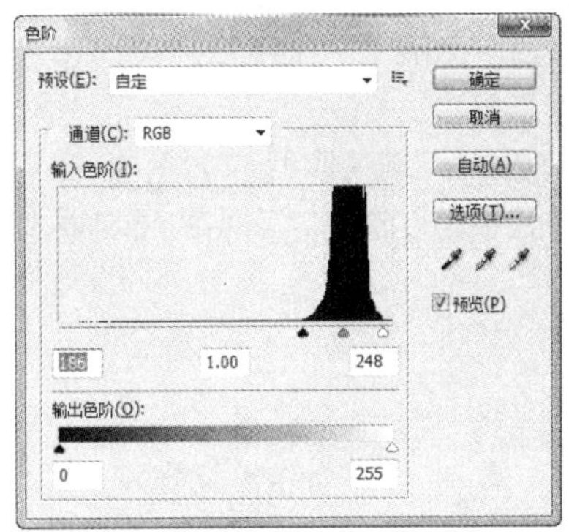

图 4-24

4. 设置完毕后，单击“确定”按钮，如图 4-25 所示。

调整前

调整后

图 4-25

4.9 实例——调整曝光过度的照片

在拍摄过程中，如果光线打得够多，或相机的曝光和快门速度设置有问题，照片就会发生曝光过度的问题，呈现一片惨白，无法正常地表现出商品的颜色和层次。遇到这种情况，可以执行如下操作来解决。

1. 打开有问题的照片，如图 4–26 所示。可以看到照片中亮度过高，商品的层次很少。

图 4–26

2. 按下快捷键 Ctrl+M，打开“曲线”对话框，如图 4–27 所示。在该对话框中，同样可以查看到图像的色阶，图像的像素都放置在右侧的高光部分。

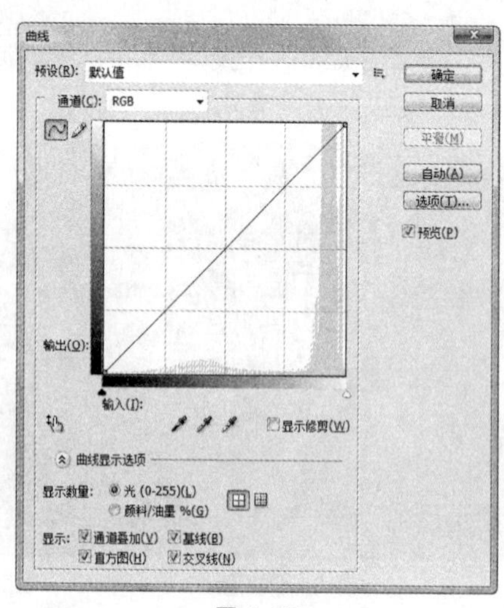

图 4–27

3. 在曲线的中心位置，单击鼠标并向下拖曳，同时查看图像的效果，如图 4–28 所示。

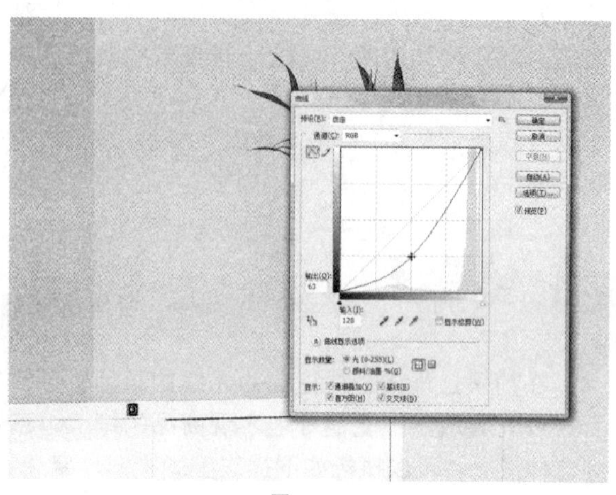

图 4–28

4. 设置完毕后，单击“确定”按钮，如图 4–29 所示。

调整前

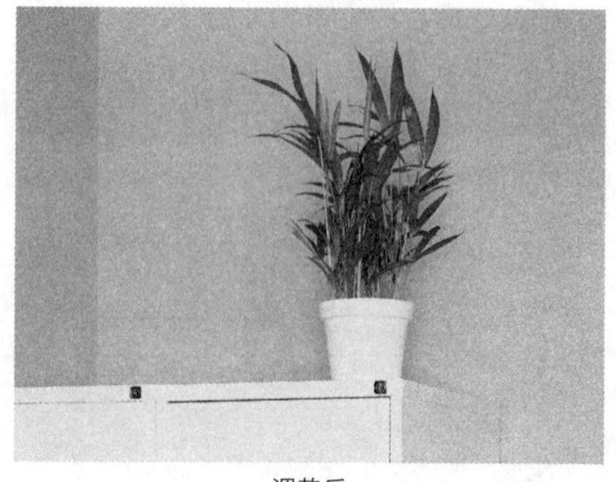

调整后

图 4–29

4.10 实例——调整曝光不足的照片

在拍摄照过程中，如果光线不足，或相机的曝光和快门速度设置有问题，照片就会发生曝光不足的问题，呈现一片灰暗，无法正常地表现出商品的颜色和层次。遇到这种情况，可以执行如下操作。

1. 打开有问题的照片，如图 4–30 所示。可以看到照片中的亮度过高，商品的层次很少。

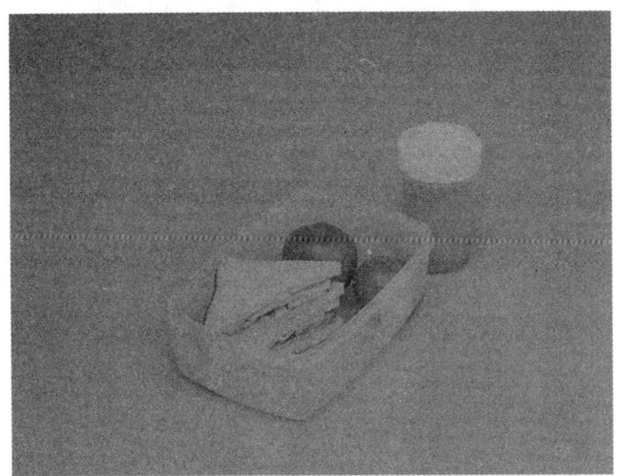

图 4–30

2. 按下快捷键 Ctrl+M，打开“曲线”对话框，在曲线的中心位置，单击鼠标并向上拖曳，同时查看图像的效果，如图 4–31 所示。

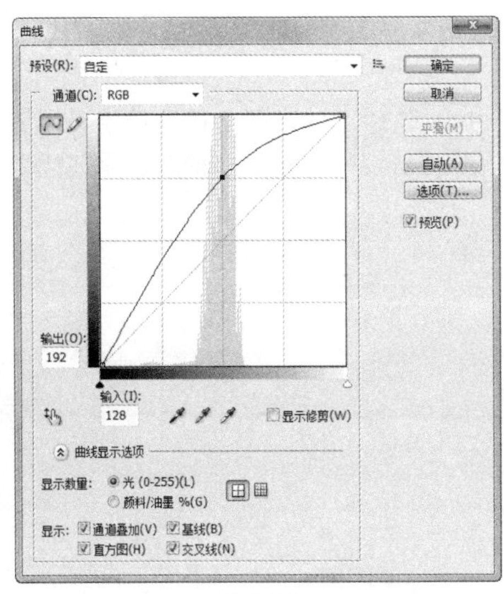

图 4–31

3. 设置完毕后，单击“确定”按钮，如图 4–32 所示。

调整前

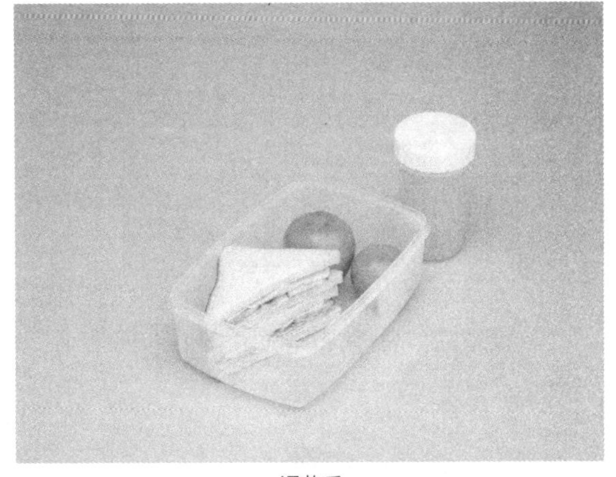

调整后

图 4–32

4.11 实例——调整照片偏色

在拍摄照片时，如果设置的白平衡有问题，会出现比较严重的偏色问题，这种情况对销售商品有比较大的影响，而且可能造成一些纠纷。对偏色的照片进行调整时，除了要掌握调色技术外，自己对颜色的敏感性也非常重要。下面介绍比较简单的调整方法。

1. 打开要进行调整的照片，如图 4–33 所示。可以查看到因为白平衡的错误，导致色温较高。

图 4-33

2. 按下快捷键 Ctrl+B，调出“色彩平滑”对话框，将滑块调整到如图“青色”的位置，同时查看图像的颜色变换，如图 4-34 所示。

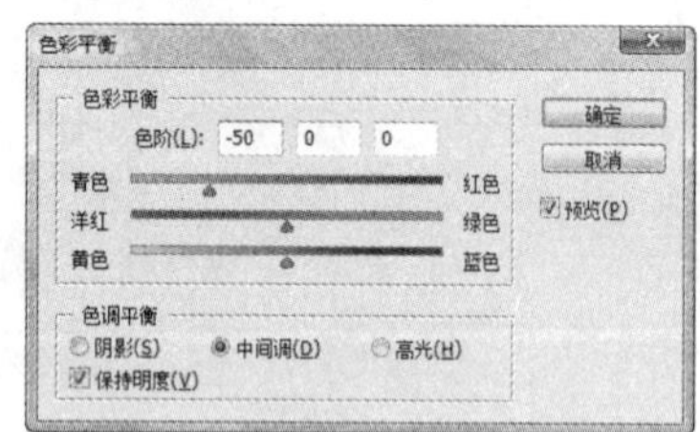

图 4-34

3. 设置完毕后，单击“确定”按钮，如图 4-35 所示。

调整前

调整后

图 4-35

小结

拍摄照片的根本就是控制光线，但是这一点并不容易。如果没有 Photoshop 软件，这些亮度和颜色错误的照片可能全部成为废片，通过 Photoshop 软件可以进行全面的调整。本章中介绍的调整方法都是比较简单的，但是还需要大家多加练习。

第 5 章　美化人物照片

在淘宝销售的商品中，除了一些普通的物品外，还有另一个较大的阵营——服装。在展示服装时，不能只是将服装挂在衣架上拍摄，还需要将服装穿在身上展示。这样的照片不但要表现服装，还要通过“麻豆”（模特）来衬托服装的美，尤其是 MM 的服装。现在淘宝中有大量的服装店铺都聘请专业或准专业的“麻豆”来拍摄，但是费用也是不能不考虑的，如果您刚刚起步，一般不建议您花钱聘请。找个朋友或老板亲自上阵，也是不错的想法，但是效果很可能不如专业的“麻豆”。本章就通过 Photoshop 软件，将普通的人物照片美化为可以媲美专业“麻豆”的效果。首先还是介绍一些基础功能。

5.1　用“污点修复画笔”工具去除瑕疵

当照片中的人物含有一些瑕疵时，可以通过“污点修复画笔”工具进行修饰，使用该工具可以将图像中不想要的部分移去，并且使周围的图像进行柔化，使整个的修改效果无法察觉。具体的操作方法如下：

1. 在工具箱中选中“污点修复画笔”工具，或使用快捷键 J。

2. 进入如图 5-1 所示的工具选项栏，单击“画笔”右侧的下三角按钮。

图 5-1

3. 在弹出的面板中调整“直径”数值，定义“污点修复画笔”的尺寸。

4. 调整“硬度”数值，定义“污点修复画笔”边缘的效果。

5. 调整“间距”数值，定义每个“笔迹”之间的距离。

6. 在“角度”文本框中输入数值，对“笔迹”进行旋转。

7. 在“圆度”文本框中输入数值，对“笔迹”的圆度进行调整，定义笔迹为椭圆形。

8. 在“大小”下拉列表中选择控制“笔迹”尺寸的方式：

- 关：当选中该选项时，将不对“尺寸”进行变量控制，按照相应的设置操作。
- 钢笔压力：当选中该选项时，将采用“压感笔”的压力控制“污点修复画笔”的尺寸。
- 光笔轮：当选中该选项时，将采用“压感笔”的滚轮控制“污点修复画笔”的尺寸。

9. 在“模式”下拉列表中选择要使用的混合模式，但是一般的情况下不要进行调整。

10. 当选中“近似匹配”单选项时，使用边缘周围的像素来查找要用作选区修补的图像区域。

11. 当选中“创建纹理”单选项时，使用所有像素创建一个用于修复该区域的纹理。如果纹理不起作用，可以重复操作。

12. 当勾选“对所有图层取样”复选项时，将考虑图像中的“图层”信息，取消选中该项时，将只对当前的图层进行编辑。

13. 设置完毕后，在要修补的图像位置上单击鼠标。如果区域较大时，可以单击并拖动进行大面积的修补，如图 5-2 所示。

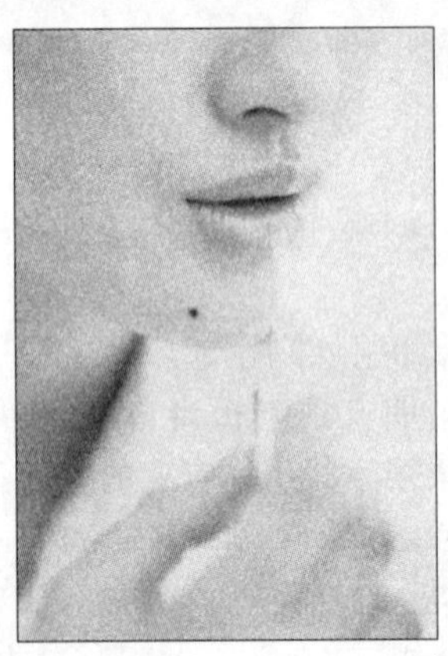
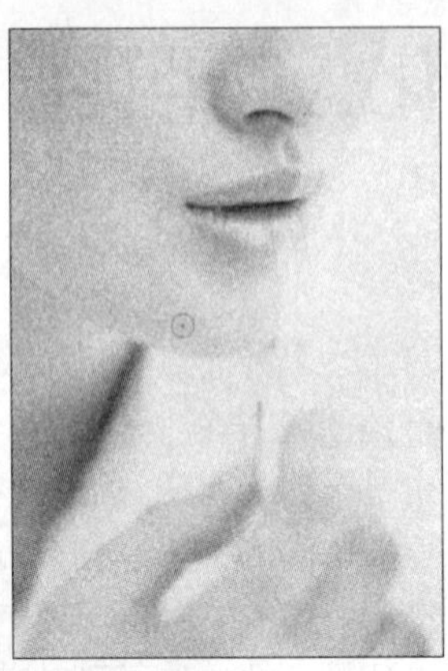

图 5-2

提示

在使用该工具进行修补时，一般需要将笔尖的尺寸调整为可以一次覆盖“瑕疵”的尺寸，只采用单击的方式即可完成修补。当要修改的部分在图像的边缘时，必须要进行选区的定义，否则无法完成修补操作。

5.2 用“修复画笔”工具去除瑕疵

当使用“污点修复画笔”工具无法对照片的瑕疵进行修饰时，可以使用“修复画笔”工具，在该图像或其他打开的图像上复制一部分图像，在该图像中的瑕疵上进行粘贴修饰。粘贴上的图像会按照该图像中的“色相”、“饱和度”和“亮度”进行修改，以适应该图像的需要。具体的操作方法如下：

1. 在工具箱中选中“修复画笔”工具，或使用快捷键 J。

2. 进入如图 5-3 所示的工具选项栏，单击“画笔”右侧的下三角按钮。

图 5-3

3. 在弹出的面板中调整“直径”数值，定义的“修复画笔”的尺寸。

4. 调整“硬度”数值，定义“修复画笔”边缘的效果。

5. 调整“间距”数值，定义每个“笔迹”之间的距离。

6. 在“角度”文本框中输入数值，对“笔迹”进行旋转。

7. 在“圆度”文本框中输入数值，对“笔迹”的圆度进行调整，定义笔迹为椭圆形。

8. 在“大小”下拉列表中选择控制“笔迹”尺寸的方式：

- 关：当选中该选项时，将不对“尺寸”进行变量控制，按照相应的设置操作。
- 钢笔压力：当选中该选项时，将采用“压感笔”的压力控制“修复画笔”的尺寸。
- 光笔轮：当选中该选项时，将采用“压感笔”的滚轮控制“修复画笔”的尺寸。

9. 当选中“取样”单选项时，使用复制的图像部分进行图像的修补。

10. 当选中“图案”单选项时，在右侧的“图案”列表中选择要使用的图案，用于图像的修改。

11. 当勾选“对齐”复选项时，将连续对“像素”进行取样，按照鼠标的移动关系进行图像的复制。当取消选中“对齐”复选项时，每次复制的图像都是复制时的图像部分。

12. 在“样本”下拉列表中选择不同的选项，定义复制的图层设置：

- 当前图层：当选中该选项时，将只复制当前图层中的图像。
- 当前和下方图层：当选中该选项时，将复制当前图层和该图层下面其他图层中的图像。
- 所有图层：当选中该选项时，将不考虑图像中的图层信息，直接复制整个图像中的相应部分。

13. 单击按钮，将不考虑“调整”图层对图像的影响。

14. 设置完毕后，按下 Alt 键，在要进行复制的图像部分单击鼠标，定义拷贝的位置。

15. 在要修补的位置上单击并拖动鼠标，进行修复操作，如图 5-4 所示。

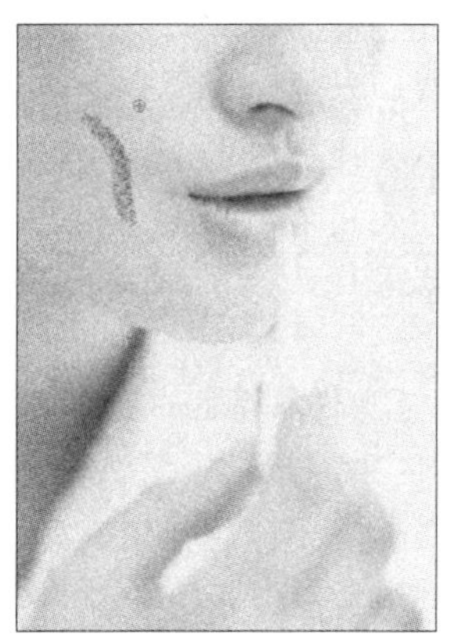

图 5-4

5.3 用“修补”工具修补缺陷

当照片的“瑕疵”面积比较大时，使用“修复画笔”或“污点修复画笔”工具处理时，工作效率比较低下，可以使用“修补”工具快速对大面积的瑕疵进行修复。具体的操作方法如下：

1. 在工具箱中选择“修补”工具，或使用快捷键 J。

2. 使用该工具，将图像中要修补的部分选中，也可以通过其他的选区工具进行选取。使用如图 5-5 所示工具选项栏中的“相加”、“相减”和“相交”按钮，对选区进行修改。

修补: ⊙源 ○目标 ☑透明 使用图案 工作区▼

图 5-5

3. 当选中的区域为要修补的部分时，在该工具选项栏中选中“目标”单选项。当选中“目标”单选项时，需要将图像中要用来修补的图像部分选中。

4. 当勾选“透明”复选项时，将只修补图像中的纹理，并不对图像中的颜色进行修补，一般不选中该选项。

5. 当要使用“图案”进行修补时，可以在右侧的“图案”下拉列表中选择要使用的“图案”选项，单击“使用图案”按钮，使用相应的图案进行修补。

6. 设置完毕后，按照“修补”选区中的选项进行如下操作，如图 5-6 所示。

- 源：当选中该选项时，将要进行修复的图像区域拖曳到要替换的部分上。
- 目标：当选中该选项时，将要用来替换的区域拖曳到要修补的部分上。

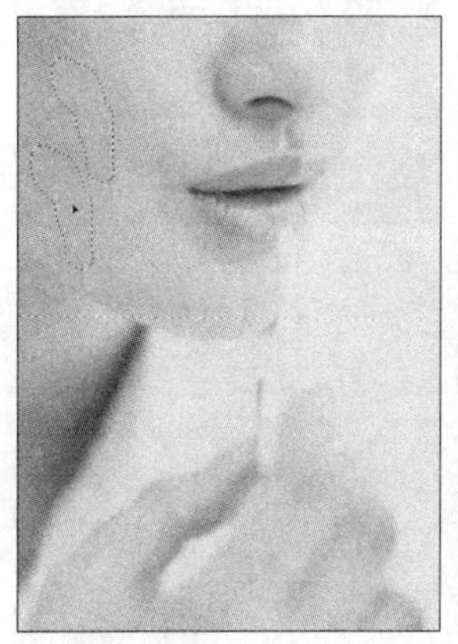
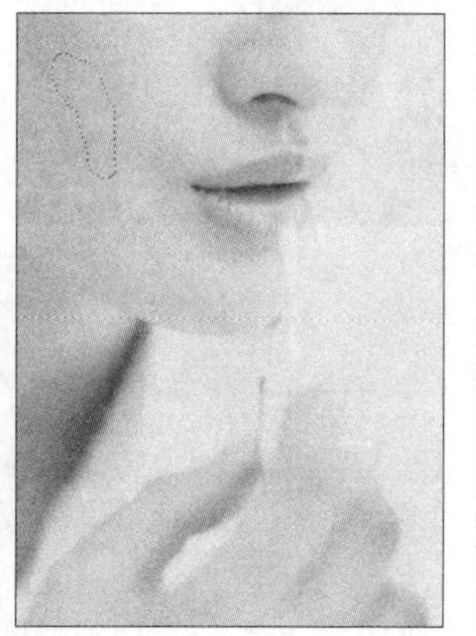

图 5-6

7. 操作完毕后，执行“选择”>“取消选择”命令，或使用快捷键 Ctrl + D，将当前的选区释放。

5.4 用“液化”工具进行变形

“液化”工具是一个功能非常强大的滤镜功能，可以使用该工具进行图像编辑，制作出出乎意料的效果，有时可以得到“哈哈镜”的效果。在人物照片修改中，可以调整过胖或过瘦的部分。如图 5-7 所示。当要对图像进行“液化”操作时，可以执行如下的操作：

图 5-7

1. 在 Photoshop 软件中打开要“液化”处理的图像，执行“滤镜” > “液化”命令，将如图 5-8 所示的“液化”对话框打开。

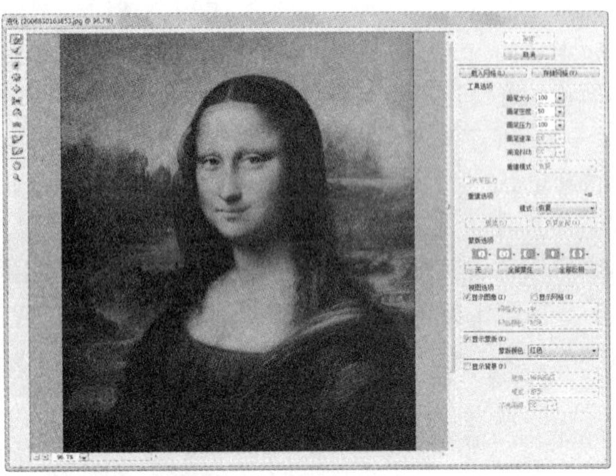

图 5-8

2. 在该对话框中选中操作工具，在编辑之前需对工具进行调整，具体的操作方法如下：

- 画笔大小：在该栏中调整参数，设置将用来扭曲图像的画笔宽度。
- 画笔压力：在该栏中调整参数，设置在预览图像中拖动工具时的扭曲速度。使用低画笔压力可减慢更改速度，因此更易于在恰到好处的时候停止。
- 画笔速率：在该栏中调整参数，设置工具（例如旋转扭曲工具）在预览图像中保持静止时扭曲所应用的速度。该值越大，应用扭曲的速度就越快。
- 画笔密度：在该栏中调整参数，控制画笔如何在边缘羽化。产生的效果是画笔的中心最强，边缘处最轻。
- 湍流抖动：在该栏中调整参数，控制湍流工具对像素混杂的紧密程度。
- 重建模式：在该下拉列表中选择不同的选项用于重建工具，选取的模式确定该工具如何重建预览图像的区域。
  - 刚性：当选中该选项时，在冻结区域和未冻结区域之间边缘处的像素网格中保持直角（如网格所示），有时会在边缘处产生近似不连续的现象。这将恢复未冻结的区域，以使这些区域近似于它们的原始外观。（要恢复其原外观，可使用“恢复”重建模式。）
  - 生硬：当选中该选项时，其作用类似于弱磁场。在冻结区域和未冻结区域之间的边缘处，未冻结区域将采用冻结区域内的扭曲。扭曲随着与冻结区域距离的增加而逐渐减弱。
  - 平滑：当选中该选项时，将冻结区域内的扭曲传播到整个未冻结区域，并在传播过程中平滑连续地扭曲。
  - 松散：当选中该选项时，产生的效果类似于“平滑”，但冻结和未冻结区域的扭曲之间的连续性更大。
  - 恢复：当选中该选项时，均匀地回缩扭曲，不进行任何种类的平滑。
- 光笔压力：当勾选该复选项时，使用光笔绘图板中的压力读数。（只有在使用光笔绘图板时，此选项才可用。）选定“光笔压力”后，工具的画笔压力为光笔压力与“画笔压力”值的乘积。

3. 在该对话框中选中相应的工具，对图像进行“扭曲”处理。

- “向前变形”工具：在对话框中选中该工具，或使用快捷键 W，在图像中进行拖曳，拖动时向前推像素，如图 5-9 所示。

图 5-9

提示

按住 Shift 键单击“变形”工具、“左推”工具或“镜像”工具，可创建从以前单击的点沿直线拖动的效果。

- "顺时针旋转扭曲"工具：在对话框中选中该工具，或使用快捷键 C，在图像中按住鼠标拖动时可顺时针旋转像素。要逆时针旋转像素，请在按住鼠标拖动时按住 Alt 键，如图 5-10 所示。

图 5-10

- "褶皱"工具：在对话框中选中该工具，或使用快捷键 S，在图像中按住鼠标拖动时，使像素朝着画笔区域的中心移动，如图 5-11 所示。

图 5-11

- "膨胀"工具：在对话框中选中该工具，或使用快捷键 B，在图像中按住鼠标拖动时，使像素朝着离开画笔区域中心的方向移动，如图 5-12 所示。

图 5-12

- "左推"工具：在对话框中选中该工具，或使用快捷键 O，在图像中垂直向上拖动该工具时，像素向左移动（如果向下拖动，像素会向右移动）。也可以围绕对象顺时针拖动以增加其大小，或逆时针拖动以减小其大小。要在垂直向上拖动时向右推像素（或者要在向下拖动时向左移动像素），在拖动时按住 Alt 键，如图 5-13 所示。

图 5-13

- "镜像"工具：在对话框中选中该工具，或使用快捷键 M，在图像中进行拖曳，将像素复制到画笔区域。拖动鼠标以反射与描边方向垂直的区域（描边以左的区域）。按住 Alt 键并拖动，将镜像描边区域反方向的区域（例如，位于向下的描边上方的区域）。通常，在冻结了要反射的区域后，按住 Alt 键并拖动可产生更好的效果。使用重叠描边可创建类似于水中倒影的效果，如图 5-14 所示。

图 5-14

- "湍流"工具：在对话框中选中该工具，或使用快捷键 T，在图像中拖曳鼠标，平滑地混杂像素。它可用于创建火焰、云彩、波浪和相似的效果，如图 5-15 所示。

图 5-15

- “重建”工具：在对话框中选中该工具，或使用快捷键 R，在图像中拖曳鼠标，可以将已经扭曲的部分恢复到原来的状态上。

4. 在该对话框的“重建选项”选区中的“模式”下拉列表中选中“恢复”模式，单击“重建”按钮，可以按照一定的力度对图像进行恢复。如果要将图像全部恢复到原始的状态，可以单击“恢复全部”按钮。

5. 当对“液化”的图像部分进行保护时，可以将一些部分冻结，要冻结的部分可以是没有液化的部分，也可以是已经处理完毕的部分。当要进行操作时，在该对话框中单击“冻结蒙版”工具，或使用快捷键 F，在要“冻结”的部分拖曳，如图 5-16 所示。被“冻结”的部分将无法编辑，从而对图像进行保护。

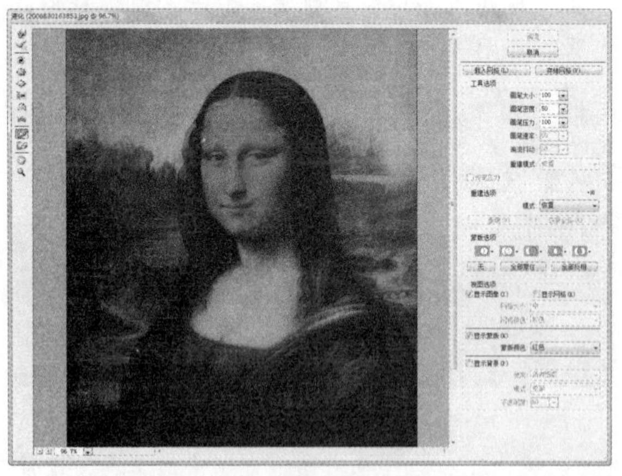

图 5-16

6. 如果重新定义“冻结”部分时，可以在该对话框中单击“解冻蒙版”工具，或使用快捷键 D，在已经“冻结”的部分上拖曳鼠标，将相应的部分解冻。

7. 在“蒙版选项”选区中单击相应的按钮，将图像中包含的“选区”、“图层蒙版”、“透明度”和“快速蒙版”定义为“冻结”部分。

8. 当单击“无”按钮时，将取消图像中所有的“冻结”部分。

9. 当单击“全部蒙住”按钮时，将图像中的所有部分进行冻结。

10. 当单击“全部反相”按钮时，将图像中“冻结”的部分“解冻”，将没有“冻结”的部分“冻结”。

11. 可以使用该对话框中“抓手”工具或“缩放”工具，将图像缩放，从而对图像进行更加精细的查看。

12. 在“视图选项”区域中勾选“显示图像”复选项时，将在图像中显示图像内容，当勾选“显示网格”复选项时，将在图像中显示“网格”，该“网格”会在“液化”操作中发生相应的变化，如图 5-17 所示。在“网格大小”下拉列表中可以选择到不同的选项，从而定义网格的尺寸。在“网格颜色”下拉列表中可以选择到不同的选项，从而定义网格的颜色。

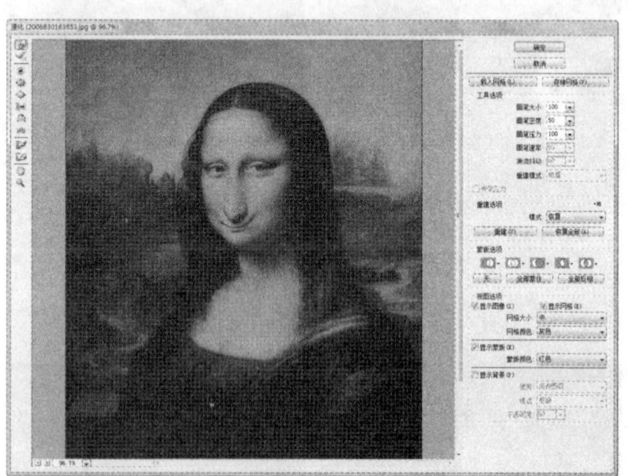

图 5-17

13. 勾选“显示背景”复选项，可以将图像中其他的图层也显示出来，从而观察全局的效果。

14. 在“使用”下拉列表中选中不同的选项，定义要显示的图层。

15. 在“模式”下拉列表中选中不同的选项，定义当前图像显示在整个图像的位置，例如“前面”、“后面”等。

16. 在“不透明度”文本框中输入数值，定义其他图像的透明度。

17. 设置完毕后，单击“确定”按钮，完成“液化”操作。

5.5 “去斑”处理

“去斑”滤镜用于探测照片中有明显颜色改变的区域，并模糊除边缘外选区的所有部分，此模糊效果可在去掉杂色的同时，保留细节。选择“去斑”滤镜，将直接执行该效果，不弹出对话框设置参数，原图和效果图如图 5-18 所示。

原图

使用“去斑”滤镜后的效果图

图 5-18

5.6 用“减少杂色”滤镜去除杂点

图像杂色显示为随机的无关像素，这些像素不是图像细节的一部分。如果在数码相机上用很高的 ISO（感光度）拍照、曝光不足，或者用较慢的快门速度在黑暗区域中拍照，则可能会出现杂色。相对于高端相机而言，低端相机通常会产生更多的图像杂色。扫描的图像可能有由扫描传感器导致的图像杂色。通常，扫描的图像上还会出现胶片的微粒图案。使用 Photoshop 软件中提供的“减少杂色”滤镜，可以减少图像中的“杂色”。

选择“减少杂色”滤镜，将弹出“减少杂色”对话框，在对话框中设置相关的参数，根据此参数得到效果图如图 5-19 所示：

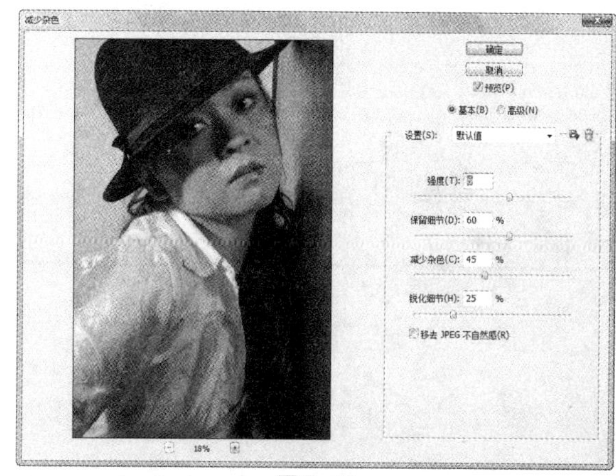

图 5-19

- 强度：调整该栏中的数值，控制应用于所有图像通道的明亮度杂色减少量。
- 保留细节：调整该栏中的数值，保留边缘和图像细节（如头发或纹理对象）。当数值为 100 时，则会保留大多数图像细节，但会将明亮度杂色减到最少。平衡设置“强度”和“保留细节”数值，以便对杂色减少操作进行微调。
- 减少杂色：调整该栏中的数值，移去随机的颜色像素。值越大，减少的颜色杂色越多。
- 锐化细节：调整该栏中的数值，对图像进行锐化。移去杂色将会降低图像的锐化程度。稍后可使用对话框中的锐化控件或其他某个 Photoshop 锐化滤镜来恢复锐化程度。
- 移去 JPEG 不自然感：当勾选该复选项时，移去低 JPEG 品质图像的斑驳伪像和光晕。

5.7 实例——使用“光影魔术手”进行磨皮

“光影魔术手”软件是一个国产的“傻瓜型”图像处理软件，软件提供了一些比较常用的功能，而且只要简单地单击鼠标，即可完成一些Photoshop软件中烦琐的操作，但是这也约束了软件的发挥，导致软件比较程序化。并不建议读者使用该软件的全部功能完成所有工作，只要使用一些比较好的功能即可。本节介绍该软件的“磨皮”功能，处理人物照片，如图5-20所示。

图5-20

1. 启动“光影魔术手”软件，单击“打开”按钮，在弹出的“打开”对话框中选中要“磨皮”的照片文件，并将其打开，如图5-21所示。

图5-21

2. 在软件中单击“美容”按钮，弹出如图5-22所示的“人像美容”对话框。

图5-22

3. 在该对话框中调整“磨皮力度”参数，可以定义磨皮的程度，数值越大，效果越明显，但是不能一味地将数值调大，否则人物皮肤的质感将丧失。

4. 调整“亮白”参数，可以提高人物皮肤的亮度，并且有美白效果。

5. 调整各个参数时，可以单击“预览”按钮查看效果，一定要一边查看效果，一边调整参数，设置完毕后单击“确定”按钮，如图5-23所示。

调整前

调整后

图5-23

5.8 实例——去红眼

红眼现象就是瞳孔在彩色照片中呈现红色的现象。红眼现象尤其会出现在傻瓜相机及数码相机拍的照片上，主要原因是瞳孔在阴暗的环境下会放大，而增大光线射入视网膜的范围，于是闪光灯的强光就会射在视网膜后的微血管组织上，并反射回来。只要是相机的镜片组（即镜头）距离“闪光灯”太近，便有可能出现红眼现象。遇到这种情况，可以使用“光影魔术手”软件轻松地解决。具体的操作方法如下：

1. 启动“光影魔术手”软件，打开含有“红眼”的照片，如图 5-24 所示。

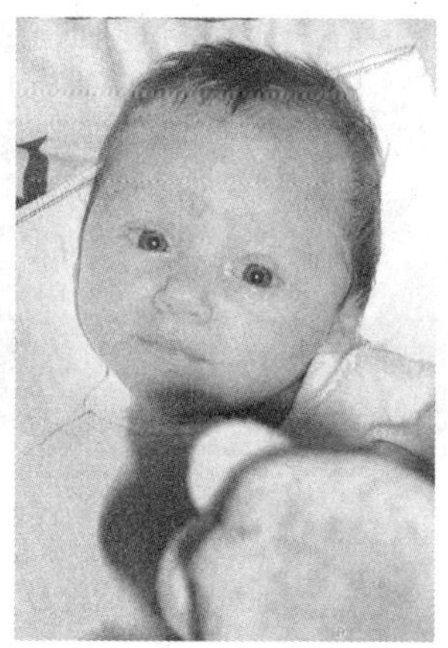

图 5-24

2. 执行“效果”>“更多人像处理”>“去红眼/去斑”命令，弹出如图 5-25 所示的“去红眼”对话框。

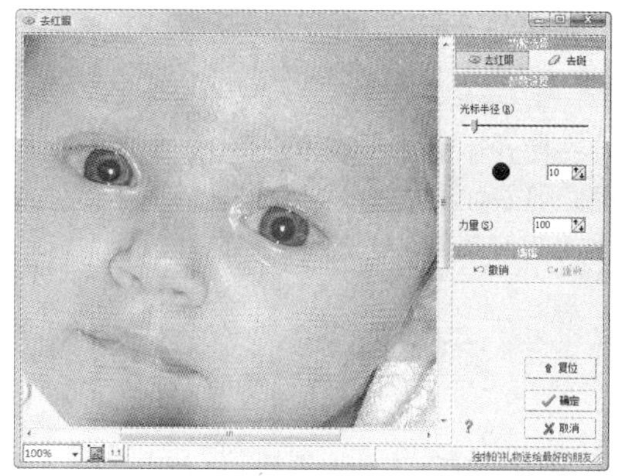

图 5-25

3. 按照眼睛的尺寸，调整“光标半径”参数。

4. 在红眼部分单击并拖动鼠标，软件会自动去除红眼，单击“确定”按钮，如图 5-26 所示。

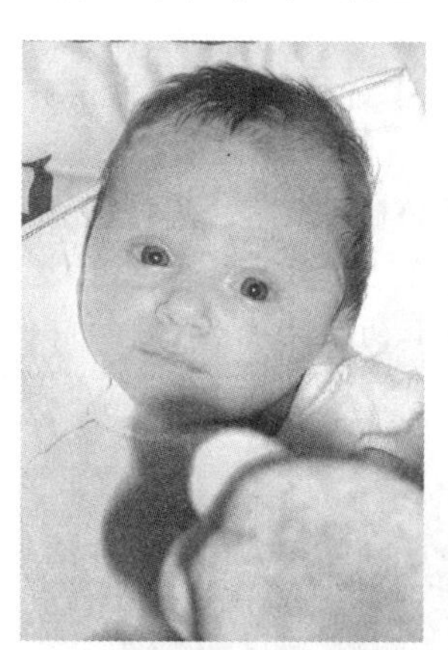

调整前

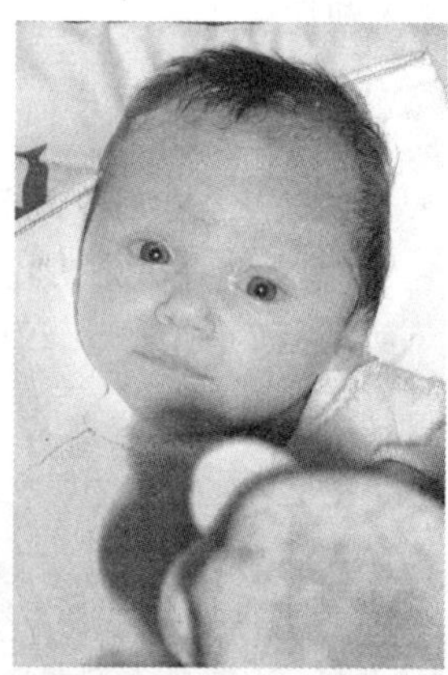

调整后

图 5-26

小结

如果您是销售服装的，模特的照片就非常重要，这将直接影响到最终的销售情况。在刚刚开店时，往往没有太多的资金，不能去请专业的“麻豆”，拍摄和后期处理就显得非常重要。人物照片的变化是比较多的，所以大家还要多加练习。

第 6 章 添加文字

在照片中添加一些文字介绍，有时是比较重要的。但是如果这些文字只是普通的字体，或没有添加任何效果，还真不如将文字放在照片的外面，保留照片的整洁。本章将介绍在 Photoshop 软件中添加文字的方法。

6.1 “横排文字”工具

“横排文字”工具[T]是 Photoshop 软件中最常用的文字工具，使用该工具可以按照横排的方式，由左至右进行文字输入，这种排版方式是适合中国人的浏览方式。使用该工具创建文字的方法如下：

1. 在工具箱中选择“横排文字”工具[T]，或使用快捷键 T。

2. “点文本”和“区域文本”的创建方法分别如下：

- 点文本：在要创建文字的位置上单击鼠标。
- 区域文本：在要创建的文字区域上单击并拖动鼠标，创建一个矩形的文本框，如图 6–1 所示。

图 6–1

3. 直接输入要使用的文本，创建完毕后，可以单击工具选项栏中的“确定”按钮✓，也可以按下 Enter 键，完成文字输入，并回到图像的编辑状态，如图 6–2 所示。

图 6–2

6.2 其他文字工具

在 Photoshop 软件中还提供了其他一些文字工具，使用方法基本上是相同的，但是意义略有不同。

- “直排文字”工具[IT]创建的文字会从上至下排布，当换行时，下一行文字会排布在该行的左侧。
- “横排文字蒙版”工具[T]、“直排文字蒙版”工具[IT]，创建文字形状的选区，利用创建的选区可以制作出各种各样的文字效果。

6.3 利用“路径”创建文本

Photoshop 虽然没有提供“路径文本”和“区域文本”工具，但是可以通过相应的操作创建出

“路径文本”和“区域文本”。具体的操作方法如下所述。

6.3.1　创建“路径文本”

一般情况下，文本只能按照水平或垂直的方向排布，如果要将文字按照任意的形态排布时，可以执行如下操作：

1. 在工具箱中选择“钢笔”工具，或使用快捷键P。
2. 在图像中定义一条路径，可以是“开放”路径，也可以是“封闭”路径。
3. 在工具箱中选择“横排文字”工具或“直排文字”工具，或使用快捷键P。
4. 将鼠标指针放在路径上，此时鼠标指针变成状态，单击鼠标，直接输入文字，如图6–3所示。

图6–3

6.3.2　调整“路径文本”

当在“路径”上创建文本时，可以通过后期的调整，定义文本和路径的关系。这些操作都是手动的，具体的操作方法如下：

1. 在工具箱中选择“横排文字”工具或“直排文字”工具。
2. 在要调整的“路径文本”上单击鼠标，进入“文字”的编辑状态。
3. 在工具箱中选择“路径选择”工具，或使用快捷键A。
4. 将鼠标放到“路径文本”上，此时鼠标变成状态，单击并拖动鼠标，可以调整文本的开始和结束位置，如图6–4所示。

图6–4

5. 当要调整“文本”和“路径”的位置关系时，可以直接单击文字，向“路径”的另一侧拖动鼠标，将文字放到路径的另一侧，如图6–5所示。

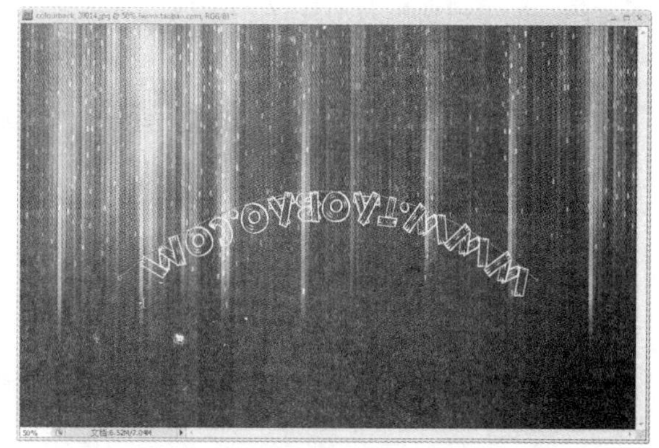

图6–5

6.3.3　创建“区域文本”

前面曾经讲述过使用“文字”工具创建文本框架，进行区域文本的创建，但是这些文本只能放在一个“矩形”的文本框架中。如果要将文字放到不同形状的区域，可以执行如下操作：

1. 在工具箱中选择“钢笔”工具，或使用快捷键P。
2. 在图像中创建一个封闭的路径。
3. 用“横排文字”工具或“直排文字”工具，或使用快捷键P。

将鼠标放到“封闭路径”中，此时鼠标变成状态，单击鼠标，直接输入文字，如图 6-6 所示。

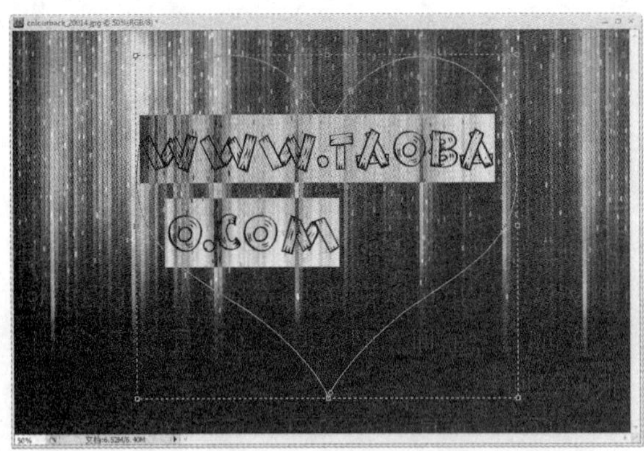

图 6-6

6.4 使用工具选项栏控制文字属性

在 Photoshop 软件中创建文字之前或创建文字之后，都可以使用如图 6-7 所示的“文字”工具选项栏，对文本的属性进行调整，具体的操作方法如下：

图 6-7

1. 在工具箱中选择任意的“文字”工具，在要创建文字的位置上单击或拖动，准备输入文字。如果文字已经创建，可以将要调整的文字选中。

2. 单击工具选项栏中的按钮，在“横排文字”和“直排文字”之间进行转换，如图 6-8 所示。

提示

当要转换“横排文字”和“直排文字”时，可以执行“图层”>“文字”>“水平”或“垂直”命令。

3. 在右侧的“字体”下拉列表中选择要使用的“字体”选项，如果该字体中包含“附加字体”时，可以在“字体”下拉列表右侧的下拉列表中选择要使用的附加字体选项。

4. 在“字号”下拉列表中选择要使用的“字号”选项，如果该下拉列表中没有要使用的“字号”选项时，可以直接在该下拉列表中输入相应的“字号”数值。

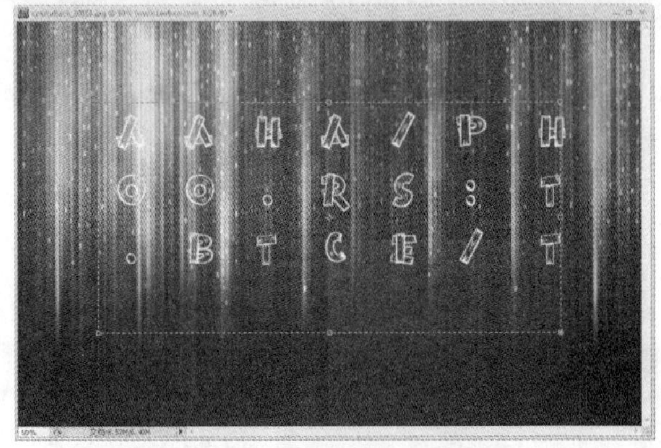

图 6-8

5. 在“取消锯齿”下拉列表中可以选择到“无”、“锐利”、“犀利”、“浑厚”和“平滑”选项，由上至下增强文字边缘的平滑程度。当选中较低的平滑程度时，文字的边缘比较粗糙，但是计算机的显示速度较快。当选中较高的平滑程度时，文字的边缘比较平滑，但是计算机的显示速度会变慢。当计算机的配置较低时，可以在输出前调整为较低的平滑程度选项，在输出时调整为最高的“平滑”选项。

提示

除了可以在工具选项栏中定义文字的平滑程度外，还可以执行“图层”>“文字”>“消除锯齿方式为无”、“消除锯齿方式为锐利”、“消除锯齿方式为犀利”、“消除锯齿方式为浑厚”和“消除锯齿方式为平滑”等命令，等效地调整文本边缘的平滑程度。

6. 单击“左对齐”、“居中对齐”和“右对齐”按钮，定义文字的对齐方式，如图 6-9 所示。

左对齐

居中对齐

右对齐

图 6-9

7. 单击“颜色”按钮，弹出如图 6-10 所示的“选择文本颜色”对话框，选择要使用的颜色，单击“确定”按钮，定义要创建的文本，或选中文本的颜色。

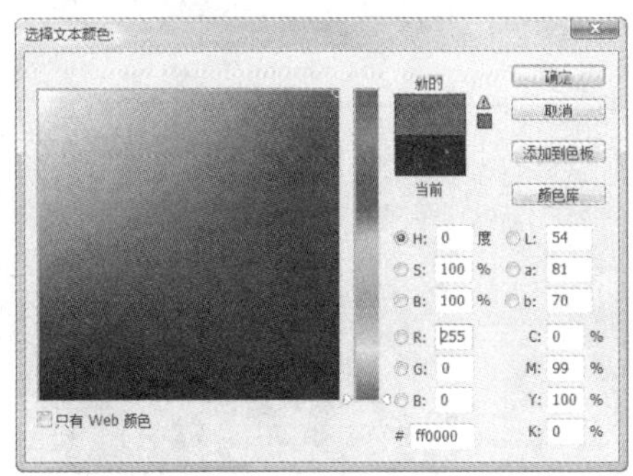

图 6-10

8. 设置完毕后，单击工具选项栏中的“确定”按钮，或按下 Enter 键。

6.5 自由变形文本

Photoshop 软件提供了一种“自由变形”功能，可以将文字按照一定的规则进行变化，变化后的文本依然保留着相应的属性，可以重新定义文本的内容、文字的字体等属性。具体的操作方法如下：

1. 在工具箱中选择任意的“文字”工具，在要编辑文字的位置上单击并拖动鼠标，将相应的文本选中。

2. 在工具选项栏中单击“自由变形”按钮，弹出如图 6-11 所示的“变形文字”对话框。也可以执行“图层”>“文字”>“文字变形”命令。

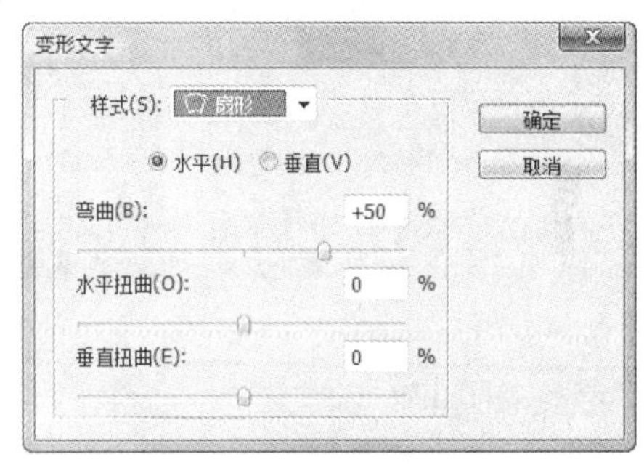

图 6-11

3. 在“样式”下拉列表中可以选择到“扇形”、“下弧”、“上弧”、“拱形”、“凸起”、“贝壳”、“花冠”、“旗帜”、“波浪”、“鱼形”、“增加”、“鱼眼”、“膨胀”、“挤压”和“扭转”选项，选择不同的选项，从而定义文字变形的效果。

4. 选中“垂直”或“水平”选项,定义“文字”变形的方向。

5. 调整“弯曲”的数值，可以直接在文本框中输入数值，也可以拖拽滑块来调整，正值时向上或向左弯曲，负值时向下或向右弯曲。当数值越远离 0 时，弯曲程度越大，反之弯曲程度较小。

6. 调整“水平扭曲”的数值，可以直接在文本框中输入，也可以直接拖曳滑块来调整，正值时向右弯曲,负值时向左弯曲。当数值越远离 0 时，弯曲程度越大，反之弯曲程度越小。

7. 调整“垂直扭曲”的数值，可以直接在文本框中输入，也可以直接拖曳滑块来调整，正值时向下弯曲，负值时向上弯曲。当数值越远离 0 时弯曲程度越大，反之弯曲程度越小。

8. 设置完毕后，单击“确定”按钮，定义变形的操作，如图 6-12 所示。

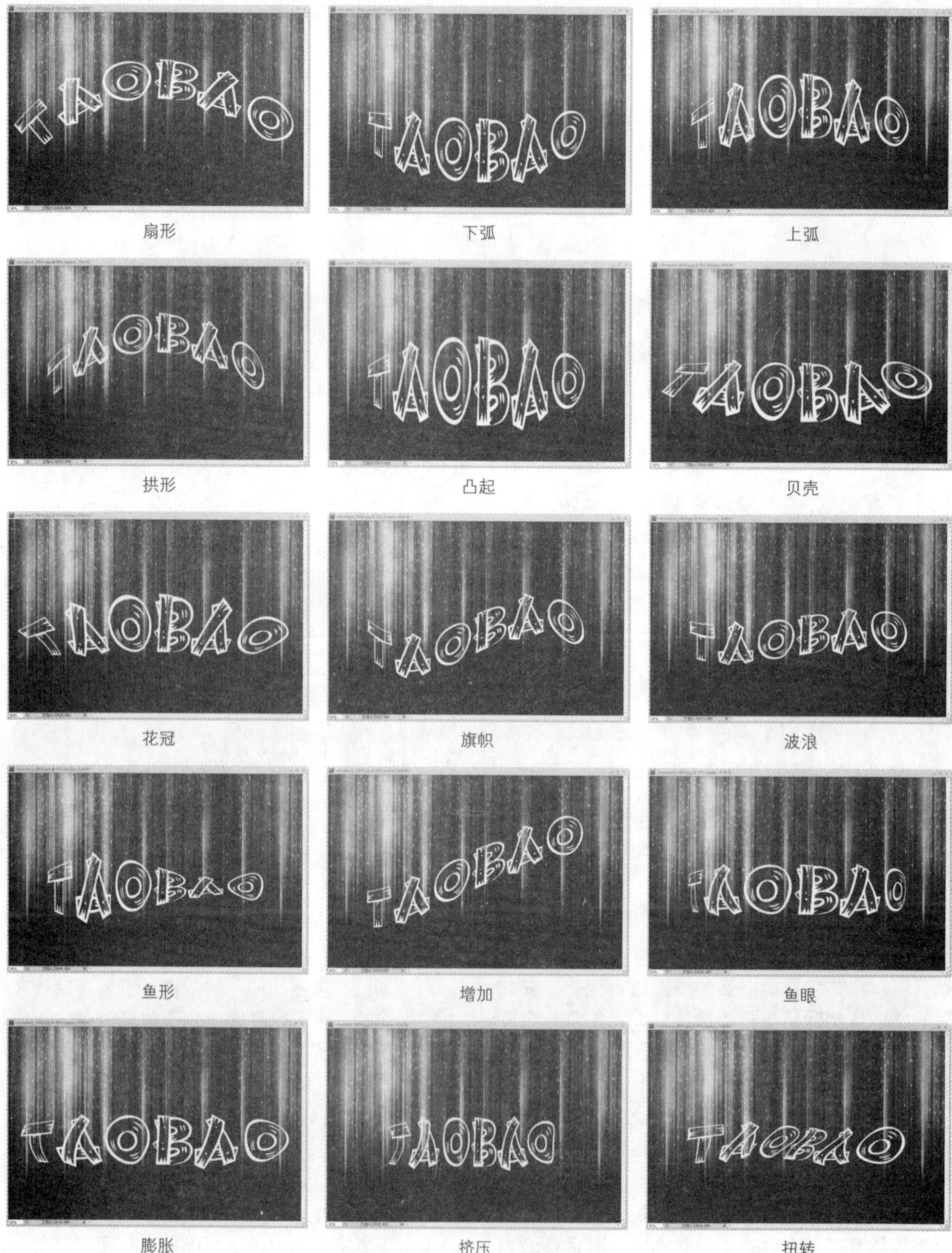

图 6-12

6.6 安装字体

在 Photoshop 软件中出现的字体选项，都是在计算机系统中安装的字体。当要将一个新的字体安装到软件中时，就要将字体安装到操作系统中。具体的操作方法如下：

1. 在计算机系统中单击“开始”按钮，在弹出的菜单中选择“控制面板”命令，在弹出的“控制面板”窗口中，双击“字体”选项，进入如图 6-13 所示的字体窗口。

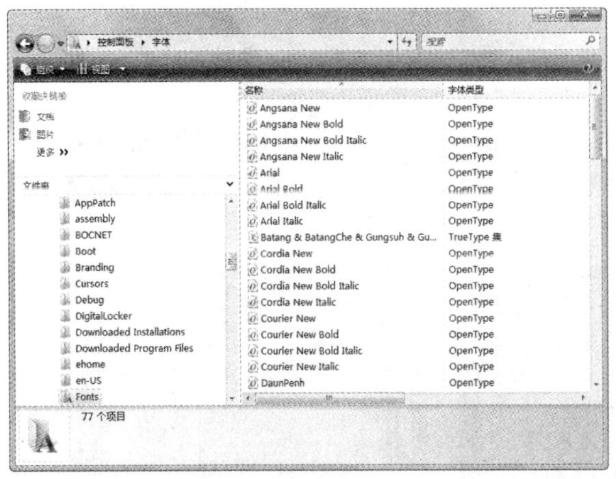

图 6-13

2. 单击鼠标右键，在弹出的菜单中选择“安装新字体”命令，弹出如图 6-14 所示的“添加字体”对话框。

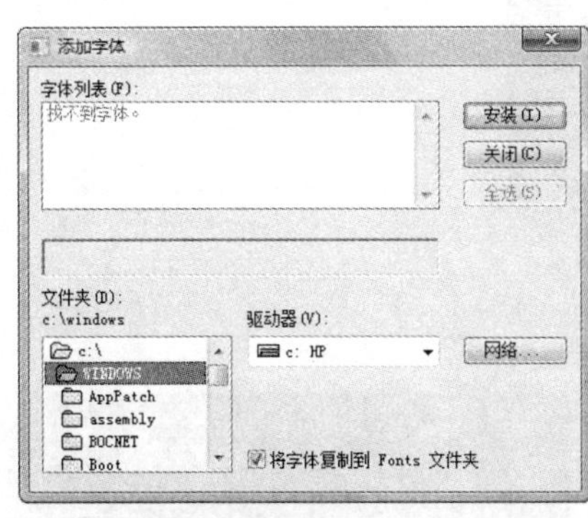

图 6-14

3. 在文件夹中选择要安装字体的位置，在“字体列表”中选择要安装的字体选项，单击“确定”按钮。

4. 等待安装进程，完成安装字体的操作。

提示

1. 安装完字体后，如果要在软件中查看该字体选项，需要重新启动该软件。
2. 字体并不区分 Mac 和 PC 系统，无需进行区别。
3. 字体同样有版权问题，请使用正版字体。

6.7 图层效果

在 Photoshop 软件中为图层图像提供了添加效果的功能，使用该功能，可以按照图层的形状添加一些效果，例如“投影”、“外发光”、“浮雕”等。图层中的效果并不是固定的，可以随时进行参数调整，并且图层效果会按照图像边缘的变化而变化。Photoshop 软件还提供了相应的“样式”面板，可以直接引用软件预置的“效果”选项，也可以将自定义的“图层效果”保存到该面板中，以便再次使用。当要在图层中添加效果时，可以执行如下操作：

1. 调出“图层”面板，并在该面板中选中要进行“图层效果”编辑的图层选项。

2. 执行如下的任一操作：

- 在“图层”面板单击“图层效果” fx 按钮，在弹出的菜单中选择“混合选项”命令。
- 在“图层”面板中单击“菜单”按钮，在弹出的菜单中选择“混合选项”命令。
- 执行“图层”>“图层样式”>“混合选项”命令。

3. 直接在“图层”面板中要添加“图层样式”的图层选项上双击鼠标。

4. 在弹出的“图层样式”对话框中的左侧，勾选不同的图像效果选项，并在右侧进行参数调整，如图 6-15 所示。

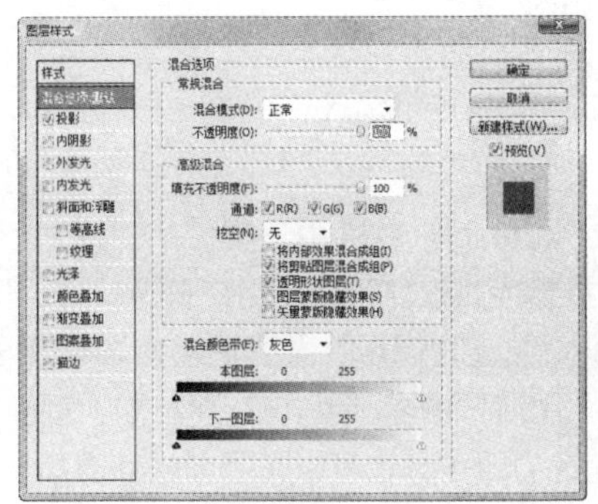

图 6-15

5. 设置完毕后，单击“确定”按钮。各种效果如图 6-16 所示。

原图 　投影 　内阴影

外发光 　内发光 　斜面与浮雕

光泽 　颜色叠加 　渐变叠加

图案叠加 　描边

图 6-16

6.8 使用“样式”面板

在 Photoshop 软件中还提供了“样式”面板，该面板主要存放软件预置和用户自定义的“图层样式”，以方便随时调用。当要调用时，只需要在选中相应“图层”的基础上，在“样式”面板中单击“样式”选项即可。也可以在不同的计算机中共享，从而更好地提高工作效率，如图 6-17 所示。

图 6-17

6.9 实例——添加文字介绍

在拍摄的照片中添加一些文字介绍，实际上是比较简单的。只要在照片中输入一些简单的、精心构思的文字，并且进行简单的设置即可。这里一定不要将自己会的功能都应用到文字上，否则一定会出现画蛇添足的问题。具体的操作方法如下：

1. 在 Photoshop 软件中打开相应的照片文件，如图 6-18 所示。

图 6-18

2. 在工具箱中选中“文字”工具，在如图 6-19 示的位置上单击鼠标，并输入“不用再这样防抖”字样。

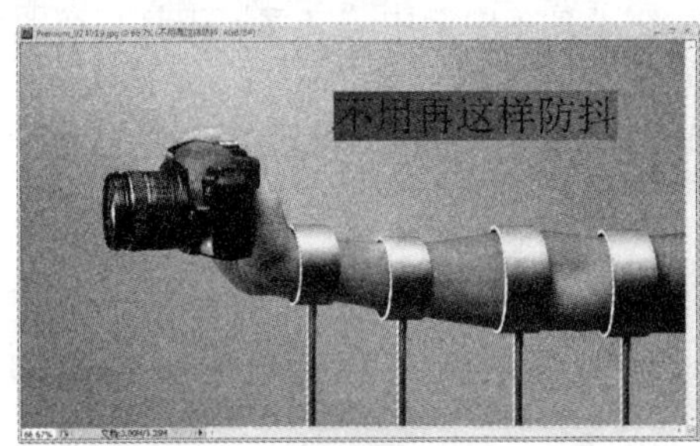

图 6-19

3. 在“图层”面板中双击“文字”图层的缩略图，将所有的文字选中，在控制面板中调整字体为“草书”，定义字号为 83，设置文字颜色为白色，如图 6-20 所示。

图 6-20

4. 在“图层”面板中，双击右侧的文字部分，调出“图层样式”对话框，在左侧勾选“投影”复选项，其他参数保持默认，如图 6-21 所示。

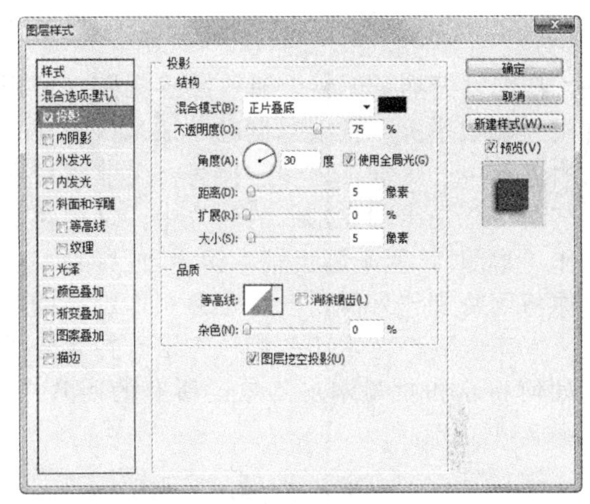

图 6-21

5. 设置完毕后，单击“确定”按钮，如图 6-22 所示。

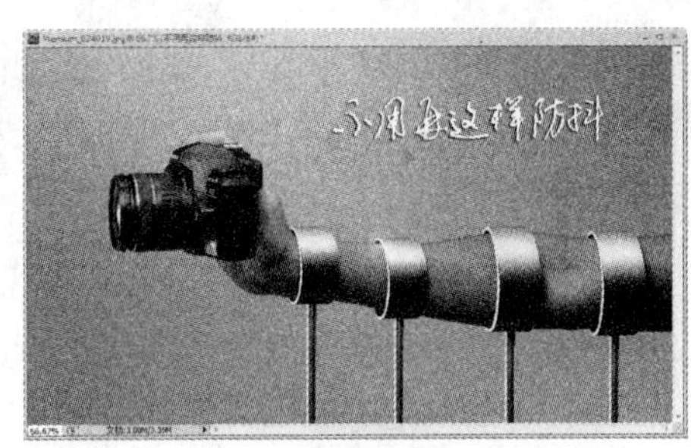

图 6-22

小结

本章主要介绍了“文字”的使用方法，可以在照片中添加一些简单的介绍，整个文字的操作方法并不是非常复杂，但是一定切记不要“画蛇添足”。有时间可以在网上下载一些特殊的字体，能够为文字增色不少。

第 7 章 添加水印

在刚刚开店的时候，有时会感觉别人使用的照片都很漂亮，直接复制粘贴过来，放在自己的店铺中一定非常方便。但有一个非常讨厌的东西，总是出现在别人的照片中，这个东西叫作“水印”，用来防止别人使用自己的照片。当你将照片制作好时，一定也会制作这样的水印。本章主要介绍水印的制作方法，并且告诉你如何将水印批量添加到自己所有的照片中。如图 7–1 所示。

图 7–1

7.1 水印简介

“水印”是指在造纸过程中形成的，“夹”在纸中而不是纸的表面，迎光透视时可以清晰看到有明暗纹理的图形、人像或文字，它是纸张在生产过程中用改变纸浆纤维密度的方法制成的。通常人民币、购物卷、粮票、证券等，都采用此方式，以防造假。

数字水印（Digital Watermark）技术是将与多媒体内容相关或不相关的一些标示信息，直接嵌入多媒体内容当中，但不影响原内容的使用价值，并不容易被人觉察或注意到。通过这些隐藏在多媒体内容中的信息，可以确认真正的内容创建者、购买者，或者了解内容是否真实完整。数字水印是信息隐藏技术的一个重要研究方向。

7.2 实例——水印

因为水印在照片中不会表现任何的颜色信息，所以无需在制作时添加任何颜色。但是因为水印在不同的照片背景中表现的深浅不同，所以要设计两种不同的水印，分别用于添加到不同深浅的照片中。具体的操作方法如下：

1. 新建一个 640×480 像素的空白文件。

2. 在工具箱中选中“文字”工具，在图像中单击鼠标，并输入“Macmaker workgroup”字样（店标），如图 7–2 所示。

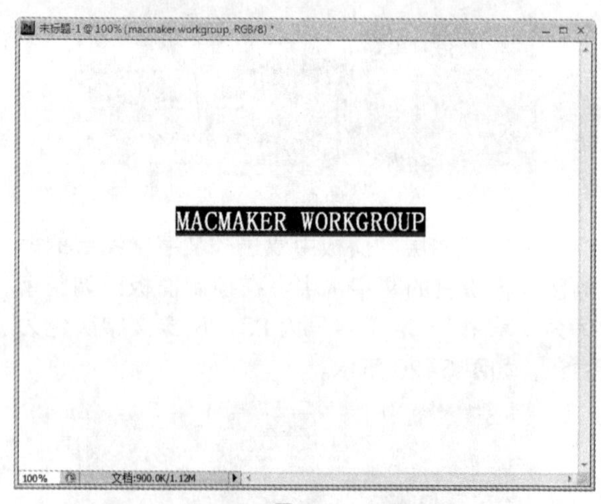

图 7–2

3. 将所有的文字选中，调整字号为 30，调整字体为 Copperplate，其他参数保持默认，如图 7–3 所示。

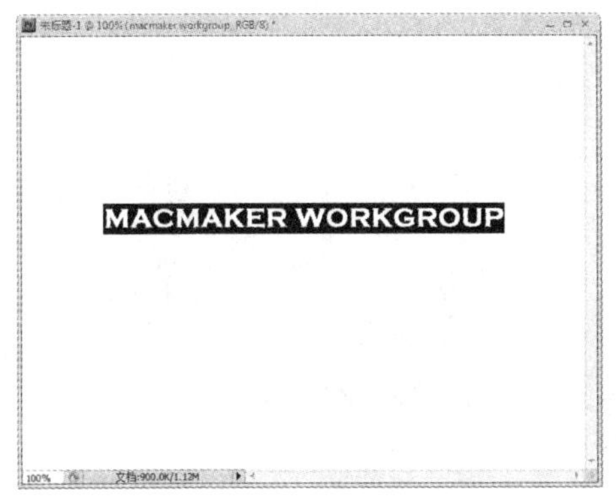

图 7–3

4. 继续使用“文字”工具，在图像中单击鼠标，输入“Macmaker”（也可以随意），并调整字体为“条码”，字号为 140，如图 7–4 所示。

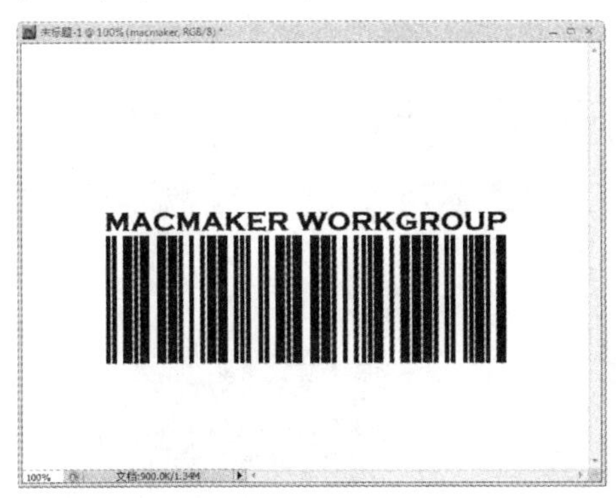

图 7–4

5. 在“图层”面板中，用鼠标右键单击“条码”图层，在弹出的菜单中选中“栅格化文字”命令，将该图层转换为普通图层。

6. 在工具箱中选中“矩形”工具，在图像中单击并拖动鼠标，创建如图 7–5 所示的选区，按下 Delete 键，将该区域的图像删除。

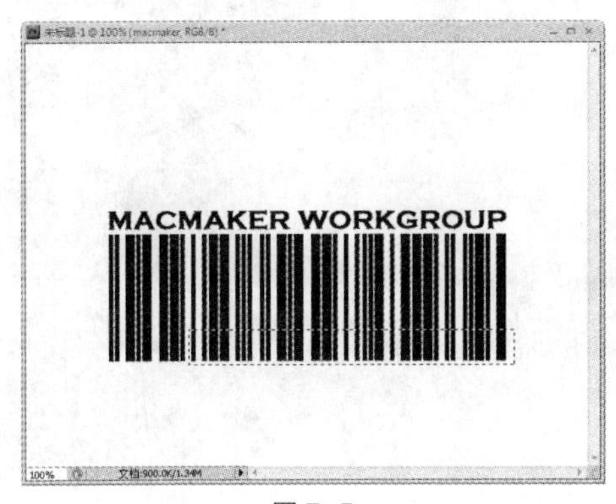

图 7–5

7. 继续使用“文字”工具，在图像中单击鼠标，并输入“100%practicality's photo qq:283617831”字样。调整字号为 32，字体为 Agency，如图 7–6 所示。

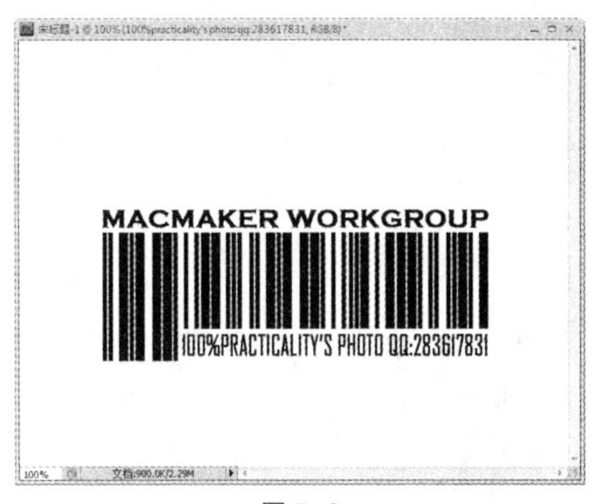

图 7–6

8. 在“图层”面板中，将“背景”图层隐藏，并单击该面板的快捷菜单按钮，在弹出的菜单中选中“合并可见图层”命令，将 3 个文字图层合并到一起。

9. 在“图层”面板中，双击“文字”图层，调出“图层样式”对话框，选中左侧的“描边”复选项，调整“大小”数值为 2，设置“填充类型”为“颜色”选项，在弹出的“拾色器”对话框中选中白色，单击“确定”按钮，如图 7–7 所示。

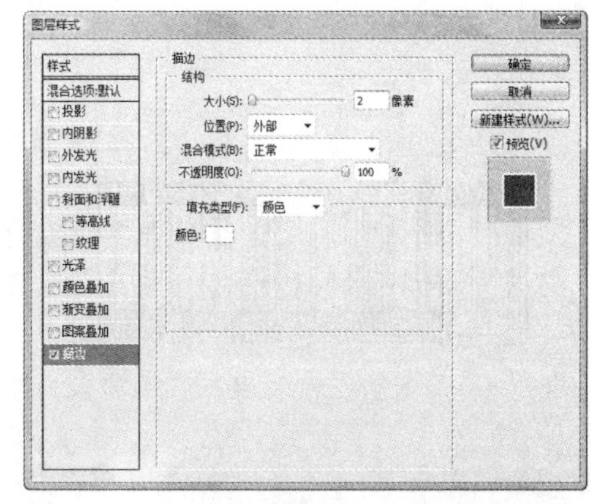

图 7–7

10. 在“图层”面板中创建一个新的图层。

11. 单击“图层”面板的快捷菜单按钮，在弹出的菜单中选中“合并可见图层”命令，将图层样式转换为普通图层。

12. 在“图层”面板中，双击“文字”图层，调出“图层样式”对话框，选中左侧的“描边”复选项，调整“大小”数值为 1，设置“填充类型”为“颜色”选项，在弹出的“拾色器”对话框中选中黑色，单击“确定”按钮，如图 7-8 所示。

图 7-8

13. 此时“水印”制作完毕，但是该“水印”适合背景比较深的照片。下面制作适合背景比较浅的照片的版本。执行“图层”>“调整”>“反相”命令，或使用快捷键 Ctrl+I，将颜色反转，如图 7-9 所示。

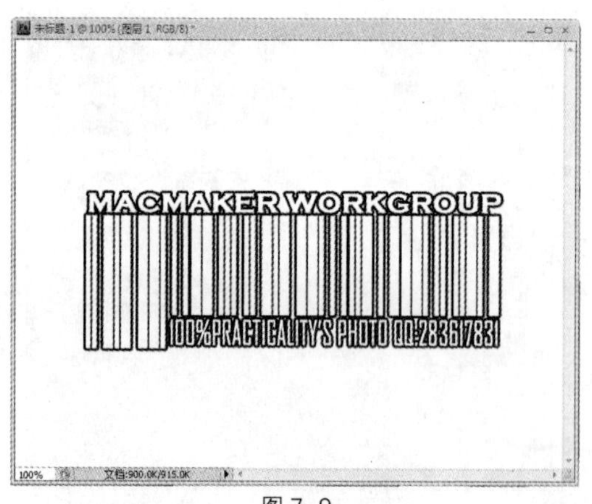

图 7-9

14. 将要添加“水印”的照片打开，在工具箱中选中“移动”工具，直接将“水印”图像拖曳到照片中，如图 7-10 所示。

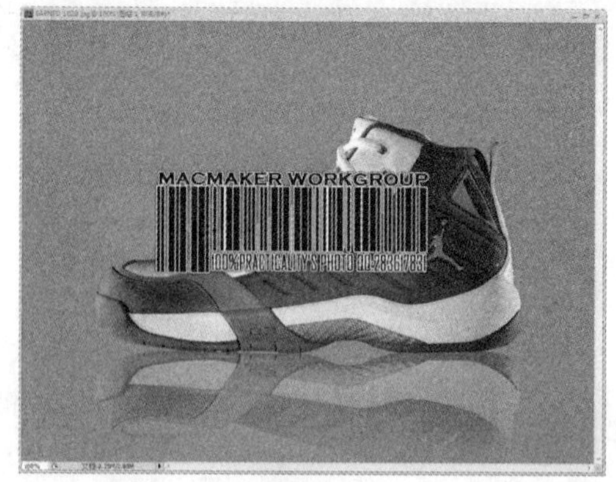

图 7-10

15. 使用快捷键 Ctrl+T，调出自由变形框，调整“水印”的尺寸和位置，如图 7-11 所示。一定要覆盖住一部分商品主体。

图 7-11

16. 调出“图层”面板，调整“水印”图层的“不透明度”为 50%，混合模式为“叠加”，如图 7-12 所示，到此水印效果制作完毕。

图 7-12

7.3 实例——使用 Illustrator 制作水印

本节将使用 Illustrator 软件制作一个水印图像，因为 Illustrator 软件的使用方法和 Photoshop 软件相似，所以就不重复讲述了。大家可以按照相应的步骤制作。

1. 启动 Illustrator 软件，执行“文件”>“新建”命令，在弹出的“新建文档”对话框中进行设置，如图 7–13 所示。

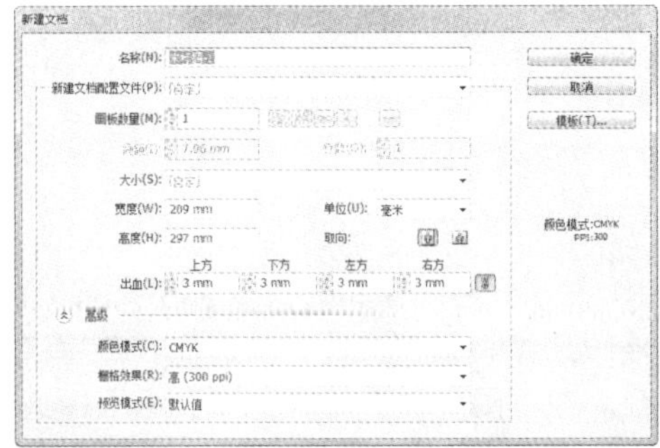

图 7–13

2. 在工具箱中选中“铅笔”工具，在视图中绘制如图 7–14 所示的图像，并定义为粉色。

图 7–14

3. 在工具箱中选中“钢笔”工具，在图形的底部绘制如图 7–15 所示的曲线。

图 7–15

4. 在工具箱中选中“文字”工具，在曲线上单击鼠标，并输入“Macmaker Workgroup”字样（店标），调整文字的属性，如图 7–16 所示。

图 7–16

5. 执行“文件”>“导出”命令，将文件导出为 PSD 格式，完成整个实例的制作。

7.4 实例——批量添加水印

一般情况下，需要将店铺中的所有照片都添加“水印”。当照片比较多的时候，如果采用上面介绍的使用 Photoshop 软件添加水印的方法，会很麻烦，而且工作效率低下。本节将采用“轻松水印”软件快速批量地添加水印。

1. 下载并安装“轻松水印”软件。

2. 启动“轻松水印”软件，执行“工具”>“模板编辑器”命令，打开如图 7–17 所示的“模板编辑器”窗口。

图 7–17

3. 执行“文件”>“创建新模板”命令，弹出如图 7-18 所示的“输入名称”对话框，输入相应的名称，单击“确定”按钮。

图 7-18

4. 执行“项目”>“加照片”命令，添加一个照片项目。

5. 在窗口的底部，单击“添加照片”按钮，在弹出的窗口中选中制作的水印文件，如图 7-19 所示。

图 7-19

6. 在窗口的左下角定义水平放置的位置。

7. 设置完毕后，执行“文件”>“保存修改”命令，并关闭该窗口。

8. 回到“轻松水印”软件，在“模板列表”下拉列表中选中刚刚制作的模板选项，如图 7-20 所示。

图 7-20

9. 单击“打开”按钮，在弹出的窗口中，选中要添加水印的所有文件，单击“打开”按钮，添加到相应的列表中，如图 7-21 所示。

图 7-21

10. 在“保存路径和格式”选区中，选中“选择另外的文件夹保存文件”复选项，并定义另存的路径。在“图片保存格式”下拉列表中选中相应的文件格式，一般为 jpg。

11. 设置完毕后，单击“开始”按钮，软件自动对列表中的所有文件都添加水印。

提示

该软件无法对水印的尺寸进行调整，所以需要事先在 Photoshop 软件中进行水印的尺寸调整。

7.5 实例——徽标水印

本节使用 Illustrator 软件绘制一个水印图像，如图 7-22 所示。读者可以根据自己的店名来制作，具体的操作方法如下所述。

图 7-22

1. 在工具箱中选中“星形”工具，在视图的中心单击鼠标，弹出如图 7-23 所示的“星形”对话框。

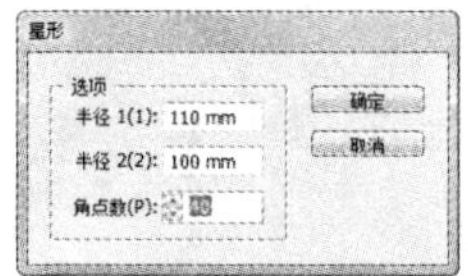

图 7-23

2. 在该对话框中设置“半径 1”的数值为 110 mm，“半径 2”的数值为 100mm，“角点数”的数值为 40，单击“确定”按钮创建星形对象，如图 7-24 所示。

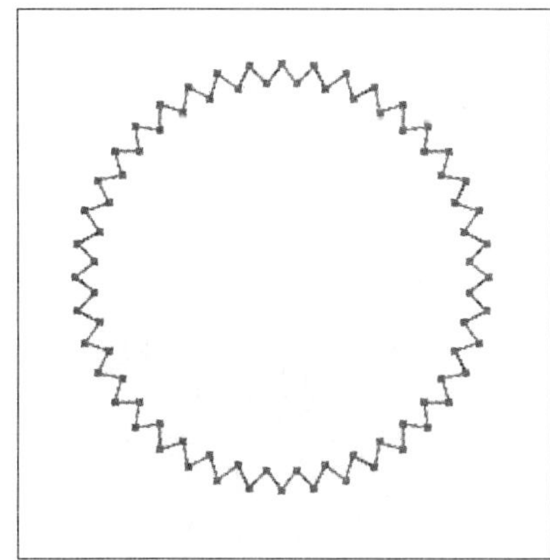

图 7-24

3. 保持该对象的当选状态，在“渐变”面板中，定义该对象的填充颜色为如图 7-25 所示的渐变色，渐变类型为“线性”，渐变角度为 -90°。

图 7-25

4. 调出“颜色”面板，定义该对象的描边颜色为灰色，如图 7-26 所示。

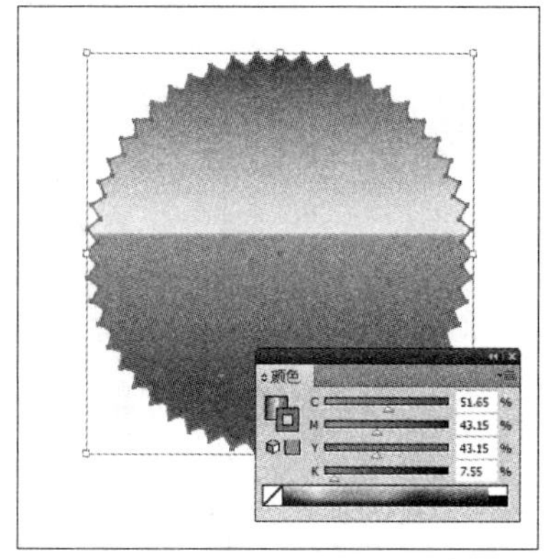

图 7-26

5. 在工具箱中选中“椭圆形”工具，按下 Shift 键，绘制一个正圆形对象，如图 7-27 所示。

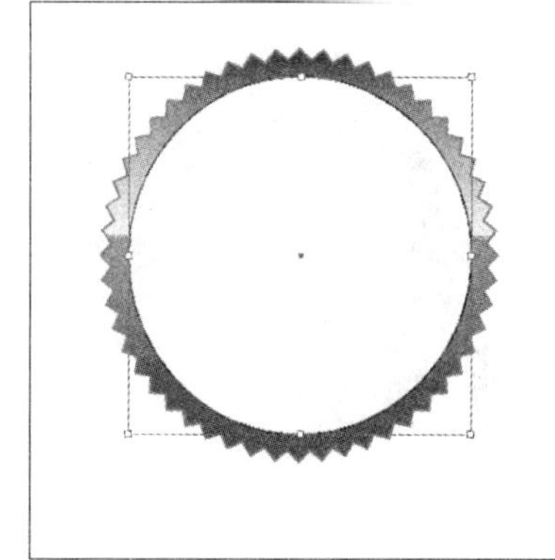

图 7-27

6. 保持该对象的当选状态，在“渐变”面板中，定义该对象的填充颜色为如图 7-28 所示的渐变色，渐变类型为“径向”，渐变角度为 0°。

图 7-28

7. 调出“颜色”面板，定义该对象的描边颜色为白色，如图 7-29 所示。

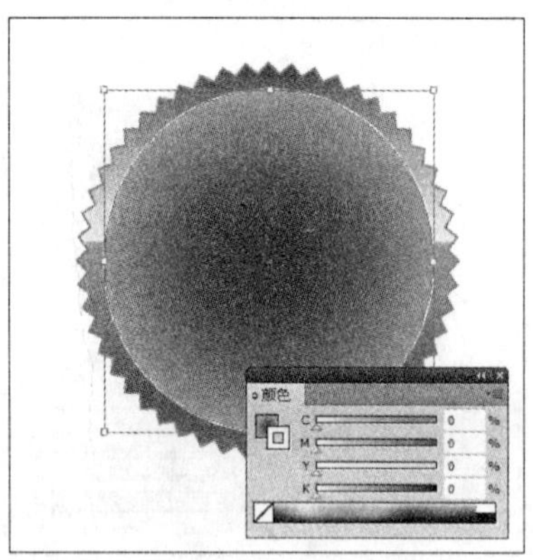

图 7-29

8. 在工具箱中选中“椭圆形”工具，按下 Shift 键，绘制一个正圆形对象，如图 7-30 所示。

图 7-30

9. 保持该对象的当选状态，在“渐变”面板中，定义该对象的填充颜色为如图 7-31 所示的渐变色，渐变类型为“线性”，渐变角度为 -90°。

图 7-31

10. 调出“颜色”面板，定义该对象的描边颜色为白色，如图 7-32 所示。

图 7-32

11. 在工具箱中选中“渐变色”工具，并在图形上调整渐变颜色的位置，如图 7-33 所示。

图 7-33

12. 在工具箱中选中“椭圆形”工具，按下 Shift 键，绘制一个正圆形对象，如图 7-34 所示。

图 7-34

13. 在工具箱中选中“路径文字”工具，在绘制的正圆形路径上单击鼠标，并输入“practicality's photo practicality's photo”字样，如图 7-35 所示。

图 7-35

14. 调整该文字的字号为 20，字体为 Arnprior，调整文字的填充颜色为淡黄色，如图 7-36 所示。

图 7-36

15. 保持文字的当选状态，执行“效果”>“风格化”>“投影”命令，弹出如图 7-37 所示的“投影”对话框，调整“X 位移”和“Y 位移”数值为 1 mm，“模糊”数值为 0.5 mm，单击“确定”按钮。

图 7-37

16. 在工具箱中选中“文字”工具，并输入“100%”字样，调整字体为 Carbon Block，并直接调整文字的尺寸到如图 7-38 所示的状态。

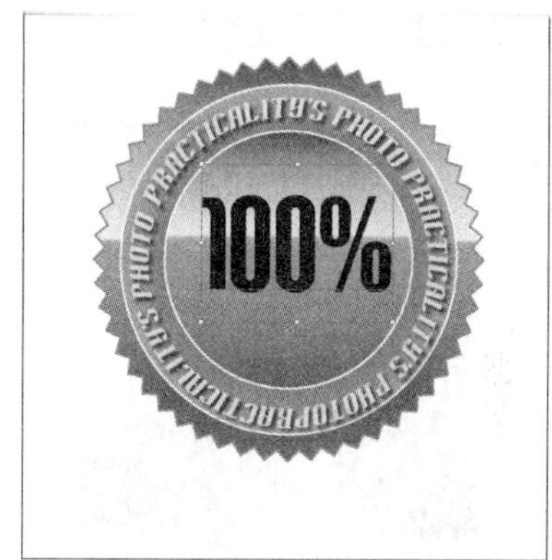

图 7-38

17. 调整文字的填充颜色为绿色，描边颜色为白色，如图 7-39 所示。

图 7-39

18. 在工具箱中选中“矩形”工具，在如图7-40所示的位置上绘制一个矩形对象。

图 7-40

19. 保持该对象的当选状态，在“渐变”面板中，定义该对象的填充颜色为如图7-41所示的渐变色，渐变类型为“线性”，渐变角度为0°。

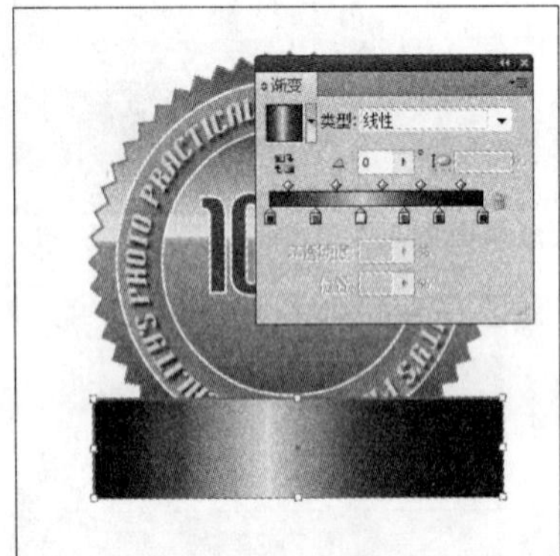

图 7-41

20. 在工具箱中选中“矩形”工具，在如图7-42所示的位置上绘制一个矩形对象，和底部的矩形同宽。

图 7-42

21. 保持该对象的当选状态，在“渐变”面板中，定义该对象的填充颜色为如图7-43所示的渐变色，渐变类型为“线性”，渐变角度为0°。

图 7-43

22. 在工具箱中选中“选择”工具，按下Alt和Shift键，向下拖曳鼠标，复制一个相同的矩形对象，如图7-44所示。

图 7-44

23. 在工具箱中选中“钢笔”工具，绘制如图7-45所示的图形。

图 7-45

24. 保持该对象的当选状态，在“渐变”面板中，定义该对象的填充颜色为如图 7-46 所示的渐变色，渐变类型为“线性”，渐变角度为 0°。

图 7-46

25. 使用相同的方法，添加两个小的矩形，并定义渐变颜色，如图 7-47 所示。

图 7-47

26. 将刚刚绘制的 3 个对象同时选中，按下快捷键 Ctrl+G，将它们编成一组。

27. 保持该组的当选状态，执行“对象”>“变换”>“对称”命令，弹出如图 7-48 所示的“镜像”对话框。

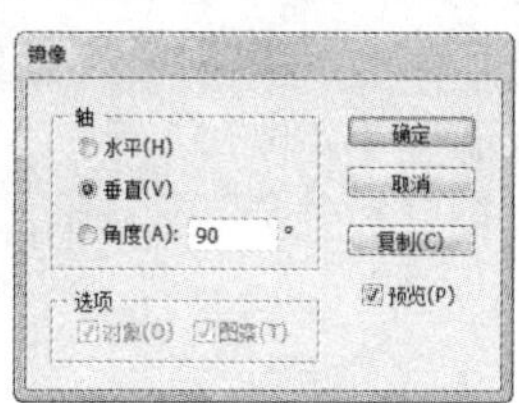

图 7-48

28. 在该对话框中选中“垂直”选项，并单击“复制”按钮复制一个相同的对象。使用“选择”工具，按下 Shift 键，将该对象移动到如图 7-49 所示的位置上。

图 7-49

29. 选中中间的大矩形部分，执行“对象”>“排列”>“至于顶层”命令，如图 7-50 所示。

图 7-50

30. 将“彩条”的部分全部选中，执行“对象”>“封套扭曲”>“用变形建立”命令，或使用快捷组合键 Ctrl+Shift+Alt+W。

31. 在弹出的“变形选项”对话框中调整“弯曲”数值为 16%，其他参数保持默认，单击“确定”按钮，如图 7-51 所示。

图 7-51

32. 运用“选择”工具，调整“彩条”部分的尺寸和位置，如图 7-52 所示。

图 7-52

33. 同时选中“彩条”两侧的对象，执行“对象”>“排列”>“至于底层”命令，如图 7-53 所示。

图 7-53

34. 在工具箱中选中“文字”工具，并输入“Macmaker”（店名）字样，调整字体为 Arnprior，并直接调整文字的尺寸到如图 7-54 所示的状态。

图 7-54

35. 执行“对象”>“封套扭曲”>“用变形建立”命令，或使用快捷组合键 Ctrl+Shift+Alt+W。

36. 在弹出的“变形选项”对话框中调整“弯曲”数值为 20%，其他参数保持默认，单击“确定”按钮，如图 7-55 所示。

图 7-55

37. 保持文字的当选状态，执行“效果”>“风格化”>“投影”命令，弹出如图 7-56 所示的“投影”对话框，调整“X 位移”和“Y 位移”数值为 1 mm，“模糊”数值为 0.5 mm，单击“确定”按钮。

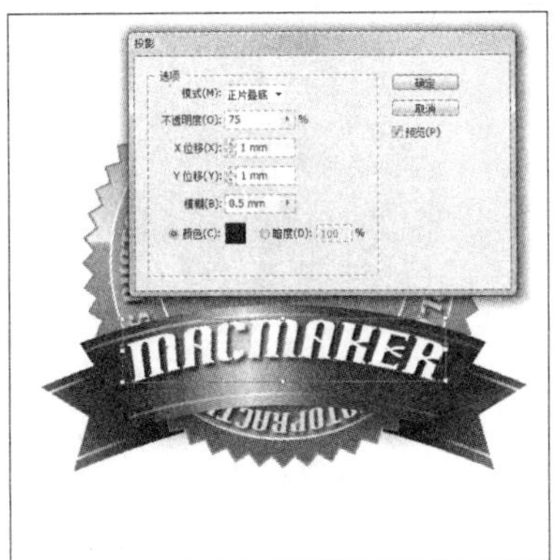

图 7-56

38. 使用“选择”工具，调整该文字对象的位置，如图 7-57 所示。

图 7-57

39. 在工具箱中选中“椭圆形”工具，在如图 7-58 所示的位置上绘制一个椭圆形对象。

图 7-58

40. 保持该对象的当选状态，在“渐变”面板中，定义该对象的填充颜色为如图 7-59 所示的渐变色，渐变类型为“镜像”，渐变角度为 0° 。

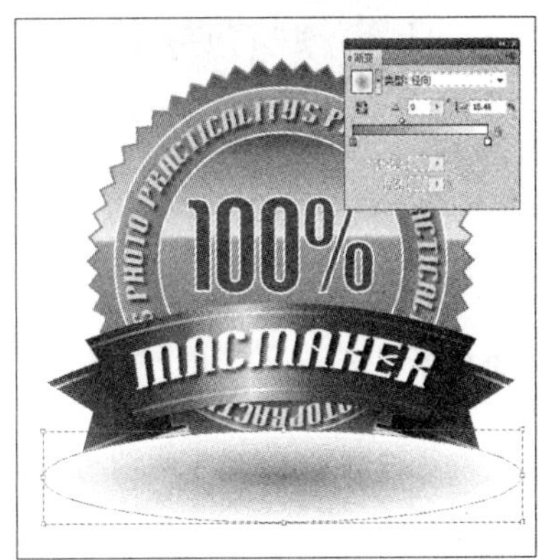

图 7-59

41. 保持对象的当选状态，执行“对象” > “排列” > “至于底层”命令，如图 7-60 所示。

图 7-60

42. 到此整个“水印”对象制作完毕，可以通过相应的软件将该“水印”添加到商品照片中。

7.6 实例——修改“水印”模板

在本书的光盘中提供了一些素材，大家可以通过简单的修改，制作成自己店铺中的元素，本节将以其中一个素材为例，讲述简单的修改方法。具体的操作步骤如下：

1. 启动 Adobe Illustrator 软件，打开如图 7-61 所示的矢量素材。

图 7-61

2. 该素材中有两行文字，可以将文字修改为店铺名称和 QQ 号码（或其他什么），首先使用“选择”工具，选中上面的大号文字，并移动到其他位置上，如图 7-62 所示。

图 7-62

3. 在工具箱中选中“文字”工具，在如图 7-63 所示的位置上单击鼠标，输入“Macmaker”（店名）字样。

图 7-63

4. 调整字体为 Edwardian Script ITC，调整文字的尺寸和位置到如图 7-64 所示的状态。

图 7-64

5. 保持该文字的当选状态，执行“文字”>“创建轮廓”命令，或使用快捷组合键 Ctrl+Shift+O，将文字转换为普通的路径，如图 7-65 所示。

图 7-65

6. 在工具箱中选中“吸管”工具，在移开的文字上单击鼠标，复制渐变色，如图 7-66 所示。

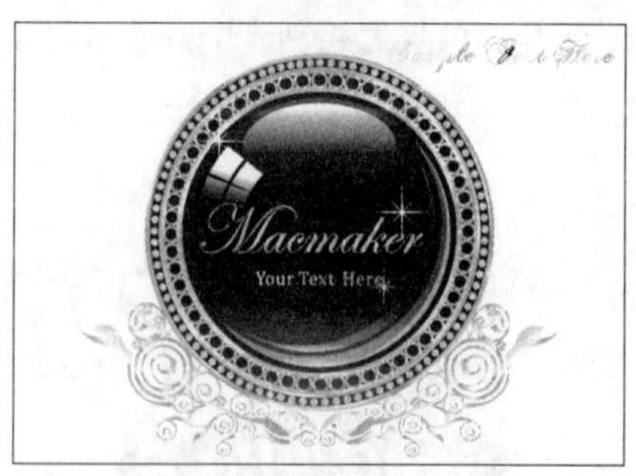

图 7-66

7. 使用“选择”工具，选中下面的小号文字，按下 Delete 键，将该文字删除，如图 7-67 所示。

图 7-67

8. 在工具箱中选中“文字”工具，在如图 7-68 所示的位置上单击鼠标，输入“QQ:283617831”（或其他的内容）字样。

图 7-68

9. 调整文字的字体为 Edwardian Script ITC，调整文字的尺寸和位置到如图 7-69 所示的状态。

图 7-69

10. 保持该文字的当选状态，执行“文字”>“创建轮廓”命令，或使用快捷组合键 Ctrl+Shift+O，将文字转换为普通的路径，如图 7-70 所示。

图 7-70

11. 在工具箱中选中“吸管”工具，在上面的文字上单击鼠标，复制渐变色，如图 7-71 所示。

图 7-71

12. 到此整个修改过程完成，可以采用类似的方法，进行其他素材的修改。

小结

本章主要介绍了水印的制作和添加方法，使用 Photoshop 软件添加水印效果是比较好的，但是比较麻烦。使用一些专业的水印软件工作效率会比较高，但是效果一般，大家可以根据不同的需求来选择。

第 8 章　制作店铺标志

店铺标志一般被简称为“店标”，它出现在店铺首页，并且在搜索店铺时，出现在搜索的结果中。淘宝网对店标有一定的要求，尺寸被限制在 100 px × 100 px，文件的大小不能大于 80KB。虽然它的尺寸并不是非常大，但是需要在店标中出现很多的内容，比如：店铺的名称、经营的范围、经营的理念，甚至要添上掌柜的照片等。如果将这些内容都添加在一幅图像中，一定会比较混乱，也很可能不好辨认，所以可以采用动画的方式制作店标，这样可以在一个小的尺寸中，表现多个页面。因为文件尺寸的限制，制作动画的页面也不能太多，所以还需要多加思考。本章主要介绍店铺制作的实例、动画的制作方法和动画存储的方法。

8.1　实例——静态店标

首先来学习一个单张（单帧）的店标，制作的方法比较简单，先来使用 Illustrator 软件来作。

8.1.1　制作底图

1. 启动 Adobe Illustrator 软件，创建一个新建的文档。在工具箱中选中“矩形”工具，绘制一个矩形对象，并填充渐变色，如图 8-1 所示。

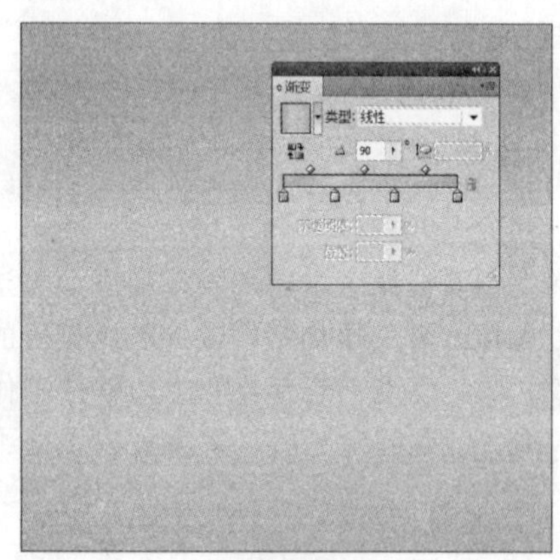

图 8-1

2. 在工具箱中选中“钢笔”工具，绘制如图 8-2 所示的图形，并且填充渐变颜色，描边为无色。

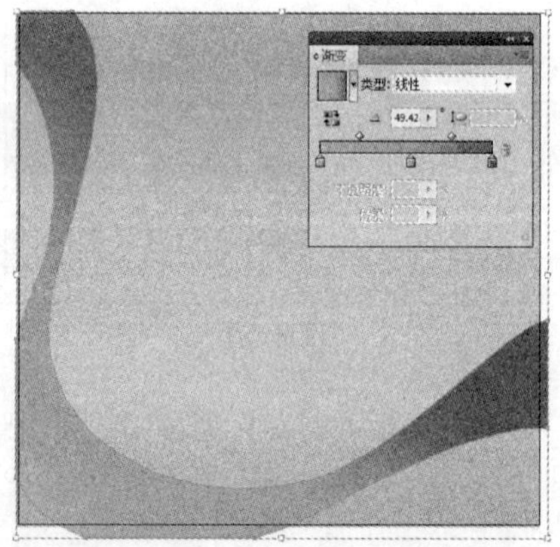

图 8-2

3. 保持该对象的当选状态，执行“窗口” > “外观”命令，调出“外观”面板。单击“不透明度”选项，在弹出的面板中调整“混合模式”为“颜色加深”选项，如图 8-3 所示。

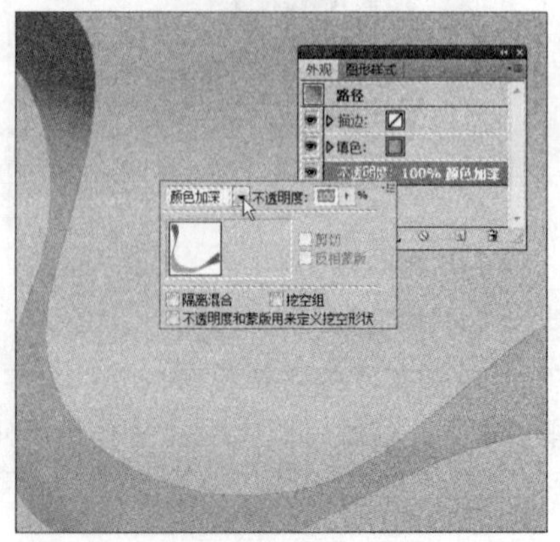

图 8-3

4. 保持对象的当选状态，执行“效果”>“模糊”>“高斯模糊”命令，弹出如图 8-4 所示的“高斯模糊”对话框，调整“半径”数值为 18，单击“确定”按钮，添加效果。

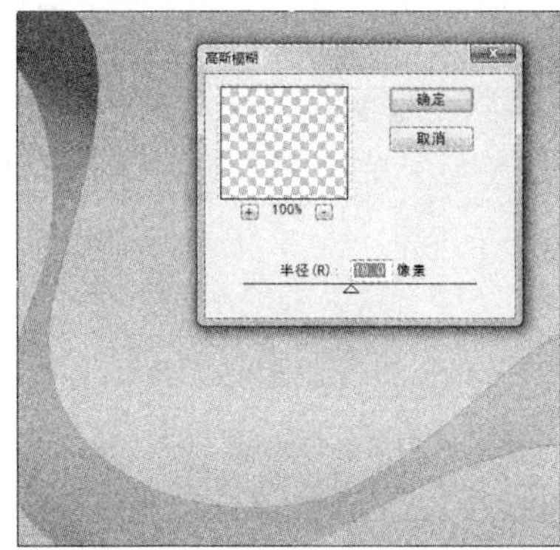

图 8-4

5. 在工具箱中选中“钢笔”工具，绘制如图 8-5 所示的图形，并且填充渐变颜色，描边为无色。

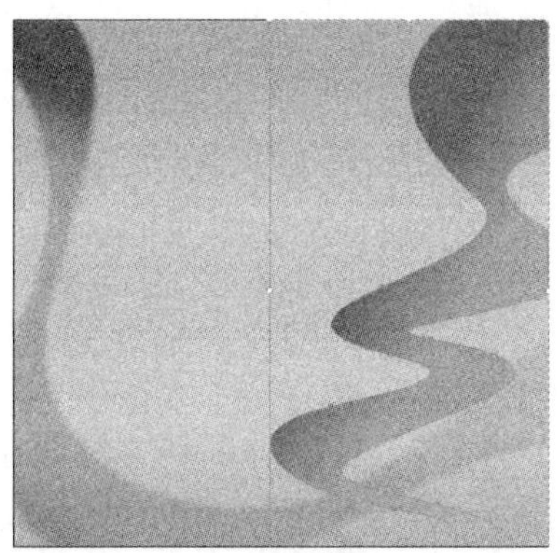

图 8-5

6. 采用相同的方法，添加高斯模糊效果，并调整混合模式，如图 8-6 所示。

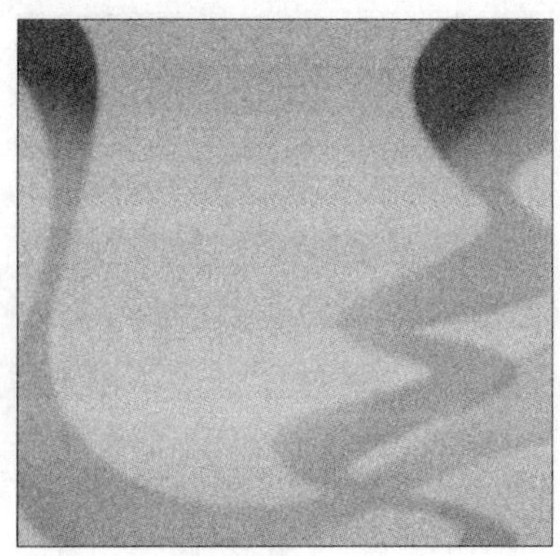

图 8-6

7. 在工具箱中选中“钢笔”工具，在如图 8-7 所示的位置上绘制一条路径，并定义描边颜色为橘红色。

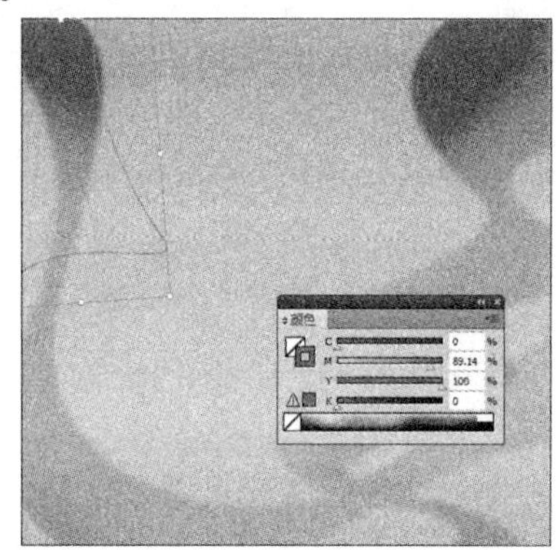

图 8-7

8. 采用相同的方法，绘制一条白色的路径，如图 8-8 所示。

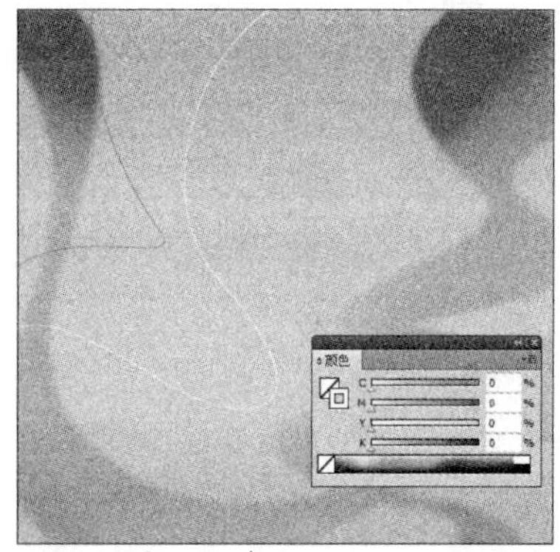

图 8-8

9. 将绘制的两条路径全部选中，执行“对象”>“混合”>“混合选项”命令，在弹出如图 8-9 所示的“混合选项”对话框中，调整“间隔”为“指定的步数”，并设置数值为 10，单击“确定”按钮。

图 8-9

10. 采用相同的方法，绘制其他线条效果，并设置不同的颜色，如图 8–10 所示。

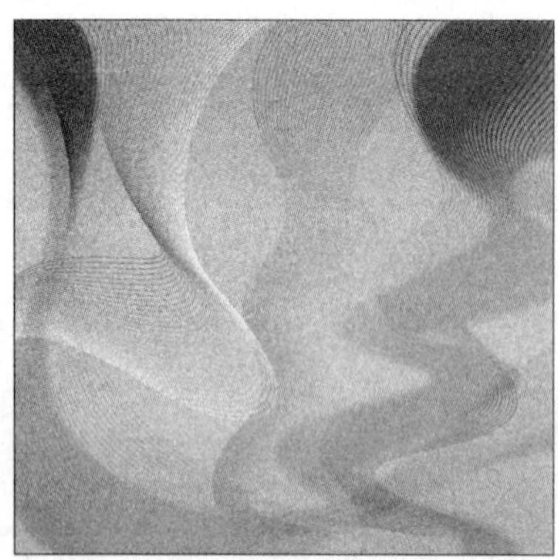

图 8–10

8.1.2 绘制人像

1. 在工具箱中选中“钢笔”工具，并在视图中绘制如图 8–11 所示的图形，填充渐变色。

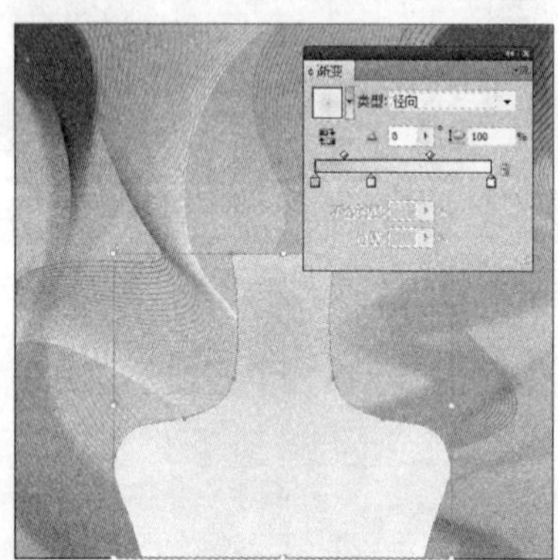

图 8–11

2. 在工具箱中选中“钢笔”工具，并在视图中绘制如图 8–12 所示的图形，填充渐变色。

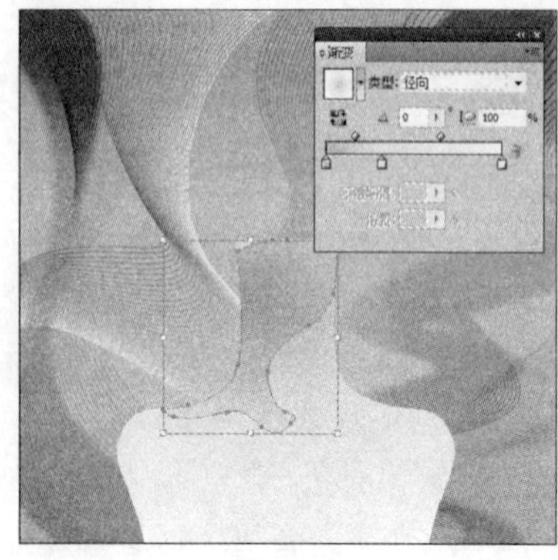

图 8–12

3. 保持该对象的当选状态，执行“窗口”>“外观”命令，调出“外观”面板。单击“不透明度”选项，在弹出的面板中调整“混合模式”为“正片叠底”，如图 8–13 所示。

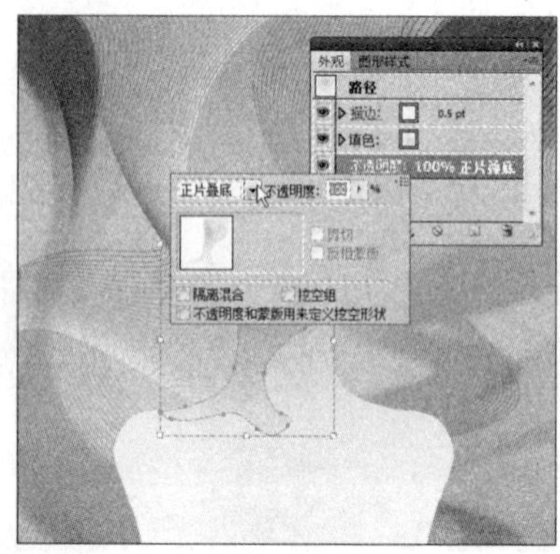

图 8–13

4. 使用相同的方法，绘制另一部分阴影图形，如图 8–14 所示。

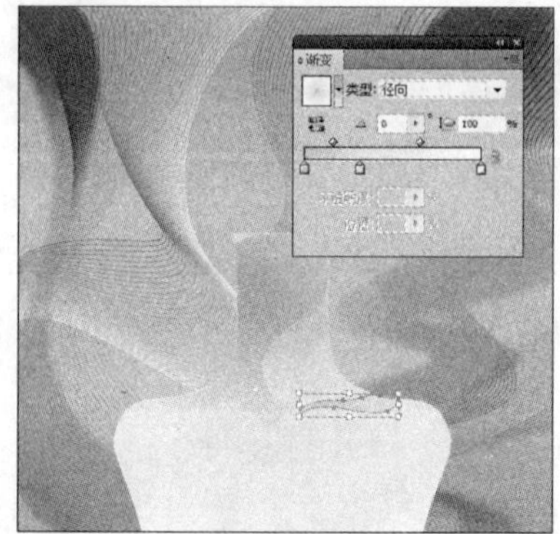

图 8–14

5. 在工具箱中选中“钢笔”工具，并在视图中绘制如图 8–15 所示的图形，填充渐变色。

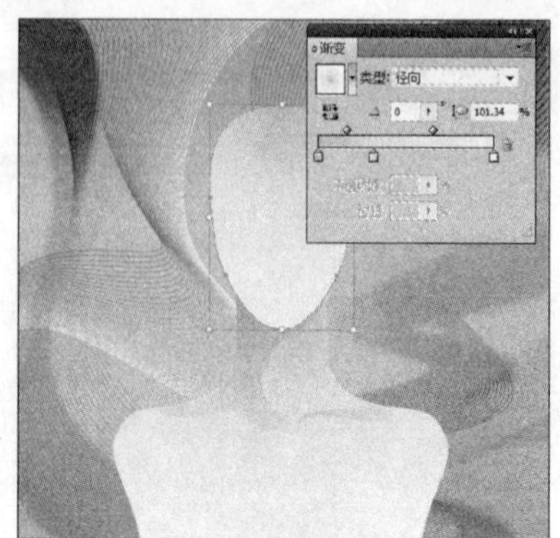

图 8–15

6. 使用“钢笔”工具绘制如图 8-16 所示的路径，并且使用“渐变网格”工具，创建一个渐变路径。

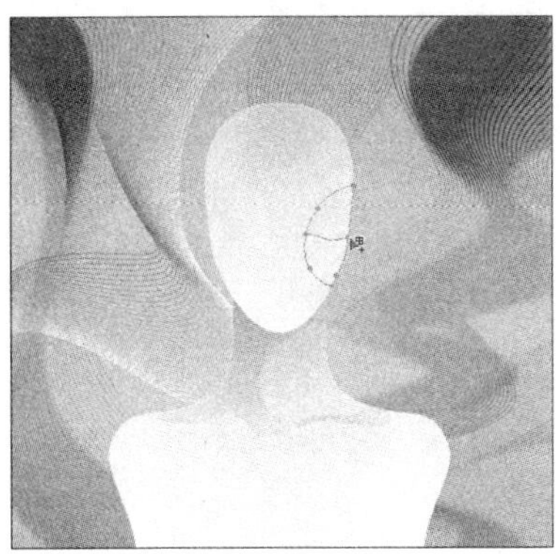

图 8-16

7. 选中刚刚创建的渐变节点，并定义为淡粉色，如图 8-17 所示。

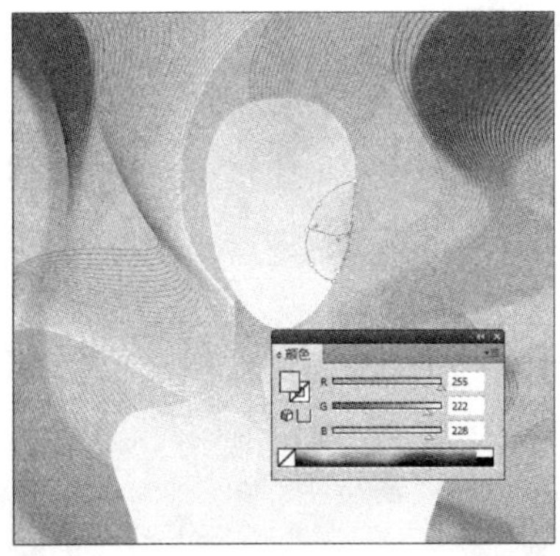

图 8-17

8. 采用相同的方法，制作另一侧的腮红图形，如图 8-18 所示。

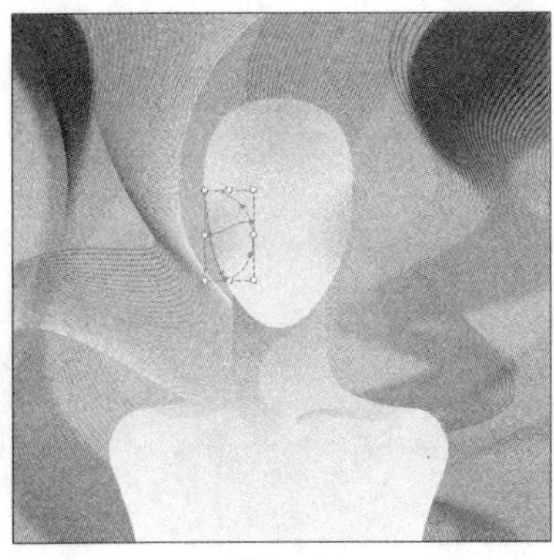

图 8-18

9. 在工具箱中选中“钢笔”工具，并在视图中绘制如图 8-19 所示的图形，填充渐变色。

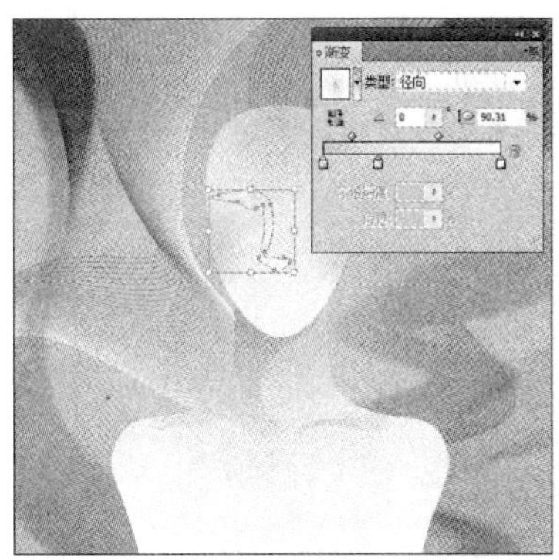

图 8-19

10. 保持该对象的当选状态，调出“外观”面板。单击“不透明度”选项，在弹出的面板中调整“混合模式”为“正片叠底”，如图 8-20 所示。

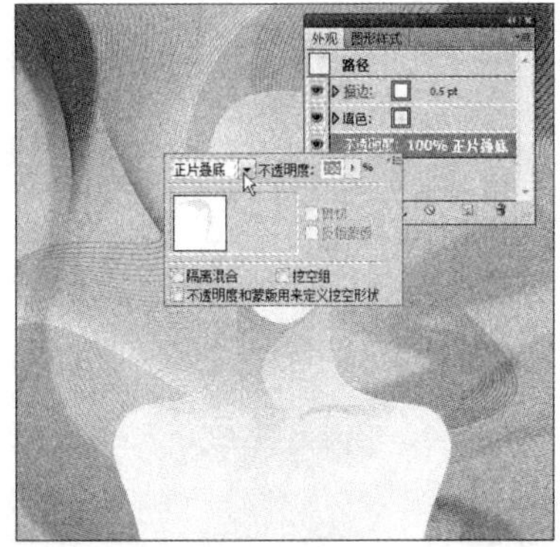

图 8-20

11. 使用相同的方法，绘制另一部分图形，如图 8-21 所示。

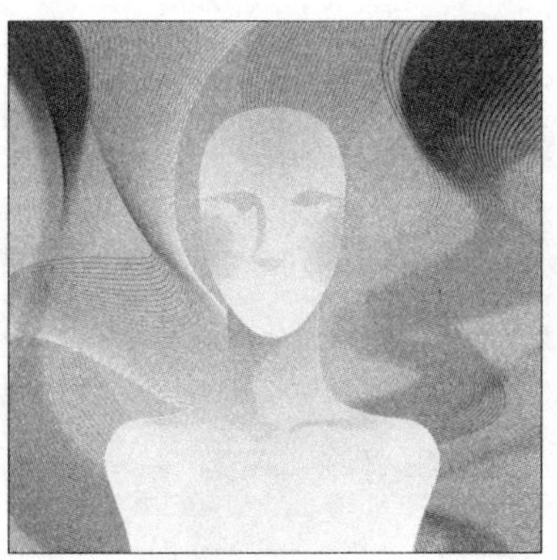

图 8-21

12. 在工具箱中选中“钢笔”工具，并在视图中绘制如图 8–22 所示的图形，填充渐变色。

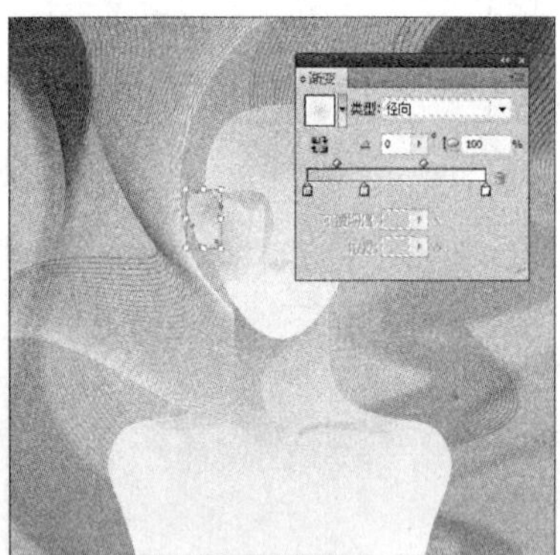

图 8–22

13. 保持该对象的当选状态，使用快捷键 Ctrl+]，将该对象移动到面部图形的下面，如图 8–23 所示。

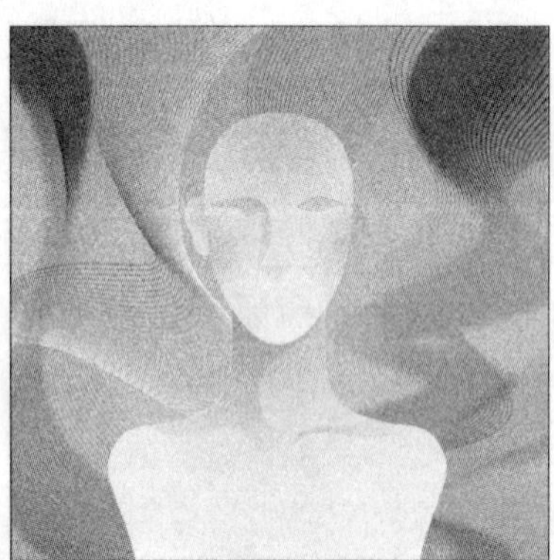

图 8–23

14. 使用相同的方法，绘制另一侧的耳朵图形，如图 8–24 所示。

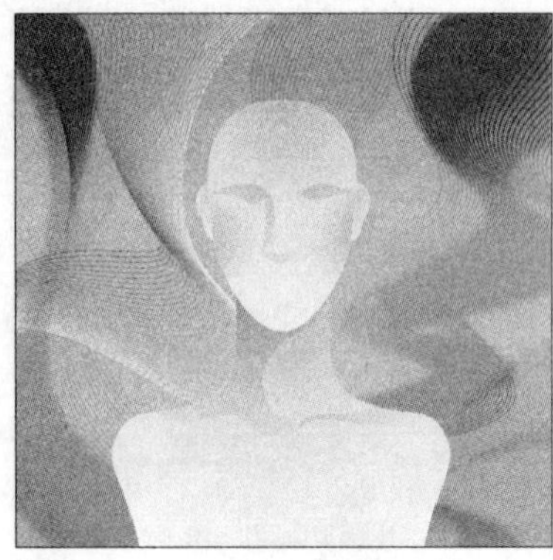

图 8–24

15. 在工具箱中选中“钢笔”工具，并在视图中绘制如图 8–25 所示的图形，填充渐变色，并调整它的层次。

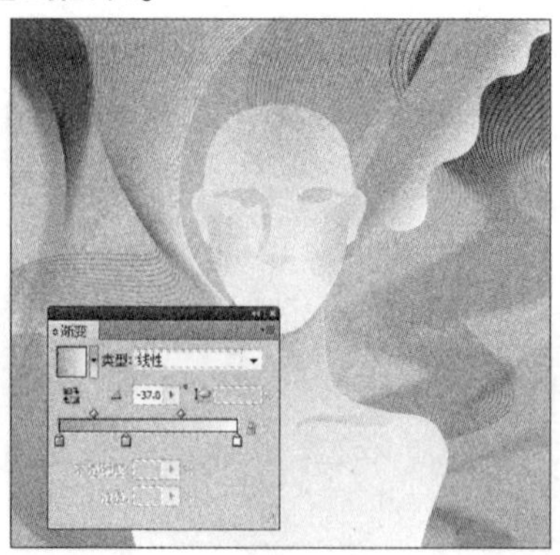

图 8–25

16. 保持对象的当选状态，执行“效果”>“风格化”>“投影”命令，弹出如图 8–26 所示的“投影”对话框，调整“X 位移”和“Y 位移”数值为 2mm，“模糊”数值为 2mm，单击“确定”按钮。

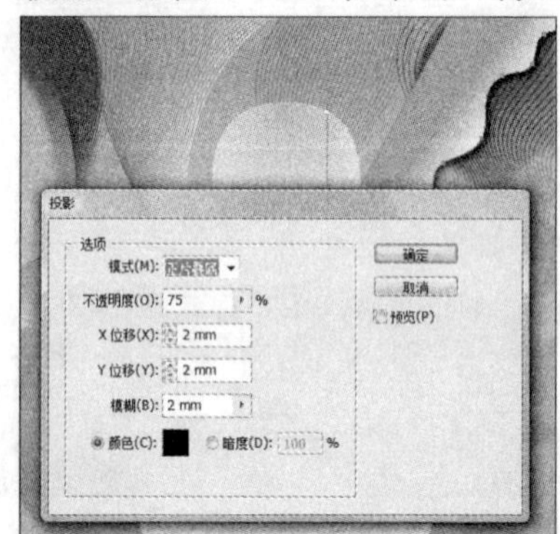

图 8–26

17. 采用相同的方法，将其他的头发对象绘制出来，并添加阴影，如图 8–27 所示。

图 8–27

8.1.3 绘制点缀花卉

1. 在工具箱中选中“钢笔”工具，并在视图中绘制如图 8–28 所示的图形，填充渐变色，定义白色描边。

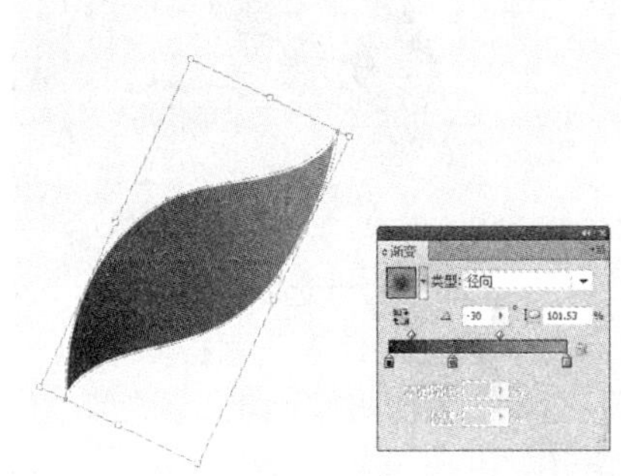

图 8–28

2. 保持对象的当选状态，执行“效果”>“风格化”>“投影”命令，弹出如图 8–29 所示的“投影”对话框，调整“X 位移”和“Y 位移”数值为 1mm，“模糊”数值为 2mm，单击“确定”按钮。

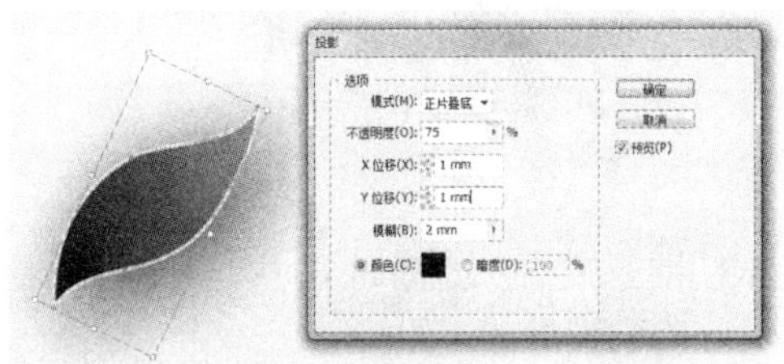

图 8–29

3. 按下 Alt 键，复制多个该对象，并且旋转对象角度，如图 8–30 所示。

图 8–30

4. 在工具箱中选中“钢笔”工具，并在视图中绘制如图 8–31 所示的图形，填充渐变色，定义白色描边。

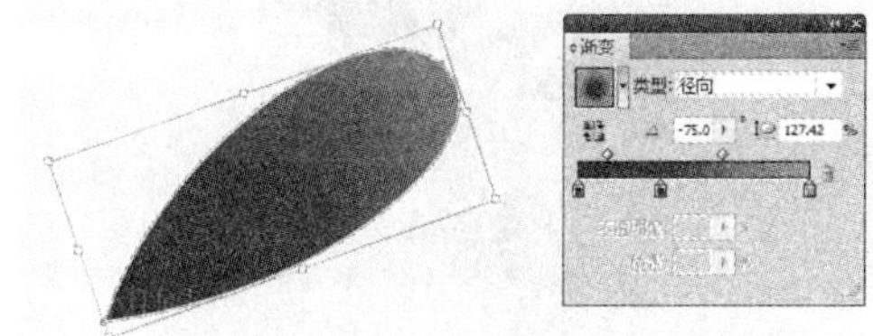

图 8–31

5. 在工具箱中选中“椭圆形”工具，按下 Shift 键，在如图 8–32 所示的位置上绘制一个正圆形，并填充渐变颜色。

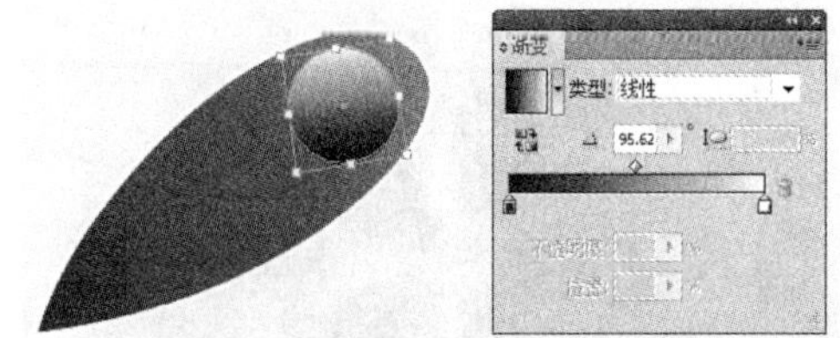

图 8–32

6. 保持该对象的当选状态，执行“窗口”>“外观”命令，调出“外观”面板。单击“不透明度”选项，在弹出的面板中设置“不透明度”为 51%，调整“混合模式”为“滤色”，如图 8–33 所示。

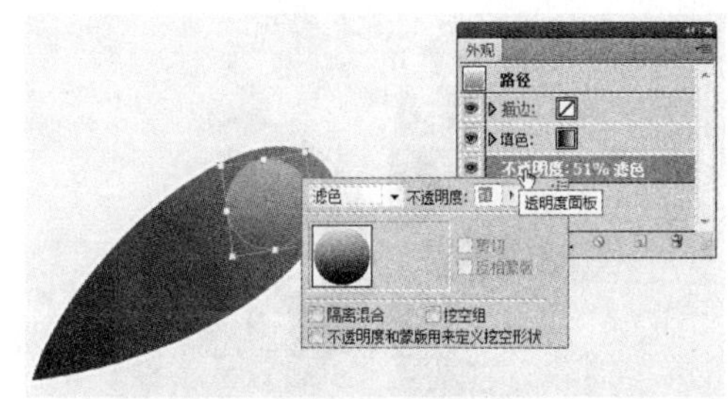

图 8–33

7. 将两个对象同时选中，按下快捷键 Ctrl+G，将它们结成一组。

8. 按下 Alt 键，复制多个该对象，并且旋转对象的角度，如图 8–34 所示。

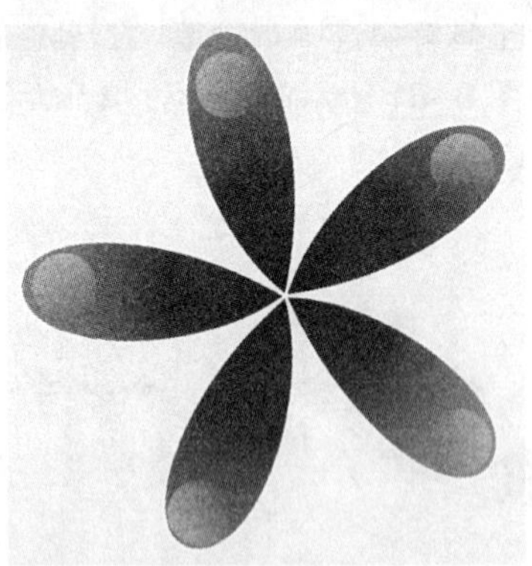
图 8-34

9. 在工具箱中选中“椭圆形”工具，按下 Shift 键，在如图 8-35 所示的位置上绘制一个正圆形，并填充渐变颜色。

图 8-35

10. 在工具箱中选中“椭圆形”工具，按下 Shift 键，在如图 8-36 所示的位置上绘制一个正圆形，并填充渐变颜色。

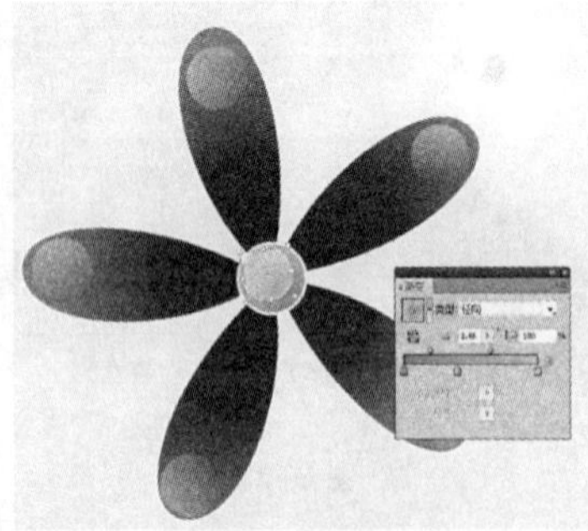
图 8-36

11. 在工具箱中选中“椭圆形”工具，按下 Shift 键，在如图 8-37 所示的位置上绘制一个正圆形，并填充渐变颜色。

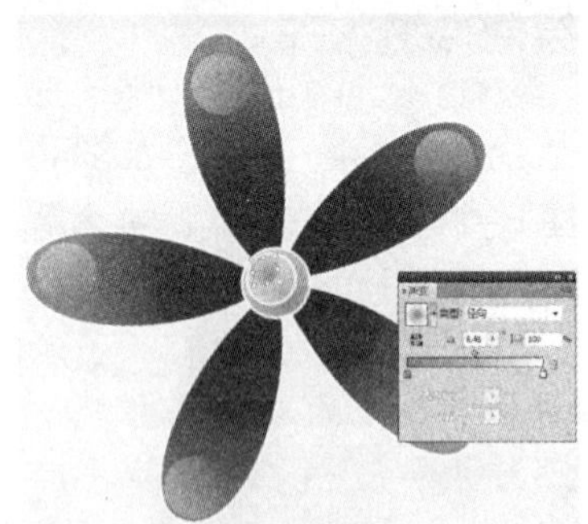
图 8-37

12. 保持该对象的当选状态，执行“窗口”>“外观”命令，调出“外观”面板。单击“不透明度”选项,在弹出的面板中调整“混合模式”为“滤色”，如图 8-38 所示。

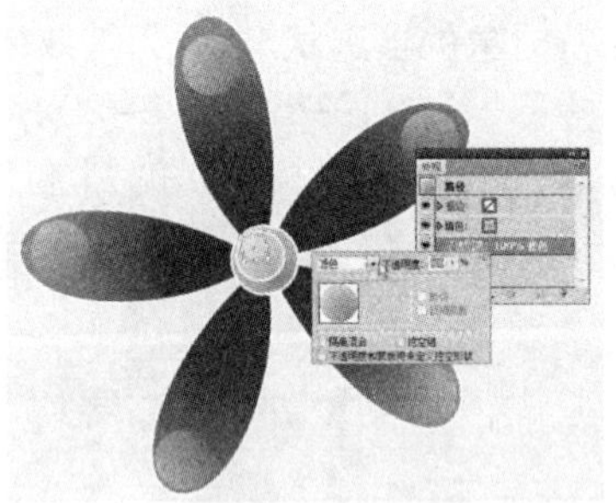
图 8-38

13. 将这些对象同时选中，按下快捷键 Ctrl+G，将它们结成一组。

14. 采用相同的方法，制作其他颜色的“花朵”对象，并复制到不同的位置上，如图 8-39 所示。

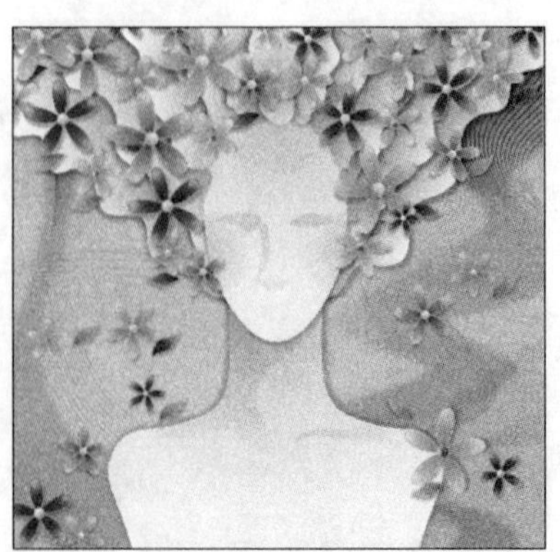
图 8-39

8.1.4　添加店名

1. 在工具箱中选中“文字”工具，在如图 8-40 所示的位置上输入“Welcome to Macmaker”（店名）字样。

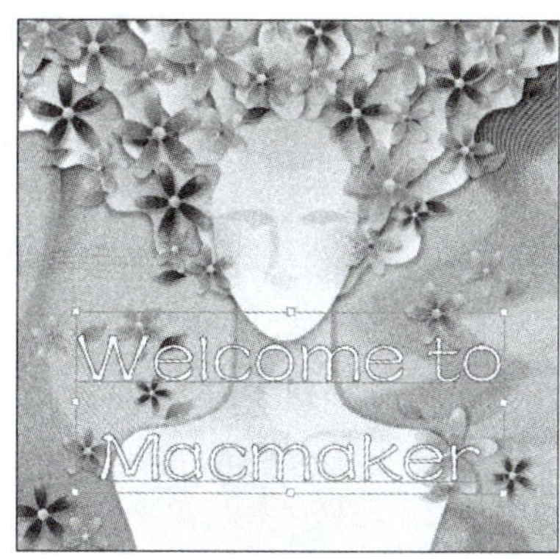

图 8-40

2. 将所有的文字选中，调整字体为 Cooper STD，如图 8-41 所示。

3. 执行
命令，将该

图 8-42

4. 保持文字的当选状态，单击该面板中的任意选项，得到相应的效果，如图 8-43 所示。

图 8-43

5. 调出“外观”面板，并调整描边和填充的颜色，使文字更适合场景，如图 8-44 所示。

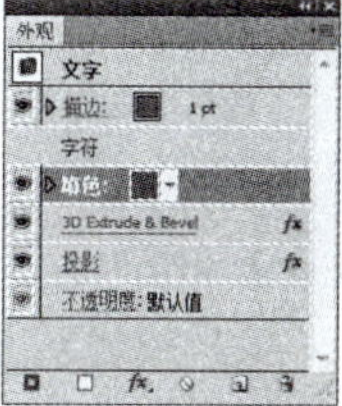

图 8-44

此整个店标制作完毕，可以将它保持为 peg 格式的文件，并进行上传。

8.2　创建动画

在 Photoshop 软件中的制作动画功能，主要是制作 GIF 动画，并不是电影中的动画，也不是 Flash 动画，如果要制作这类动画，还是需要凭借相应的软件。在以前几个版本的 Photoshop 中制作 GIF 动画，需要使用捆绑在一起销售的 Adobe ImageReady 软件，如图 8-45 所示。到了 Adobe Photoshop CS2 软件以后，ImageReady 软件不再出现，所有的功能都被继承到了 Photoshop 软件中，到了现在的Adobe Photoshop CS4，还提供了更加专业的“时间轴”功能，使利用Photoshop软件制作GIF动画更加得心应手。

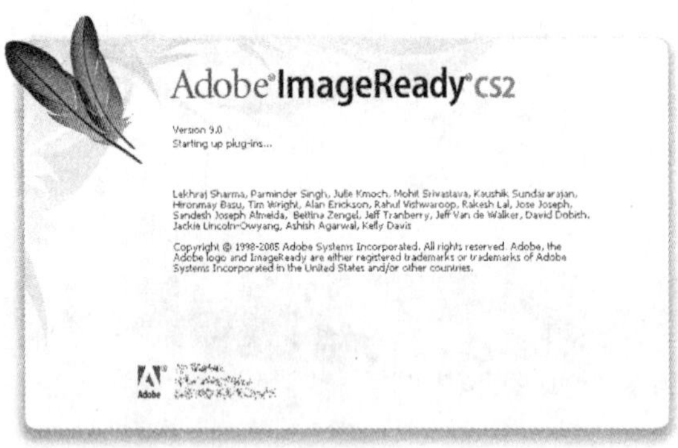

图 8-45

打开“动画”文件

在 Photoshop 软件中，可以直接将“动画”文件打开，打开后的“动画”文件将作为一个“智能”对象存在，具体的操作方法如下：

1. 执行“文件”>“打开”命令，或使用快捷键 Ctrl + O。

2. 在弹出的“打开”对话框中选中要打开的“动画”文件，单击“打开”按钮。该文件会在 Photoshop 软件中打开。

3. 软件会自动弹出如图 8-46 所示的“动画（时间轴）”面板，在该面板中单击相应的按钮，对“动画”进行控制。

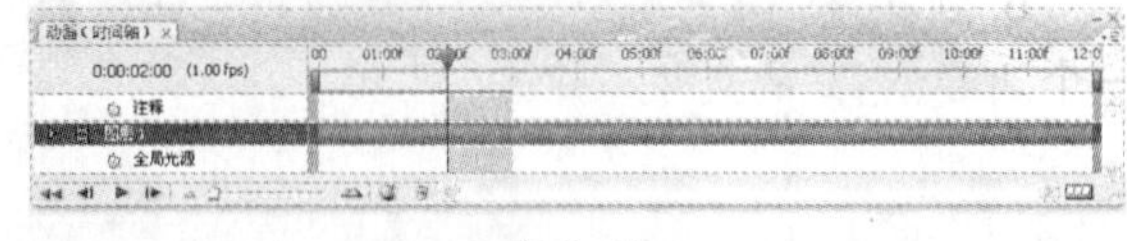

图 8-46

- 播放：单击该按钮，开始播放动画。
- 停止：单击该按钮，停止播放动画。
- 上一帧：单击该按钮，进入上一帧画面。
- 下一帧：单击该按钮，进入下一帧画面。
- 第一帧：单击该按钮，进入第一帧画面。

提示

“动画（时间轴）”面板中的其他操作方法将在相应的章节讲述。

8.3 自行创建“动画”

在 Photoshop 软件中并不能对打开或置入的“动画”文件进行过多的编辑，其主要功能还是自行创建“动画”。在 Photoshop 软件中，提供了两个“动画”控制的面板，一个为“动画（帧）”面板，另一个为“动画（时间轴）”面板，如图 8-47 所示。其中“动画（帧）”面板为早期 ImageReady 软件中使用的“动画”面板，技术比较陈旧。“动画（时间轴）”面板为新的 Photoshop 软件中提供的“动画”面板，采用比较先进的 AfterEffects 软件中使用的“时间轴”技术。

“动画（帧）”面板

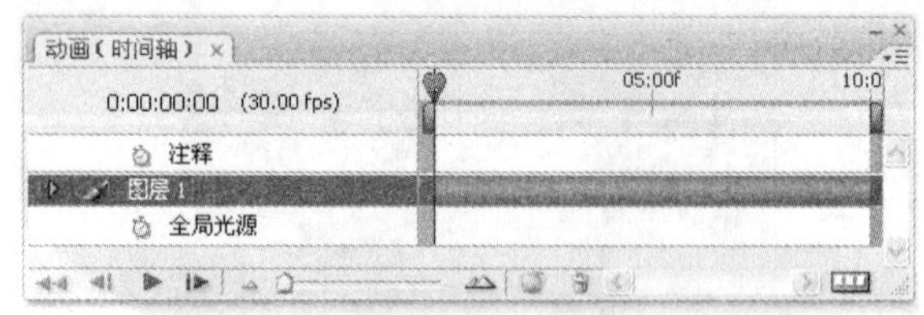

“动画（时间轴）”面板

图 8-47

当要调出相应的“动画”面板时，可以执行“窗口”>“动画”命令，并在弹出的面板中单击右下角的 或 按钮，进行切换。

8.4 使用“动画（帧）”面板

前面说过“动画（帧）”面板中采用的技术并不是非常先进，那么为什么还要保留该面板呢？使用“动画（帧）”面板进行动画的创建时，比较直观，所以如果没有太多的动画制作经验，使用该面板还是比较容易掌握。首先了解一下基本概念，否则将无法学习下去。

- 帧：一帧就是一幅静止的画面，连续的帧就形成动画。

- 关键帧：关键帧是区别于过渡帧而言的，假如说过渡帧是动画的话，那么关键帧就应该是原画。在没有计算机的时候，原始的动画创作都是在原画设计好以后，有专门的人员补充原画之间的动画，而原画就是关键帧。
- 过渡帧：关键帧和关键帧之间，为了平滑动画的效果而添加的“帧”称为“过渡帧”。
- 帧速率：“帧速率”也称为 FPS，是 Frames Per Second 的缩写，单位为“帧 / 秒”。是指每秒钟刷新的图片的帧数。

8.4.1　新建“关键帧”

在 Photoshop 软件中使用“动画（帧）”面板进行动画创建时，主要方法就是创建关键帧，并填补“过渡帧”。当要创建一个“关键帧”时，可以执行如下的操作：

1. 在 Photoshop 软件中利用相应的图像处理功能和图层编辑方式，编辑关键帧图像。

2. 调出“动画（帧）”面板，单击该面板中的“复制关键帧”按钮，将创建一个新的关键帧。

8.4.2　绘制关键帧的方法

在 Photoshop 软件中，每个“关键帧”的定义方式是基于“图层”形成的。也就是说，关键帧之间的区别也就是“图层”面板中的区别，可以应用到“关键帧”中的“图层”设置如下：

- 显示 / 隐藏：显示或隐藏不同的图层，从而得到不同的关键帧。
- 位置：图层中图像的位移，可以定义为相应的关键帧。
- 透明度：调整图层中图像的透明度，可以定义为不同的关键帧。
- 图层效果：创建图层效果或调整图层效果中的参数，可以定义为不同的关键帧。
- 混合模式：调整图层的混合模式，可以定义不同的关键帧，但是不能创建相应的“过渡帧”。

除了上面所述的 5 种情况，将不能被定义为不同的关键帧，当定义了其他的属性时，将直接应用到所有的关键帧中。例如当缩小一个关键帧的图像尺寸时，缩小的图像将应用到所有的关键帧图像中。

8.4.3　调整“关键帧”的延时

在 Photoshop 软件中，如果使用“动画（帧）”面板进行操作，将没有“帧速率”的概念，只有每一帧显示时间的概念。创建了一个关键帧后，就要定义该“关键帧”的“延时”，具体的操作方法如下：

1. 调出“动画”面板，并进入“动画（帧）”模式。

2. 在该面板中选中要调整“延时”的关键帧选项。

3. 单击该选项中的上三角按钮，在弹出的菜单中选中相应的选项，如图 8-48 所示。

图 8-48

- 无延迟：当选中该选项时，将不进行该“关键帧”的延时显示，但是该帧要显示，只是时间非常短。
- 时间选项：当选中“时间选项”时，该“关键帧”将显示为相应的时间。
- 其他：当选中该选项时，将弹出如图 8-49 所示的“设置帧延迟”对话框，在“设置延迟”文本框中输入数值，单击“确定”按钮，定义该“关键帧”的延时。

图 8-49

8.4.4 创建"过渡帧"

在 Photoshop 软件中，使用"动画（帧）"面板创建动画时，只需要自定义"关键帧"，然后通过软件自动填补"过渡帧"。具体的创建方法如下：

1. 调出"动画（帧）"面板，选中要添加"过渡帧"的"关键帧"选项。

2. 单击"创建过渡帧"按钮，弹出如图 8-50 所示的"过渡"对话框。

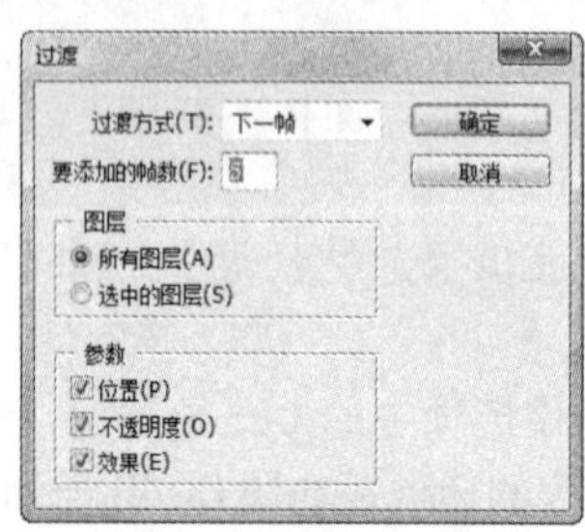

图 8-50

3. 在"过渡方式"下拉列表中可以选择用当选"关键帧"过渡到的"关键帧"选项，一般情况下选择"上一帧"选项。

4. 在"要添加的帧数"文本框中输入数值，定义要添加的"过渡帧"数量。

5. 在"图层"选区中选中"所有图层"单选项时，将过渡所有图层中的图像。如果选中"选中的图层"单选项，将只过渡"图层"面板中选中的"图层"选项，其他"图层"选项中的图像将不显示。

6. 在"参数"选区中勾选相应的选项，将过渡相应的属性效果。

7. 设置完毕后，单击"确定"按钮，创建"过渡帧"，如图 8-51 所示。

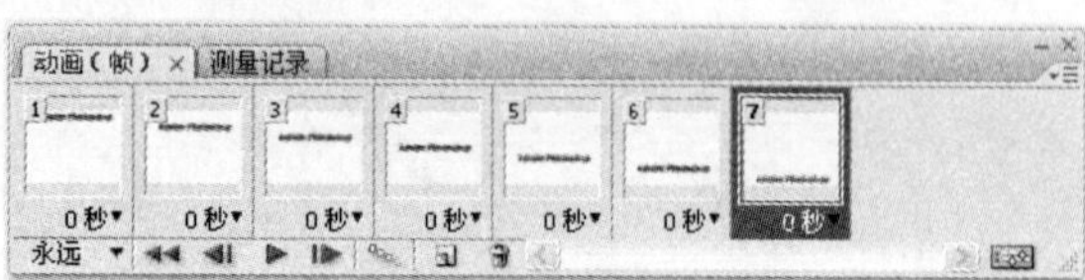

图 8-51

提示

在添加"过渡帧"时，需要先将"关键帧"的延时调整好，因为添加的"过渡帧"将沿用"关键帧"的延时，所以添加"过渡帧"后，再对所有的"过渡帧"进行"延时"的调整会比较麻烦。

8.4.5 调整帧的处理方法

"帧"处理方法指定在显示下一帧之前，是否扔掉当前帧的显示。选择一种处理包含背景透明度的动画的方法，以指定当前帧是否可透过下一帧的透明区域可见。具体的处理方法如下：

1. 调出"动画（帧）"面板，选中要调整"处理方法"的"帧"选项。

2. 单击鼠标右键，在弹出的菜单中选中相应的选项，如图 8-52 所示。

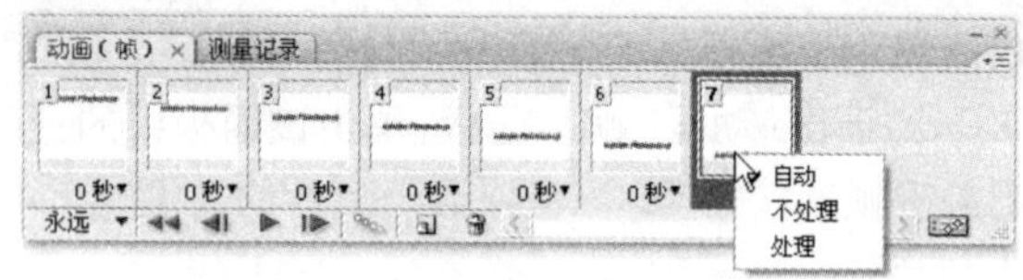

图 8-52

- 自动：当选中该选项时，自动确定当前帧的处理方法，如果下一帧包含图层透明度，则扔掉当前帧。对于大多数动画，使用"自动"选项（默认）即可获得所需结果。
- 不处理：当选中该选项时，在显示下一帧时保留当前帧。当前帧（和前一帧）可以透过下一帧的透明区域显示出来。可以使用"不处理"选项，在浏览器中查看准确的动画预览。
- 处理：当选中该选项时，在显示下一帧之前中止显示当前帧。在任何时候都只显示一个帧（并且当前帧不会透过下一帧的透明区域显示出来）。

8.4.6 调整动画的循环播放

在 Photoshop 软件中制作的 GIF 动画，在默认的情况下是循环播放的。当要调整整段动画的循环播放次数时，可以执行如下操作：

1. 调出“动画（帧）”面板。

2. 进入该面板左下角的“循环”菜单，在弹出的菜单中选中要使用的选项，如图 8–53 所示。

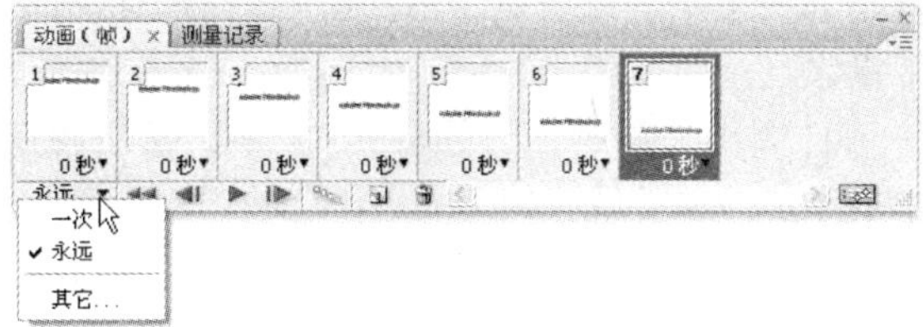

图 8–53

- 一次：当选中该选项时，整段动画将只播放一次，播放完毕后停止到最后一帧。
- 永远：当选中该选项时，整段动画将永远重复播放，直到用户将其停止。
- 其他：当选中该选项时，将弹出如图 8–54 所示的“设置循环次数”对话框，在该对话框中的“播放”文本框中输入数值，单击“确定”按钮，定义播放的次数，播放完毕后停止到最后一帧。

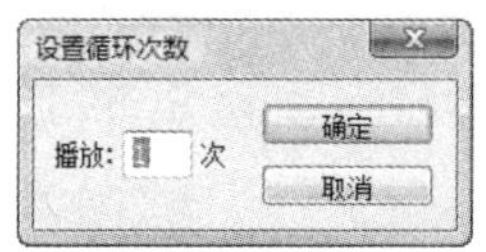

图 8–54

8.4.7　删除“帧”

当一个“帧”失去使用意义时，无论是“关键帧”还是“过渡帧”，都可以将其删除，删除后不会对其他“帧”有任何影响。具体的操作方法如下：

1. 调出“动画（帧）”面板，在该面板中选中要删除的“帧”选项，当要同时删除多个“帧”时，可以按下 Shift 键，将多个“帧”选中。

2. 单击该面板中的“删除”按钮 。

3. 弹出如图 8–55 所示的 Adobe Photoshop CS4 Extended 对话框，单击“是”按钮，将当选的“帧”删除。

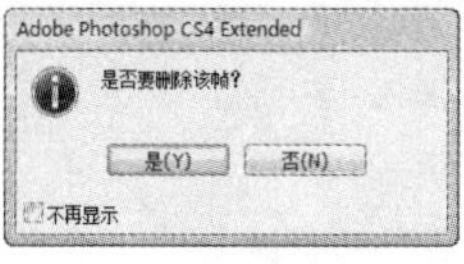

图 8–55

8.5　使用“动画（时间轴）”面板

使用“动画（时间轴）”面板创建动画时，整个的操作模式将发生根本的变化，前面讲述的“动画（帧）”面板是基于每一个“关键帧”调整图像，并插入“过渡帧”的方法实现动画的控制。而“动画（时间轴）”面板，将基于每一个图层中的图像，在不同的时间上定义属性的“关键帧”，从而控制动画。使用“动画（时间轴）”面板控制动画将更加灵活、更加方便。具体的使用方法如下所述。

8.5.1　定义动画的时间长度和“帧速率”

在使用“动画（时间轴）”面板进行动画创建时，第一步就是先确定整个动画的长度和“帧速率”，具体的操作方法如下：

1. 调出“动画（时间轴）”面板，单击该面板中的“菜单”按钮，在弹出的菜单中选择“文档设置”命令，弹出如图 8–56 所示的“文档时间轴设置”对话框。

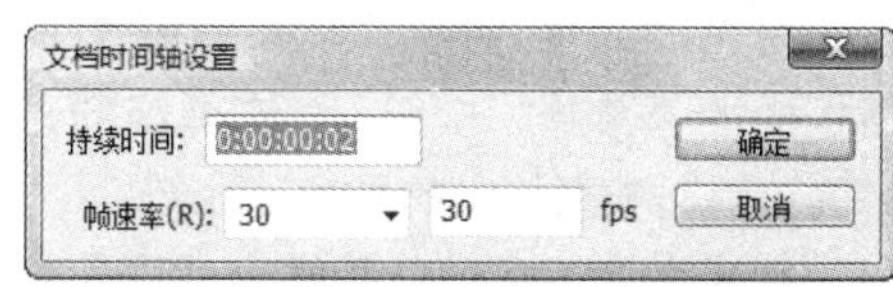

图 8–56

2. 在该对话框中的“持续时间”文本框中输入时间数值。

3. 在“帧速率”下拉列表中选中相应的“帧速率”选项，或直接在右侧的文本框中输入数值，设置完毕后，单击“确定”按钮。

提示

在选择“帧速率”时，需要按照不同的应用途径来选择，在 Photoshop 软件中制作的视频一般应用于 Web 中的 GIF 动画，所以帧速率不需要太高，一般 15 帧 / 秒即可，甚至更低。当应用于视频时，可以选择 30 ～ 24 帧 / 秒之间的一些选项。

8.5.2 调整“时间指针”

在“动画（时间轴）”面板中创建动画的基本方式就是，调整“时间指针”到相应的时间位置上，为相应的“图层”创建属性的关键帧。所以精确地调整“时间指针”就显得比较的重要。具体的方法如下所述。

1. 调出“动画（时间轴）”面板，直接拖动“时间指针”到相应的位置上，如图 8-57 所示。

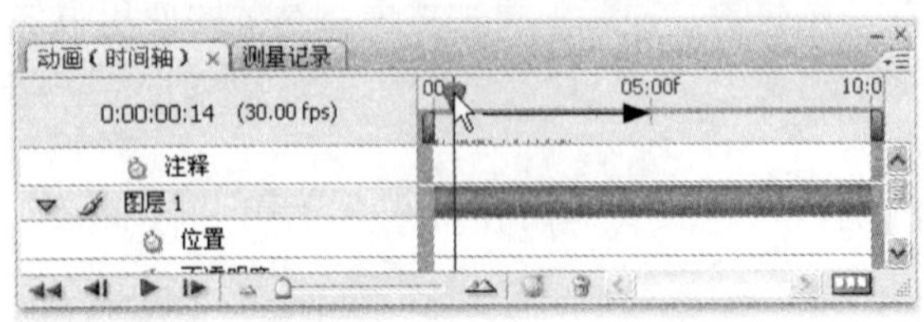

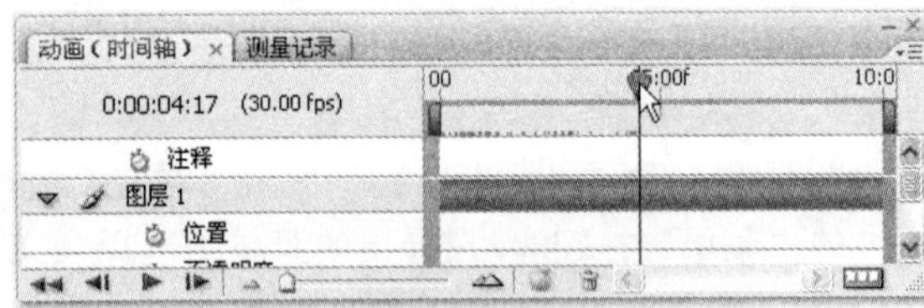

图 8-57

2. 当要精确调整“时间指针”的位置时，单击该面板中的“菜单”按钮，在弹出的菜单中选择“跳转到”子菜单中的命令。

- 时间：当选中该选项时，将弹出“设置当前时间”对话框，在该对话框中的“设置时间”文本框中输入数值，单击“确定”按钮，调整“时间指针”到精确的位置。
- 下一帧：当选中该选项时，将向后移动一帧。
- 上一帧：当选中该选项时，将向前移动一帧。
- 第一帧：当选中该选项时，将移动到第一帧的位置上。
- 最后一帧：当选中该选项时，将移动到最后一帧的位置上。
- 工作区域开始：当选中该选项时，将移动到动画的工作区域的开始位置上。
- 工作区域结尾：当选中该选项时，将移动到动画的工作区域的结束位置上。

8.5.3 为不同属性添加“关键帧”

在“动画（时间轴）”面板中要定义一段动画时，需要新添加图层，此时该面板才为可用状态，当要为一个图层添加属性的关键帧时，可执行如下操作：

1. 调出“动画（时间轴）”面板，在右侧选中要添加“关键帧”的“图层”选项。

2. 单击该“图层”选项左侧的下三角按钮，将该“图层”选项中的属性展开，如图 8-58 所示。

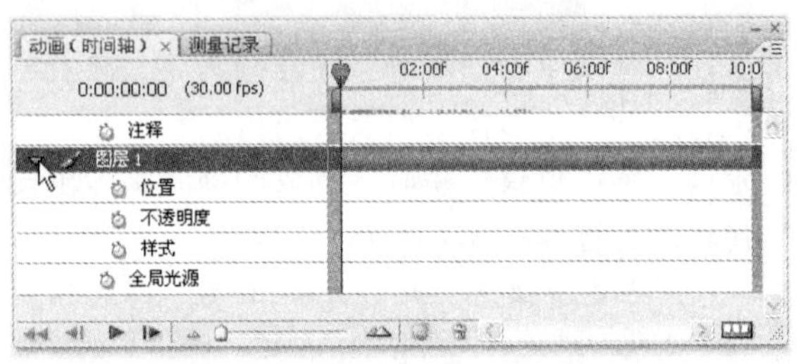

图 8-58

3. 将“时间指针”调整到相应的时间位置上，单击“属性”的添加“关键帧”按钮。在该属性上添加“关键帧”，如图 8-59 所示。

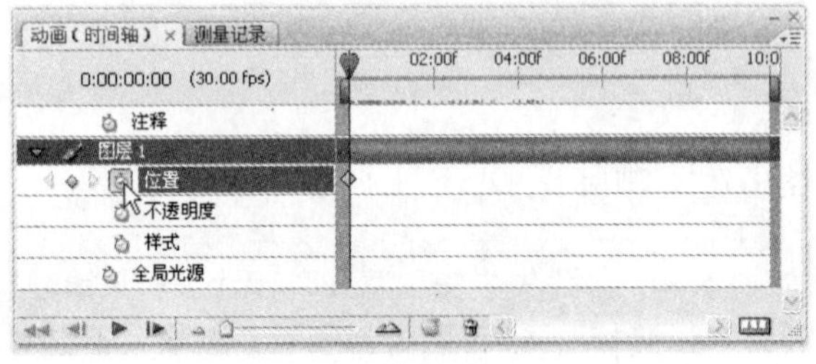

图 8-59

4. 将“时间指针”调整到要创建其他“关键帧”的位置上，在属性面板中调整参数，软件会自动在该“属性”上创建关键帧，从而实现动画效果，如图 8-60 所示。

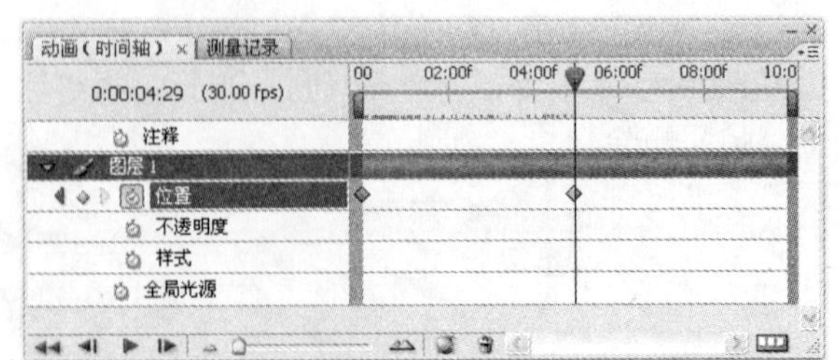

图 8-60

5. 当要创建一个没有任何变化的关键帧时，可以将“时间指针”调整到相应的时间位置上，在该“图层”选项中单击“创建无变化关键帧”按钮，在该位置上创建关键帧，如图 8-61 所示。

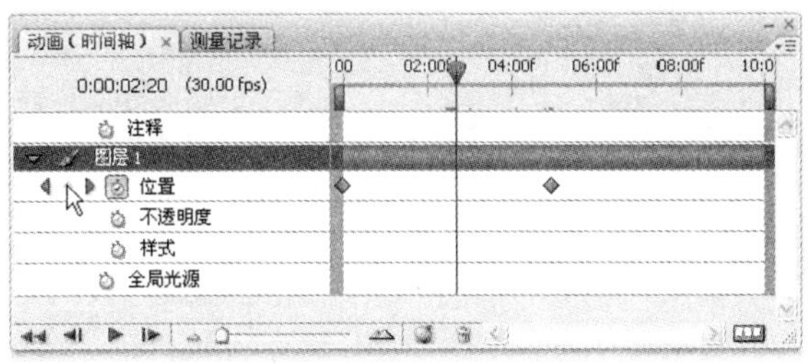

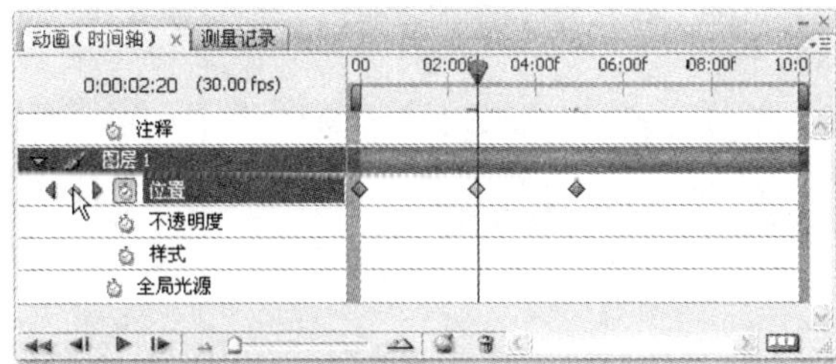

图 8-61

8.5.4 删除“关键帧”

当要删除一个“关键帧”时，操作并不困难。但是在“动画（时间轴）”面板中删除“关键帧”和“动画（帧）”面板中的操作有根本的区别，在“动画（帧）”面板中删除“关键帧”将不会影响其他“帧”，但是在“动画（时间轴）”面板中删除“关键帧”将直接影响其他“帧”的状态。当拥有 3 个关键帧时，如果将中间的“关键帧”删除时，将取消该“关键帧”属性的影响，如图 8-62 所示。

1. 调出“动画（时间轴）”面板，选中要删除“关键帧”的图层属性选项。

2. 单击或按钮，快速调整“时间指针”到相应的“关键帧”选项上。

3. 单击“属性”选项左侧的“关键帧”按钮，此时该“关键帧”将被删除。也可以将要删除的“关键帧”选中，此时该“关键帧”图标变成黄色，单击该面板中的“删除”按钮即可。

4. 当要将整个“属性”选项中的所有关键帧删除时，单击按钮即可，此时该“属性”中的动画将被取消。

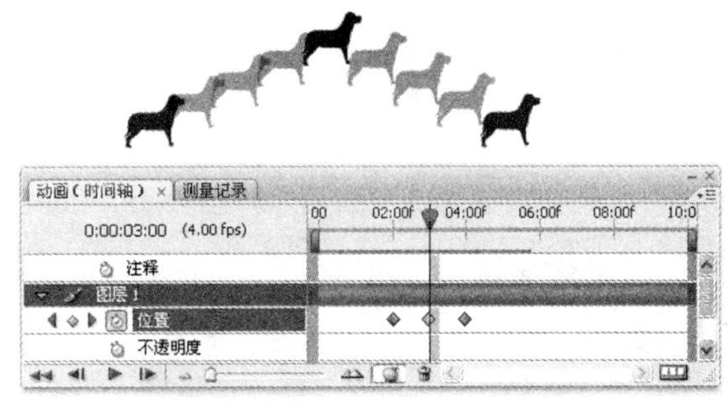

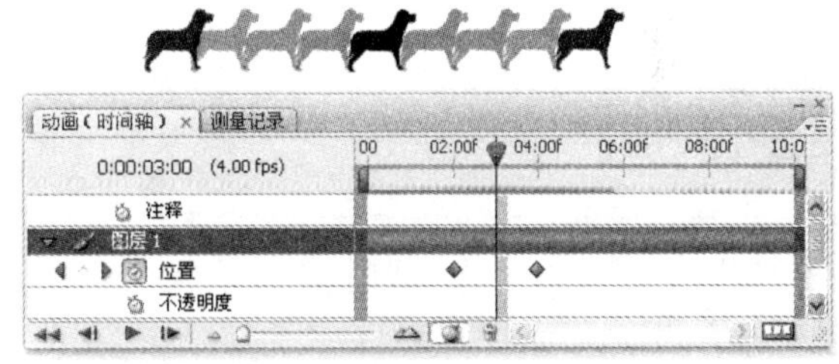

图 8-62

8.5.5 使用“洋葱皮”效果

“洋葱皮”模式将显示在当前帧上绘制的内容，以及在周围的帧上绘制的内容。这些附加描边将指定不透明度显示，以便与当前帧上的描边区分开。洋葱皮模式对于绘制逐帧动画很有用，因为此模式可以提供描边位置的参考点。在要使用“洋葱皮”功能前，需要重新设置，具体的操作方法如下：

1. 调出“动画（时间轴）”面板，单击该面板中的“菜单”按钮，在弹出的菜单中选择“洋葱皮设置”命令，弹出如图 8-63 所示的“洋葱皮选项”对话框。

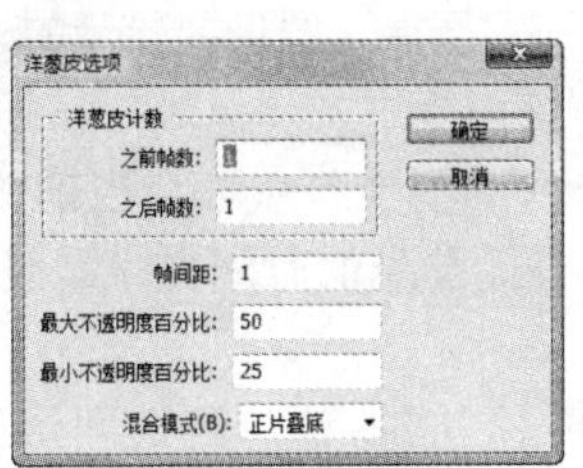

图 8-63

2. 在“之前帧数”和“之后帧数”文本框中输入数值，定义在当前“帧”前面和后面显示的“帧”数。

3. 在“帧间隔”文本框中输入数值，定义间隔多少帧显示一个“帧”画面，当输入 1 时，将逐个显示所有的“帧”画面，当输入 3 时，将每间隔 3 个“帧”显示一个画面，如图 8-64 所示。

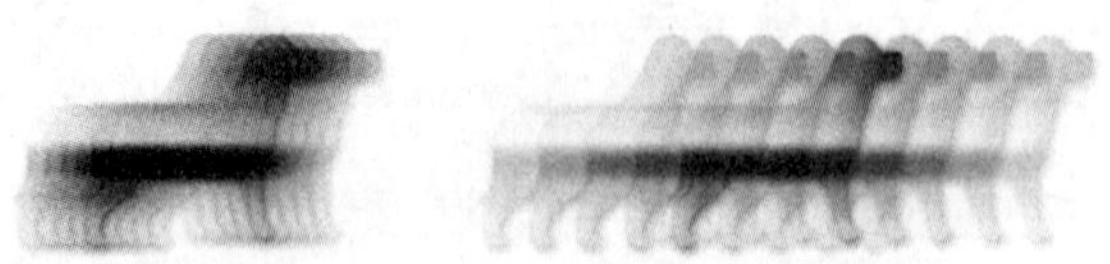

图 8-64

4. 在“最大不透明度百分比”文本框中输入“透明度”数值，定义距离当前“帧”最远的“帧”画面的透明度。

5. 在“最小不透明度百分比”文本框中输入“透明度”数值，定义距离当前“帧”最近的“帧”画面的透明度。

6. 在“混合模式”下拉列表选中相应的选项，定义透明显示的“帧”画面的混合模式。

7. 设置完毕后，单击“确定”按钮。

8. 回到“动画(时间轴)”对话框中，单击“启动洋葱皮”按钮，启动“洋葱皮”效果。

8.5.6 调整图层的显示时间

在默认情况下，一个“图层”中的图像将始终出现在动画中，也就是说，整个动画为 10 秒，那么该“图层”中的图像将显示 10 秒，即使该对象的透明度为 100%。当要调整一个图层中的图像显示时，可以执行如下操作，此时该图层中的图像将显示为相应的时间中。

1. 调出“动画(时间轴)”面板，调整“时间指针”到该“图层”图像要显示的开始位置上。

2. 单击该面板中的“菜单”按钮，在弹出的菜单中选择“图层入点移至当前时间”命令，此时该图层开始显示的时间将被调整到当前的时间位置。

3. 调整“时间指针”到该图层结束显示的时间位置，单击该面板中的“菜单”按钮，在弹出的菜单中选择“图层终点移至当前时间”命令，此时该图像将在该时间位置上结束显示，如图 8-65 所示。

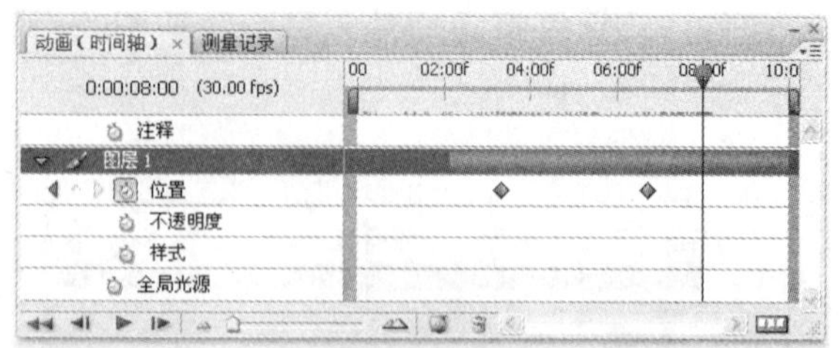

图 8-65

提示

调整“图层”图像的显示时间后，如果该图层中含有关键帧，该图像的“关键帧”会随之移动，移动的位置按照原始的位置百分比进行，如图 8-66 所示。

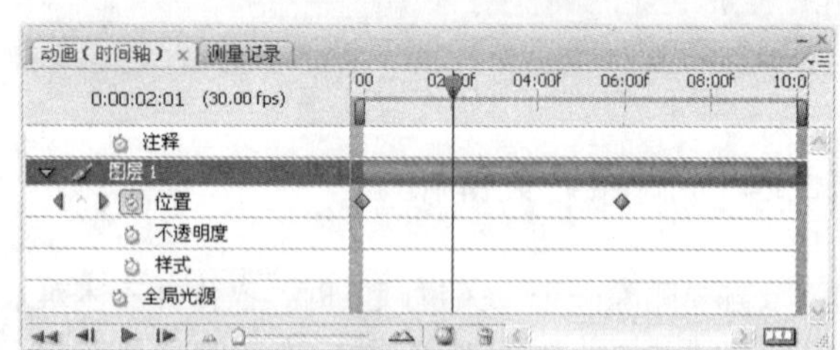

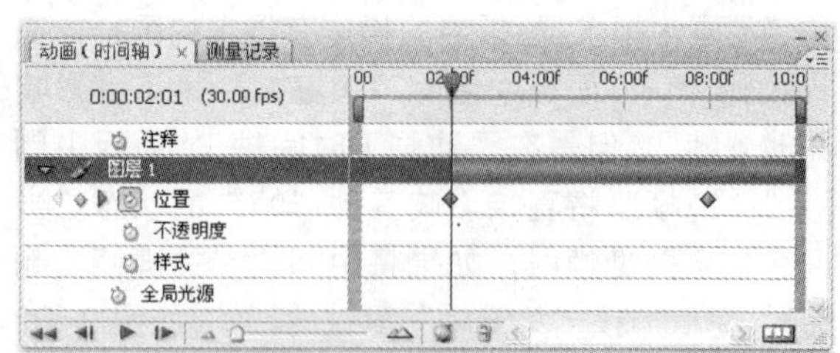

图 8-66

8.5.7 裁切“图层”显示

前面曾经讲述过，调整“图层”的显示时间时，会随之调整“关键帧”的位置，当不调整“关键帧”的位置时，可以使用“裁切图层”的方法进行调整。具体的操作方法如下：

1. 调出“动画(时间轴)”面板，调整“时间指针”到该“图层”图像要显示的开始位置上。

2. 单击该面板中的“菜单”按钮，在弹出的菜单中选择“将图层开头裁切为当前时间”命令，此时该图层开始显示的时间将被调整到当前的时间位置。

3. 调整“时间指针”到该图层结束显示的时间位置，单击该面板中的“菜单”按钮，在弹出的菜单中选择“将图层结尾裁切为当前时间”命令，此时该图像将在该时间位置上结束显示，如图 8–67 所示。

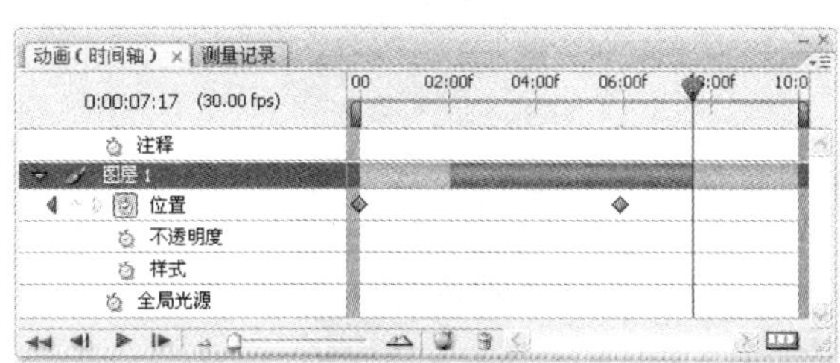

图 8–67

当要裁切“图层”的显示为并不需要非常精确时，可以直接使用鼠标拖曳，将鼠标放到该“图层”选项的开始位置上，单击并拖动鼠标，进行调整即可，用相应的方法也可以对“结束”的位置进行调整，如图 8–68 所示。

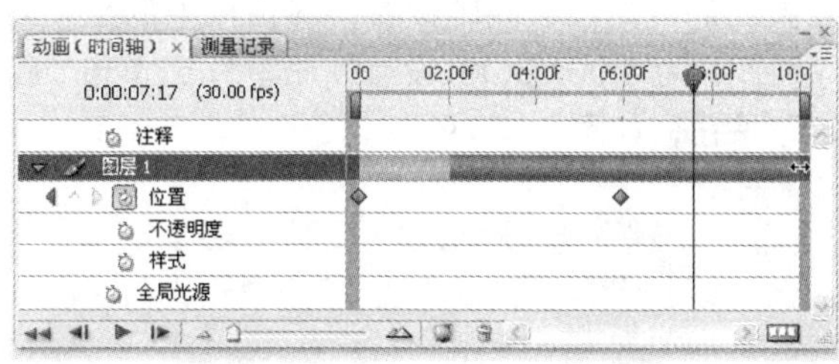

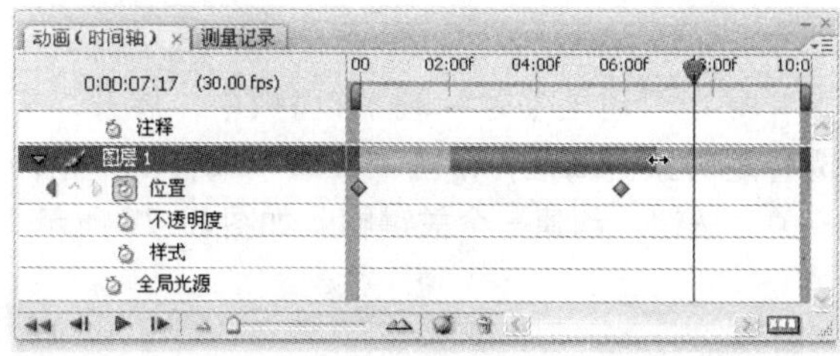

图 8–68

8.5.8　拆分“图层”

在 Photoshop 软件中，每一个“图层”只能在一个连续的时间内显示，如果要将某一个图层拆分显示，可以执行如下操作，将一个“图层”分为两个“图层”，然后分别进行显示时间的调整即可。

1. 调出“动画（时间轴）”面板，调整“时间指针”到要拆分“图层”的位置上。

2. 单击该面板中的“菜单”按钮，在弹出的菜单中选择“拆分图层”命令，此时该“图层”被分成两个“图层”，如图 8–69 所示。

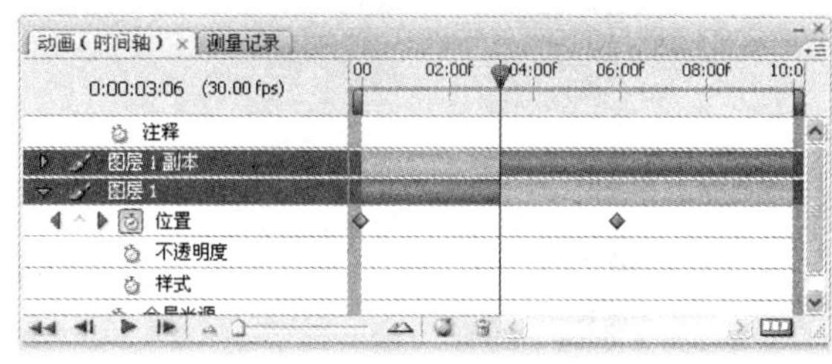

图 8–69

3. 采用上述方法，进行“图层”显示时间的调整，如图 8–70 所示。

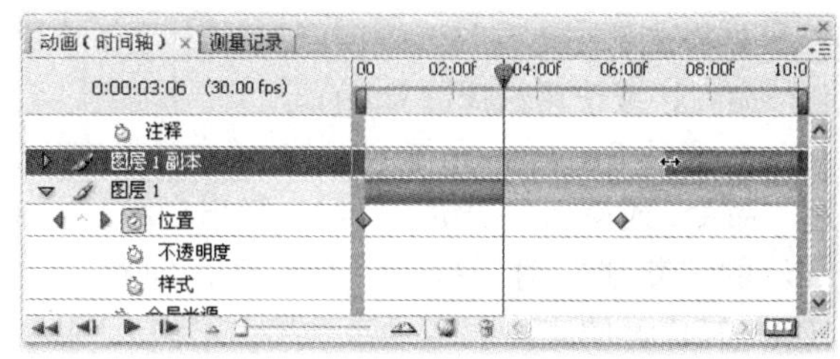

图 8–70

8.6　实例——制作移动式店标

首先制作一个比较简单的动画店标，需要使用到 Illustrator 和 Photoshop 软件，让大家先热热身。具体的操作方法如下：

1. 启动 Illustrator 软件，打开如图 8–71 所示的素材文件。

图 8–71

2. 在工具箱中选中“选择”工具，将不需要的文字部分选中，并按下 Delete 键，将其删除，如图 8-72 所示。

图 8-72

3. 将全部图形同时选中，执行“编辑”>“复制”命令，或使用快捷键 Ctrl+C。

4. 启动 Photoshop 软件，执行“文件”>“新建”命令，或使用快捷键 Ctrl+N，弹出如图 8-73 所示的“新建”对话框，调整参数，创建一个 100×100px 的文件。

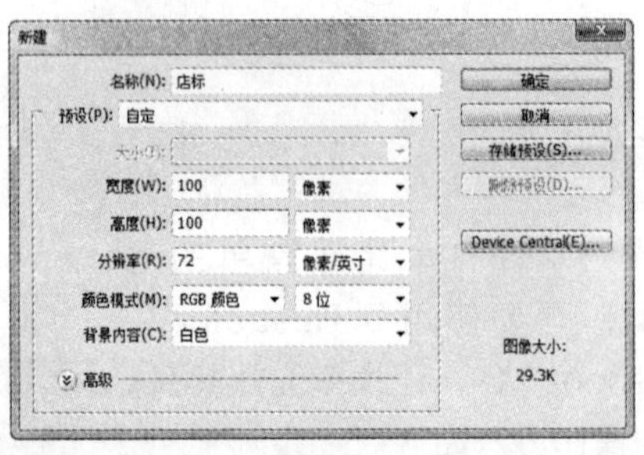

图 8-73

5. 执行“编辑”>“粘贴”命令，或使用快捷键 Ctrl+V，弹出如图 8-74 所示的“粘贴”对话框。选中“智能对象”单选项，单击“确定”按钮。

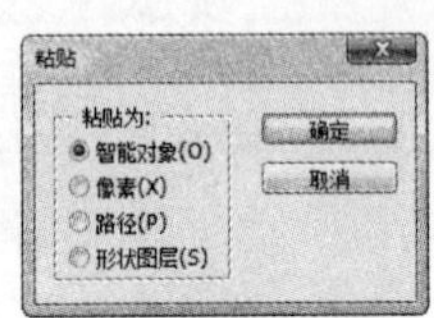

图 8-74

6. 按下 Shift 键，将该图形放大，宽度为 100px，再按下 Enter 键确认，如图 8-75 所示。

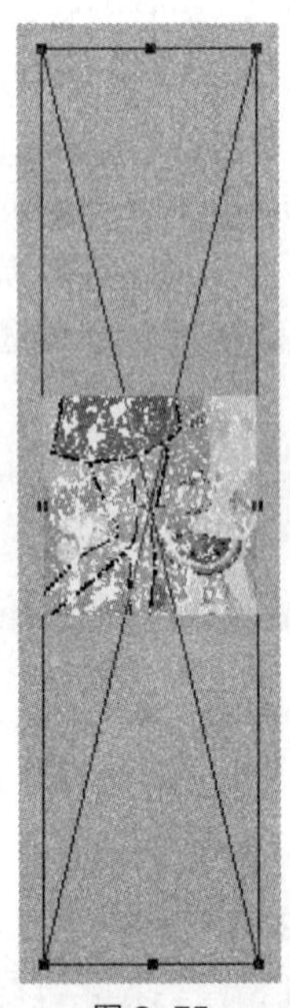

图 8-75

7. 调出“动画”面板，单击该面板的“菜单”按钮，在弹出的菜单中选择“文档设置”选项，在弹出的“文档时间轴设置”对话框中调整“持续时间”为 0:00:05:00，设置帧速率为 5，单击“确定”按钮，如图 8-76 所示。

图 8-76

8. 在“动画（时间轴）”面板中，展开“矢量智能对象”属性，单击“位置”属性的“动画开关”按钮，创建一个关键帧，如图 8-77 所示。

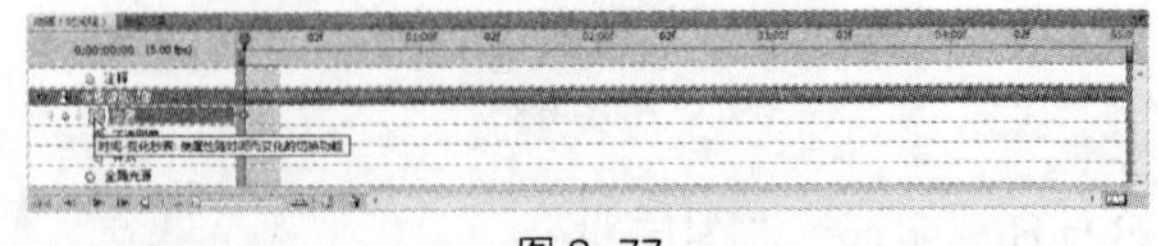

图 8-77

9. 使用“移动”工具，按下 Shift 键，将图形移动到顶部的位置，如图 8-78 所示。

图 8-78

10. 在“动画（时间轴）”面板中，调整时间指针到 2 秒的位置，如图 8-79 所示。

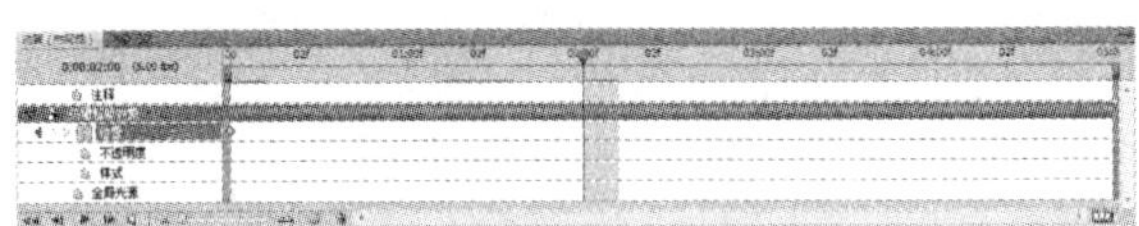

图 8-79

11. 使用“移动”工具，按下 Shift 键，将图形移动到底部的位置，软件会自动创建一个关键帧，如图 8-80 所示。

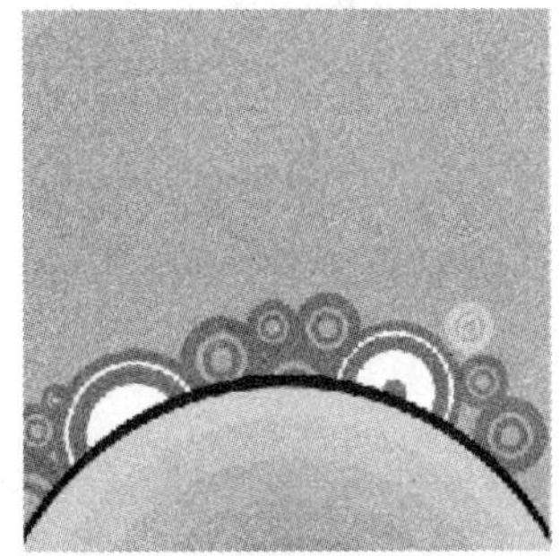

图 8-80

12. 在工具箱中选中“文字”工具，在如图 8-81 所示的位置上输入“WELCOME TO MACMAKER”（店标）字样，并调整字体为 Boopee。

图 8-81

13. 调出“样式”面板，并选择如图 8-82 所示的样式。

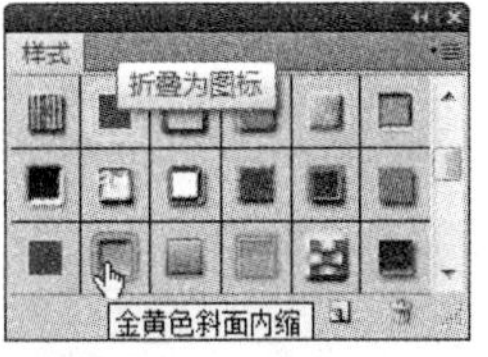

图 8-82

14. 在“动画（时间轴）”面板中，调整文字图层的开始出现时间为 2 秒，如图 8-83 所示。

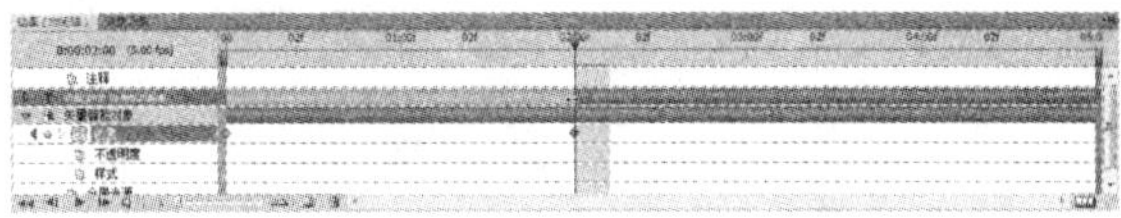

图 8-83

15. 在该面板中展开文字图层的属性，将时间指针调整到 2 秒的位置，单击“不透明度”属性的“动画开关”按钮，创建一个关键帧，如图 8-84 所示。

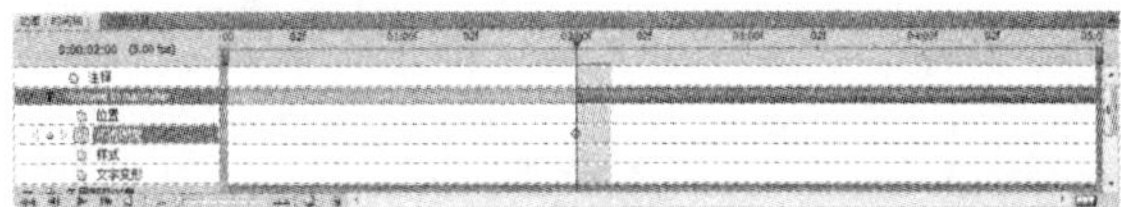

图 8-84

16. 在“图层”面板中，调整“不透明度”数值为 0%，如图 8-85 所示。

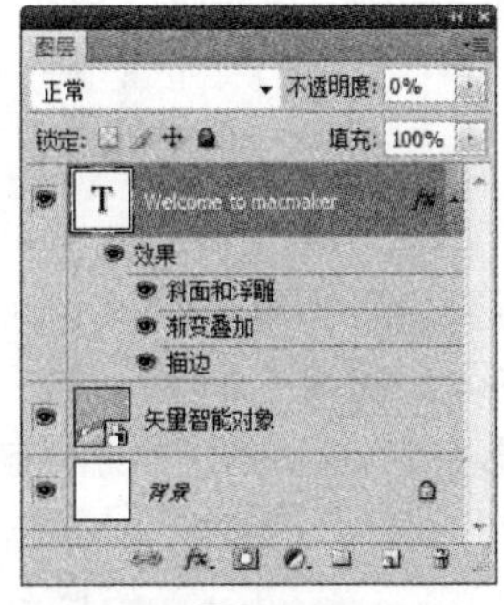

图 8-85

17. 将时间指针调整到 2 秒 2 帧的位置，在“图层”面板中调整“不透明度”为 100%，软件会自动创建一个关键帧，如图 8-86 所示。

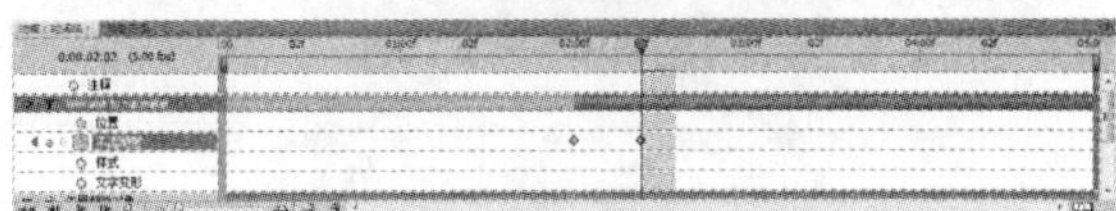

图 8-86

18. 在工具箱中选中“文字”工具，在如图 8-87 所示的位置上输入“QQ:283617831”（或其他联系方式）字样，并调整字体为 Curlz MT。

19. 调出“样式”面板，并单击如图 8-88 所示的样式。

图 8-87

图 8-88

20. 在“动画（时间轴）”面板中，调整文字图层的开始出现时间为 2 秒 2 帧，如图 8-89 所示。

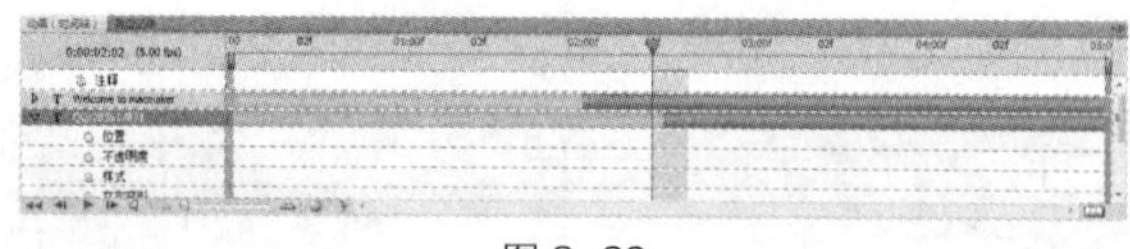
图 8-89

21. 将时间指针调整到 3 秒的位置，单击文字图层“位置”属性的“动画开关”按钮，创建一个关键帧，如图 8-90 所示。

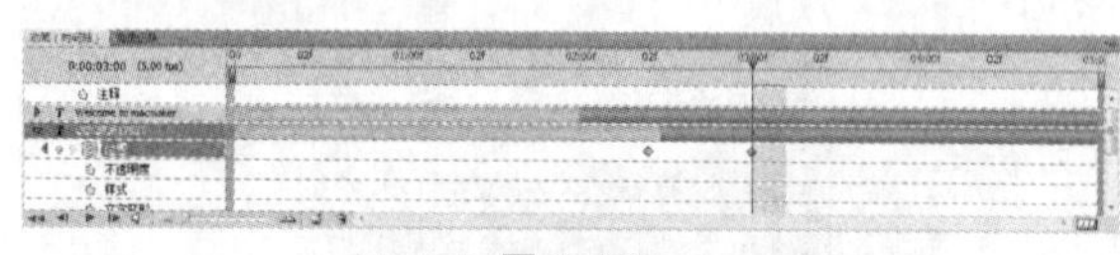
图 8-90

22. 将时间指针调整到 2 秒 2 帧的位置，使用“移动”工具，按下 Shift 键，将文字移动到底部外侧的位置（文字消失），软件会自动创建一个关键帧，如图 8-91 所示。自动创建一个关键帧。

图 8-91

23. 到此整个动画店标制作完毕，可以单击“播放”按钮，浏览动画的效果，如图 8-92 所示。

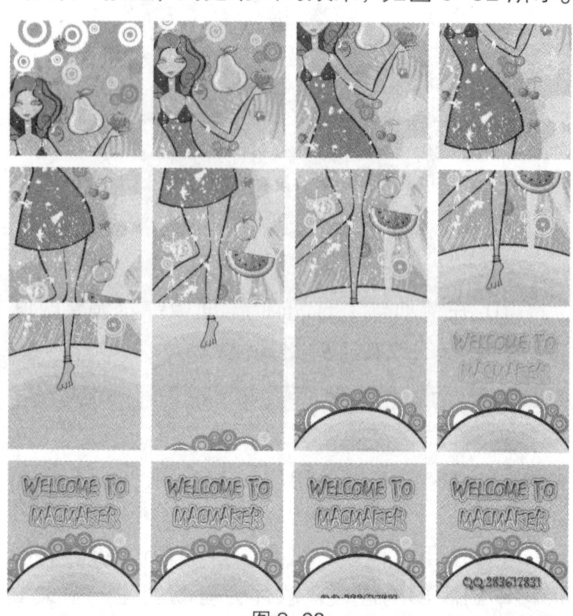
图 8-92

24. 到此，店铺标识的动画已经制作完毕，但是如何将该文件保存为一个动画文件比较麻烦，下一节可以完成相应的操作。

8.7 保存 Web 图像

在网络上传输一个图像时，需要平衡图像文件的两个指数，一个是图像的清晰度，另一个就是图像文件的尺寸。虽然现在的网络链接速度有了大幅度提升，但是还没有达到所想所得的地步，所以将图像文件的尺寸降低一些还是比较重要的，可以让浏览者更快地查看到图像。在对图像文件进行压缩时，还要考虑到图像的质量，所以需要在图像质量和图像文件尺寸之间找到一个平衡点。为了这一需求，Photoshop 提供了“存储为 Web 和设备所用格式”功能，使用该功能，可以非常直观地寻找图像质量和图像文件尺寸之间的平衡点。具体的使用方法如下：

1. 执行“文件”>“存储为 Web 和设备所用格式”命令，或使用快捷组合键 Ctrl + Shift + Alt + S。

2. 弹出如图 8-93 所示的“存储为 Web 和设备所用格式”对话框，在“预设”下拉列表中可以选择到软件预置的压缩选项。通过直接选择相应的选项，可以快速地设置图像质量。

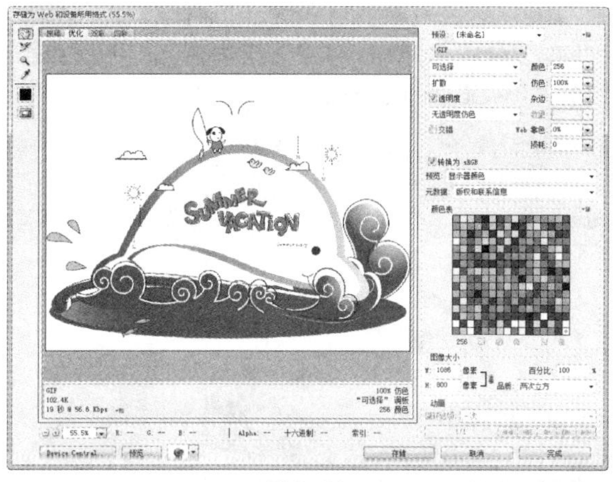

图 8-93

3. 在“格式”下拉列表中选择不同的选项，定义图像要保存的格式。根据不同的图像类型，选择不同的图像格式，可以尽可能地提供图像质量，并且降低图像文件的尺寸。例如：当图像为如图 8-94 所示的连续颜色图像时，需要使用 Jpeg 文件格式，如果图像为如图 8-95 所示的色块图像，需要使用 gif 文件格式。

图 8-94

图 8-95

8.7.1　保存为 GIF 图像格式

该文件格式是通过减少图像的颜色数量来压缩图像文件尺寸的格式，所以当图像中的颜色比较少时，而且颜色边界比较清晰时，可以采用该格式。

1. 在“减少颜色深度算法”下拉列表中选择相应的选项，从而使用不同的算法减少图像中的颜色：

> 可感知：当选中该选项时，通过为人眼比较灵敏的颜色赋以优先权来，创建自定颜色表。

> 可选择：当选中该选项时，创建一个颜色表，此表与“可感知”颜色表类似，但对大范围的颜色区域和保留 Web 颜色有利。此颜色表通常会生成具有最大颜色完整性的图像。“可选择”选项为默认选项。

> 随样性：当选中该选项时，通过从图像的主要色谱中提取色样来创建自定颜色表。例如，只包含绿色和蓝色的图像产生主要由绿色和蓝色构成的颜色表。大多数图像的颜色集中在色谱的特定区域。

>（受限）Web：当选中该选项时，使用 Windows 和 Mac OS 8 位（256 色）调板通用的标准 216 色颜色表。该选项确保当使用 8 位颜色显示图像时，不会对颜色应用浏览器仿色。（该调板也称为 Web 安全调板。）使用 Web 调板可能会创建较大的文件，因此，只有当避免浏览器仿色是优先考虑的因素时，才建议使用该选项。

> 自定：当选中该选项时，使用用户创建或修改的调色板。如果打开现有的 GIF 或 PNG-8 文件，它将具有自定调色板。

> 黑白、灰度、Mac OS、Windows：当选中该选项时，使用相应的调色板。

2. 在其右侧的“颜色”下拉列表中选择要使用的颜色数量，数量越少，文件的尺寸越小，也可以直接在该下拉列表中输入数值，定义图像的颜色数量。

3. 在“指定仿色算法”下拉列表中选中要使用的仿色方式，并且其右侧的“仿色”文本框中输入使用“仿色”的数量。

> 扩散：当选中该选项时，应用与“图案”仿色相比通常不太明显的随机图案。仿色效果在相邻像素间扩散。

> 图案：当选中该选项时，使用类似半调的方形图案,模拟颜色表中没有的任何颜色。

> 杂色：当选中该选项时，应用与“扩散”仿色方法相似的随机图案，但不在相邻像

素间扩散图案。使用“杂色”仿色方法时不会出现接缝。

4. 当要在图像中保留原有的透明区域时，勾选“透明度”复选项。

5. 在“杂边”选项中，单击右三角按钮，在弹出的菜单中选择不同的“杂边”颜色选项。当不要在图像边缘处出现杂边时，可以选中“无”选项。在该下拉列表中还有“吸管”（使用吸管样本框中的颜色）、“前景色”、“背景色”、“白色”、“黑色”和“其他”（使用拾色器）选项。

6. 在“指定透明度仿色算法”下拉列表中选中不同的选项，对透明度部分采用仿色的操作方法：

> 无透明度仿色：当选中该选项时，不对图像中部分透明的像素应用仿色。

> 扩散透明度仿色：当选中该选项时，应用与“图案”仿色相比通常不太明显的随机图案。仿色效果在相邻像素间扩散。如果选择此算法，需要在右侧的“数量”文本框中指定“仿色”百分比，以控制应用于图像的仿色量。

> 图案透明度仿色：当选中该选项时，对部分透明的像素应用类似半调的方块图案。

> 杂色透明度仿色：当选中该选项时，应用与“扩散”算法相似的随机图案，但不在相邻像素间扩散图案。使用“杂色”算法时不会出现接缝。

7. 当勾选“交错”复选项时，完整的图像文件正在下载，在浏览器中显示图像的低分辨率版本。交错可使下载时间感觉更短，并使浏览者确信正在进行下载。但是，交错也会增加文件大小。

8. 在“Web 靠色”文本框中输入数值，指定将颜色转换为最接近的 Web 调板等效颜色的容差级别（并防止颜色在浏览器中进行仿色）。数值越大，转换的颜色越多。

9. 设置完毕后，单击“存储”按钮，在弹出的“将优化结果存储为”对话框中选择保存文件的位置和名称，单击“存储”按钮进行文件的保存。

8.7.2 保存为 JPEG 图像格式

JPEG 图像文件格式，是以降低图像质量为代价减小图像文件尺寸的，所以当图像为连续颜色的图像时，可以选择该文件格式。当选中该选项时，“存储为 Web 和设备所用格式”对话框变成如图 8-96 所示的状态。

图 8-96

1. 在“压缩品质”下拉列表中可以选择到不同颜色的等级，也可以在右侧的“品质”文本框中输入等级的数值，数值越高，图像质量越好，文件的尺寸越大。

2. 当勾选“优化”复选项时，创建文件大小稍小的增强 JPEG 格式。要最大限度地压缩文件，建议使用优化的 JPEG 格式；但是，某些旧版浏览器不支持此功能。

3. 勾选“连续”复选项时，在 Web 浏览器中以渐进的方式显示图像。图像将显示为一系列叠加的图形，从而使浏览者能够在图像完全下载前查看它的低分辨率版本。“连续”选项要求使用优化的 JPEG 格式。

4. 在“模糊”文本框中输入数值，指定应用于图像的模糊量。“模糊”选项应用与“高斯模糊”滤镜相同的效果，并允许进一步压缩文件，以获得更小的文件。建议使用 0.1 到 0.5 之间的设置。

5. 勾选“嵌入颜色配置文件”复选项，随文件一起保留图片的颜色配置文件。某些浏览器使用颜色配置文件进行色彩校正。只有在随颜色配置文件一起存储了图像之后，此选项才可用。

6. 在“杂边”下拉列表框选中不同的选项，为原始图像中透明的像素指定一个填充颜色。

7. 设置完毕后，单击“存储”按钮，在弹出的“将优化结果存储为”对话框中选择保存文件的位置和名称，单击“存储”按钮进行文件的保存。

8.7.3 自定义“颜色表”

在使用一些图像格式进行图像压缩时，需要设置图像的颜色数量，例如设置为128种或256种等，当设置颜色的数量后，软件会自定按照相应的设定进行颜色选取，当要对当前“颜色表”中的颜色种类进行调整时，可以采用如下操作:

- 排序“颜色表”：当要调整“颜色表”中的颜色排列顺序时，可以单击该面板中的“菜单”按钮，在弹出的菜单中选中相应的选项，具体的使用方法如下：
  - 未排序：当选中该选项时，将恢复原始排列顺序。
  - 按色相排序：当选中该选项时，将按颜色在标准色轮上（表示为0到360度）的位置进行排序。中性色的色相被指定为0，且与红色在一起。
  - 按亮度排序：当选中该选项时，将按颜色的明度或亮度进行排序。
  - 按普及度排序：当选中该选项时，将按颜色在图像中出现的频率进行排序。
- 添加颜色：当要在“颜色表”中添加一种颜色时，在该对话框中选中“吸管”工具，或使用快捷键I，在图像中单击鼠标，选中要添加的颜色。在“颜色表”中单击“新建颜色”按钮即可。
- 映射透明：当要将某些颜色转换为透明时，可以在“颜色表”中选中相应的颜色选项，也可以按下Shift或Ctrl键，同时选中多个颜色，单击该对话框中的“映射透明”按钮，此时相应的颜色部分将转换为透明，如图8-97所示。

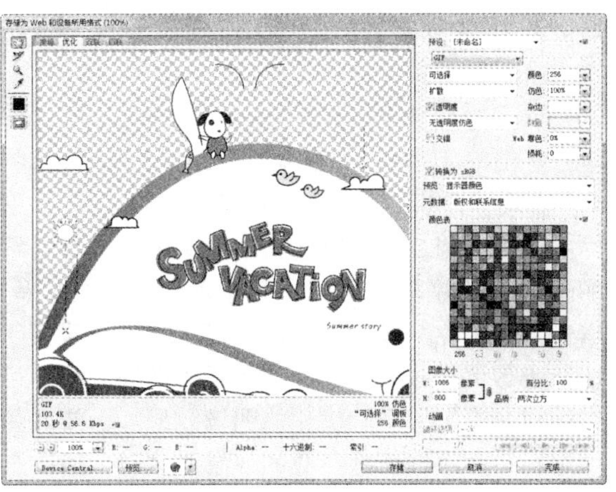

图8-97

- 转为Web安全色：当要将某些颜色转换为Web安全颜色时，可以在“颜色表”中选中相应的颜色选项，也可以按下Shift或Ctrl键，同时选中多个颜色，单击该对话框中的“转为Web安全色”按钮，此时相应的颜色将转换为邻近的Web安全色。
- 锁定颜色：当调整“颜色”文本框中的数值时，如果从大数调整为小数，将自定删除“颜色表”中的一些颜色，如果要保留“颜色表”中的某个颜色时，可以将其锁定，此时该颜色将不会被删除。将要锁定的颜色选中，单击该对话框中的“锁定”按钮即可。
- 删除颜色：因为一些图像格式的压缩方式是通过减少颜色数量得到的，所以可以将一些不起眼的颜色删除。当要删除一个或多个颜色时，可以在“颜色表”中选中要删除的颜色，单击该对话框中的“删除”按钮。
- 存储颜色表：当要将一组已经设置好的颜色表保存时，单击该对话框中的“菜单”按钮，在弹出的菜单中选中“存储颜色表”命令，在弹出的“存储颜色表”中选择要保存文件的位置和名称，单击“保存”按钮。
- 载入颜色表：当要将一个已经设置好的颜色表文件载入到当前文件中使用时，可以单击该对话框中的“菜单”按钮，在弹出的菜单中选中“载入颜色表”命令，在弹出的“载入颜色表”中选中要载入的“颜色表”文件，单击“打开”按钮。

8.7.4 同时查看不同的压缩方式

在“存储为 Web 和设备所用格式”对话框中，提供了“原稿”、“优化”、“双联”和“四联”4 个选项卡，进入相应的选项卡，可以查看到不同的图像效果。在“原稿”选项卡中，将查看到图像的原始效果，也就是没有进行压缩的效果。当进入“优化”选项卡时，将显示图像按照当前压缩参数的效果。当进入“双联”选项卡时，可以同时查看到原稿和优化的图像效果。当要对图像进行各种不同压缩参数的效果对比时，可以进入“四联”选项卡，如图 8-98 所示。此时将出现 4 个图像预览窗口，第一个为“原稿”的效果，其他窗口为不同的压缩效果。选中相应的“窗口”进行压缩调整，通过查看图像效果和窗口底部的参数，找到最佳的设置方式，选中该窗口，单击“存储”按钮进行保存。

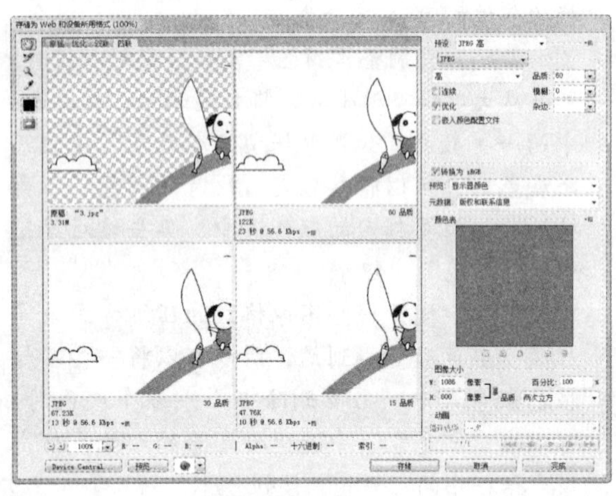

图 8-98

8.7.5 设置动画

当制作的图像为动画时，在“存储为 Web 和设备所用格式”对话框中必须选中 GIF 格式，此时，底部的“动画”区域将高亮显示。在“循环选项”下拉列表中可以定义动画播放的循环次数。

- 一次：选中该选项，动画只播放一次，并停止在最后一帧的画面。
- 永远：选中该选项，动画将始终进行播放，当播放到最后一帧时，将从第一帧开始重新播放。一般店铺中使用这种方式。
- 其他：当选中该选项时，将弹出如图 8-99 所示的“设置循环次数”对话框，在该对话框中可以设置要播放的次数。

图 8-99

8.8 实例——制作闪动式店标

闪动式店标是淘宝网店中常使用的，实际上制作方法并不是非常复杂，只要在一个素材的图片上，添加多个“星形”的图层，并且让这些图层依次循环显示即可。本节将带领大家制作一个这样的店标。

8.8.1 制作图层

首先为这个动画店标准备需要的图层素材。这些图层效果需要自己来绘制，具体的操作方法如下：

1. 启动 Photoshop 软件，并打开要使用的素材图片，调整该文件的尺寸为 100px × 100px，如图 8-100 所示。

2. 调出“图层”面板，创建一个新的图层，如图 8-101 所示。

图 8-100

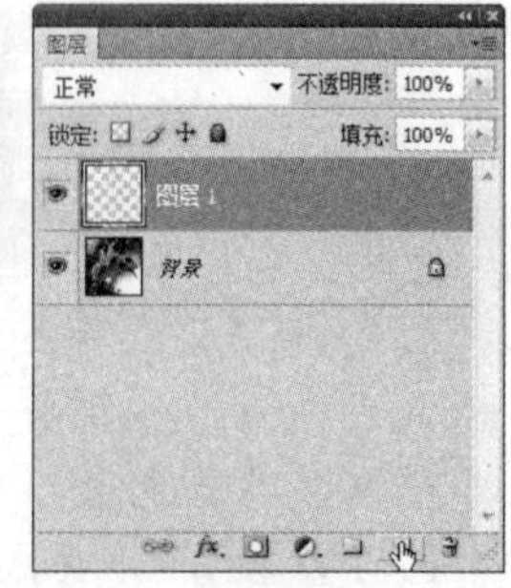

图 8-101

3. 在工具箱中选中“画笔”工具，并在“状态栏”中选中如图 8-102 所示的笔触。

4. 在“状态栏”中单击“喷笔”按钮，这样在绘制时，可以根据按住鼠标的时间长度，定义笔触的轻重。

5. 在图像中随意单击鼠标，并且保持鼠标不同的按住时间，绘制如图 8–103 所示的星星效果。

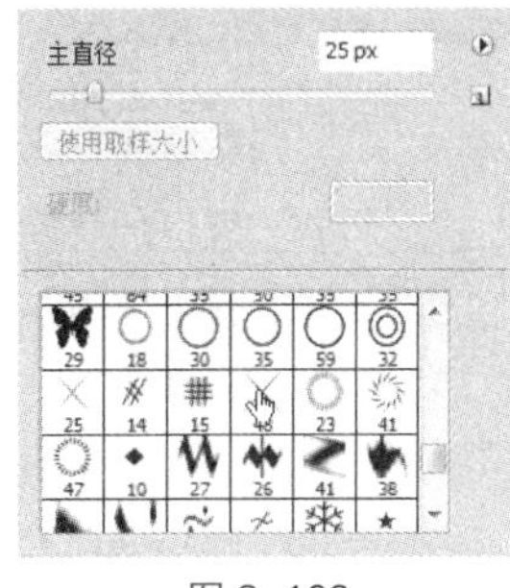

图 8–102

图 8–103

6. 调出“图层”面板，并创建一个新的图层。

7. 继续使用“画笔”工具，在图层中绘制星星效果，可以按下 [或] 键，调整笔触的尺寸，如图 8–104 所示。

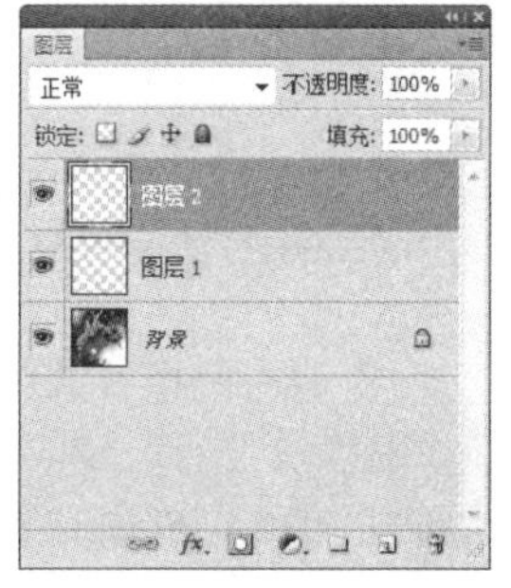

图 8–104

8. 采用相应的方法，再创建一个图层，并绘制星星效果，如图 8–105 所示。

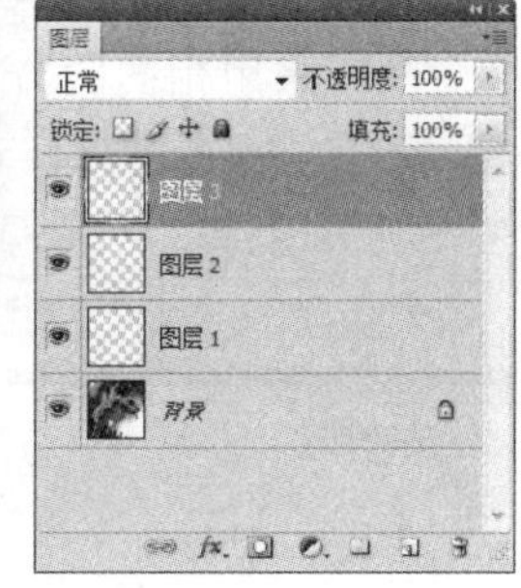

图 8–105

8.8.2　制作文字

下面制作一个文字效果，也就是店名的效果。文字通过“图层样式”来添加效果，从而可以制作动画效果。

1. 在工具箱中选中“文字”工具，在如图 8–106 所示的位置单击鼠标，并输入“麦肯媒克设计室”字样（店名），调整字号和字体。

2. 保持文字图层的当选状态，调出“样式”面板，并选择如图 8–107 所示的图层样式选项。

图 8–106

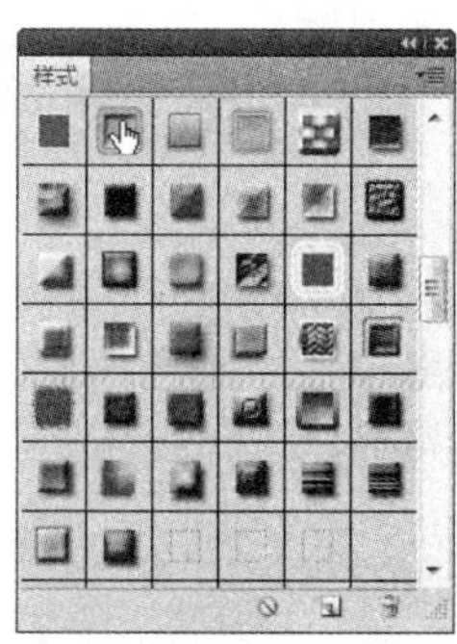

图 8–107

8.8.3　制作动画

当前图像中除了背景层外还有 4 个图层，可以在“动画”面板中进行相应的调整，制作店标的动画。

1. 调出“动画（时间轴）”面板，单击该面板中的“菜单”按钮，在弹出的菜单中选择“文档设置”命令，弹出如图 8–108 所示的“文档时间轴设置”对话框，调整“持续时间”为 0:00:05:00，调整“帧速率”为 10 fps，单击“确定”按钮。

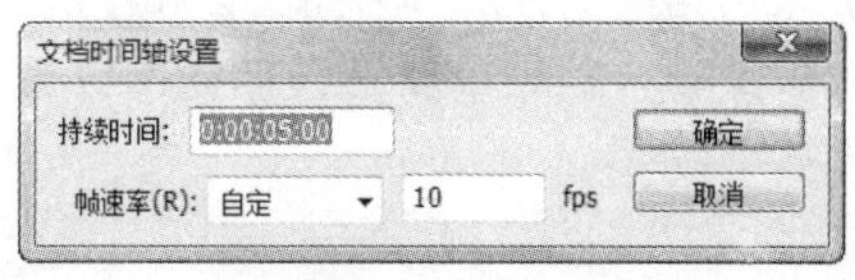

图 8–108

2. 将时间指针调整到开头的位置，展开“图层 1”属性，并单击“不透明度”属性的“动画开关”按钮，创建一个关键帧。并在“图层”面板中调整“不透明度”为 0，如图 8–109 所示。

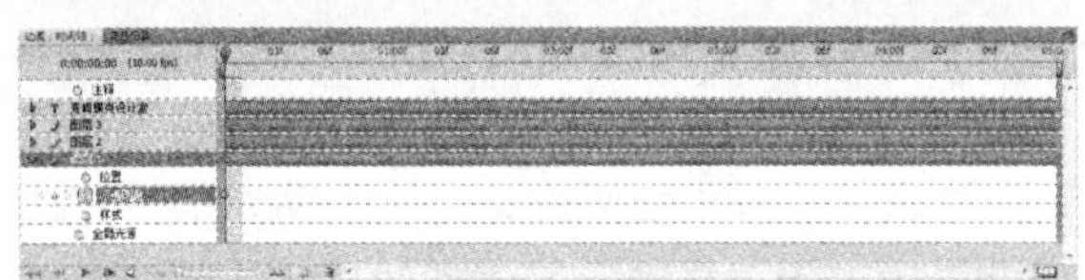

图 8-109

3. 将时间指针调整到一个不远的任意时间，调整图层的不透明度为 100%，创建一个关键帧，如图 8-110 所示。

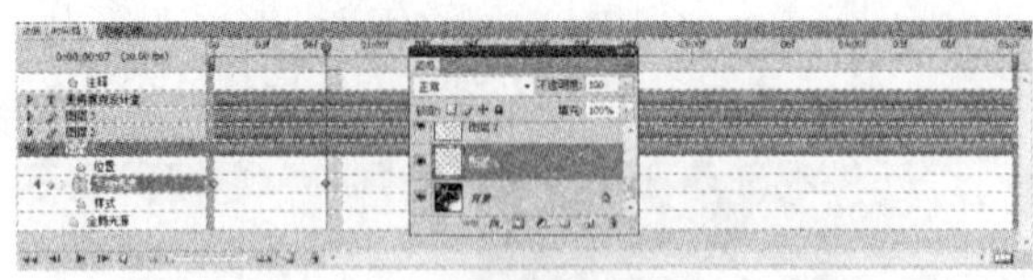

图 8-110

4. 再将时间指针调整到不远的任意时间，调整图层的不透明度为 0%，再创建一个关键帧。如图 8-111 所示。

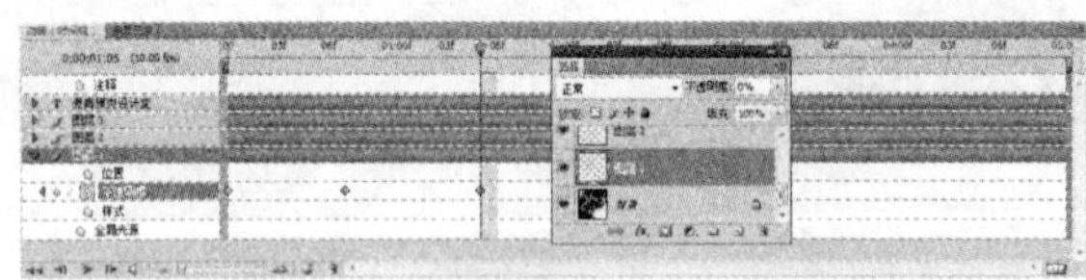

图 8-111

5. 采用相同的方法，再创建关键帧，并且循环调整不透明度为 0% 或 100%，如图 8-112 所示。

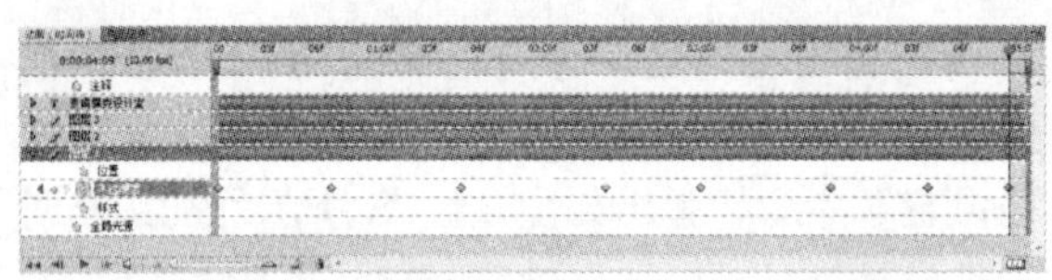

图 8-112

6. 采用相同的方法，为图层 2 和图层 3 制作类似的关键帧，但是不要将关键帧的位置重合，如图 8-113 所示。

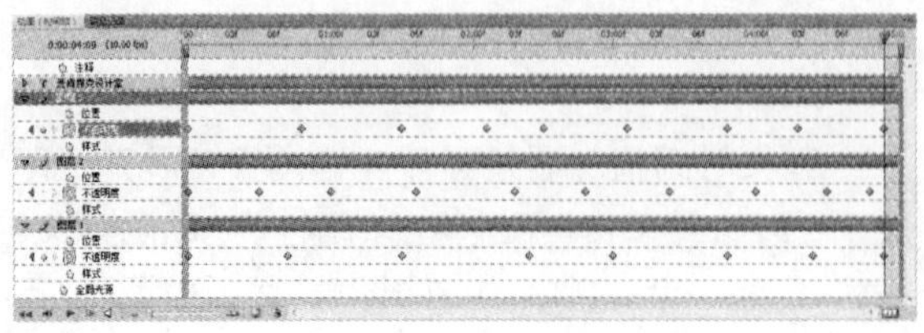

图 8-113

7. 将时间指针调整到开头的位置，展开文字图层的属性，单击“图层样式”属性的“动画开关”按钮，创建一个关键帧，如图 8-114 所示。

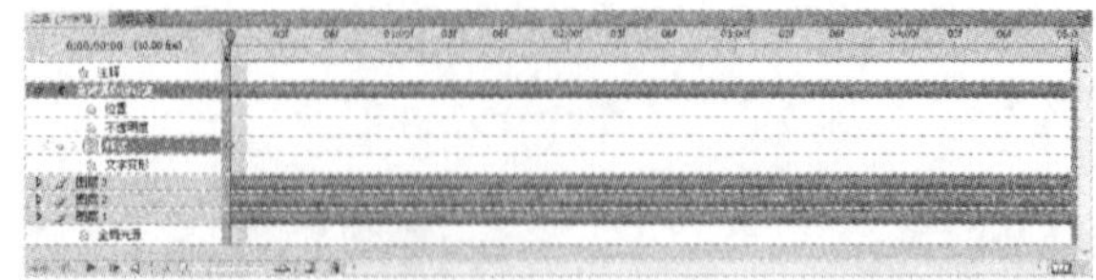

图 8-114

8. 在“图层”面板中双击“文字”图层的“图层样式”图标，打开如图 8-115 所示的“图层样式”对话框，选中左侧的“描边”复选项，并调整“大小”数值为 1，单击“确定”按钮。

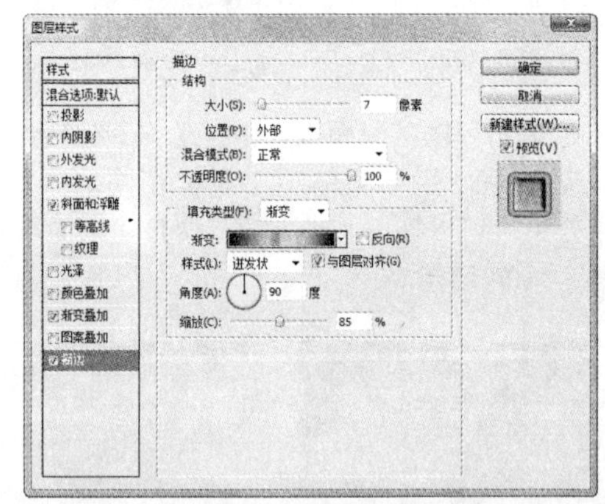

图 8-115

9. 将时间指针调整到 1 秒的位置，再次进入“图层样式”对话框，并调整“大小”数值为 7，单击“确定”按钮，创建一个关键帧，如图 8-116 所示。

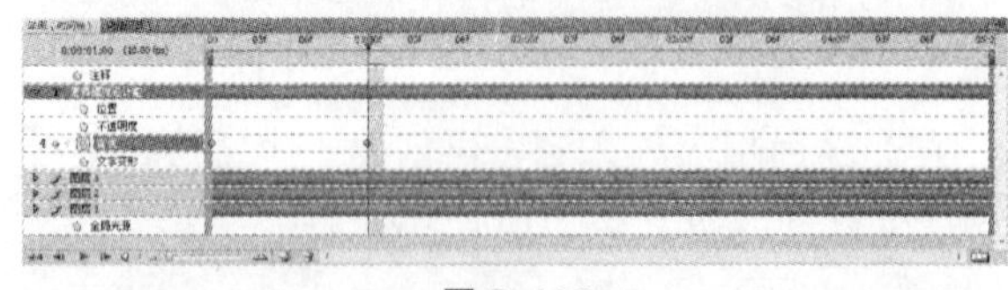

图 8-116

10. 采用相同的方法，在 2 秒的位置创建关键帧，并调整“图层样式”的大小为 1，3 秒为 7、4 秒为 1、5 秒为 7，如图 8-117 所示。

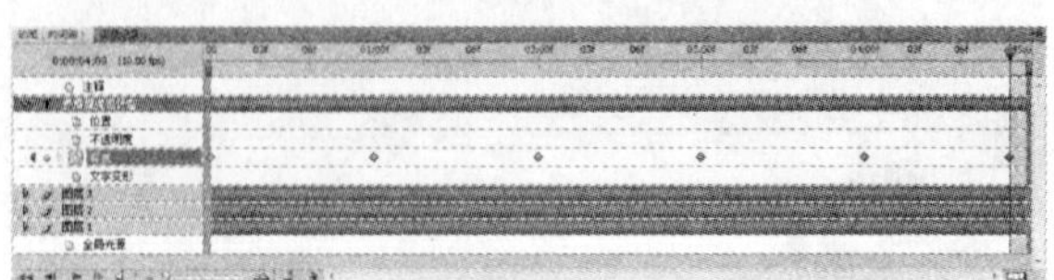

图 8-117

8.8.4 输出动画

1. 执行“文件”>“保存为 Web 和设备所用格式”命令，或使用快捷组合键 Ctrl+Shift+Alt+S，弹出如图 8-118 所示的对话框。

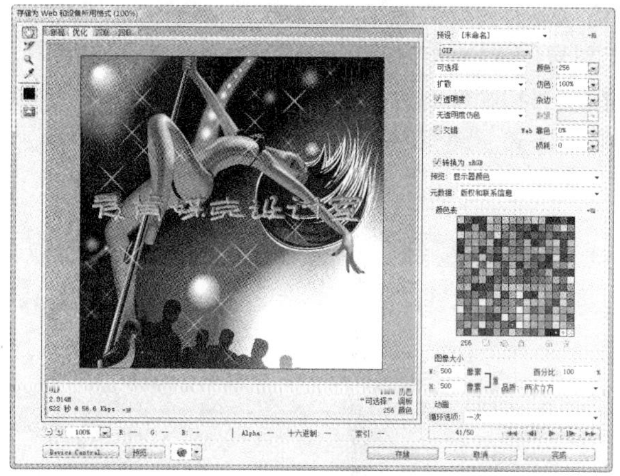

图 8-118

2. 调整保存格式为 GIF，在“动画”选区中的“循环选项”下拉列表中选中“永远”选项，单击“保存”按钮进行保存。如图 8-119 所示为动画的效果。

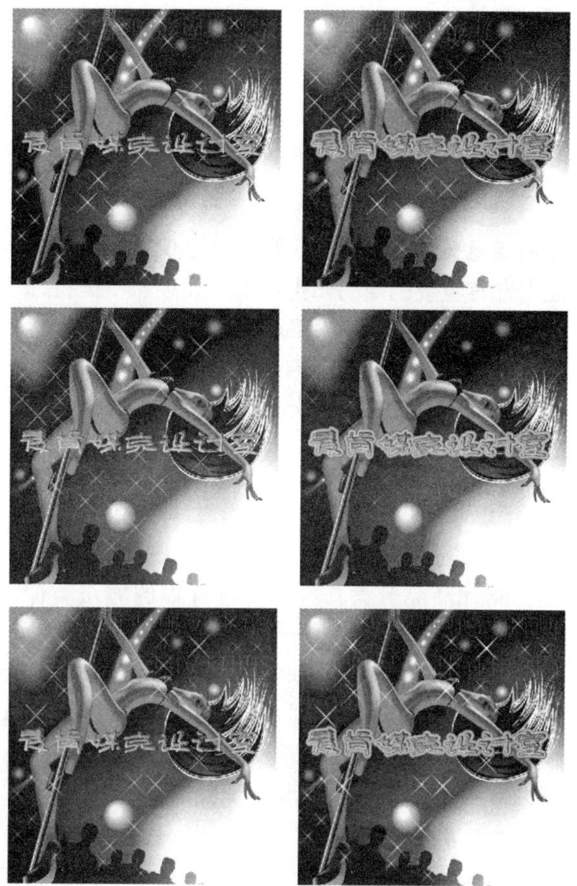

图 8-119

小结

本章中介绍了一些店标和动态店标的制作方法，主要传授 Photoshop 中动画的使用方法，而对文件的压缩方式也是非常重要的，这不但要用在保存 GIF 动画上，也用在静态的图片保存压缩上。

第 9 章　制作商品分类

商品分类又称店铺类目，也就是店铺首页右侧的商品分类列表部分，该部分不仅有装饰作用，还有非常重要的商品归类作用。如果您不进行"装修"的话，也可以使用简单的文字来描述，但是这绝对不能提高浏览者的兴趣。

这部分内容并不是一味地美化那么简单，精心考虑分类的布局更为重要。在分类中，除了传统意义上的分类内容，比如按照"用途"、"颜色"、"型号"和"上市时间"等，还可以利用规则的漏洞，在顶部和底部制作一些和分类无关的东西，例如：联系方式、经营时间等。

9.1　分类规则

制作商品分类其实和店铺标识的方法类似，但是尺寸上和内容上有一定的区别，淘宝限制分类图片的宽度为 160 px 以内，对高度没有做规定。分类同样可以制作为静止的图片，也可以制作为动态的 GIF 动画。按照自己店铺的数量，去定义分类图片的高度是非常重要的。一般的情况下，分类的长度需要配合右侧的内容。如果右侧的内容比较短，而左侧的分类比较长，就会导致分类过长的部分会被浏览者忽略，这一定不是您希望的。

9.2　实例——制作静态分类

首先使用 Illustrator 软件绘制一个简单的分类图标，虽然只介绍一个制作方法，但是读者可以举一反三制作出其他分类图标。

9.2.1　制作底图

1. 启动 Illustrator 软件，创建一个新的文件。

2. 在工具箱中选中"圆角矩形"工具，在图像中单击并拖动鼠标，绘制一个圆角矩形对象，并在绘制时按下键盘上的"向上"或"向下"箭头，调整圆角的程度，如图 9-1 所示。

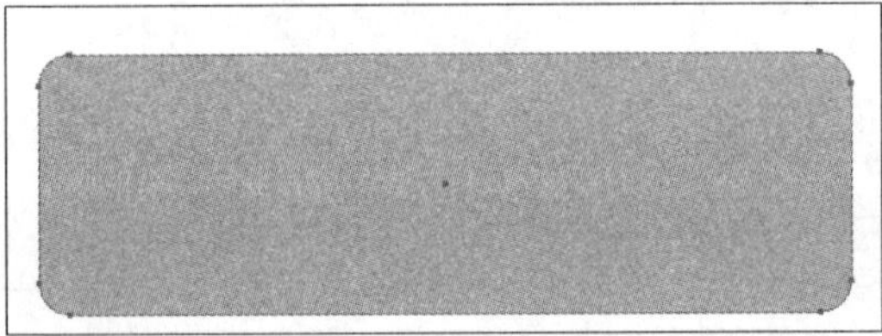

图 9-1

3. 调出"外观"面板，调整该对象的"描边"宽度为 4pt，并调整描边颜色为黑色，如图 9-2 所示。

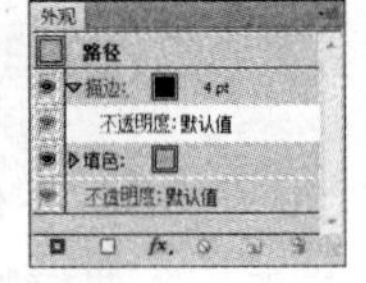

图 9-2

4. 保持该对象的当选状态，执行"对象">"扩展"命令，弹出如图 9-3 所示的"扩展"对话框，在该对话框中勾选"填充"和"描边"复选项，单击"确定"按钮进行扩展。此时，该对象被分别扩展为填充部分和描边部分。

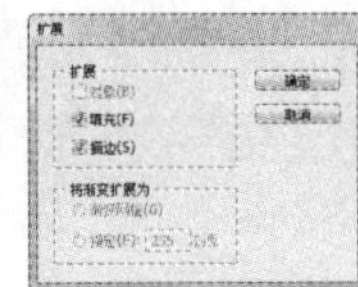

图 9-3

5. 在工具箱中选中“直线”工具，按下 Shift 键，在如图 9-4 所示的位置绘制一条直线。

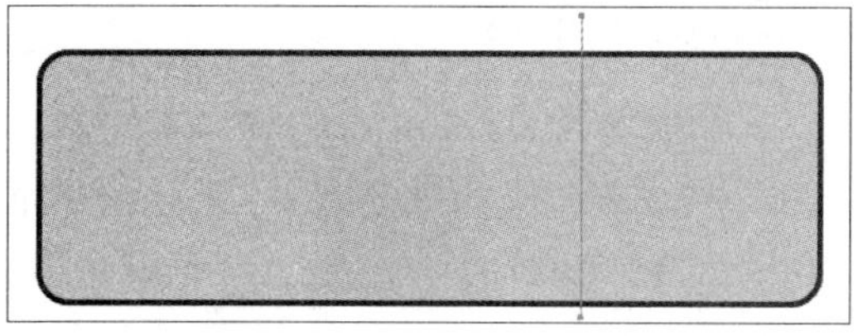

图 9-4

6. 将所有的对象同时选中，调出“路径寻找器”面板，单击如图 9-5 所示的按钮，将所有对象分离。

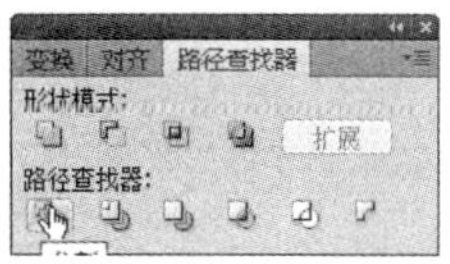

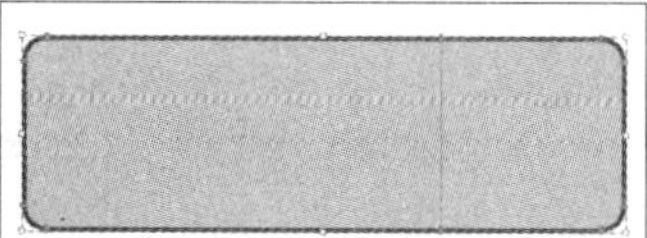

图 9-5

7. 保持对象的当选状态，执行“对象”>“取消编组”命令两次，将所有的成组信息解除。

8. 将如图 9-6 所示的图形选中，并调整颜色为深蓝色。

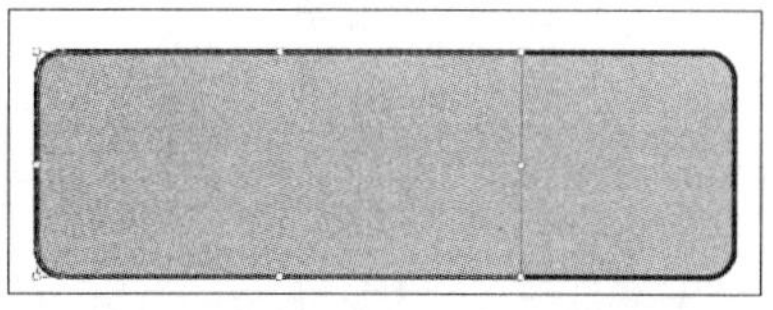

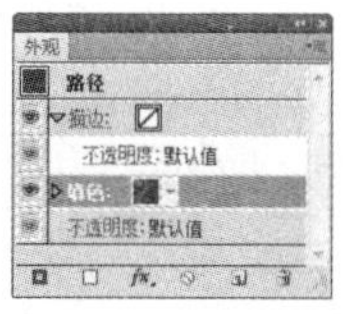

图 9-6

9. 将如图 9-7 所示的图形选中，并调整颜色为深灰色。

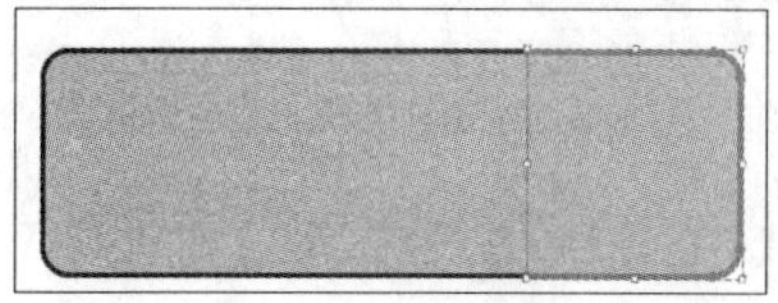

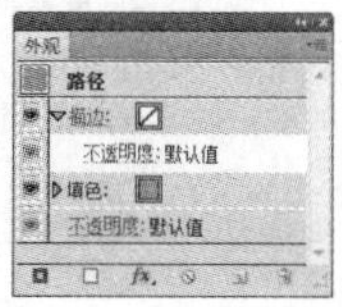

图 9-7

10. 将如图 9-8 所示的图形选中，并填充渐变色。

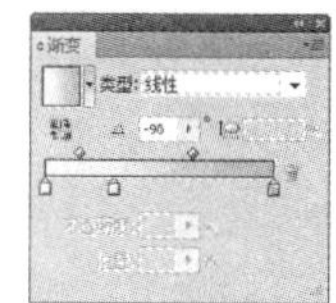

图 9-8

11. 将如图 9-9 所示的图形选中，并填充渐变色。

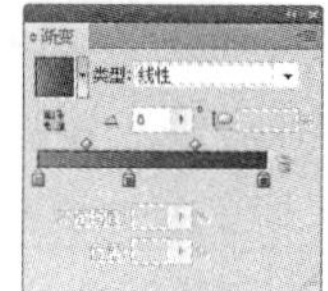

图 9-9

12. 保持该对象的当选状态，使用“选择”工具，按下 Alt 键，单击并拖动鼠标，复制一个相同的对象，如图 9-10 所示。

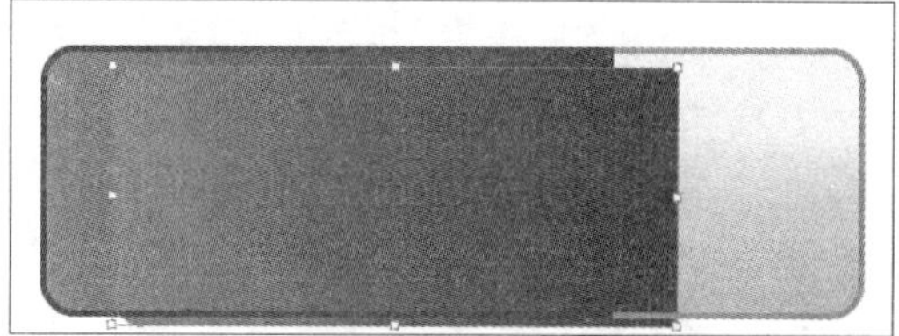

图 9-10

13. 在工具箱中选中“钢笔”工具，在如图所示的位置上绘制一条曲线，如图 9-11 所示。

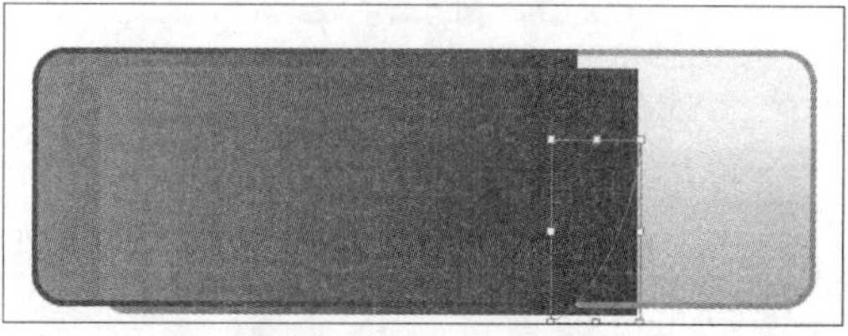

图 9-11

14. 将刚刚绘制的曲线和复制出的图形同时选中，调出“路径寻找器”面板，单击如图 9-12 所示的按钮，将对象分离。

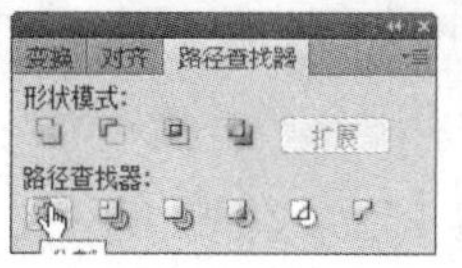

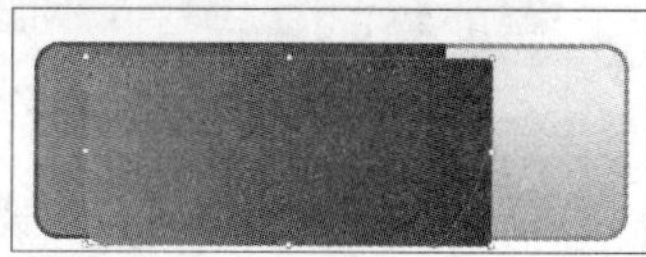

图 9-12

15. 在工具箱中选中“编组选择”工具，将右下角的部分选中，并按下 Delete 键，将其删除，如图 9-13 所示。

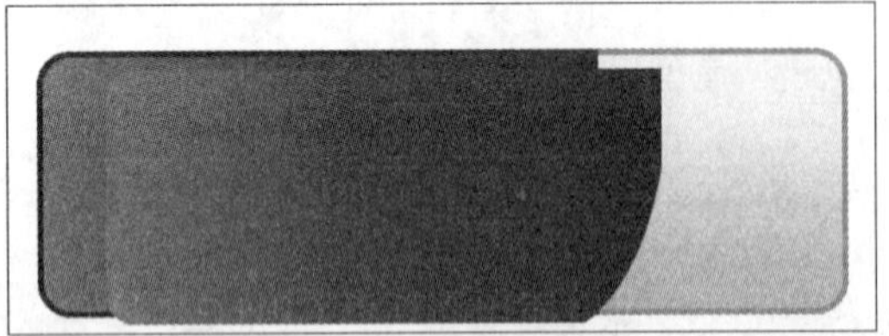

图 9-13

16. 保持该对象的当选状态，并填充渐变颜色，如图 9-14 所示。

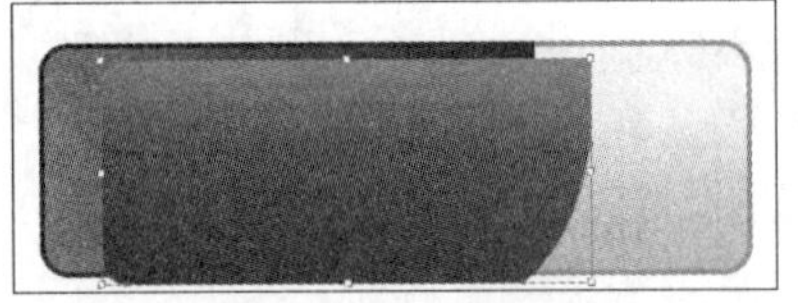

图 9-14

17. 使用“选择”工具，将该对象移动到如图 9-15 所示的位置。

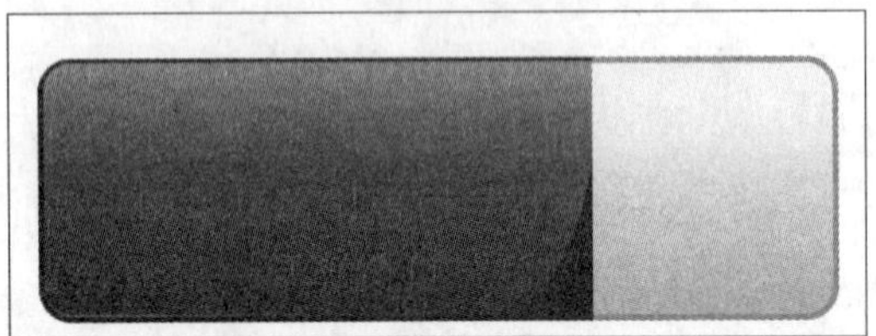

图 9-15

9.2.2 制作“彩带”

1. 在工具箱中选中“钢笔”工具，绘制如图 9-16 所示的封闭路径。

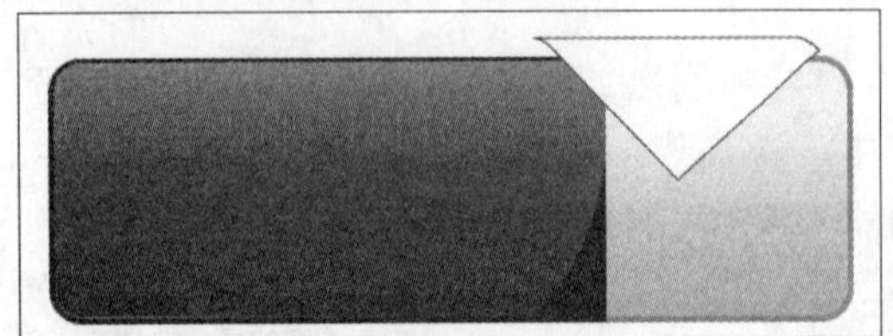

图 9-16

2. 保持该对象的当选状态，定义填充为渐变，设置描边为透明，如图 9-17 所示。

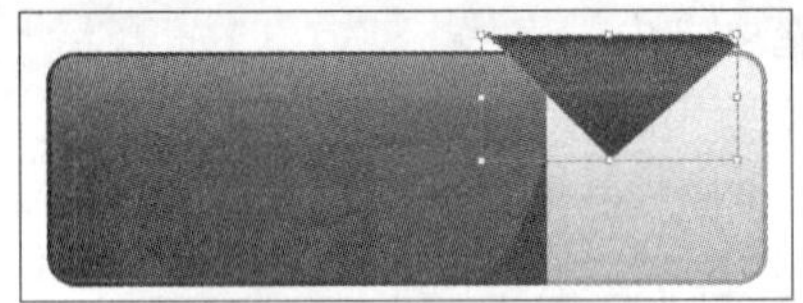

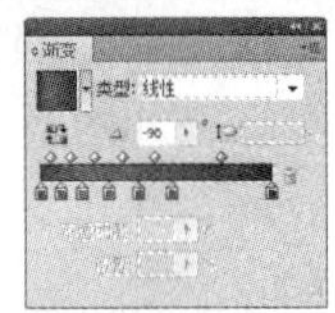

图 9-17

3. 在工具箱中选中“钢笔”工具，绘制如图 9-18 所示的封闭路径。

图 9-18

4. 保持该对象的当选状态，定义填充为渐变，设置描边为透明，如图 9-19 所示。

图 9-19

5. 在“彩带”上输入一些标记性的文字，例如 New、Sale 等。在工具箱中选中“文字”工具，在如图 9-20 所示的位置上输入“New”字样，并调整字体、字号和颜色。

图 9-20

9.2.3 添加文字和点缀

1. 在工具箱中选中“文字”工具，在如图 9-21 所示的位置上输入一个标识文字，例如“最新上架”。调整文字的字体、字号和颜色。

图 9-21

2. 在右侧的灰色位置，可以输入一些折扣信息等内容，如图 9-22 所示。

图 9-22

3. 如果感觉有些文字比较空，可以添加一些图形或店标，如图 9-23 所示。

图 9-23

4. 到此整个分类图标制作完毕，您还可以应用类似的方法制作其他图标，如图 9-24 所示。

图 9-24

9.3 实例——制作动画分类

动画分类也是比较常用的，制作方法和前面讲的店标比较类似，但是制作流程有些不同。在本实例中还会利用网店的规则制作一个“头”、“尾”部分。具体的操作方法如下所述。

9.3.1 制作“头”部分

在“头”的部分，可以制作一个比较大的分类，但是该分类不能链接到什么内容，只是作为一个内容去浏览。可以放置一些宣传店铺的内容，并进行美化，但是作为分类的一部分，还是需要遵循规则不能超宽。在本实例中将同时使用 Illustrator 和 Photoshop 软件，不要在制作中搞乱。

1. 使用 Illustrator 软件，打开如图 9-25 所示的素材。

图 9-25

2. 在工具箱中选中“选择”工具，将底图的部分同时选中，并执行“编辑” > “拷贝”命令，或使用快捷键 Ctrl+C。如图 9-26 所示。为了方便下次选择，可以使用快捷键 Ctrl+G，将它们编成一组。

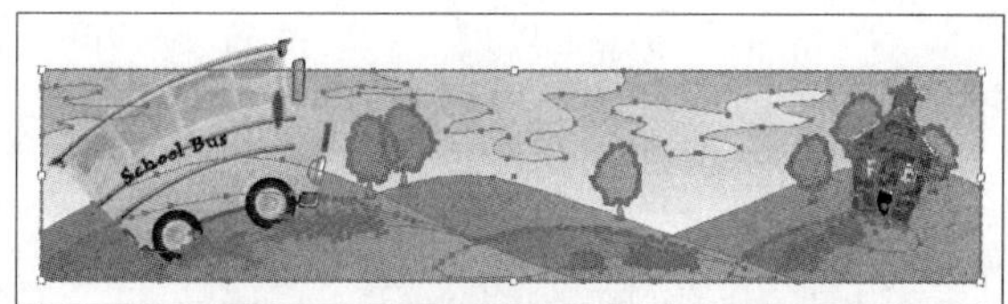

图 9-26

3. 启动 Photoshop 软件，创建一个 160 × 40 px 的文件，并使用快捷键 Ctrl+V，将图形作为“智能对象”粘贴到图像中，并作为一个独立的图层。如图 9-27 所示。

图 9-27

4. 回到 Illustrator 软件中，选中“小汽车”的图形，按下快捷键 Ctrl+C，进行复制。进入 Photoshop 软件中进行粘贴，并作为独立图层的智能对象，如图 9-28 所示。

图 9-28

5. 在工具箱中选中“文字”工具，在如图 9-29 所示的位置上输入“Welcome To”字样，并调整字体和字号。

图 9-29

6. 将所有的文字选中，单击属性栏中的“文字变形”按钮，弹出如图 9-30 所示的“变形文字”对话框，调整“样式”下拉列表中的选项为“扇形”，调整“弯曲”数值为 +30，单击“确定”按钮。

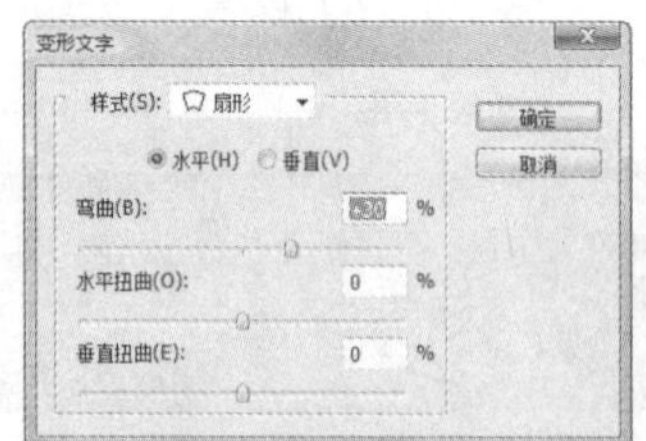

图 9-30

7. 在工具箱中选中“文字”工具，在如图 9-31 所示的位置上输入“Macmaker”（店名）字样，并调整字体和字号。

图 9-31

8. 在“图层”面板中同时将两个文字图层选中，执行“图层”>“拼合图层”命令，或使用快捷键 Ctrl+E，将两个图层合并为一个图层。如图 9-32 所示。

图 9-32

9. 在“图层”面板中双击合并的图层，弹出如图 9-33 所示的“图层样式”对话框。

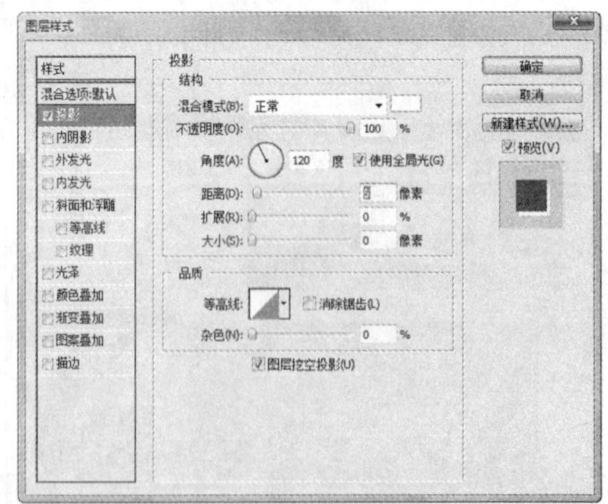

图 9-33

10. 在该对话框中勾选“投影”复选项，并调整“混合模式”为“正常”，调整颜色为白色。将“不透明度”调整为 100%，“大小”为 0，“距离”为 5，单击“确定”按钮，如图 9-34 所示。

图 9-34

11. 下面制作动画部分。打开“动画（时间轴）”面板，单击该面板的“菜单”按钮，在弹出的菜单中选择“文档设置”命令，弹出如图 9-35 所示的“文档时间轴设置”对话框，在“持续时间”文本框中输入 0:00:01:00，调整“帧速率”为 4，单击“确定”按钮，调整动画长度。

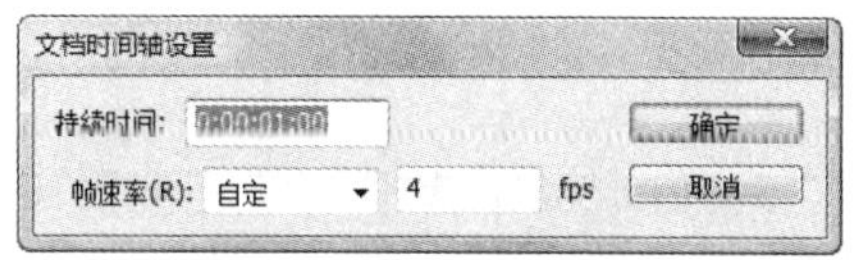

图 9-35

12. 在“动画（时间轴）”面板，将时间指针调整到开头的位置。展开“小汽车”的图层属性，并单击“位置”属性的“动画开关”按钮，创建一个关键帧，如图 9-36 所示。

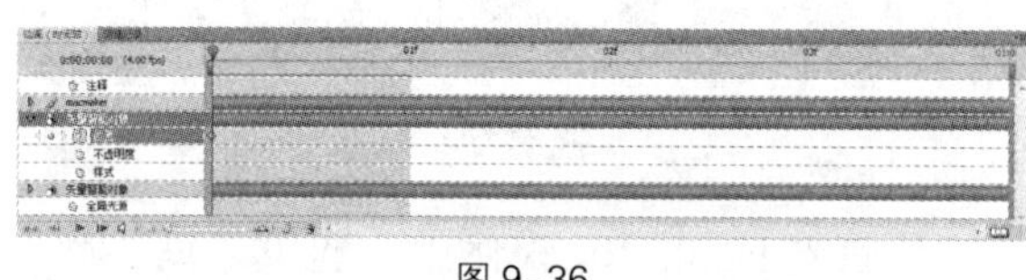

图 9-36

13. 将时间指针调整到 02 帧的位置，单击“添加关键帧”按钮，创建一个同位置的关键帧，如图 9-37 所示。

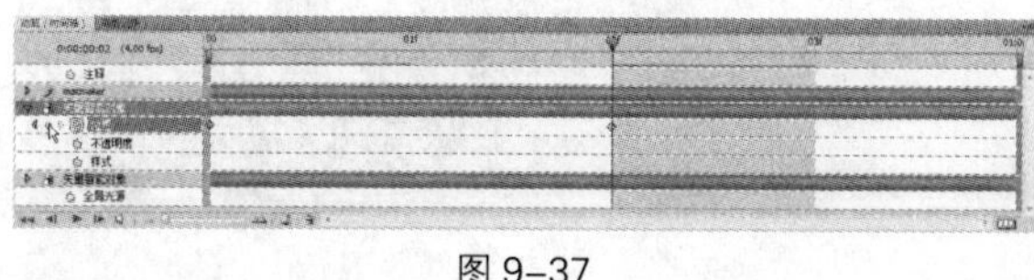

图 9-37

14. 将时间指针调整到 01 帧的位置，使用“移动”工具，将“小汽车”图层向右侧移动一点，如图 9-38 所示。此时，将自动创建一个关键帧。

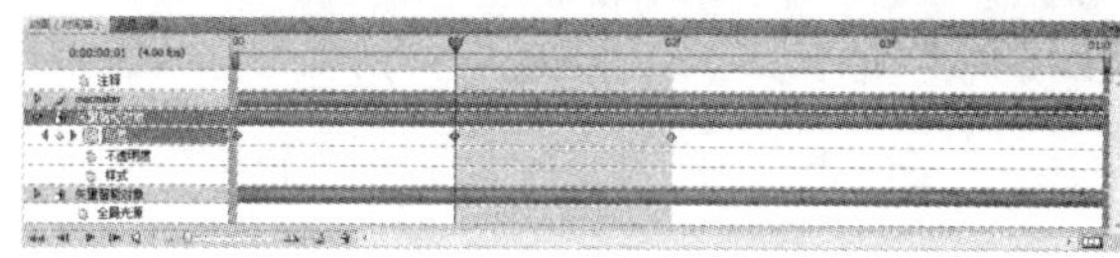

图 9-38

15. 将时间指针调整到 03 帧的位置，并将图层移回原始位置上，自动创建一个关键帧。如图 9-39 所示。

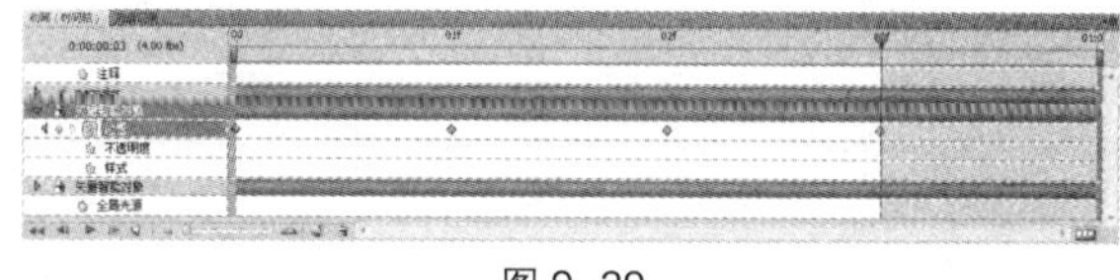

图 9-39

16. 将时间指针调整到开始的位置，展开合并文字图层的属性，并单击“样式”属性的“动画开关”按钮，创建一个关键帧，如图 9-40 所示。

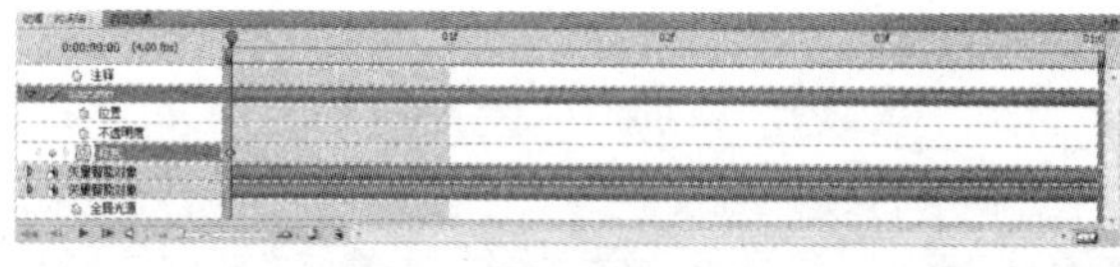

图 9-40

17. 将时间指针调整到 01 帧的位置，在“图层”面板中单击“图层样式”的“可视”图标，将图层样式隐藏，创建一个关键帧，如图 9-41 所示。

图 9-41

18. 将时间指针调整到02帧的位置，在“图层”面板中单击“图层样式”的“可视”图标，将图层样式重新显示出来，创建一个关键帧，如图 9-42 所示。

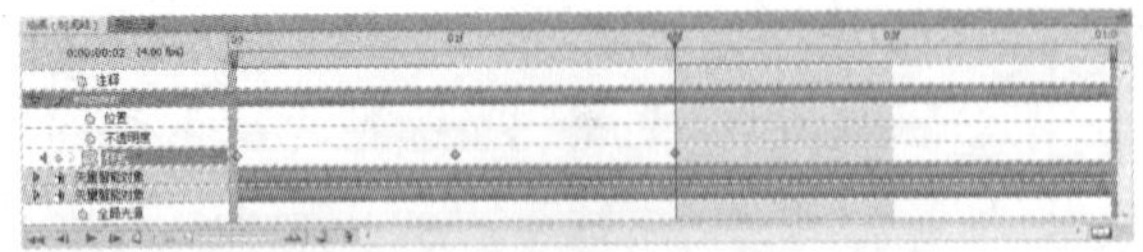

图 9-42

19. 将时间指针调整到03帧的位置，在“图层”面板中单击“图层样式”的“可视”图标，将图层样式隐藏，创建一个关键帧，如图 9-43 所示。

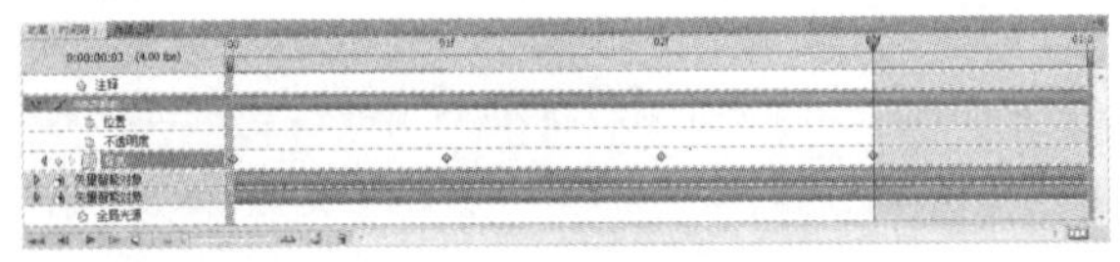

图 9-43

20. 到此，这部分分类制作完毕，执行“文件”>“保存为Web和设备所用格式”命令，或使用快捷组合键 Ctrl+Shift+Alt+S，保存为动画的 GIF 格式，并设置为永远循环播放，如图 9-44 所示。

图 9-44

9.3.2 制作一级分类

当升级了店铺后，可以添加两级分类，本节将制作第一级分类的图标，并且使用图层蒙版来制作比较新颖的动画效果。具体的操作方法如下:

1. 启动 Illustrator 软件，打开如图 9-45 所示的素材文件。

图 9-45

2. 使用“选择”工具，将如图 9-46 所示的底图部分选中，并执行“编辑”>“复制”命令，或使用快捷键 Ctrl+C。

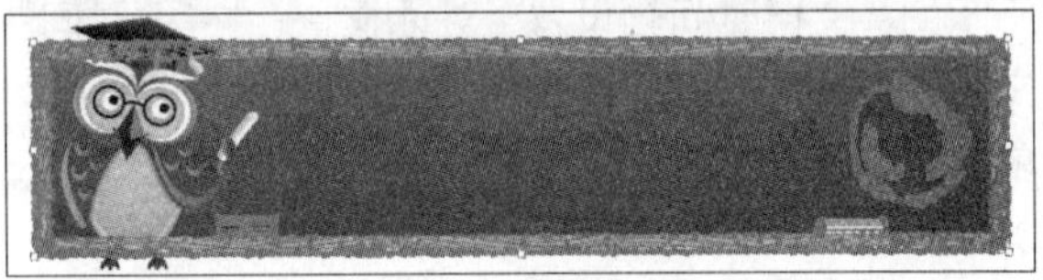

图 9-46

3. 启动 Photoshop 软件，创建一个 160×40 px 的文件，并使用快捷键 Ctrl+V，将图形作为“智能对象”粘贴到图像中，并作为一个独立的图层。如图 9-47 所示。

图 9-47

4. 回到 Illustrator 软件中，选中“猫头鹰”的图形，按下快捷键 Ctrl+C，进行复制。进入 Photoshop 软件中，进行粘贴，并作为独立图层的智能对象，如图 9-48 所示。

图 9-48

5. 回到 Illustrator 软件中，使用“编组选择”工具，将如图 9-49 所示的图形选中，并按下 Delete 键，将相应的部分删除。

图 9-49

6. 将“猫头鹰”的图形选中，按下快捷键 Ctrl+C 进行复制。进入 Photoshop 软件中进行粘贴，并作为独立图层的智能对象，如图 9-50 所示。

图 9-50

7. 在工具箱中选中“文字”工具，在如图 9-51 所示的位置上输入“一级目录”（自定）字样，并调整字号和字体，设置颜色为白色。

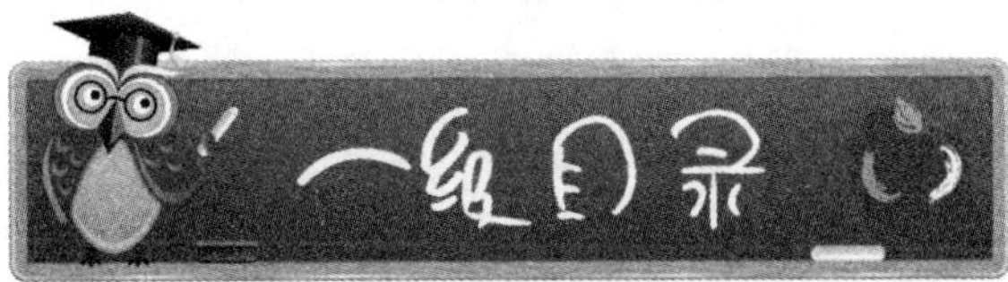

图 9-51

8. 下面制作动画部分。打开“动画（时间轴）”面板，单击该面板的“菜单”按钮，在弹出的菜单中选择“文档设置”命令，弹出如图 9-52 所示的“文档时间轴设置”对话框，在“持续时间”文本框中输入 0:00:02:00，调整“帧速率”为 10，单击“确定”按钮，调整动画长度。

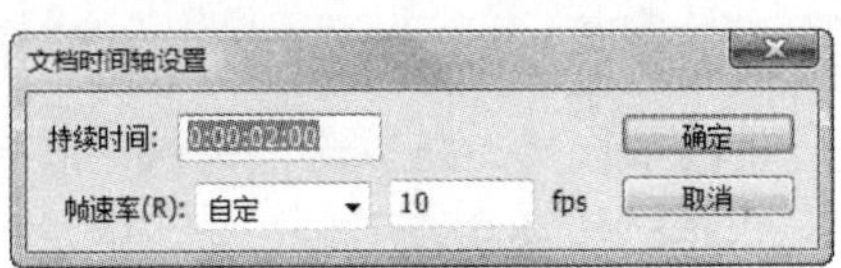

图 9-52

9. 在该面板中选中“闭嘴猫头鹰”图层，并展开相应的属性。将时间指针调整到开头的位置，单击“不透明度”属性的“动画开关”按钮，创建一个关键帧，如图 9-53 所示。

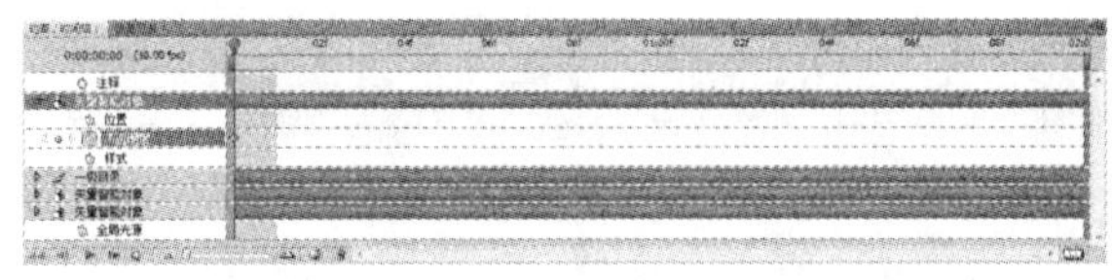

图 9-53

10. 调出“图层”面板，调整该图层的“不透明度”为 0%，定义关键帧的属性。

11. 将时间指针调整到 02f（帧）的位置，在“图层”面板中调整“不透明度”为 100%，自动创建一个关键帧，如图 9-54 所示。

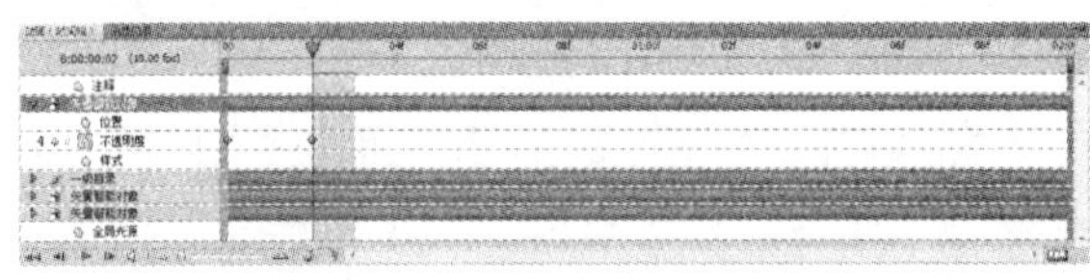

图 9-54

12. 按照相同的方法，创建后面的关键帧，并且调整属性为“不透明度”0%、100% 的循环，如图 9-55 所示。制作出“猫头鹰”说话的效果。

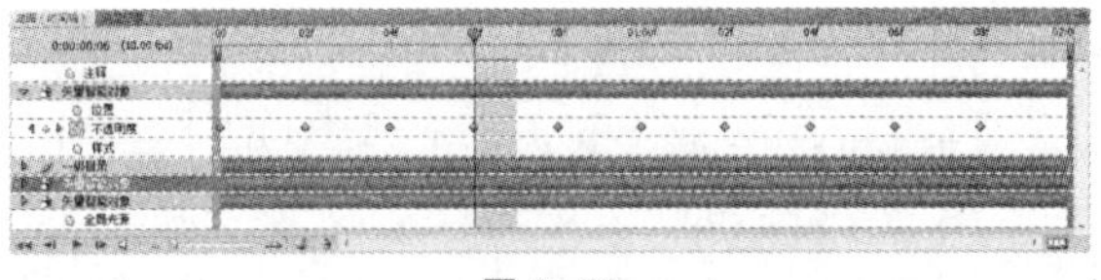

图 9-55

13. 下面制作文字淡出的效果。在“图层”面板中选中“一级目录”图层，单击“创建蒙版”按钮，创建一个蒙版，如图 9-56 所示。

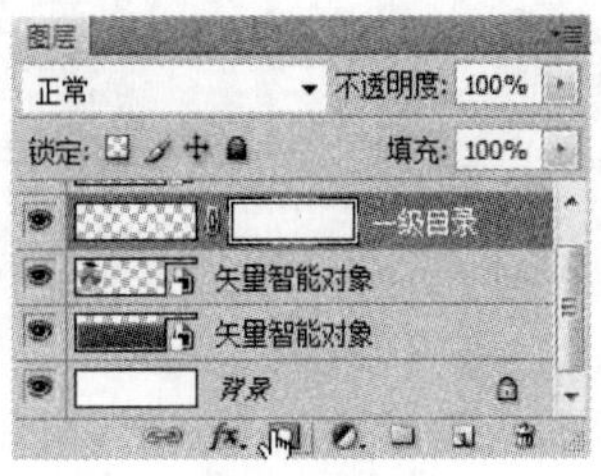

图 9-56

14. 在工具箱中选中“矩形选区”工具，在如图 9-57 所示的位置上绘制一个选区。

图 9-57

15. 将前景色调整为黑色，使用快捷组合键 Alt+Backspace，用黑色填充，此时文字将被隐藏，如图 9-58 所示。

图 9-58

16. 打开“动画（时间轴）”面板，展开“一级目录”属性，将时间指针调整到开头的位置，单击“图层蒙版位置”属性的“动画开关”按钮，创建一个关键帧，如图 9-59 所示。

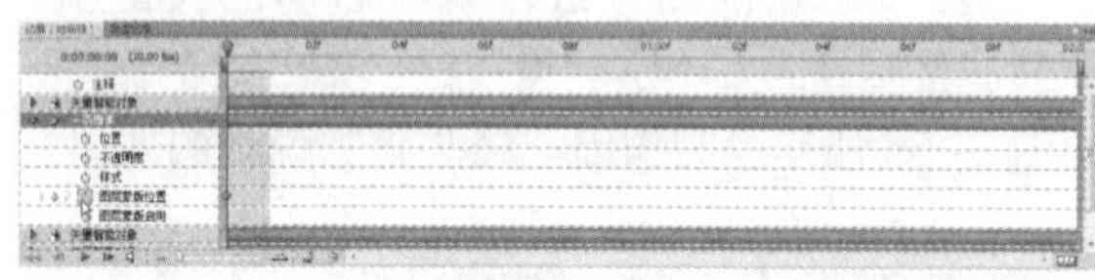
图 9-59

17. 将时间指针调整到 08f（帧）的位置。

18. 在“图层”面板中，单击“一级目录”中图层和蒙版的链接标记，将图层和蒙版的位置关系断开，并单击蒙版缩略图，如图 9-60 所示。

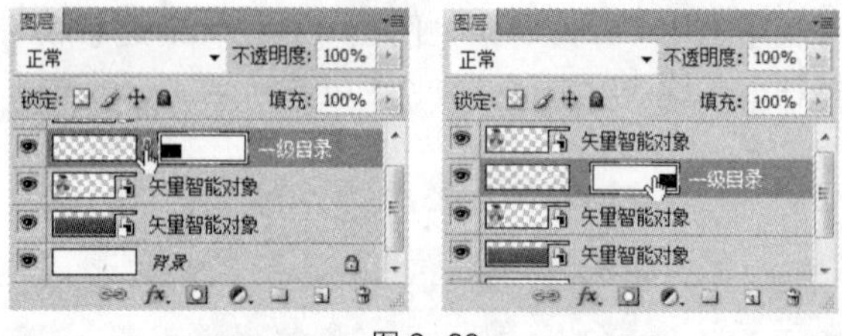

图 9-60

19. 在工具箱中选中“移动”工具，按下 Shift 键，向右移动蒙版，将所有文字显示出来，如图 9-61 所示。

图 9-61

20. 到此，这部分分类制作完毕，执行“文件”>“保存为 Web 和设备所用格式”命令，或使用快捷组合键 Ctrl+Shift+Alt+S，保存为动画的 GIF 格式，并设置为永远循环播放，如图 9-62 所示。

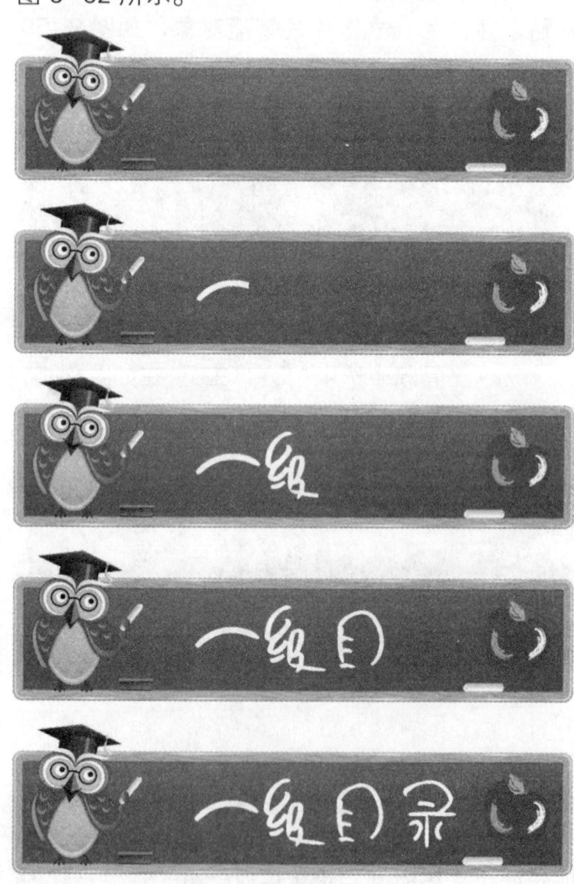

图 9-62

9.3.3 制作二级目录

二级目录的制作方法没有太大区别，因为它是一级目录的子目录，所以除了风格可以有些类似外，尺寸要比一级目录稍小一些，可以单独缩小宽度和高度，具体的操作方法如下：

1. 启动 Illustrator 软件，打开如图 9–63 所示的素材文件。

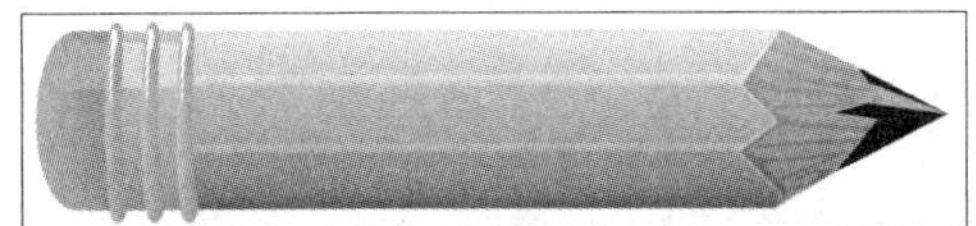

图 9–63

2. 使用“选择”工具，将如图 9–64 所示的底图部分选中，并执行“编辑”>“拷贝”命令，或使用快捷键 Ctrl+C。

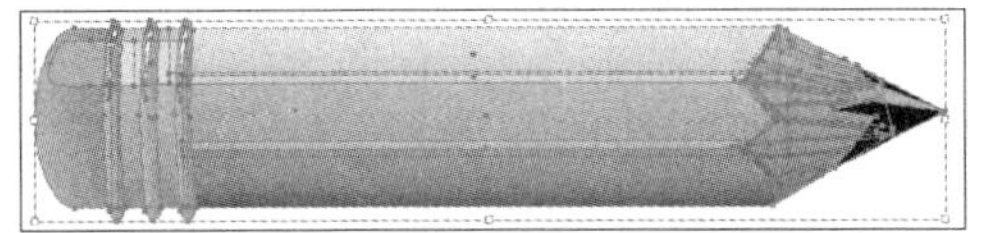

图 9–64

3. 启动 Photoshop 软件，创建一个 160×30 px 的文件，并使用快捷键 Ctrl+V，将图形作为“智能对象”粘贴到图像中，并作为一个独立的图层，如图 9–65 所示。

图 9–65

4. 在工具箱中选中“文字”工具，在如图 9–66 所示的位置上输入“一级目录”（自定）字样，并调整字号和字体。

图 9–66

5. 调出“样式”面板，选择如图 9–67 所示的样式选项，为文字添加图层样式。

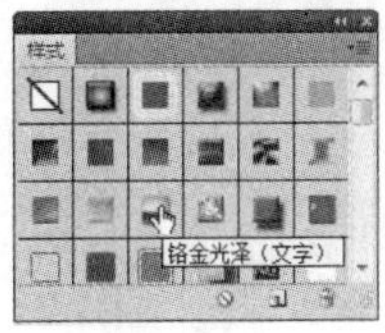

图 9–67

6. 下面制作动画。打开“动画（时间轴）”面板，单击该面板的“菜单”按钮，在弹出的菜单中选择“文档设置”命令，弹出如图 9–68 所示的“文档时间轴设置”对话框，在“持续时间”文本框中输入 0:00:01:00，调整“帧速率”为 20，单击“确定”按钮，调整动画长度。

图 9–68

7. 展开“二级目录”属性，并将时间指针调整到开头的位置，单击“样式”属性的“动画开关”按钮，如图 9–69 所示。

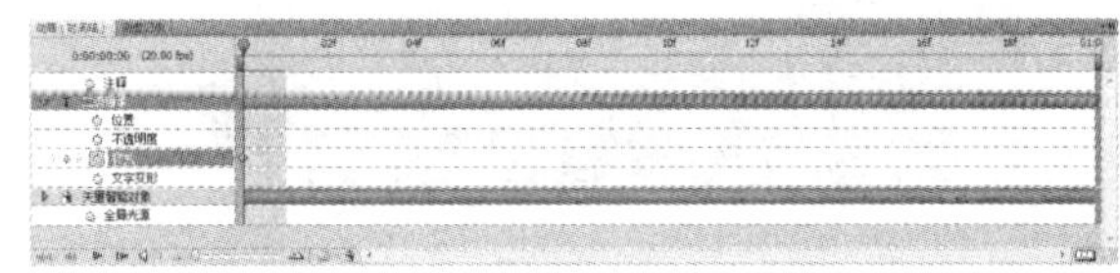

图 9–69

8. 将时间指针调整到最后的位置，在“图层”面板中双击“二级目录”图层，打开“图层样式”面板，选中右侧的“渐变叠加”选项，如图 9–70 所示。

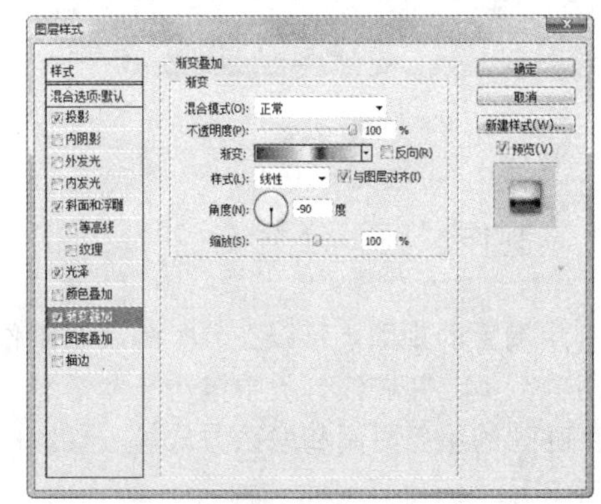

图 9–70

9. 调整“缩放”比例为 10%，单击“确定”按钮，创建一个关键帧，如图 9–71 所示。

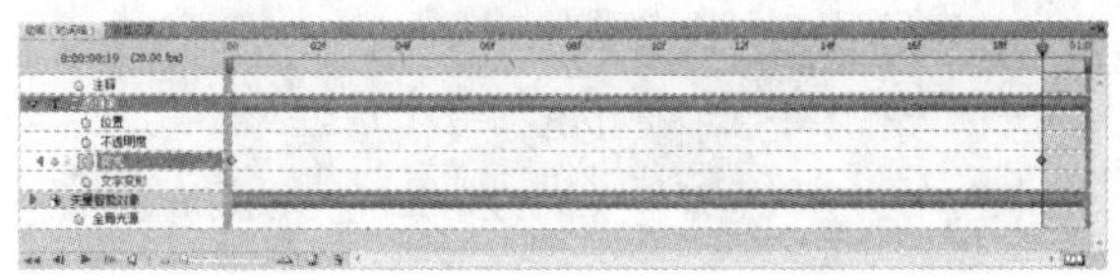

图 9–71

10. 到此，这部分分类制作完毕，执行“文件”>“保存为 Web 和设备所用格式”命令，或使用快捷组合键 Ctrl+Shift+Alt+S，保存为动画的 GIF 格式，并设置为永远循环播放，如图 9-72 所示。

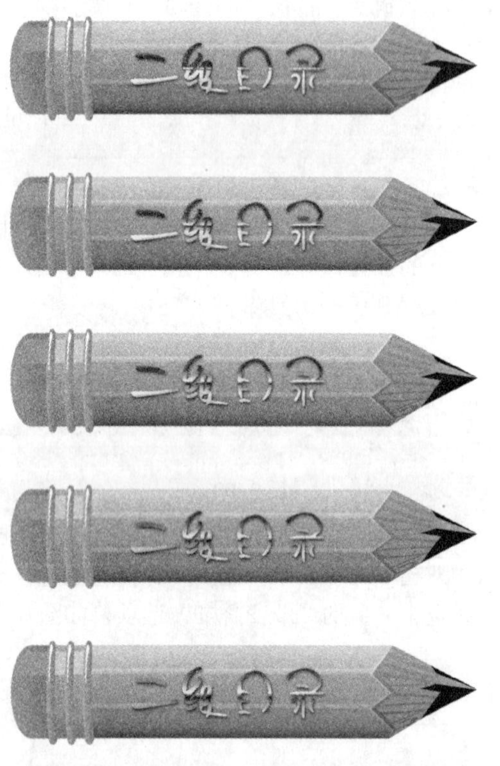

图 9-72

9.3.4 制作“底”分类

利用淘宝的规则，可以在分类的底部制作一个无用的分类，并在该分类中描述一些信息，例如淘宝旺旺的服务时间和联系方式等。具体的操作方法如下：

1. 启动 Illustrator 软件，打开如图 9-73 所示的素材文件。

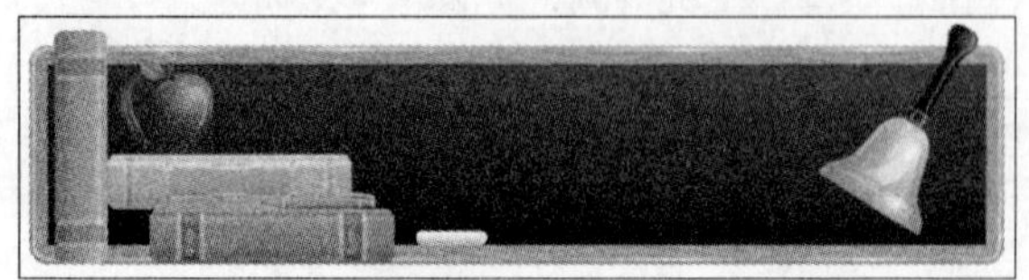

图 9-73

2. 使用“选择”工具，将如图 9-74 所示的底图部分选中，并执行“编辑”>“拷贝”命令，或使用快捷键 Ctrl+C。

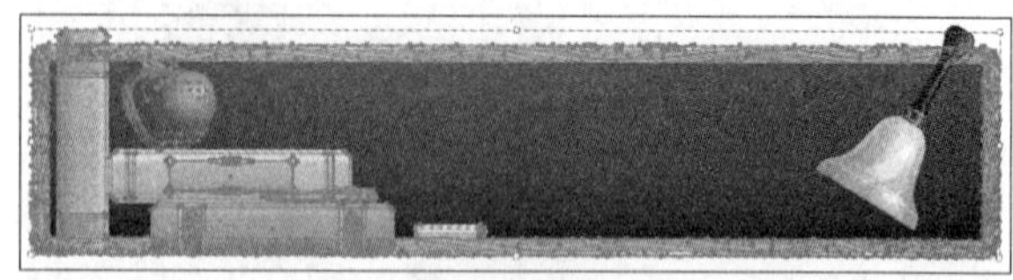

图 9-74

3. 启动 Photoshop 软件，创建一个 160×40 px 的文件，并使用快捷键 Ctrl+V，将图形作为“智能对象”粘贴到图像中，并作为一个独立的图层，如图 9-75 所示。

图 9-75

4. 回到 Illustrator 软件中，选中“铃铛”的图形，按下快捷键 Ctrl+C 进行复制。进入 Photoshop 软件中进行粘贴，并作为独立图层的智能对象，如图 9-76 所示。

图 9-76

5. 在“图层”面板中选中“铃铛”图层，并直接拖曳到“新建图层”按钮上，复制一个相同的图层，如图 9-77 所示。

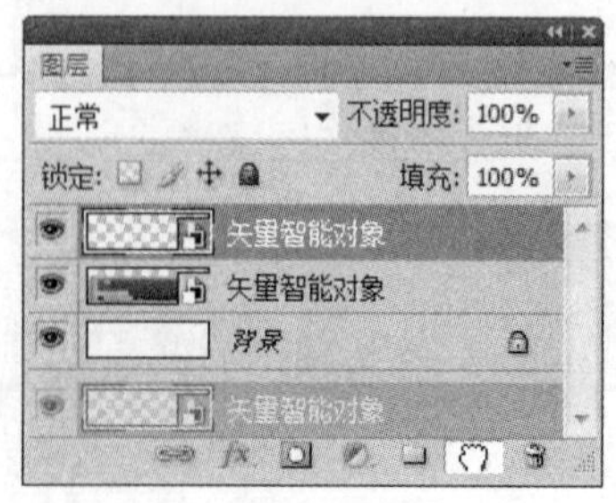

图 9-77

6. 采用相同的方法，再复制一个“铃铛”图层，如图 9-78 所示。

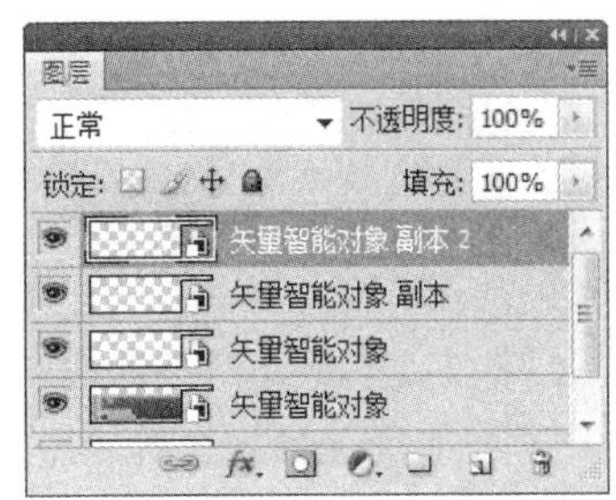

图 9-78

7. 选中复制出来的“铃铛”图层，按下快捷键 Ctrl+T，并调整该图层的角度，如图 9-79 所示。

图 9-79

8. 采用相同的方法，将另一个复制图层旋转到如图 9-80 所示的角度。实际上这样的操作是为了制作旋转效果做准备，因为 Photoshop 软件并没有提供旋转动画操作，所以只能通过 3 个不同角度的图层，进行切换显示。

图 9-80

9. 在工具箱中选中“文字”工具，在如图 9-81 所示的位置上输入“服务时间……”字样，并调整字体和字号。

图 9-81

10. 下面制作动画，主要制作 3 个“铃铛”图层的切换效果。打开“动画（时间轴）”面板，单击该面板的“菜单”按钮，在弹出的菜单中选择“文档设置”命令，弹出如图 9-82 所示的“文档时间轴设置”对话框，在“持续时间”文本框中输入 0:00:01:00，调整“帧速率”为 30，单击“确定”按钮，调整动画长度。

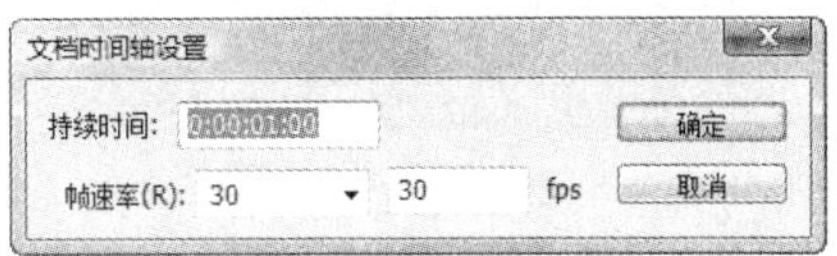

图 9-82

11. 展开第一个“铃铛”图层，将时间指针调整到开头的位置上，并单击“不透明度”属性的“动画开关”按钮，如图 9-83 所示。

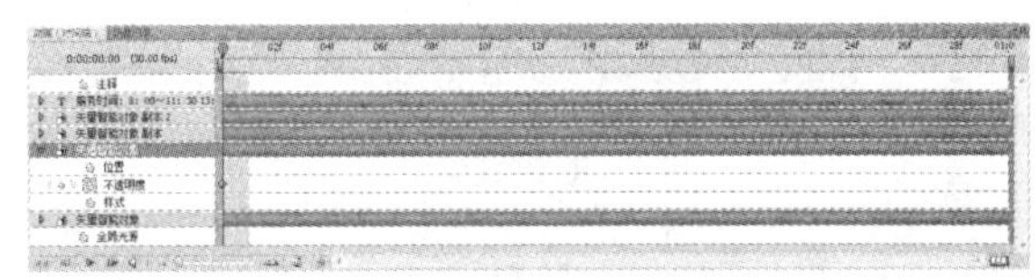

图 9-83

12. 将时间指针调整到 16f（帧）的位置，在“图层”面板中调整该图层的不透明度为 0%，自动创建一个关键帧，如图 9-84 所示。

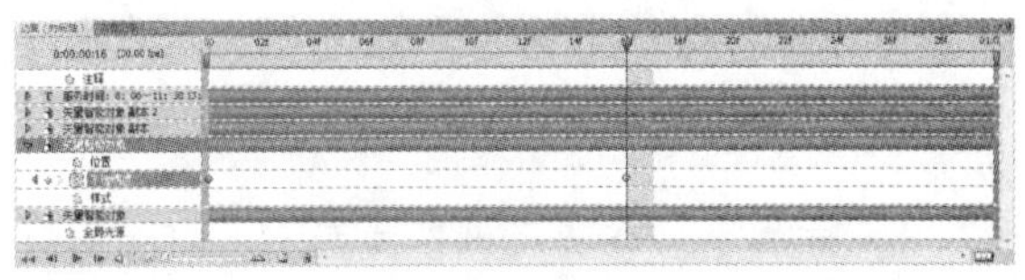

图 9-84

13. 展开第二个“铃铛”图层，将时间指针调整到开头的位置上，并单击“不透明度”属性的“动画开关”按钮，如图 9-85 所示。

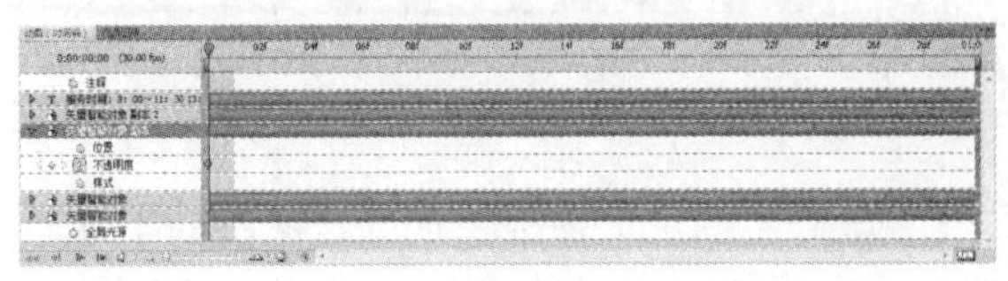

图 9-85

14. 在“图层”面板中调整该图层的不透明度为0%，调整该关键帧的属性，如图 9-86 所示。

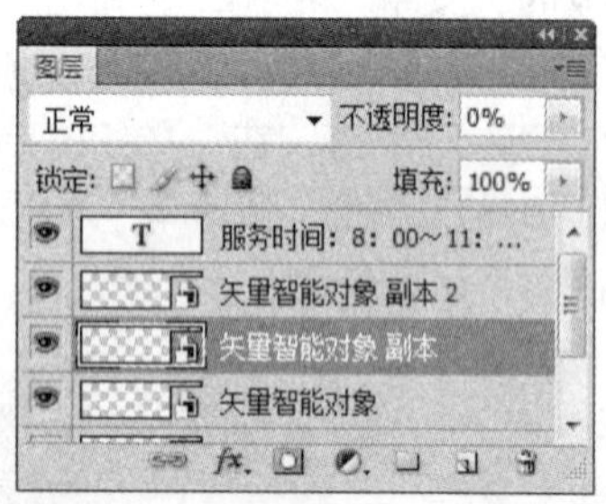
图 9-86

15. 将时间指针调整到 16f（帧）的位置，在“图层”面板中调整该图层的不透明度为 100%，自动创建一个关键帧，如图 9-87 所示。

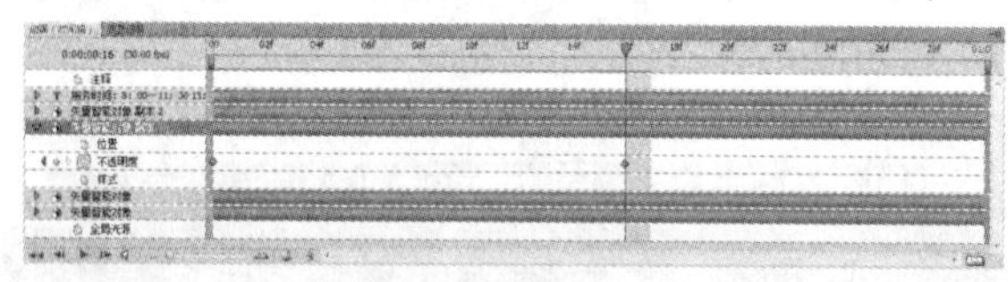
图 9-87

16. 将时间指针调整到结束的位置，在“图层”面板中调整该图层的不透明度为 0%，自动创建一个关键帧，如图 9-88 所示。

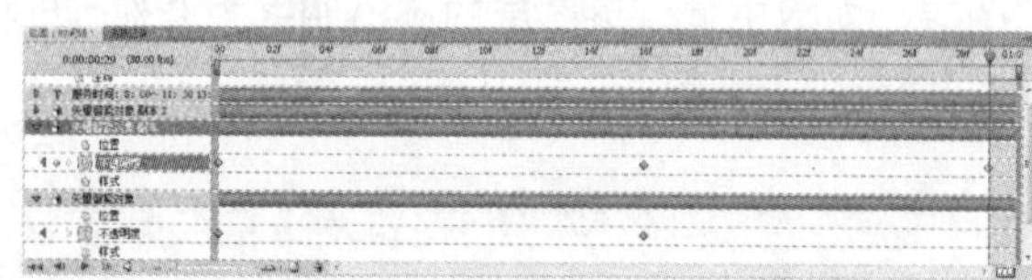
图 9-88

17. 展开第三个“铃铛”图层，将时间指针调整到 16f（帧）的位置上，并单击“不透明度”属性的“动画开关”按钮，如图 9-89 所示。

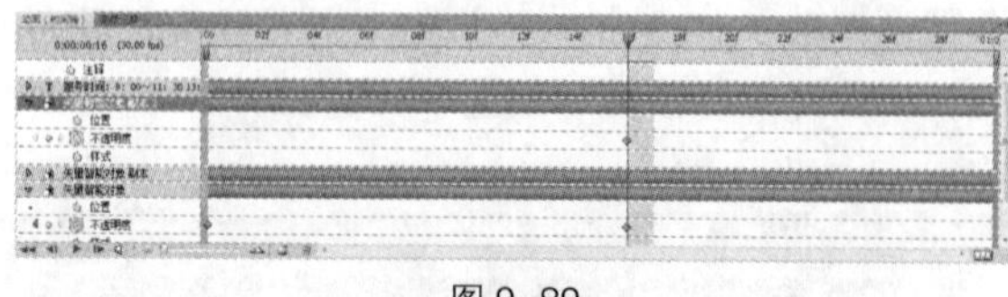
图 9-89

18. 在“图层”面板中调整该图层的不透明度为 0%，调整该关键帧的属性，如图 9-90 所示。

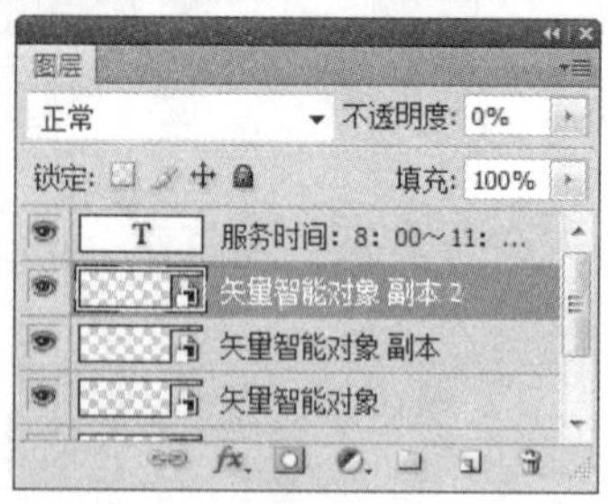
图 9-90

19. 将时间指针调整到结束的位置，在“图层”面板中调整该图层的不透明度为 100%，自动创建一个关键帧，如图 9-91 所示。

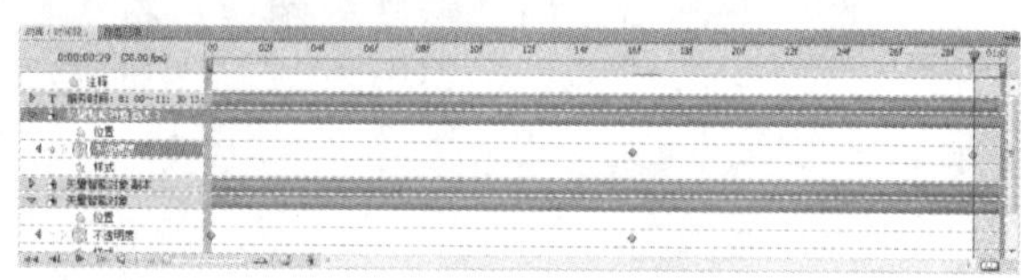
图 9-91

20. 到此，这部分分类制作完毕，执行“文件”>“保存为 Web 和设备所用格式”命令，或使用快捷组合键 Ctrl+Shift+Alt+S，保存为动画的 GIF 格式，并设置为永远循环播放，如图 9-92 所示。

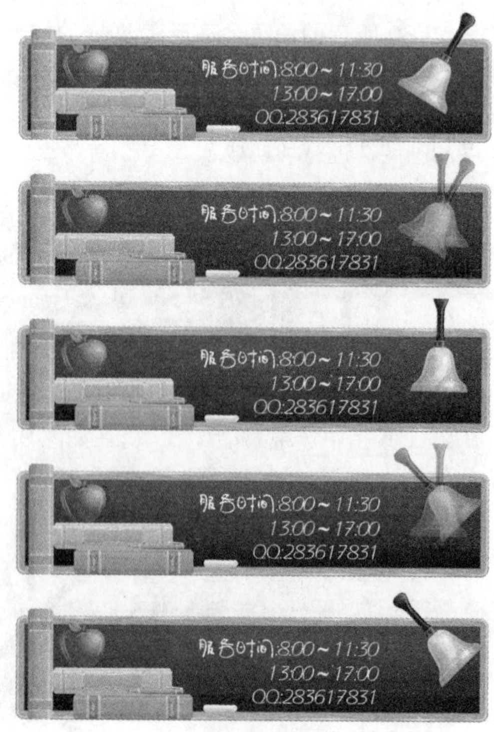

图 9-92

9.4　使用切片

“切片”是网络图像中使用得比较频繁的功能。使用“切片”功能，可以将一个较大尺寸的图像分割为多个图像文件，在浏览器中进行浏览时，不会被浏览者察觉。将一个大文件分成若干个小的图像文件，可以加快图像下载的速度。而且在某些情况下，可以保护图像的知识产权。

在 Photoshop 软件中使用“切片”工具，可以将不同的“切片”图像按照不同的属性参数进行保存，例如：将一幅图像的某些部分按照 JPEG 格式保存比较好，另一些部分按照 GIF 格式保存比较好，这样进行的“切片”分割，并保存为不同的格式，可以更好地平衡图像质量和图像尺寸。

9.4.1　使用“切片”工具

当要对图像进行“切片”分割时，可以使用 Photoshop 软件提供的“切片”工具，对图像按照相应的需要进行“切片”分割，具体的操作方法如下：

1. 在工具箱中选中“切片”工具，或使用快捷键 C。

2. 在图像中单击并拖动鼠标，即可创建相应的“切片”对象，同时软件会自动创建其他的“切片”图像，如图 9-93 所示。

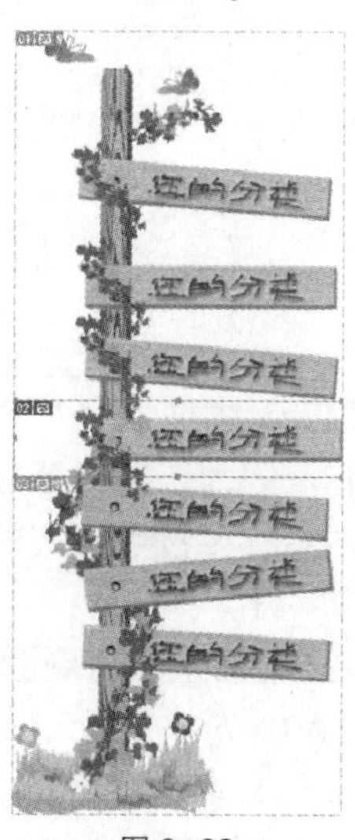

图 9-93

提示

在定义“切片”的同时按下 Shift 键，可以定义一个正方形的“切片”图像。在该工具选项栏的“样式”下拉列表中，选中“固定长宽比”选项时，可以在右侧的“宽度”和“高度”文本框中输入数值，定义创建“切片”的长宽比例。在该下拉列表中选中“固定尺寸”选项时，在右侧的“宽度”和“高度”文本框中输入数值，可定义创建的“切片”长度和宽度。

9.4.2　调整“切片”的尺寸

当“切片”创建后，可以使用“切片选择”工具，对“切片”尺寸和位置进行调整。具体的操作方法如下：

1. 在工具箱中选中“切片选择”工具，或使用快捷键 C。

2. 在图像中选中要调整的“切片”对象，将鼠标放置在“切片”中直接拖曳即可移动位置。将鼠标放置到“切片”的边缘上拖动，即可调整“切片”的尺寸，如图 9-94 所示。

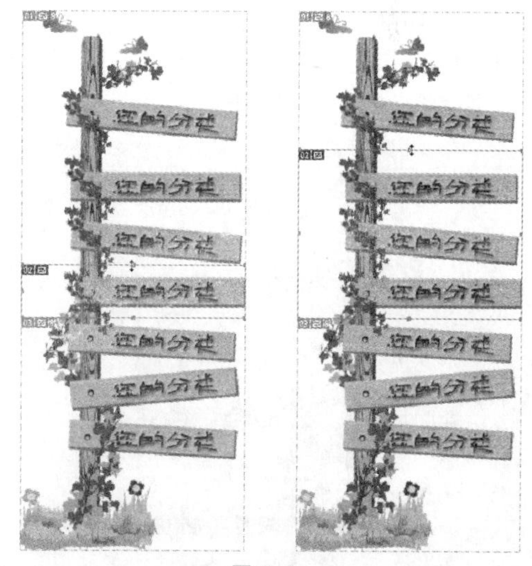

图 9-94

9.4.3　平均创建“切片”

当创建“切片”并不需要按照图像的内容进行时，可以采用如下操作，在图像中平均分配“切片”。

1. 在工具箱中选中“切片选择”工具，或使用快捷键 C。

2. 在图像中单击鼠标，将整个图像“切片”选中，单击该工具选项栏中的“划分”按钮，弹出如图 9-95 所示的“划分切片”对话框。

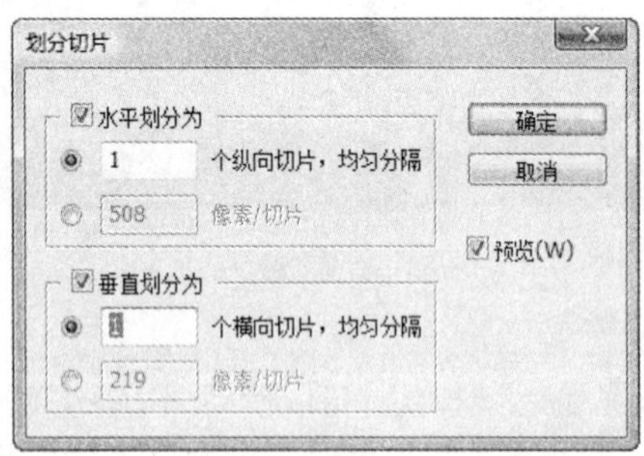

图 9-95

3. 勾选“水平划分为”和“垂直划分为”复选项，将定义在不同方向上的“切片”划分。

4. 在“____ 个纵向切分，均匀分隔”文本框中输入数值，定义在不同方向上创建“切片”的数量。

5. 在“____ 像素 / 切片”文本框中输入数值，定义每一个切片的尺寸。

6. 设置完毕后，单击“确定”按钮，创建相应的“切片”，如图 9-96 所示。

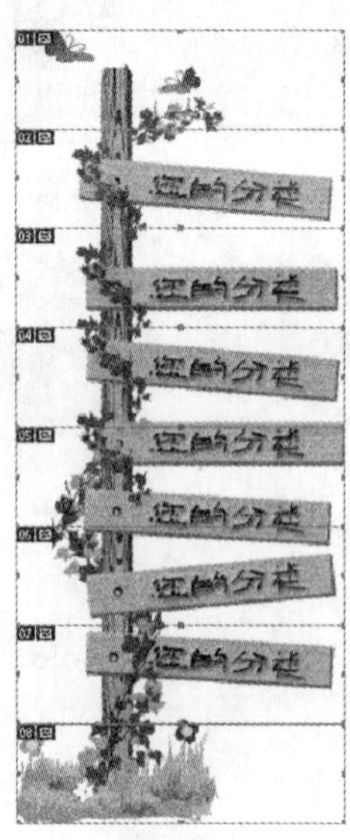

图 9-96

9.4.4 删除“切片”

当要将一个“切片”删除时，可以随时将其删除。当删除一个“切片”时，其他被自动创建的“切片”也会随之发生变化。具体的操作方法如下：

1. 在工具箱中选中“切片选择”工具，或使用快捷键 C。

2. 在图像中选中要删除的“切片”图像。

3. 按下 Del 键，将相应的“切片”删除。

9.4.5 定义“切片”的属性

“切片”是应用于网络中的图像概念，所以在一个“切片”图像上可以定义很多属性，例如定义“切片”链接等。具体方法如下：

1. 在工具箱中选中“切片选择”工具，或使用快捷键 C。

2. 在图像中选中要定义的“切片”选项，单击该工具选项栏中的“切片选项”按钮，弹出如图 9-97 所示的“切片选项”对话框。

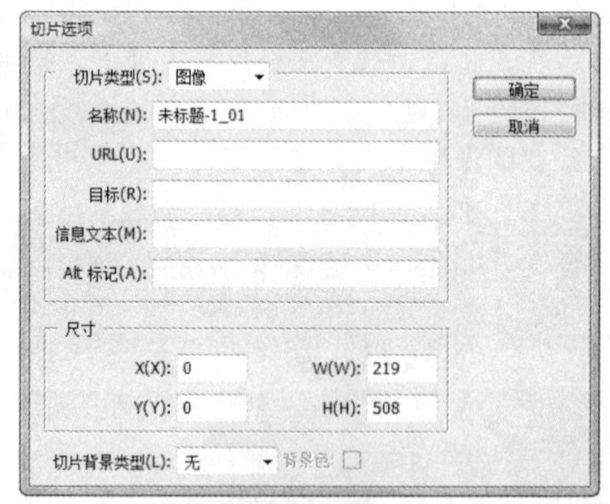

图 9-97

3. 在“名称”文本框中输入字符，定义该“切片”图像的名称。因为该图像是应用于网络上的图像，所以文件名称要按照相应的规则定义，例如不能使用中文字符。

4. 在 URL 文本框中输入链接地址，如果需要的话。例如：http://www.adobe.com。

5. 在“目标”文本框中输入字符，定义打开链接的方式，具体的设置方法如下：

- _blank：输入这段字符时，将在新窗口中显示链接文件，同时保持原始浏览器窗口为打开状态。
- _self：输入这段字符时，将在原始文件的同一框架中显示链接文件。
- _parent：输入这段字符时，将在自己的原始父框架组中显示链接文件。如果 HTML 文档包含帧，并且当前帧是子帧，则使用此选项。链接文件显示在当前的父框架中。
- _top：输入这段字符时，将使用链接的文件替换整个浏览器窗口，同时移去所有当前的框架。名称必须与之前在 HTML 文件中为文档定义的框架名称匹配。当用户单击链接时，指定的文件将出现在新框架中。

6. 在“信息文本”文本框中输入字符，鼠标将悬停在该“切片”上的信息中。

7. 在“Alt 标记”文本框中输入字符，将出现在非图像浏览器中该“切片”的位置上。

8. 在“尺寸”选区中的 X 和 Y 文本框中输入数值，定位“切片”的位置。在 W 和 H 文本框中输入数值，定义该“切片”的尺寸。

9. 在“切片背景类型”下拉列表中选中不同的选项，定义该“切片”图像的背景颜色。

10. 设置完毕后，单击“确定”按钮，定义“切片”的属性。

9.4.6 调整切片的压缩方式

当要按照“切片”进行输出时，需要使用到“存储为 Web 和设备所用格式”功能，可以针对不同的“切片”进行压缩方式的调整，包括图像的文件格式。也就是说，一幅图像中的不同切片可以采用不同的文件格式，具体的操作方式如下：

1. 对图像进行“切片”操作。

2. 执行“文件”>“存储为 Web 和设备所用格式”命令，或使用快捷组合键 Ctrl + Shift + Alt + S，弹出“存储为 Web 和设备所用格式”对话框。

3. 在该对话框中选中“切片选择”工具，或使用快捷键 C，在图像中选中要设置的“切片”部分。

4. 进行相应的压缩调整。

9.4.7 保存“切片”

当要对图像进行“切片”方式的保存时，必须要使用“存储为 Web 和设备所用格式”命令，否则将只能按照整个图像进行保存。具体的操作方法如下：

1. 对图像进行“切片”操作。

2. 执行“文件”>“存储为 Web 和设备所用格式”命令，或使用快捷组合键 Ctrl + Shift + Alt + S，弹出“存储为 Web 和设备所用格式”对话框。

3. 单击“存储”按钮，在弹出的“将优化结果存储为”对话框中选择保存文件的位置，并定义“文件名”。

4. 在“保存类型”下拉列表中选中“仅限图像”选项时，将把所有的“切片”保存在相应的文件夹中，需要通过网页编辑软件进行“切片”拼合。当选中“HTML 和图像”选项时，将同时保存“切片”图像和组合这些“切片”的 HTML 网页文件。当选中“仅限 HTML”选项时，将只保存组合这些切片的 HTML 网页文件，但是没有相应的“切片”图像。

5. 设置完毕后，单击“保存”按钮。

9.5 实例——制作一体化分类

下面将介绍如何用 Photoshop 软件在一个图像文件中将所有的分类图标制作出来，并使用“切片”功能进行分割，具体的操作方法如下：

1. 使用 Illustrator 软件，打开如图 9-98 所示的素材。

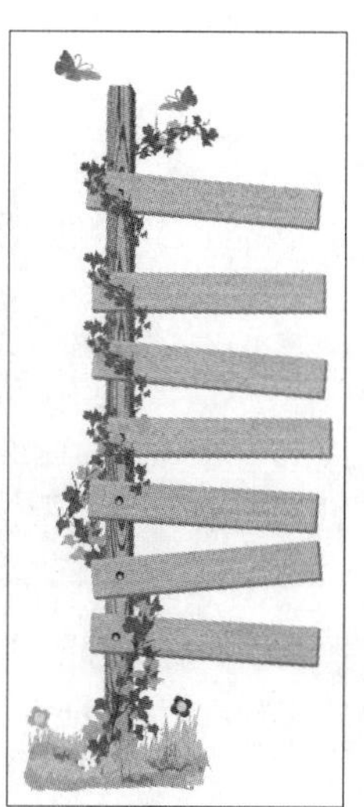

图 9-98

2. 在工具箱中选中“选择”工具，将所有图形同时选中，并执行“编辑”>“拷贝”命令，或使用快捷键 Ctrl+C。

3. 启动 Photoshop 软件，创建一个 100×232 px 的文件，并使用快捷键 Ctrl+V，将图形作为“智能对象”粘贴到图像中，并作为一个独立的图层，如图 9-99 所示。

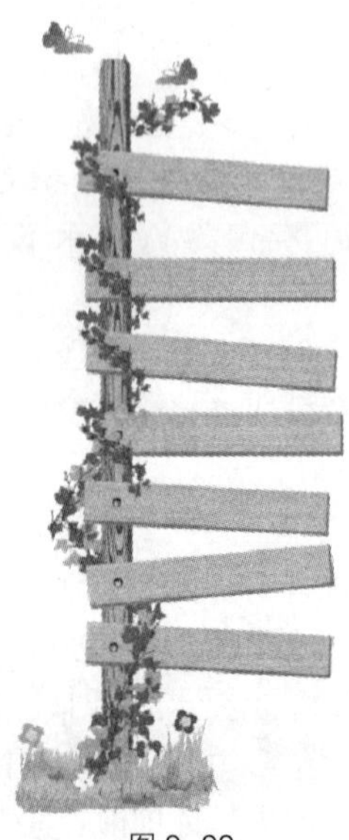

图 9-99

4. 在工具箱中选中“文字”工具，在如图 9-100 所示的位置上输入“您的分类”字样，并调整字体、字号。

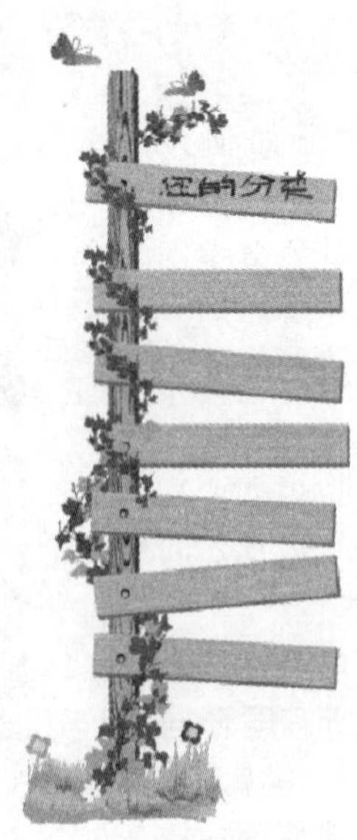

图 9-100

5. 保持该图层的当选状态，执行“编辑”>“自由变换”命令，或使用快捷键 Ctrl+T，将鼠标放置到出现的变形框外侧，单击并拖动鼠标，旋转文字到如图 9-101 所示的角度，按下 Enter 键确认变换。

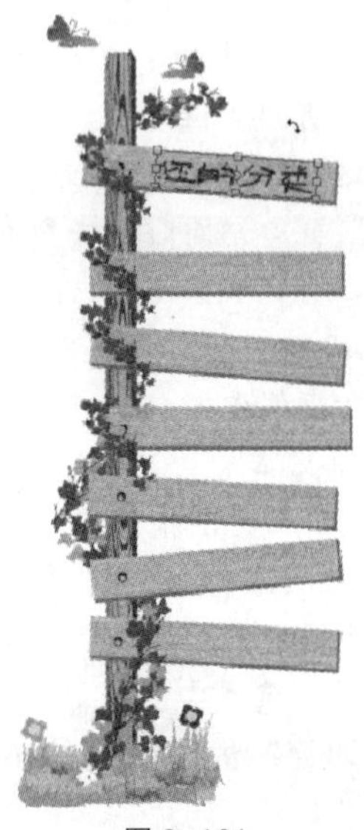

图 9-101

6. 在“图层”面板中双击该文字图层，调出如图 9-102 所示的“图层样式”对话框。

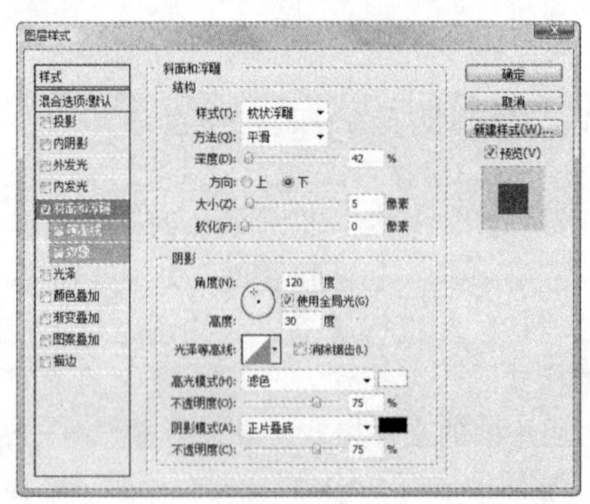

图 9-102

7. 在该对话框中，勾选“斜面和浮雕”复选项，并在右侧的“样式”下拉列表中选中“枕状浮雕”选项，设置“方法”为“平滑”选项，调整“深度”数值为 42%，在“方向”选区中选中“下”单选项，其他参数保持默认，单击“确定”按钮，如图 9-103 所示。

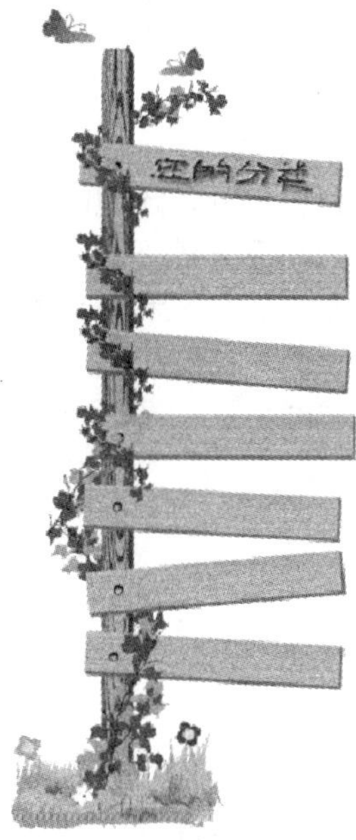
图 9-103

8. 采用相同的方法，将其他分类字样制作出来，在旋转角度时，要和“木板”的角度相配合，如图 9-104 所示。

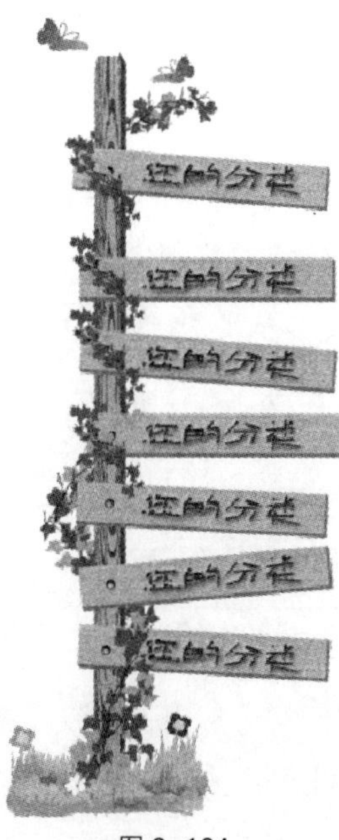
图 9-104

9. 在工具箱中选中“切片”工具，沿着每一个分类的边缘进行裁切，如图 9-105 所示。

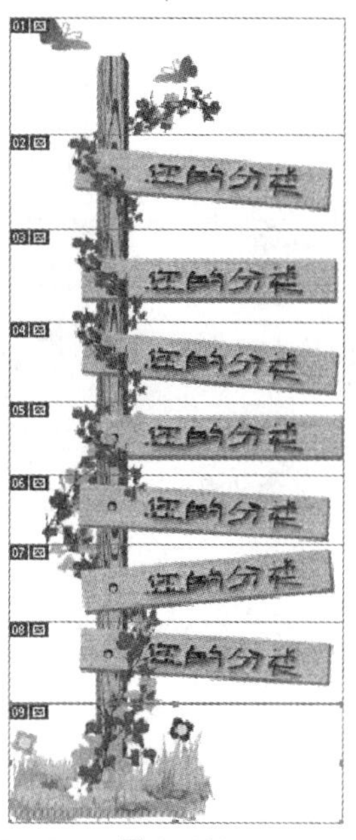
图 9-105

10. 执行“文件”>“保存为 Web 和设备所用格式”命令，或使用快捷组合键 Ctrl+Shift+Alt+S，弹出如图 9-106 所示的“保存为 Web 和设备所用格式”对话框。

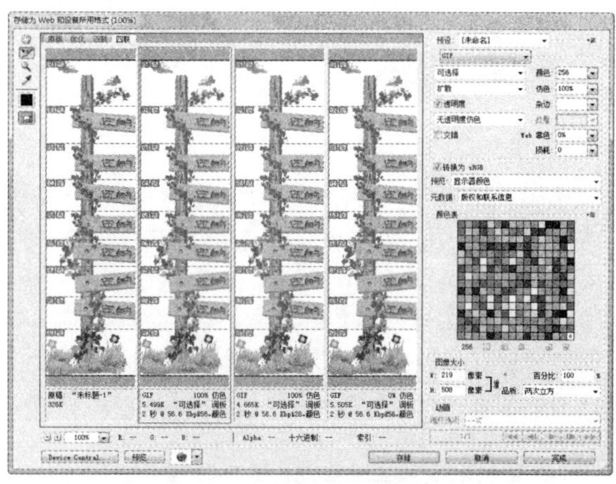
图 9-106

11. 在该对话框中进入“四联”选项卡，并选中一个压缩和效果都比较好的选项，设置保持格式为 GIF 选项，单击“存储”按钮。

12. 在弹出的“将优化结果存储为”对话框中，在“存储类型”下拉列表中选中“仅图像”选项，单击“保存”按钮，这样就可以将图像分别保存为独立的文件了，如图 9-107 所示。

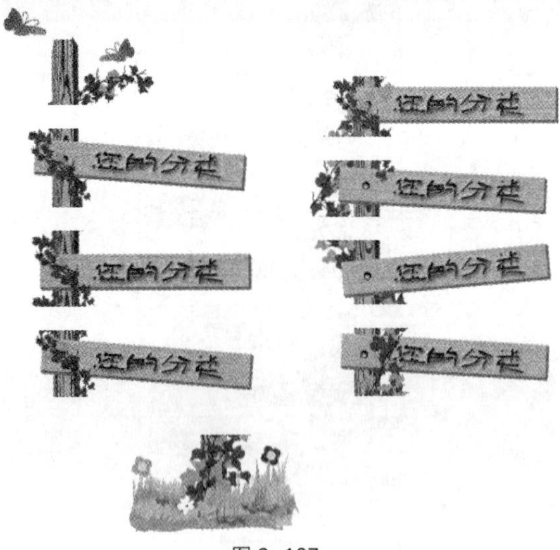

图 9-107

小结

在店铺中，分类是一个比较重要的部分，除了要进行合理的分类外，还可以对分类的图标进行美化。本章介绍了 3 种不同的制作方法，最简单的方法是最后一种。在制作分类时，还需要注意，在店铺不断地发展壮大时，分类可能会增多，所以在制作之初一定要注意以后的扩充能力。

第 10 章　制作店铺公告

淘宝店铺公告一般分成两种形式，分别为图片形式和网页形式。顾名思义，图片模式就是将公告制作为一张图片，其中的文字内容可以在Photoshop 或其他软件中制作，并放到相应的位置。这样可以对文字添加更好看的效果，但是也有一些弊端，如果要经常修改就比较麻烦。另一种为网页的形式，将一个没有文字的公告底图，在 Photoshop 或其他软件中进行处理，并在网络编辑器中进行文字的添加，这样可以经常进行文字内容的修改，但是文字的效果就比较单一了，即使使用了 CSS 样式表也不尽如人意。本章将制作几种不同的店铺公告，希望对大家有所帮助。

10.1　“网格”工具

为了讲述本章中实例的制作方法，先要讲述一下 Illustrator 软件中“网格”工具的使用方法。首先看看如图 10–1 所示的图形，图中的水果颜色变化均匀，但是试想使用前面讲述过的渐变颜色，是否可以表现得如此逼真。这样的填色是采用“网格”工具编辑的，如果熟练地使用该功能，可以使用一个图形绘制出非常复杂的图形效果来。如图 10–2 所示，可以查看到水果对象的网格颜色。

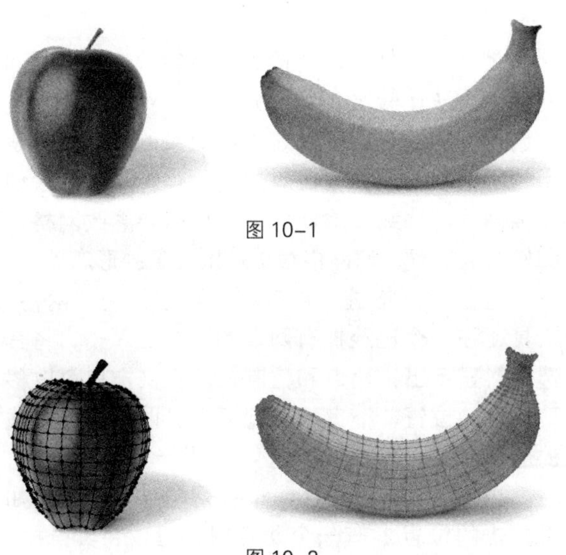

图 10–1

图 10–2

通过 10 2 所示的图形可以非常清楚地看到，苹果对象使用了 2 个图形，而香蕉对象只使用了 1 个图形。逼真的颜色是通过“网格”工具在对象上创建的，在一个图形上可以使用“网格”工具创建出网格，再对网格中不同的位置添加不同的颜色，从而实现具体的效果。整个流程非常的简单，但是要制作出一个有用的图形就比较麻烦，更不要说图示的作品了，这些需要大家多加练习。

网格对象是一种多色对象，其上的颜色可以沿不同方向顺畅分布，且从一点平滑过渡到另一点。创建网格对象时，将会有多条线（称为网格线）交叉穿过对象，这为处理对象上的颜色过渡提供了简便的方法。通过移动和编辑网格线上的点，您可以更改颜色的变化强度，或者更改对象上的着色区域。

在两网格线相交处有一种特殊的锚点，称为网格点。网格点以菱形显示，且具有锚点的所有属性，只是增加了接受颜色的功能。可以添加和删除网格点、编辑网格点，或更改与每个网格点相关联的颜色。网格中也同样会出现锚点（区别在于其形状为正方形而非菱形），这些锚点与 Illustrator 中的任何锚点一样，可以添加、删除、编辑和移动。锚点可以放在任何网格线上；可以单击一个锚点，然后拖动其方向控制手柄，来修改该锚点。

任意4个网格点之间的区域称为网格面片。也可以用更改网格点颜色的方法来更改网格面片的颜色。

10.1.1 自动创建网格

使用“网格”工具进行渐变上色时，首先要对图形进行网格的标记，这一操作可以是手动的，也可以采用自动的方式。当要采用自动的操作方法时，使用“选择”工具将要创建网格的图形选中，执行“对象”>“创建渐变网格”命令，弹出如图10-3所示的“创建渐变网格”对话框。具体的操作方法如下：

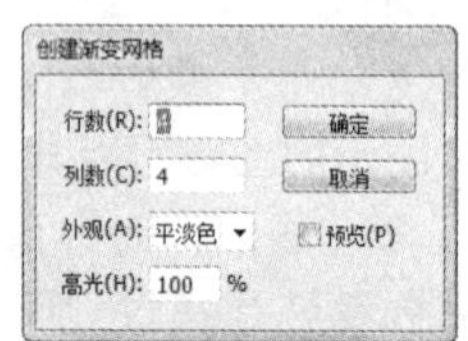

图10-3

- 行数：调整该文本框中的参数，定义自动创建网格的行数量。
- 列数：调整该文本框中的参数，定义自动创建网格的列数量。
- 外观：在该下拉列表中选中不同的选项，定义自动产生高光的位置。
  - ◇ 平淡色：当选中该选项时，在表面上均匀应用对象的原始颜色，从而导致没有高光。
  - ◇ 至中心：当选中该选项时，在对象中心创建高光。
  - ◇ 至边缘：当选中该选项时，在对象边缘创建高光。如图10-4所示。
- 高光：调整该选项中的参数，定义高光和底色的百分比。
- 预览：当勾选该复选项时，可以在图形上查看到创建网格的效果。

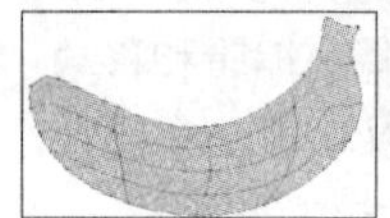 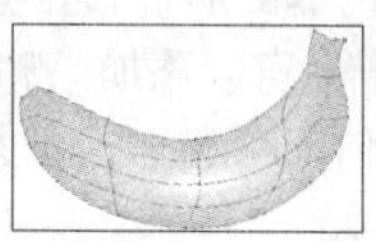 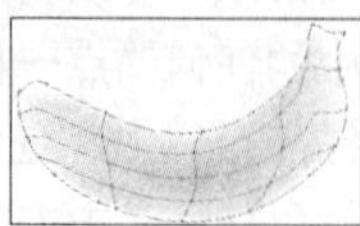

图10-4

10.1.2 手动创建网格

使用“创建渐变网格”对话框，可以按照选中图形的形态，按照相应的设置，快速创建出一定数量的网格。但是如果对象为一个不规则的图形时，使用该功能自动创建的渐变网格使用起来会比较困难，所以手动创建渐变网格才是比较理智的选择，具体的操作方法如下：

1. 在工具箱中选中“选择”工具，或使用快捷键V。
2. 选中要添加渐变网格的对象。
3. 在工具箱中选中“网格”工具，或使用快捷键U。
4. 在图形上要创建网格的位置上单击鼠标，即可创建一组行和列的网格线，如图10-5所示。
5. 反复使用该工具在图形上单击，创建所需数量的渐变网格，如图10-6所示。

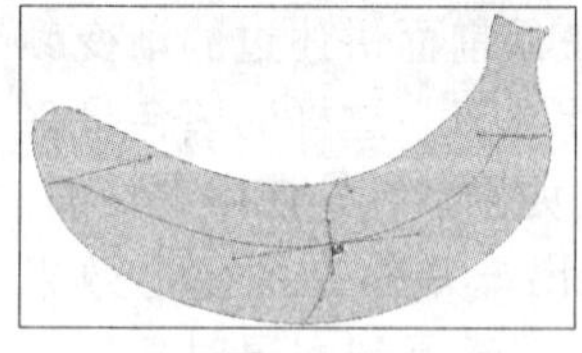

图10-5

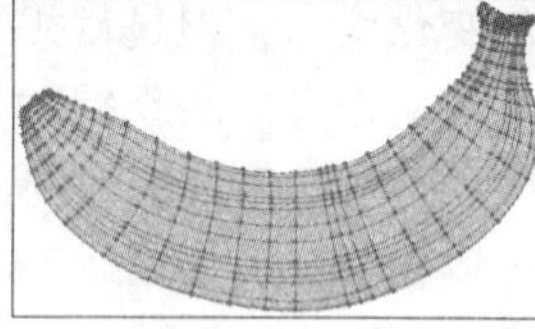

图10-6

10.1.3 修改网格

使用自动创建网格的方法比较快，手动创建网格的方法比较准。可以先在一个对象上采用自动创建网格的方式，创建大概数量的网格。再使用“网格”工具，在对象上比较特殊的位置创建精确的网格线。除此之外，还需要修改网格线和描边的位置，使网格线更贴附对象的形态。

当要对网格进行修改时，可以使用“网格”工具在一个已经拥有网点的位置上单击，将其选中，显示出该网点和控制柄，直接拖曳可以移动网点的位置，拖曳“控制柄”可以调整网格线的形态，如图10-7所示。

当使用“网格”工具在网格中单击时，如果单击的位置上有一个网点时，可以将其选中，如果有一条横向（纵向）网线时，可以创建一

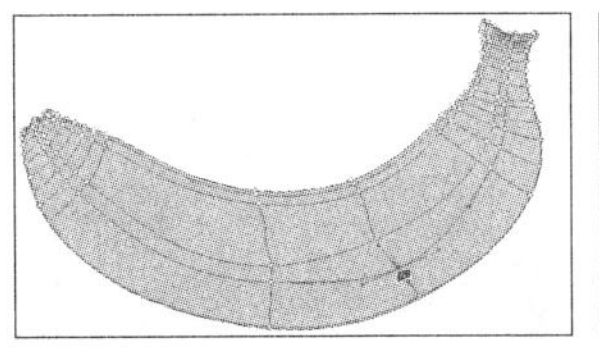
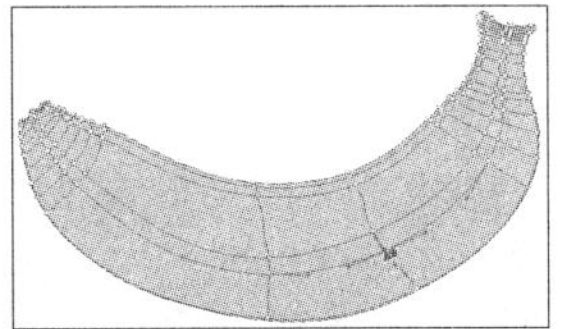

图 10-7

条纵向（横向）网线，如果没有任何对象时，将创建一个网点和一组网线。当对象中的渐变网格比较密的时候，如果要选中一个网点，需要非常精确地进行单击，否则就会在附近又创建一组网格线，这样非常容易发生误操作。实际上，在 Adobe Illustrator 软件中渐变网格和普通的路径，在一定的范围内是相同的。所以可以使用工具箱中的“直接选择”工具操作，这样就可以确保选择或修改网格点和线的时候，不会创建新的网格线。

10.1.4　定义渐变网格的颜色

渐变网格创建完毕后，即可对网格的不同位置进行颜色的定义。定义颜色的方法分成两种，一种为先创建网格，后定义颜色，另一种为同时定义网格和颜色。

先创建网格后定义颜色的方法如下：

1. 在对象上创建网格。
2. 使用“网格”工具、“直接选择”工具或“编组选择”工具，将要定义颜色的网点选中。
3. 执行“窗口”>“颜色”命令，将“颜色”面板调出。
4. 在“颜色”面板中选中要使用的颜色，如图 10-8 所示。

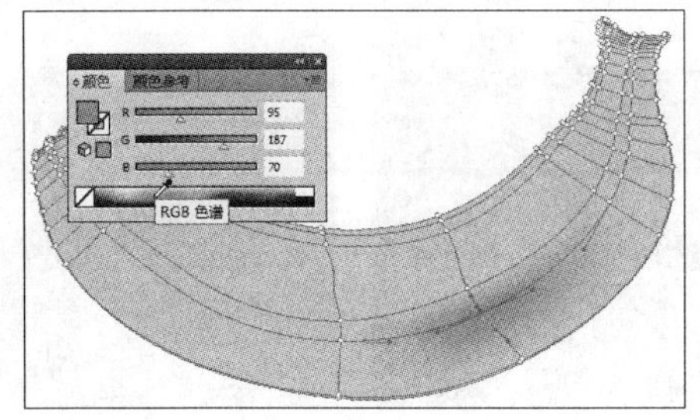

图 10-8

同时定义网格和颜色的方法如下：

1. 在工具箱中选中“网格”工具，或使用快捷键 U。
2. 调出“颜色”面板，并选中要使用的颜色。
3. 在对象上要添加该颜色的位置上单击鼠标，同时创建网格，并定义相应的颜色，如图 10-9 所示。

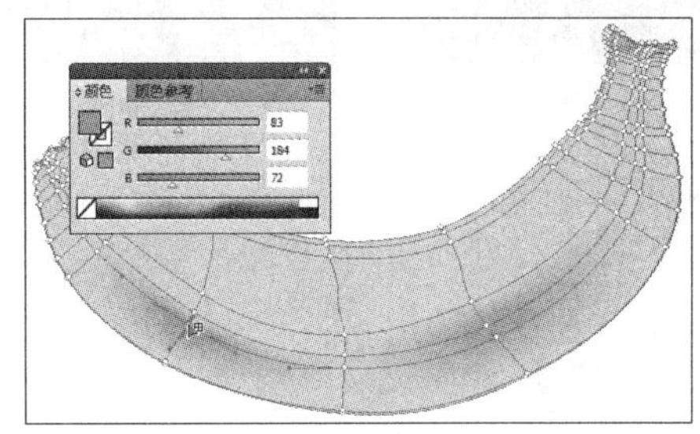

图 10-9

定义渐变网格的方法基本上就这么多了，但是要制作出如图 10-10 所示的渐变网格效果，还是非常难的，并不是操作渐变网格复杂，而是在渐变网格的分布和颜色的定义有难度，希望大家可以多加练习。

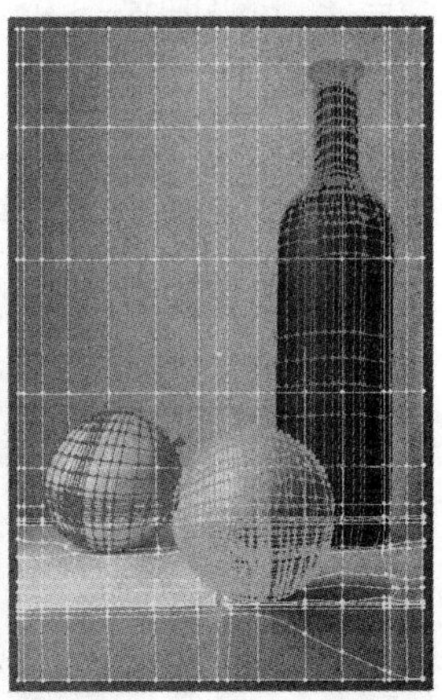

图 10-10

10.2　静态图片公告

1. 启动 Adobe Illustrator 软件，并创建一个新文档。
2. 在工具箱中选中“矩形”工具，按下 Shift 键，绘制一个正方形，填充黑色，如图 10-11 所示。
3. 在工具箱中选中“渐变网格”工具，在如图 10-12 所示的位置上单击鼠标，并定义为灰色。

图 10-11

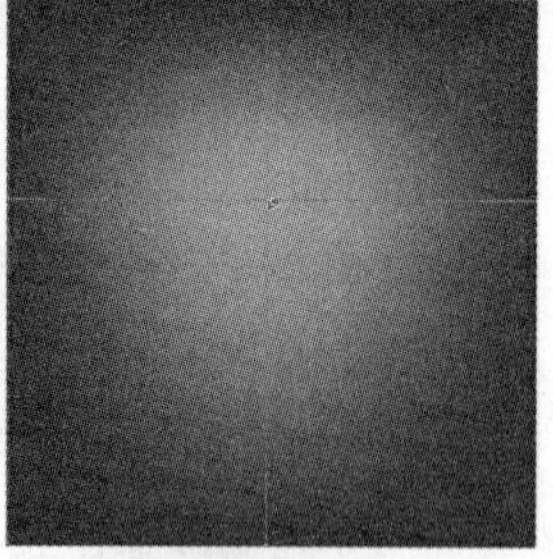

图 10-12

4. 在工具箱中选中“挑选”工具，选中添加的节点，并拖曳到如图 10-13 所示的位置上。

5. 在工具箱中选中“矩形”工具，按下 Shift 键，绘制一个正方形，填充墨绿色，如图 10-14 所示。

图 10-13

图 10-14

6. 保持刚刚创建正方形的当选状态，调出“外观”面板，单击“不透明度”链接，在弹出的面板中调整“混合模式”为“滤色”选项，如图 10-15 所示。

7. 在工具箱中选中“钢笔”工具，在如图 10-16 所示的位置上绘制相应的图形，并调整为浅灰色。

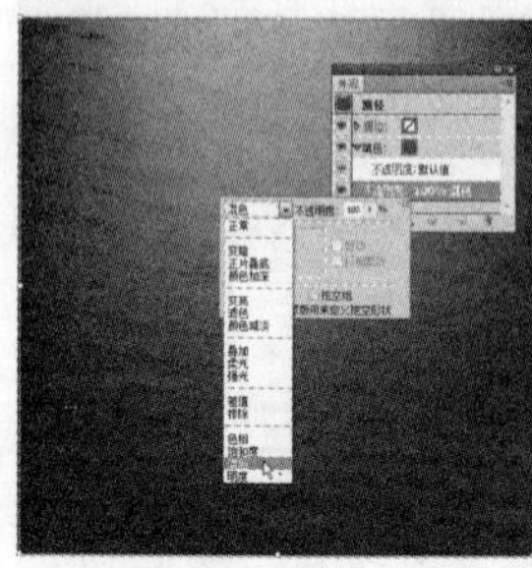

图 10-15

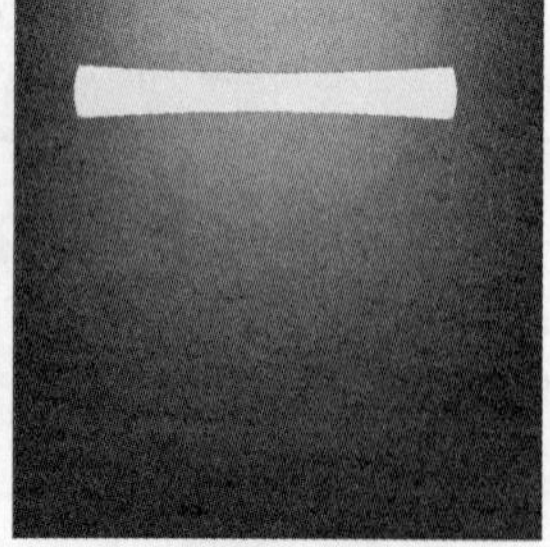

图 10-16

8. 在工具箱中选中“渐变网格”工具，在如图 10-17 所示的位置上单击鼠标，创建渐变网格。

9. 在工具箱中选中“挑选”工具，选中底边上的节点，并定义为“浅棕色”，如图 10-18 所示。

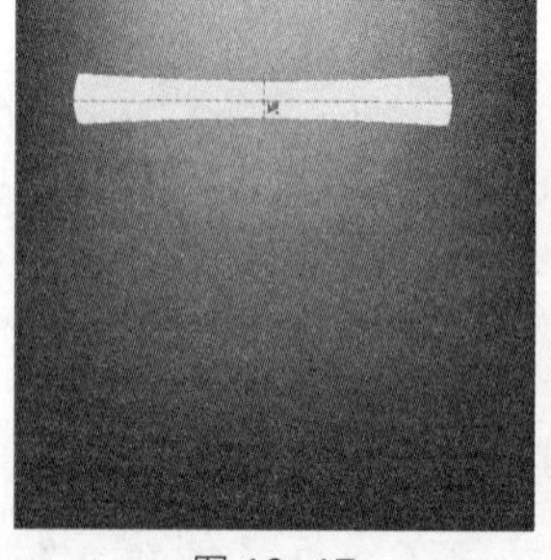

图 10-17

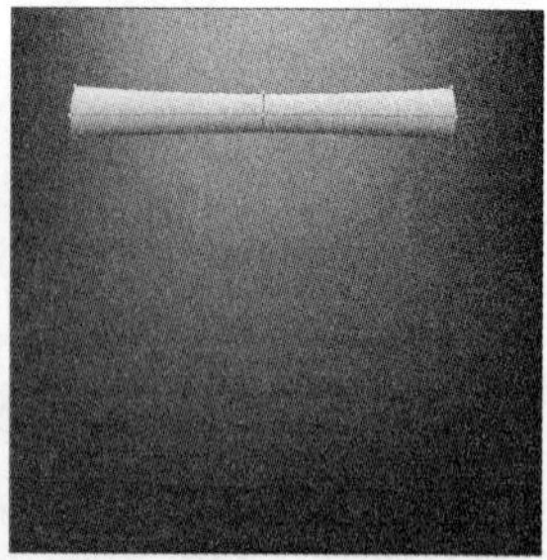

图 10-18

10. 在工具箱中选中“选择”工具，选中该对象。使用快捷组合键 Ctrl+C 和 Ctrl+V，复制一个相同的对象。

11. 将复制出的对象填充为深灰色，如图 10-19 所示。

12. 将两个对象放在一个位置上，调出“外观”面板，单击“不透明度”链接，在弹出的面板中调整“混合模式”为“滤色”选项，如图 10-20 所示。

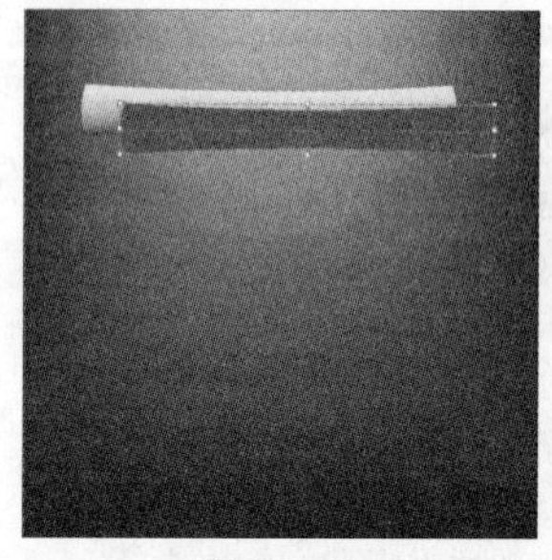

图 10-19

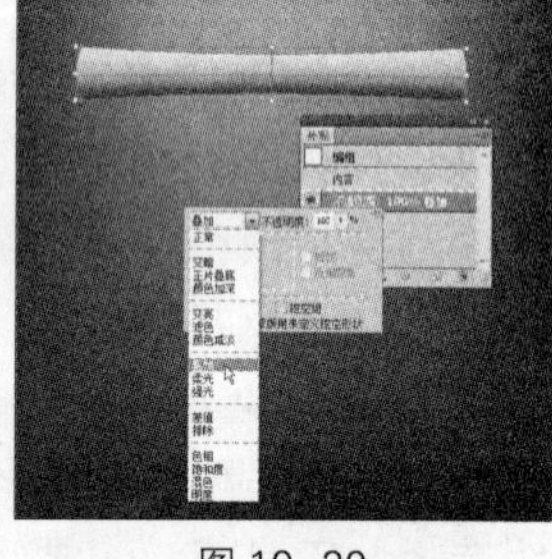

图 10-20

13. 在工具箱中选中“矩形”工具，按下 Shift 键，绘制一个正方形，填充深棕色，如图 10-21 所示。

14. 在工具箱中选中“渐变网格”工具，在如图 10-22 所示的位置上单击鼠标，创建渐变网格。

图 10-21

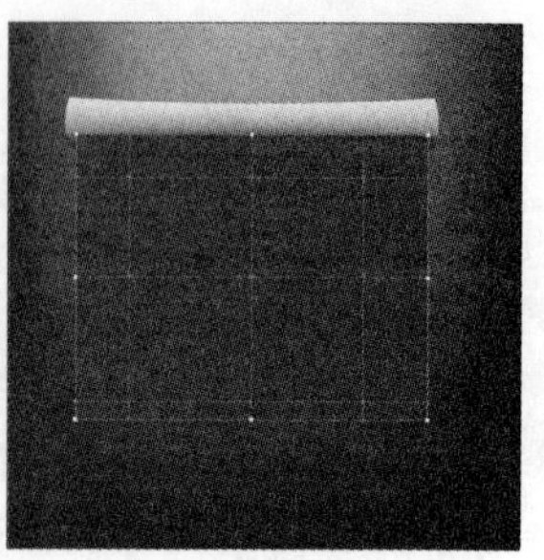

图 10-22

15. 在工具箱中选中“挑选”工具，选中底边上的节点，并定义为“浅棕色”，选中中间位置的节点，定义为黄色，如图 10-23 所示。

16. 在工具箱中选中“矩形”工具，按下 Shift 键，绘制一个正方形，填充渐变色，如图 10-24 所示。

图 10-23

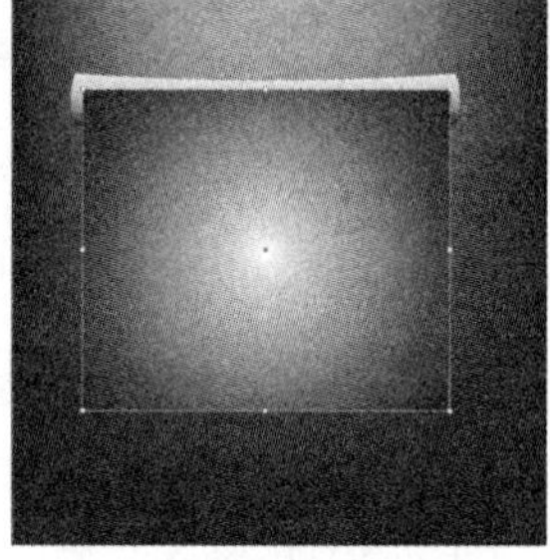
图 10-24

17. 将两个对象放在一个位置上，调出“外观”面板，单击“不透明度”链接，在弹出的面板中调整“混合模式”为“叠加”选项，如图 10-25 所示。

18. 将两个正方形对象同时选中，按下快捷键 Ctrl+G，将它们编成一组。

19. 按下快捷键 Ctrl+[，将该组对象向下层移动，如图 10-26 所示。

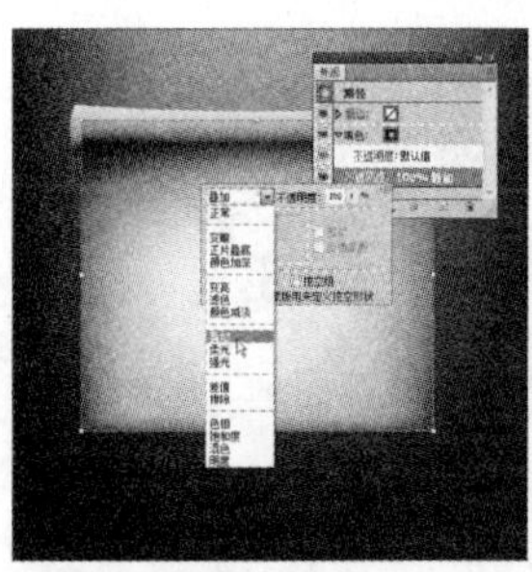
图 10-25

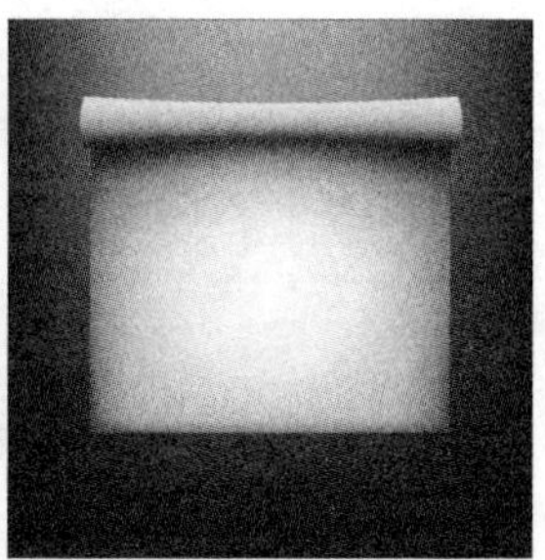
图 10-26

20. 在工具箱中选中“钢笔”工具，在如图 10-27 所示的位置上绘制相应的图形，并调整为深棕色。

21. 在工具箱中选中“渐变网格”工具，在如图 10-28 所示的位置上单击鼠标，创建渐变网格。

图 10-27

图 10-28

22. 在工具箱中选中“挑选”工具，选中顶边上的节点，并定义为“浅棕色”，定义中间点为“黄色”，如图 10-29 所示。

23. 在工具箱中选中“选择”工具，选中该对象。使用快捷键 Ctrl+C 和 Ctrl+V，复制一个相同的对象。

24. 将复制出的对象填充为深灰色，如图 10-30 所示。

图 10-29

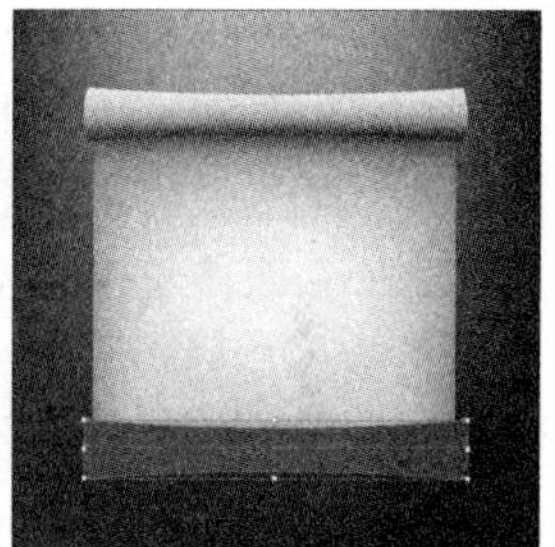
图 10-30

25. 将两个对象放在一个位置上，调出“外观”面板，单击“不透明度”链接，在弹出的面板中调整“混合模式”为“滤色”选项，如图 10-31 所示。

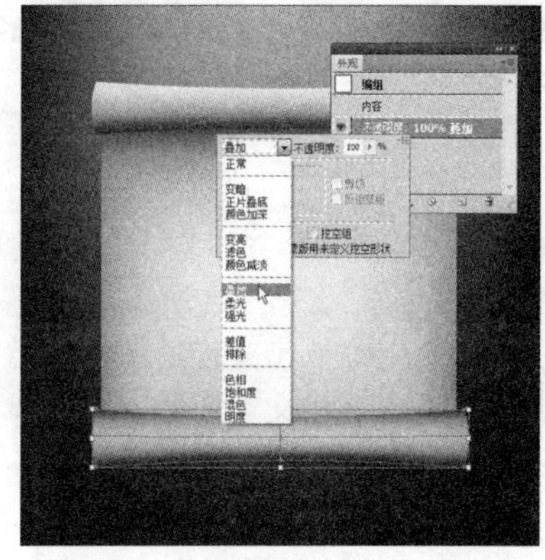
图 10-31

26. 在工具箱中选中“文字”工具，在如图10-32 所示的位置上单击鼠标，并输入“Welcome to Macmaker”（或其他）字样，并定义字体为“英文花体”，调整字号，并定义为深棕色。

27. 执行“窗口”>“画笔库”>“艺术效果”>“艺术效果_粉笔炭笔铅笔”命令，调出如图 10-33 所示的“艺术效果_粉笔炭笔铅笔”面板。

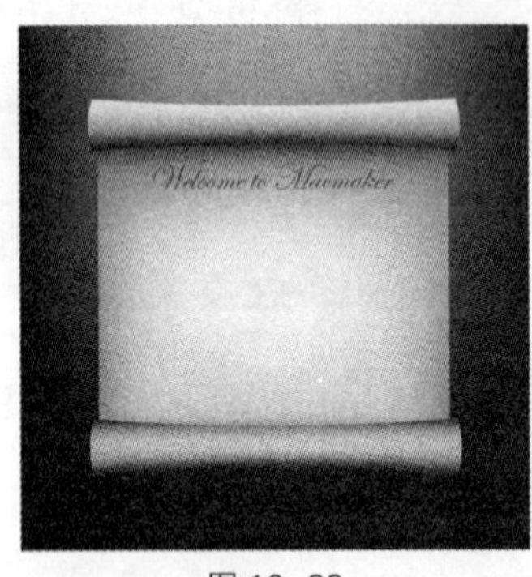

图 10-32

图 10-33

28. 在该面板中，将如图 10-34 所示的内容拖曳到画面中。

29. 在工具箱中选中“选择”工具，并调整该对象的尺寸到如图 10-35 所示的状态。

图 10-34

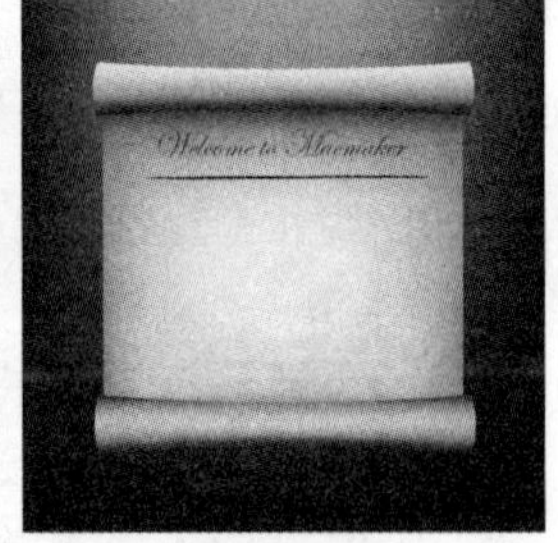

图 10-35

30. 在工具箱中选中“挑选”工具，选中该“笔画”对象，并定义为深棕色，如图 10-36 所示。

31. 在工具箱中选中“文字”工具，在如图 10-37 所示的位置上单击并拖动鼠标，定义文字的输入区域。输入一些文字，并定义字体，调整字号，设置颜色为深棕色。

32. 到此，整个“公告”制作完毕，可以保存为一个位图，并上传到相应的位置。

图 10-36

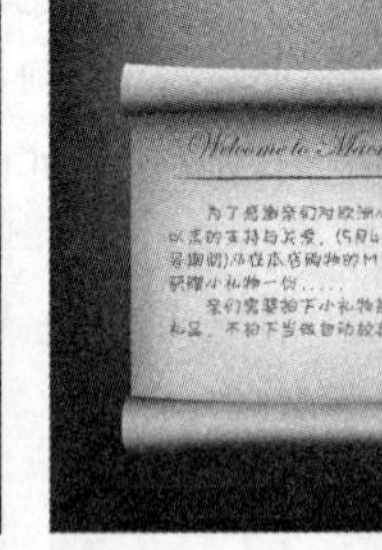

图 10-37

10.3 制作动态店铺公告

当店铺公告中的文字内容比较多时，既要考虑到广告的尺寸不能太大，又要考虑到文字的尺寸也不能太大，可以用文字滚动的方式来解决。一般情况下，需要通过 HTML 来实现动画效果，如果不愿意使用 HTML 来实现，也可以通过 Photoshop 软件制作动画效果，这样还可以对文字进行更好的美化。本节将制作这样一个动态店铺公告，具体的操作方法如下：

1. 启动 Illustrator 软件，打开如图 10-38 所示的素材。

图 10-38

2. 在工具箱中选中“选择”工具，将所有内容同时选中，并执行“编辑”>“复制”命令，或使用快捷键 Ctrl+C。

3. 启动 Photoshop 软件，创建一个图像文件，并使用快捷键 Ctrl+V，将图形作为“智能对象”粘贴到图像中，并作为一个独立的图层，如图 10-39 所示。

图 10-39

4. 在工具箱中选中“文字”工具，在如图 10-40 所示的位置上单击并拖动鼠标，创建一个文本框，并输入文字内容（文字过多时，可以超出图像），调整字体和字号。

图 10-40

5. 调出“图层”面板，在该面板中选中“文字”图层，并单击“创建蒙版”按钮，为该图层创建一个蒙版，如图 10-41 所示。

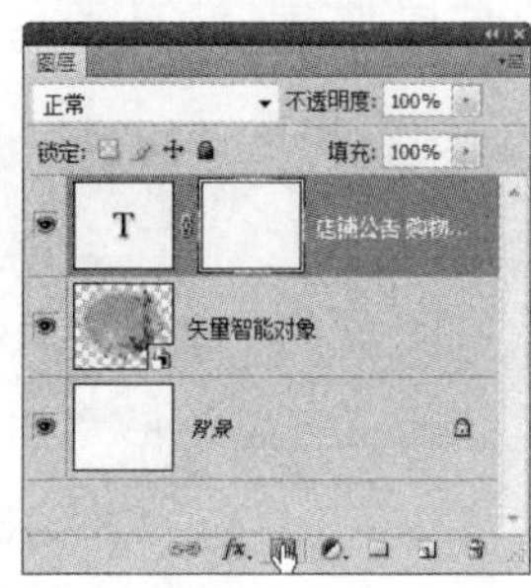

图 10-41

6. 在工具箱中选中“椭圆形选区”工具，在如图 10-42 所示的位置上绘制一个椭圆形选区。

图 10-42

7. 保持选区的状态，执行“选择” > “修改” > “羽化”命令，或使用快捷键 Shift+F6，弹出如图 10-43 所示的“羽化选区”对话框，调整“羽化半径”为 30，单击“确定”按钮，对选区进行羽化，如图 10-44 所示。

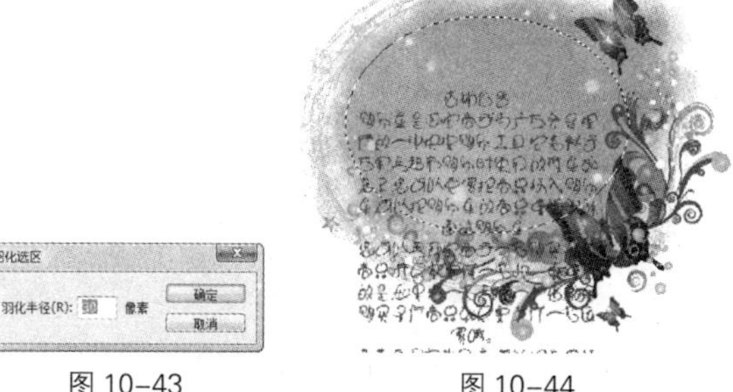

图 10-43　图 10-44

8. 执行“选择” > “反向”命令，或使用快捷组合键 Ctrl+Shift+I，将选区的状态反转，如图 10-45 所示。

图 10-45

9. 将前景色调整为“黑色”，按下快捷键 Alt+Backspace，用黑色填充选区，定义蒙版的状态，如图 10-46 所示。

图 10-46

10. 为了让边缘显得更加自然，可以在工具箱中选中“画笔”工具，并选中如图 10-47 所示的笔触选项。

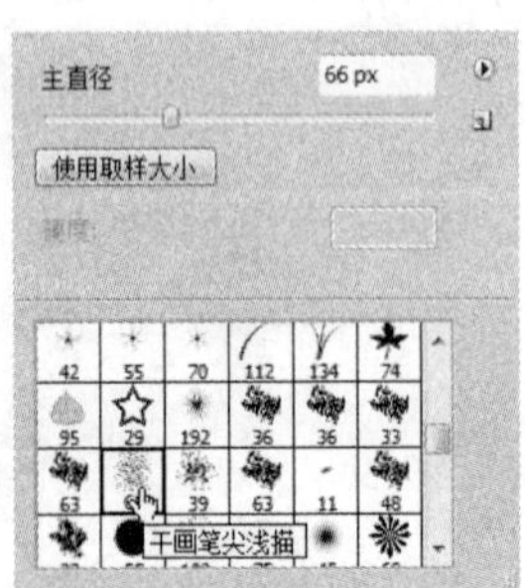

图 10-47

11. 执行“选择”>“取消选择”命令，或使用快捷键 Ctrl+D，将当前的选区释放。

12. 调整前景色为黑色，使用“画笔”工具沿着蒙版的边缘进行绘制，如图 10-48 所示。

图 10-48

13. 为了让动画效果更加明显，可以添加一些闪烁的星星。在“图层”面板中创建一个新的图层，如图 10-49 所示。

图 10-49

14. 在工具箱中选中“画笔”工具，并选中如图 10-50 所示的笔触选项。

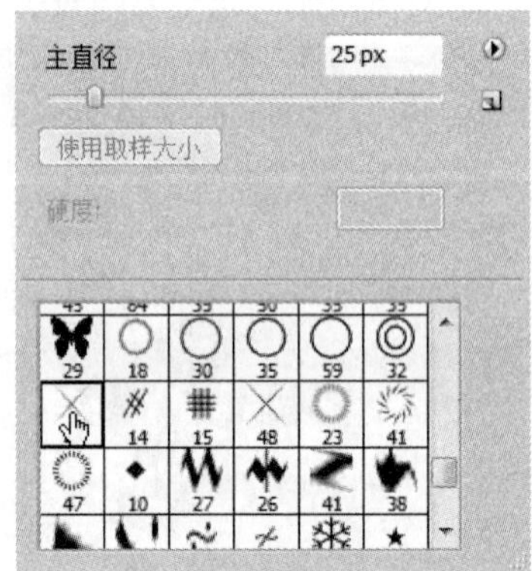

图 10-50

15. 调整前景色为白色，使用“画笔”工具在画面上随意绘制，如图 10-51 所示。

图 10-51

16. 下面开始制作动画效果。打开“动画（时间轴）”面板，单击该面板的“菜单”按钮，在弹出的菜单中选择“文档设置”命令，弹出如图10-52所示的“文档时间轴设置”对话框，在“持续时间”文本框中输入0:00:10:00，调整“帧速率”为10，单击“确定”按钮，调整动画长度。

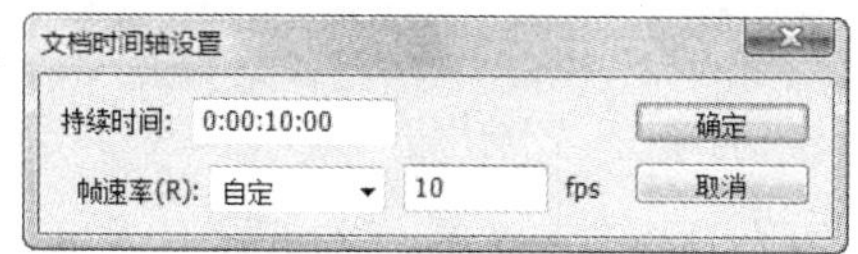

图 10-52

17. 调出“图层”面板，单击文字图层中蒙版和图层之间的链接标记，将两个图层和蒙版的位置关系断开，如图10-53所示。

18. 在文字图层的文字缩略图上单击鼠标，进入文字编辑状态，如图10-54所示。

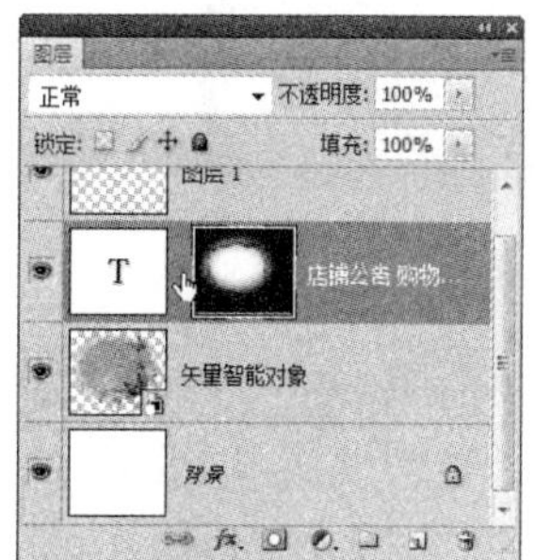

图 10-53

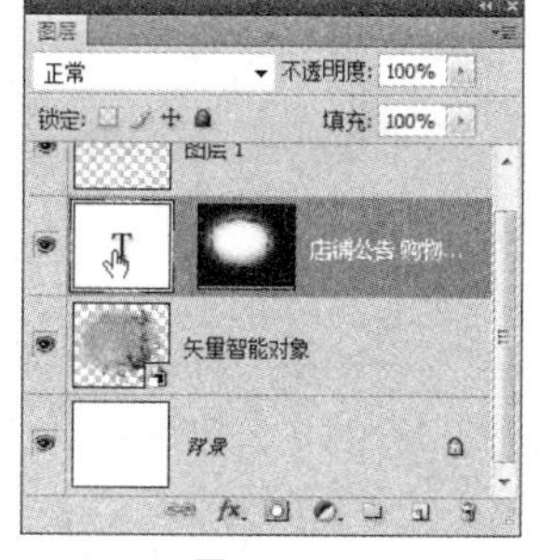

图 10-54

19. 调出“动画（时间轴）”面板，将时间指针调整到开始的位置上，展开文字图层的属性，并单击“位置”的“动画开关”按钮，创建一个关键帧，如图10-55所示。

图 10-55

20. 将时间指针调整到结束的位置上，在工具箱中选中“移动”工具，按下Shift键，向上拖动文字内容到文字的末端，如图10-56所示。

图 10-56

21. 此时，在“动画（时间轴）”面板中将自动创建一个关键帧，如图10-57所示。

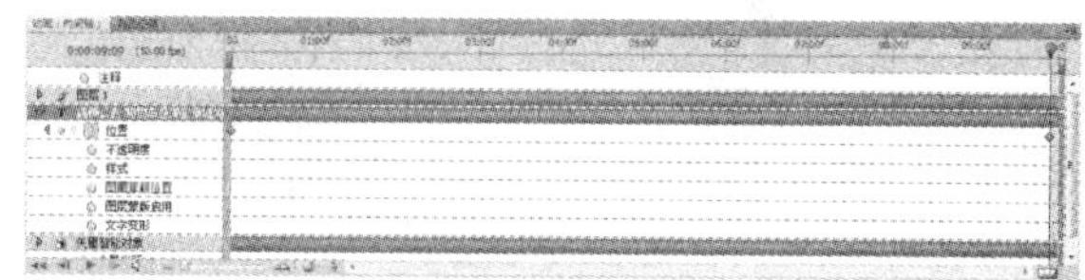

图 10-57

22. 下面制作星星闪烁的效果。在“动画（时间轴）”面板中，展开“星星”图层的属性，将时间指针调整到动画的开头位置，并单击“不透明度”属性的“动画开关”按钮，创建一个关键帧，如图10-58所示。

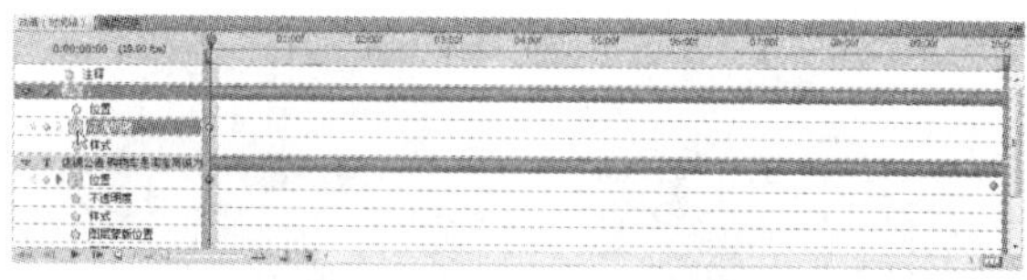

图 10-58

23. 将时间指针调整到靠右随意的位置上，并在“图层”面板中调整“不透明度”为0%，创建一个关键帧，如图10-59所示。

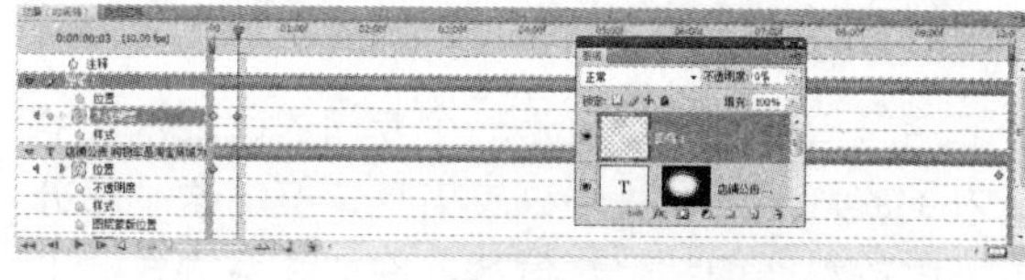

图 10-59

24. 采用相同的方法，在该属性中创建多个关键帧，并循环设置“不透明度”为100%和0%，如图10-60所示。

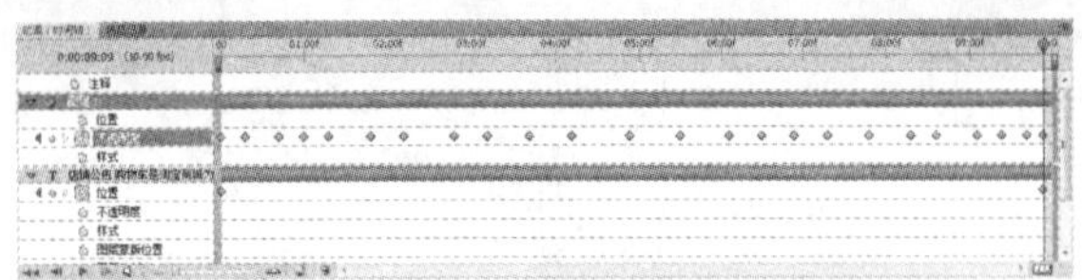

图 10-60

25. 到此，该店铺公告制作完毕。执行“文件”>“保存为 Web 和设备所用格式”命令，或使用快捷组合键 Ctrl+Shift+Alt+S，保存为动画的 GIF 格式，并设置为永远循环播放，如图 10-61 所示。

图 10-61

10.4 制作综合性店铺公告

店铺公告实际上就是一个专门的区域，目的是为了放置一些通用性公告信息，但是这一部分也可以放置一些综合性信息，例如联系方式、工作时间等。在本节中将制作一个综合性的店铺公告，并且制作一些动画效果，具体的操作方法如下:

1. 启动 Illustrator 软件，打开如图 10-62 所示的素材文件。

图 10-62

2. 使用“选择”工具，将如图 10-63 所示的书本部分选中，并执行“编辑”>“复制”命令，或使用快捷键 Ctrl+C。

图 10-63

3. 启动 Photoshop 软件，创建一个图像文件，并使用快捷键 Ctrl+V，将图形作为“智能对象”粘贴到图像中，并作为一个独立的图层，如图 10-64 所示。

图 10-64

4. 回到 Illustrator 软件中，选中“钢笔”对象，使用快捷键 Ctrl+C，进入 Photoshop 软件中按下快捷键 Ctrl+V，粘贴为一个“智能对象”，并调整尺寸和位置，如图 10-65 所示。

图 10-65

5. 回到 Illustrator 软件，打开如图 10-66 所示的素材文件。

图 10-66

6. 将该对象全部选中，使用快捷键 Ctrl+C，进入 Photoshop 软件中按下快捷键 Ctrl+V，粘贴为一个“智能对象”，并调整尺寸和位置，如图 10-67 所示。

图 10-67

7. 保持该图层的当选状态，执行“图层” > “排列” > “后移一层”命令，或使用快捷键 Ctrl+[，将该图层移动到“钢笔”图层的下面，如图 10-68 所示。

图 10-68

8. 回到 Illustrator 软件，打开如图 10-69 所示的素材文件。

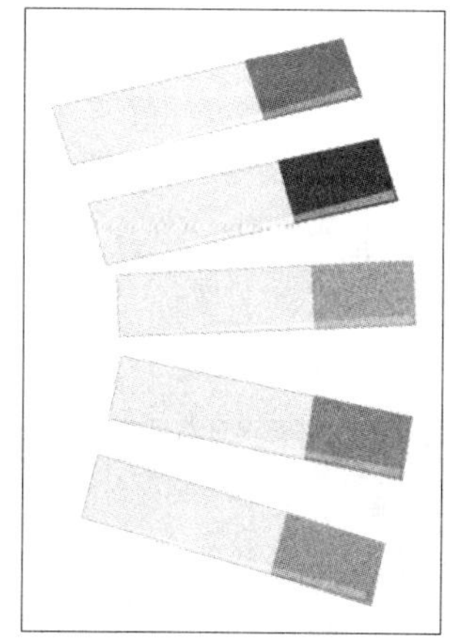
图 10-69

9. 将该对象全部选中，使用快捷键 Ctrl+C，进入 Photoshop 软件中按下快捷键 Ctrl+V，粘贴为一个“智能对象”，并调整尺寸和位置，如图 10-70 所示。

图 10-70

10. 在“图层”面板中，双击刚刚粘贴进入的图层，打开“图层样式”对话框，勾选“投影”

复选项，并调整“距离”数值为 2 像素，“大小”数值为 5 像素，单击“确定”按钮，定义“图层样式”，如图 10-71 所示。

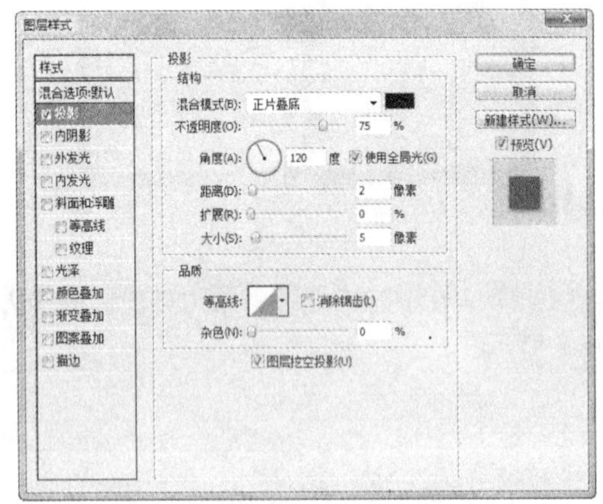

图 10-71

11. 在工具箱中选中“文字”工具，在如图 10-72 所示的位置上单击鼠标，并输入“收藏本店”字样，调整字体和字号。

图 10-72

12. 保持该文字图层的当选状态，按下快捷键 Ctrl+T，旋转该图层到如图 10-73 所示的角度。

图 10-73

13. 采用相同的方法，再输入“信用评价”、“店铺介绍”、“热卖商品”和“联系店家”字样，一定要各自保持一个图层，并旋转相应的角度，如图 10-74 所示。

图 10-74

14. 回到 Illustrator 软件，打开如图 10-75 所示的素材文件。

图 10-75

15. 将该对象全部选中，使用快捷键 Ctrl+C，进入 Photoshop 软件中按下快捷键 Ctrl+V，粘贴为一个“智能对象”，并调整尺寸和位置，如图 10-76 所示。

图 10-76

16. 在工具箱中选中“文字”工具，在如图 10-77 所示的位置上单击鼠标，并输入“SWEET GIRL”字样，调整字体和字号。

图 10–77

17. 在“图层”面板中，双击文字图层，打开“图层样式”对话框，勾选“描边”复选项，并调整“大小”数值为 3 像素，“颜色”为淡黄色，单击“确定”按钮，定义“图层样式”，如图 10–78 所示。

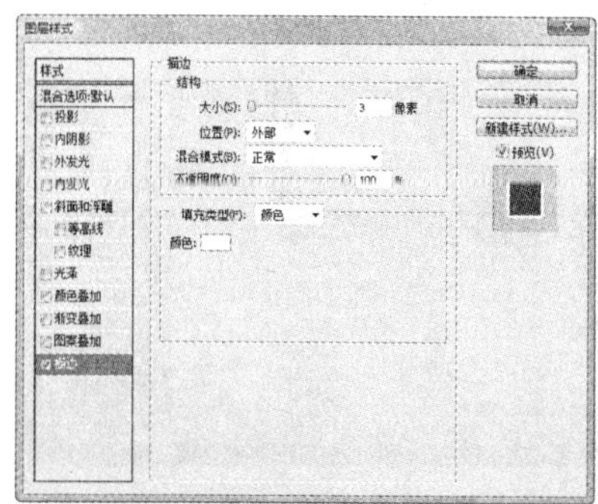

图 10–78

18. 在工具箱中选中“文字”工具，在如图 10–79 所示的位置上单击鼠标，并输入“麦肯媒克设计空间（店名）”字样，调整字体和字号。

图 10–79

19. 在工具箱中选中“文字”工具，在如图 10–80 所示的位置上单击鼠标，并输入“Welcome to My Macmaker”（或其他）字样，调整字体和字号。

图 10–80

20. 回到 Illustrator 软件，打开如图 10–81 所示的素材文件。

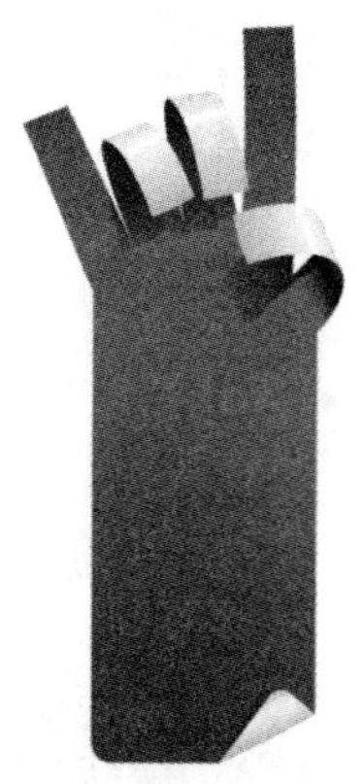

图 10–81

21. 将该对象全部选中，使用快捷键 Ctrl+C，进入 Photoshop 软件中按下快捷键 Ctrl+V，粘贴为一个“智能对象”，并调整尺寸和位置，如图 10–82 所示。

图 10–82

22. 在“图层”面板中，双击刚刚粘贴进入的图层，打开“图层样式”对话框，勾选“投影”复选项，并调整“距离”数值为5像素，“大小”数值为5像素，单击“确定”按钮，定义“图层样式”，如图10-83所示。

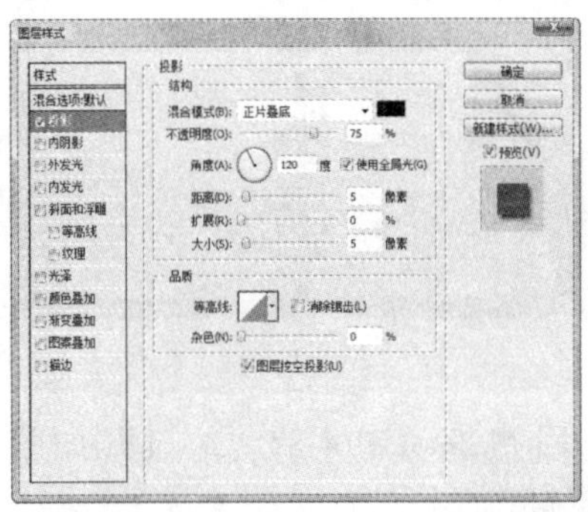

图 10-83

23. 在工具箱中选中“文字”工具，在如图10-84所示的位置上单击鼠标，并输入“店铺公告”字样，调整字体和字号。

图 10-84

24. 在“图层”面板中，用右键单击“店铺公告”图层，在弹出的菜单中选中“垂直”选项，将文字转换为纵向排列，如图10-85所示。

图 10-85

25. 使用“文字”工具，在如图10-86所示的位置上单击并拖动鼠标，输入“店铺公告”的内容，并调整字体和字号。也可以空出该部分区域，通过HTML进行文字的表现。

图 10-86

26. 在工具箱中选中“文字”工具，在如图10-87所示的位置上单击鼠标，并输入“How to contact me?”字样，并调整字体和字号。

图 10-87

27. 回到Illustrator软件，打开如图10-88所示的素材文件。

28. 将该对象全部选中，使用快捷键Ctrl+C，进入Photoshop软件中按下快捷键Ctrl+V，粘贴为一个“智能对象”，并调整尺寸和位置，如图10-89所示。

图 10-88

图 10-89

29. 使用“文字”工具，在如图 10-90 所示的位置上单击并拖动鼠标，输入“联系方式”字样，调整字体和字号。

30. 回到 Illustrator 软件，打开如图 10-91 所示的素材文件。

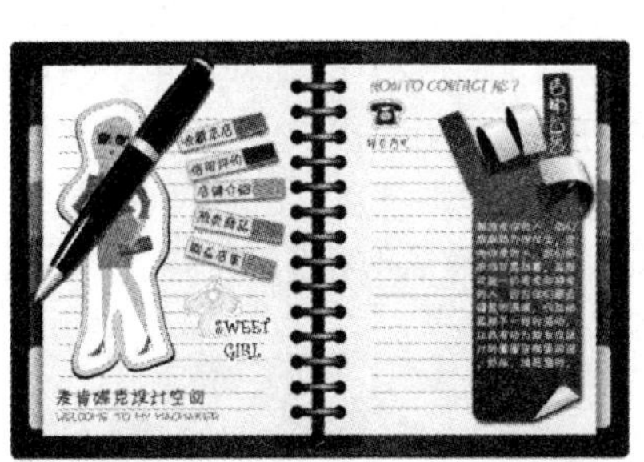

图 10-90

图 10-91

31. 将该对象全部选中，使用快捷键 Ctrl+C，进入 Photoshop 软件中按下快捷键 Ctrl+V，粘贴为一个“智能对象”，并调整尺寸和位置，如图 10-92 所示。

图 10-92

32. 在“图层”面板中，双击刚刚粘贴进入的图层，打开“图层样式”对话框，勾选“投影”复选项，并调整“距离”数值为 2 像素，“大小”数值为 5 像素，单击“确定”按钮，定义“图层样式”，如图 10-93 所示。

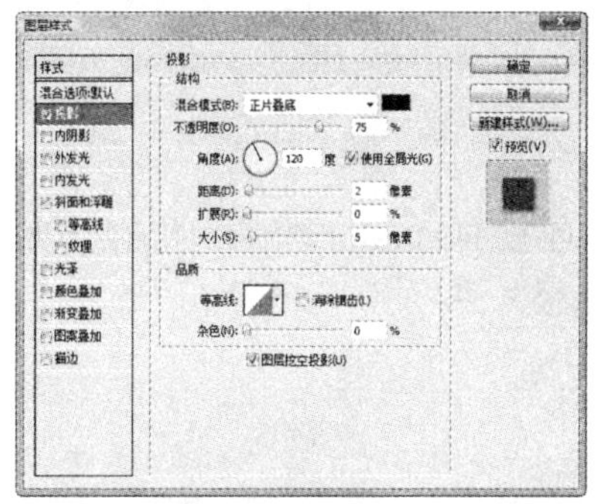

图 10-93

33. 在工具箱中选中“文字”工具，在如图 10-94 所示的位置上单击鼠标，并输入“老板 Boss”、“物流 Conveyance”、“客服 After service”字样，调整字体和字号。

图 10-94

34. 使用“文字”工具，在如图 10-95 所示的位置上单击并拖动鼠标，输入“招待时间：星期一～六 早：8：00 晚：20：00”（或其他）字样，调整字体和字号。

图 10–95

35. 回到 Illustrator 软件，打开如图 10–96 所示的素材文件。

图 10–96

36. 将该对象全部选中，使用快捷键 Ctrl+C，进入 Photoshop 软件中按下快捷键 Ctrl+V，粘贴为一个“智能对象”，并调整尺寸和位置，如图 10–97 所示。

图 10–97

37. 在“图层”面板中，双击刚刚粘贴进入的图层，打开“图层样式”对话框，勾选“投影”复选项，并调整“距离”数值为 2 像素，“大小”数值为 5 像素，单击“确定”按钮，定义“图层样式”，如图 10–98 所示。

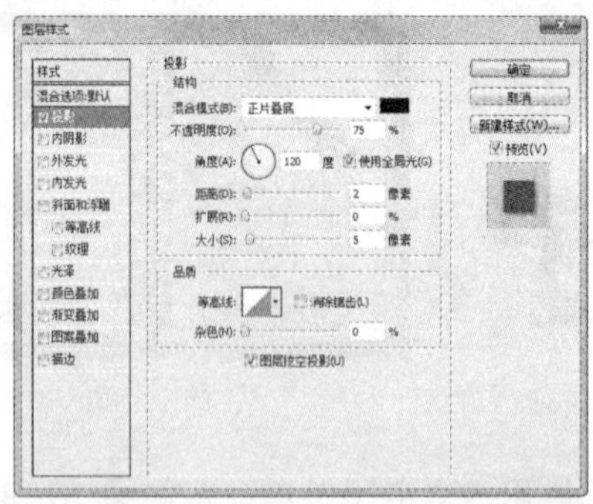

图 10–98

38. 下面制作动画，主要制作几个图标的移动效果。打开“动画（时间轴）”面板，单击该面板的“菜单”按钮，在弹出的菜单中选择“文档设置”命令，弹出如图 10–99 所示的“文档时间轴设置”对话框，在“持续时间”文本框中输入 0:00:01:00，调整“帧速率”为 2，单击“确定”按钮，调整动画长度。

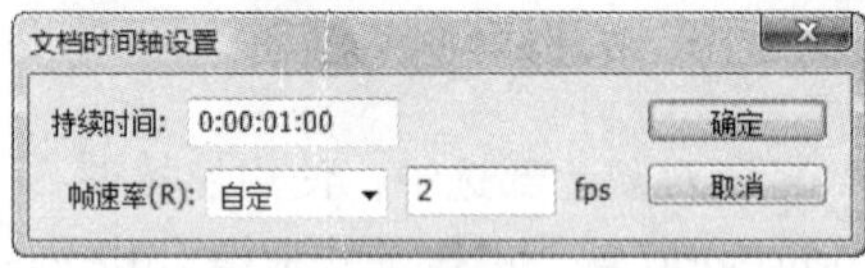

图 10–99

39. 在“动画（时间轴）”面板中，选中“小衣服”图层，展开该属性，并单击“位置”的“动画开关”按钮，创建一个关键帧，如图 10–100 所示。

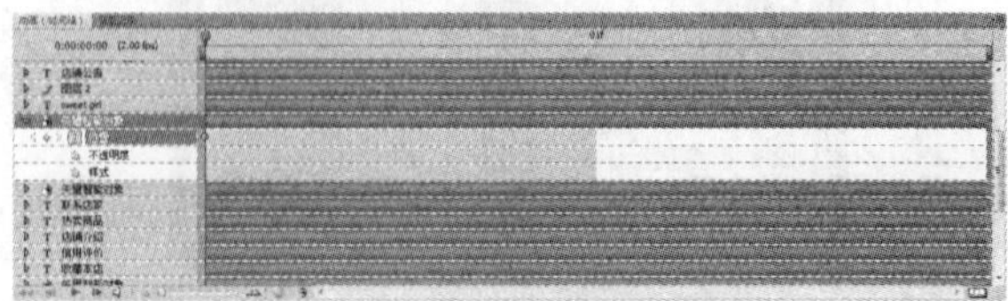

图 10–100

40. 采用相同的方法，单击 Sweet Girl、“电话”和“闹钟”图层的“位置”动画开关按钮，创建关键帧，如图 10-101 所示。

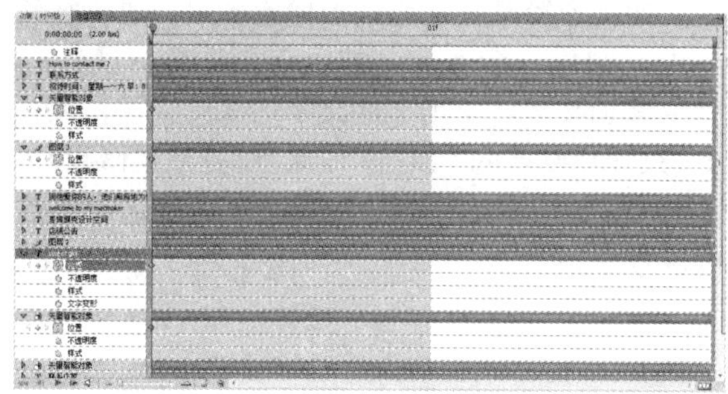

图 10-101

41. 将时间指针调整到 01f 的位置，按下 Ctrl 键，在“图层”面板中依次选中“小衣服”、Sweet Girl、“电话”和“闹钟”图层，将它们同时选中，如图 10-102 所示。

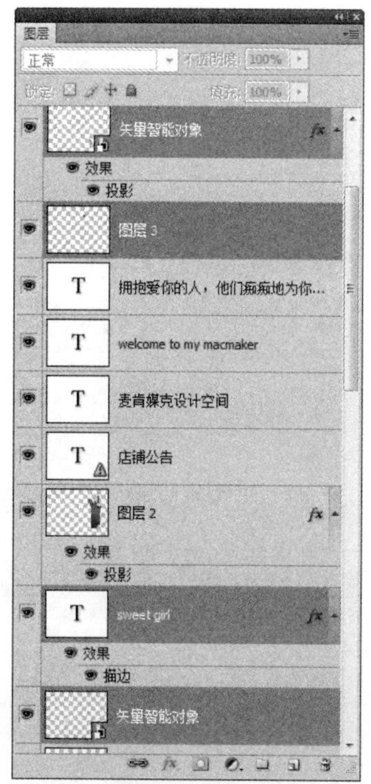

图 10-102

42. 在工具箱中选中“移动”工具，在图像中移动选中图层的位置，如图 10-103 所示。

图 10-103

43. 在本节制作的“公告”中，提供了一些信息的链接，可以通过切片的方式实现链接功能。在工具箱中选中“切片”工具，在图像中进行区域裁切，如图 10-104 所示。

图 10-104

44. 选中某一个切片部分，单击鼠标右键，在弹出的菜单中选中“编辑切片选项”选项，弹出如图 10-105 所示的“切片选项”对话框，在 URL 文本框中输入链接，单击“确定”按钮。

图 10-105

45. 采用相同的方法，将其他切片链接输入完毕。

46. 到此，这个公告制作完毕，执行“文件”>“保存为 Web 和设备所用格式”命令，或使用快捷组合键 Ctrl+Shift+Alt+S，保存为动画的 GIF 格式，并设置为永远循环播放。

47. 在弹出的“将优化结果存储为”对话框中，在“存储类型”下拉列表中选中“HTML 和图像”选项，单击“保存”按钮，这样就可以得到完整的网页文件了。

小结

在本章中，讲述了制作店铺公告的制作方法。如果您经常会修改这部分内容时，可以在软件中只制作一个底图，并且在后期的 HTML 编辑中添加文字。但是这种文字效果比较差，实际上，只要将制作的 PSD 文件保存，并在要修改时，重新在 Photoshop 软件中编辑即可，这也不是很麻烦。

第 11 章　制作招牌通栏

店铺招牌通栏是放置在店铺顶部的，其中可以出现一些和销售商品有关的图像内容，也可以是自己比较喜好的图案，但是一定要出现的是店铺名称，还有店铺的链接等，如果空间有富裕，还可以将一些经营理念的语句也放置其中。招牌通栏就像Web 中的 Banner 一样，是店铺的脸面，可以提高店铺的专业程度。本章将介绍一些招牌通栏的制作实例，希望读者可以从中得到一些启发。

11.1 "符号"对象

在本章中，要使用到 Illustrator 软件中的"符号"功能，所以在第一部分进行讲述。"符号"是在文档中可重复使用的图稿对象。例如，如果根据鲜花创建符号，可将该符号的实例多次添加到图稿中，而无需实际多次添加复杂的图稿。每个符号实例都链接到"符号"面板中的符号或符号库。使用符号可节省时间，并显著地减小文件大小。

11.1.1 "符号"库

"符号"对象可以自行创建，但是在 Adobe Illustrator 软件中还是提供了大量的"符号"对象，并且将这些"符号"按照不同的种类添加到不同的"符号"库中，可以执行"窗口">"符号库"子菜单中的相应命令，将"符号"库面板调出，如图 11-1 所示。

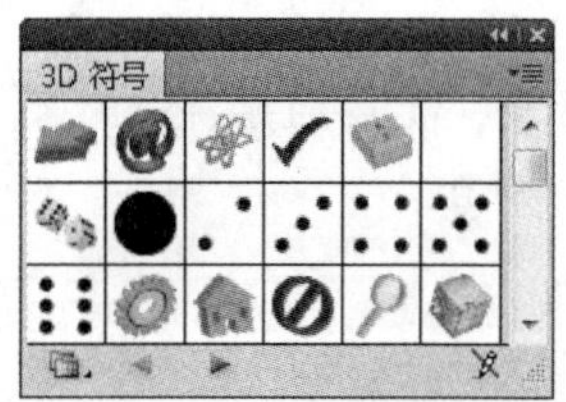

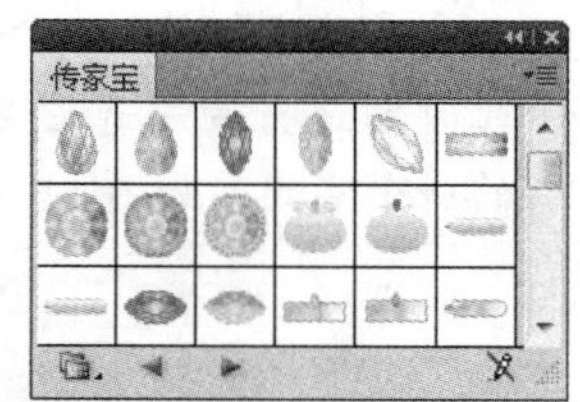

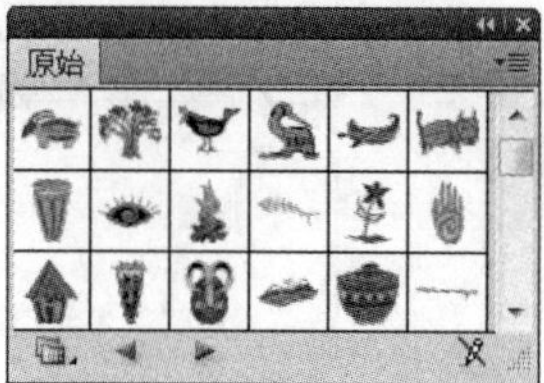

图 11-1　不同的"符号"库

在该菜单中调出的"符号"库均不可以进行任何修改，只能用来调用。单击任意一个面板中的"符号库菜单"按钮，在弹出的菜单中选中不同的选项，可打开其他的符号库。也可以单击左、右箭头按钮，在相邻的符号库之间切换。

11.1.2 "符号"面板

在应用"符号"对象时，主要使用的组件并不是"符号库"面板，而是"符号"面板，在该面板中列出了该文档中使用到的"符号"，并且能够进行调整，执行"窗口">"符号"命令，或使用快捷组合键 Ctrl+Shift+F11，可将如图 11-2 所示的"符号"面板调出。

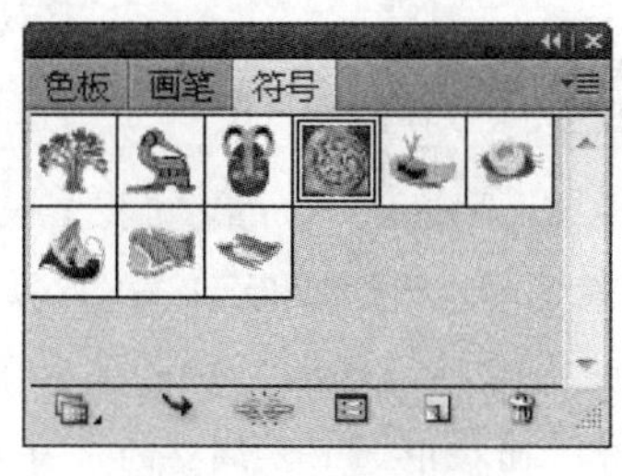

图 11-2　"符号"面板

在"符号库"面板中单击任意一个符号图标的时候，该符号将直接添加到"符号"面板中，也可以在该面板中单击"符号库菜单"按钮，在弹出的菜单中选中不同的选项，打开其他的符号库。该面板中各项功能的操作方法如下：

- **放置符号**：当要将一个"符号"对象添加到画

板中时，需要在“符号”面板中选中符号选项，单击该面板中的“放置符号实例”按钮，此时该符号将被放到视图中心的位置上。除此之外，也可以直接使用鼠标，从该面板中拖曳符号对象到要放置的位置上，如图 11–3 所示。

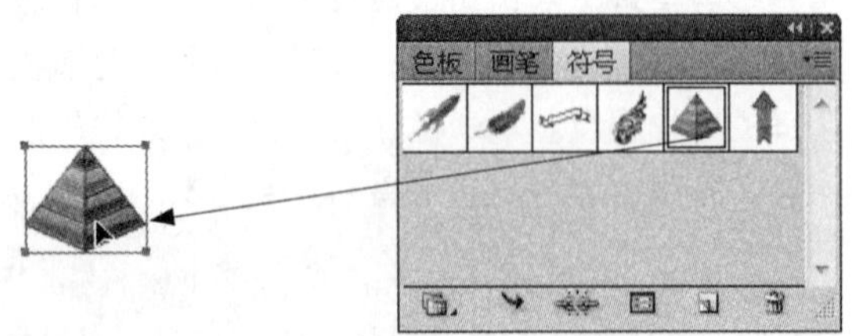

图 11–3　放置符号

- 断开符号：一个符号被放到画板中后，被称为“实例”，在保存该文件时，只会记录该符号的状态、放置实例的个数和位置。从表面上看，“实例”和普通的图形并没有什么差异，但是不能像普通图形那样进行修改。如果希望执行普通的编辑，必须将“实例”和“符号”之间的关系断开，此时“实例”对象将变成普通的对象，同时也失去了符号对象的属性。当要将“实例”对象断开属性时，将该“实例”对象选中，单击“符号”面板中的“断开符号链接”按钮即可，如图 11–4 所示。

图 11–4　符号对象断开前后的效果

- 符号选项：可以“符号”对象重新进行调整，在“符号”面板中选中要调整的“符号”选项，单击该面板中的“符号选项”按钮，弹出如图 11–5 所示的“符号选项”对话框。该对话框的设置如下：

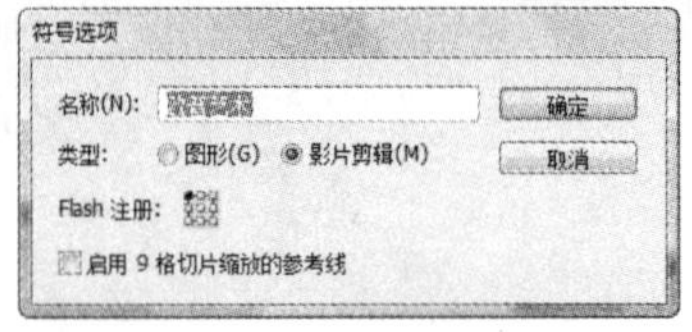

图 11–5　“符号选项”对话框

> 名称：在该文本框中修改字符，重新定义符号的名称。
> 类型：在该选区中选中不同的选项，定义符号的类型，在 Adobe Illustrator 文档中一般选中“图形”选项，如果要为 Flash 文档做准备，可以选中“影片剪辑”选项。
> Flash 注册：在该选项中单击不同的位置，定义在 Flash 文档中符号的定位点。
> 启动 9 格切片缩放的参考线：可以使用 9 格切片缩放（缩放 9 格）指定要导出到 Flash 的影片剪辑符号的组件样式的缩放。与通常应用于图形和设计元素的缩放类型相反，此类型的缩放可创建可适当缩放的影片剪辑符号，以用作用户界面组件。它使用类似网格的叠加将影片剪辑在概念上划分为 9 个部分，这 9 个区域中的每个区域都可以单独缩放。为了保持影片剪辑的视觉完整性，4 个角不会缩放，而图像的剩余区域会根据需要，进行放大或缩小（与拉伸相反）。9 格切片缩放网格仅在隔离模式下可见。默认情况下，会将网格参考线放置到与符号边缘的距离为符号的宽度和高度值的 25%（或 1/4）的位置，并显示为符号上添加的点线。

- 新建符号：当要自行创建一个“符号”对象时，只需要在画板中选中要定义为“符号”的对象，在“符号”面板中单击“新建符号”按钮，在弹出的“符号选项”对话框中进行调整，再单击“确定”按钮，即可创建相应的符号对象。此时创建符号的普通对象，变成创建符号对象的一个实例，如图 11–6 所示。

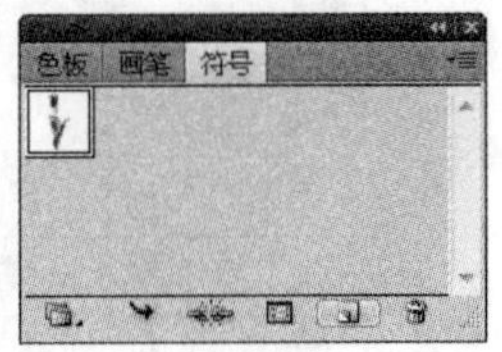

图 11–6　创建符号对象

● 删除符号：当要将一个符号对象删除时，非常简单，在“符号”面板中选中要删除的“符号”选项，单击该面板中的“删除符号”按钮，在弹出如图 11-7 所示的对话框中单击不同的按钮，实现不同的效果。当单击“扩展实例”按钮时，相应的实例对象依然存在，只是变成了普通的图形。但单击“删除实例”按钮时，将同时删除实例和符号对象。

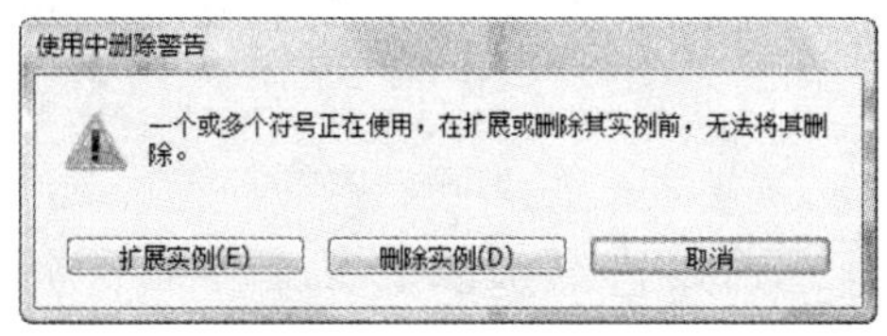

图 11-7 “使用中删除警告”对话框

● 选中未使用的符号：在使用符号对象时，如果一个符号被使用多次，文件的尺寸并不会增加多少，但是如果文档中含有多个没有使用的符号对象，文件尺寸则会增加不少，所以在文档绘制完毕后，一定要将没有使用的“符号”对象一并删除。可以单击“符号”面板中的“菜单”按钮，在弹出的菜单中选中“选择所有未使用的符号”命令，此时软件将在该对话框中选中所有没有使用的符号对象，单击该面板中的“删除”按钮，在弹出如图 11-8 所示的 Adobe Illustrator 对话框中单击“是”按钮。

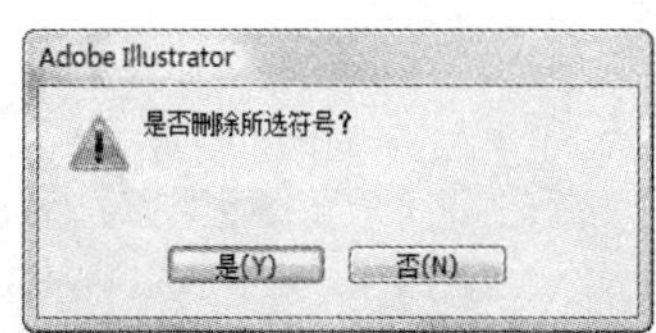

图 11-8 Adobe Illustrator 对话框

● 保存符号库：当自行创建了一些“符号”对象，或将一些常用的符号对象添加到“符号”面板中后，可以将该“符号”库保存，以后再使用这些符号对象时，直接调用即可。当要保存时，单击该面板中的“菜单”按钮，在弹出的菜单中选中“存储符号库”命令，在弹出如图 11-9 所示的“将符号存储为库”对话框中选择保存的路径，并且修改文件名称，最后单击“保存”按钮。

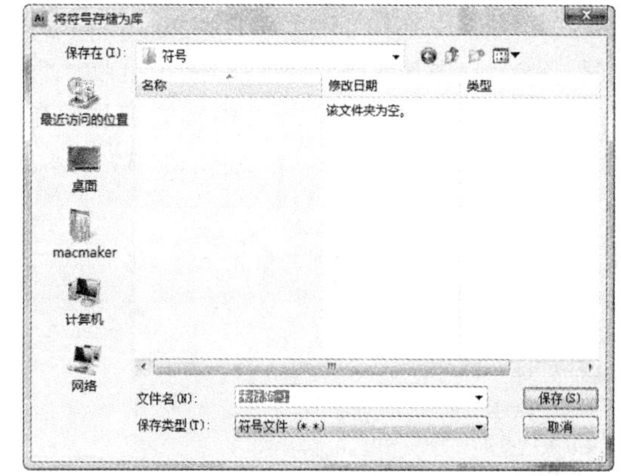

图 11-9 “将符号存储为库”对话框

11.1.3 “符号喷枪”工具

前面讲述的放置“符号”实例的方法过于笨拙，如果要放置多个实例对象时，势必非常麻烦。使用 Adobe Illustrator 软件提供的“符号喷枪”工具，可以非常快捷地将多个相同或不同的符号实例放置的画板中。具体的操作方法如下：

1. 调出“符号”面板，并选中要使用的“符号”选项（也可以在不同的符号库面板中进行选取）。

2. 在工具箱中选中“符号喷枪”工具，或使用快捷键 Shift+S。

3. 在要放置符号实例的位置上单击并拖动鼠标，所经过的位置上将按照设置进行实例的摆放，如图 11-10 所示。

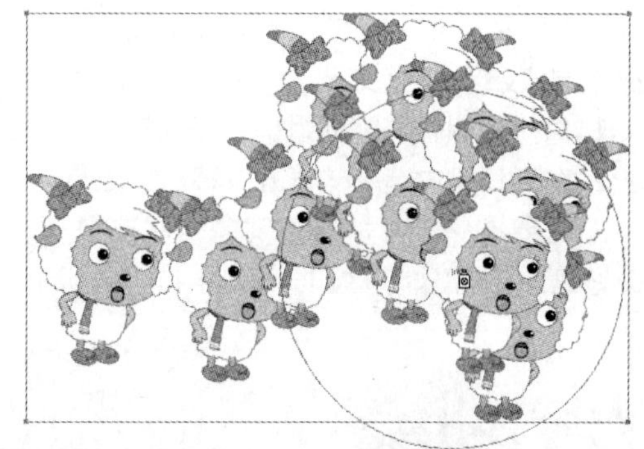

图 11-10 喷涂符号实例

4. 此时虽然符号实例比较多，但是采样同一个实例框，我们称为“实例组”，每一个“实例组”可以放置相同的实例对象，也可以放置不同的实例对象，当要在“实例组”中放置其他的实例对象时，可在“符号”面板中选中其他的实例选项，保持该“实例组”的当选状态，在相应的位置上单击并拖动鼠标，继续进行喷涂，如图 11-11 所示。

图 11-11　不同实例的实例组

11.1.4　“符号位移器”工具

在使用“符号喷枪”工具进行符号实例的喷涂时，虽然实例对象会发生一些位移现象，但是不能让用户进行直接的控制。对于实例组中的对象，并不能分别使用“选择”工具进行移动，需要使用 Adobe Illustrator 软件提供的“符号位移器”工具来操作。除了进行平面位移以外，还可以使用该工具调整符号实例对象之间的层次关系，具体的操作方法如下：

1. 保持要调整“实例组”的当选状态。
2. 在工具箱中选中“符号位移器”工具。
3. 在要调整位置的实例对象上单击鼠标，并直接拖曳到要调整的位置上，如图 11-12 所示。

图 11-12　调整实例位置

4. 当要将一个实例对象的层次向前调整时，可按下 Shift 键，单击相应的实例对象，如果要向后移动层次时，可按下快捷键 Shift+Alt，单击相应的实例对象，如图 11-13 所示。

图 11-13　向前和向后移动层次

11.1.5　“符号紧缩器”工具

当要将符号实例组中的实例对象进行收缩放置或散开放置时，使用“符号位移器”工具操作起来不是很方便，Adobe Illustrator 软件提供了“符号紧缩器”工具，可以方便地将分散放置的符号实例对象散开，相反的也可以进行收缩处理，具体的操作方法如下：

1. 保持要调整“实例组”的当选状态。
2. 在工具箱中选中“符号紧缩器”工具。
3. 在要进行收缩处理的符号实例对象上单击鼠标，按住的时间越长，符号实例离散的幅度越大。
4. 按下 Alt 键，可以将符号实例散开，如图 11-14 所示。

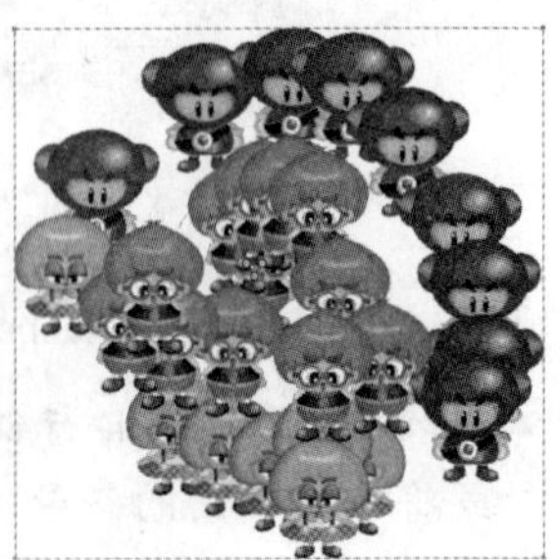

图 11-14　符号实例收缩和散开的效果

11.1.6　“符号缩放器”工具

使用传统的缩放对象的方法，可以对整个实例组进行统一的缩放处理，如果要对实例组中的单独实例进行缩放处理时，可以使用“符号缩放器”

工具，具体的操作方法如下：

1. 保持要调整“实例组”的当选状态。

2. 在工具箱中选中“符号缩放器”工具。

3. 在要进行放大的位置上单击鼠标，按下鼠标的时间越长，放大的尺寸越大。

4. 按下 Alt 键，可以实现实例对象缩小处理，如图 11-15 所示。

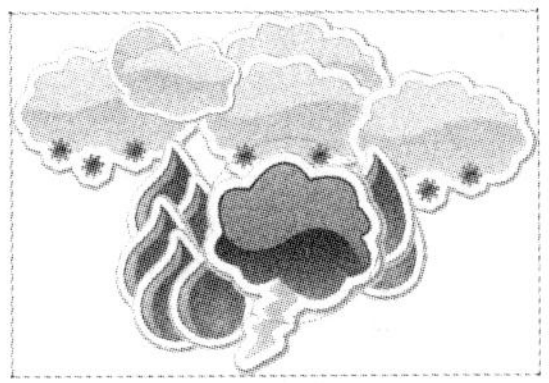

图 11-15　放大实例对象

11.1.7　“符号旋转器”工具

使用传统的旋转对象的方法，可以对整个实例组进行统一的旋转处理，如果要对实例组中的单独实例进行旋转处理时，可以使用“符号旋转器”工具，具体的操作方法如下：

1. 保持要调整“实例组”的当选状态。

2. 在工具箱中选中“符号旋转器”工具。

3. 在要进行旋转的“实例”对象上单击鼠标，拖曳鼠标进行顺时针旋转。

4. 按下 Alt 键，拖曳鼠标进行逆时针旋转，如图 11-16 所示。

图 11-16　旋转实例

11.1.8　“符号着色器”工具

一般情况下，每一个符号对象都有自己的颜色，如果要修改它们的颜色，可以使用 Adobe Illustrator 软件提供的“符号着色器”工具，具体的操作方法如下：

1. 保持要调整“实例组”的当选状态。

2. 在工具箱中选中“符号着色器”工具。

3. 在工具箱或“颜色”面板中选中要使用的颜色。

4. 在要着色的符号实例对象上单击鼠标，按住的时间越长，着色的效果越明显。

5. 按下 Alt 键，可以将已经着色的效果退去，如图 11-17 所示。

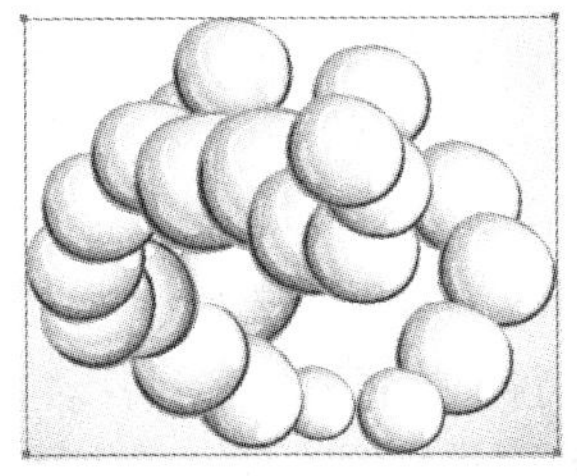
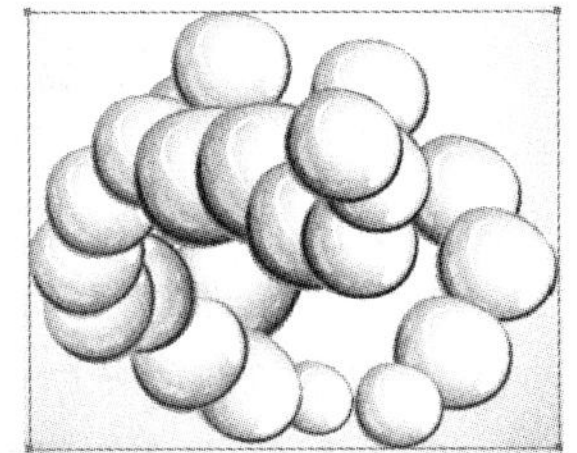

图 11-17　着色实例的效果

11.1.9　“符号样式器”工具

“样式”是 Adobe Illustrator 软件中一种为图形对象添加效果的功能，在相应的章节中会详细讲到，通过使用“符号样式器”工具，可以将样式添加到符号实例对象上。具体的操作方法如下：

1. 保持要调整“实例组”的当选状态。

2. 在工具箱中选中“符号样式器”工具。

3. 执行“窗口”>“图形样式”命令，或使用快捷键 Shift+F5，将如图 11-18 所示的“图形样式”面板调出。

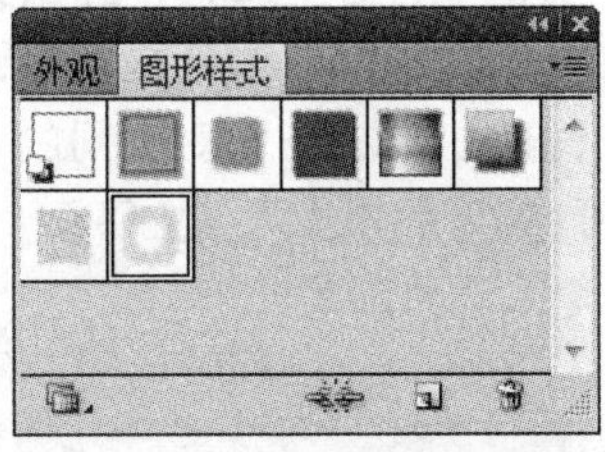

图 11-18　“图形样式”面板

4. 在要附加样式的符号实例对象上单击鼠标，按住的时间越长，着色的效果越明显。

5. 按下 Alt 键，可以将已经添加的样式效果退去，如图 11-19 所示。

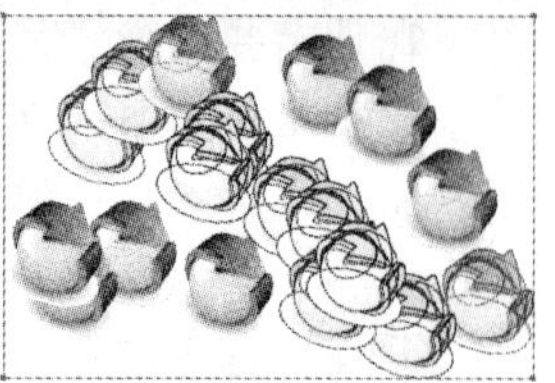

图 11-19 添加样式的效果

11.1.10 “符号滤色器”工具

使用“符号滤色器”工具，可以调整符号实例中的透明度，从而显示为若隐若现的效果，具体的操作方法如下：

1. 保持要调整“实例组”的当选状态。
2. 在工具箱中选中“符号滤色器”工具。
3. 在要降低透明度的符号实例对象上单击鼠标，按住的时间越长，透明度降低得越明显。
4. 按下 Alt 键，可以提高符号实例的透明度，如图 11-20 所示。

图 11-20 降低透明度的效果

11.1.11 设置“符号”工具组

在使用各种“符号”工具前，一般要进行设置，在工具箱中双击“符号”工具，弹出如图 11-21 所示的“符号工具选项”对话框，在该对话框中可以单击不同的工具按钮，对不同的“符号”工具进行调整，具体的操作方法如下：

- 直径：指定工具的画笔大小。

提示

使用符号工具时，可随时按下“[”键，以减小直径，或按“]”键，以增大直径。

- 强度：指定更改的速率（值越高，更改越快），或选择“使用压感笔”以使用输入板或光笔的输入（而非“强度”值）。

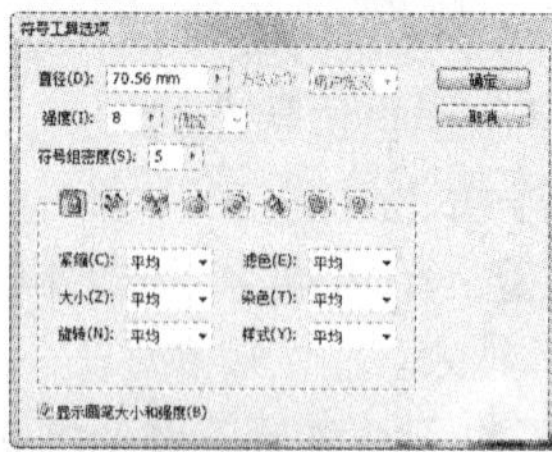
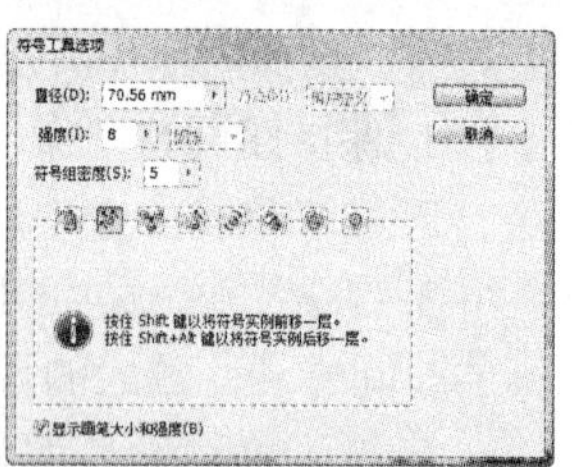
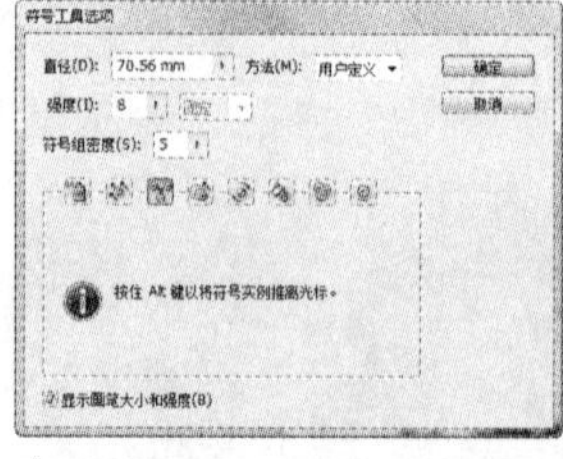
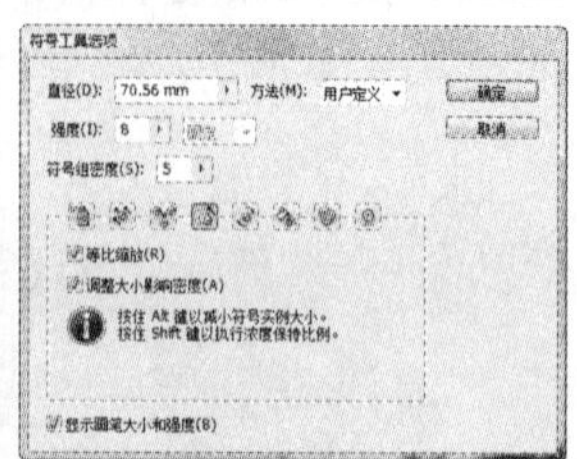
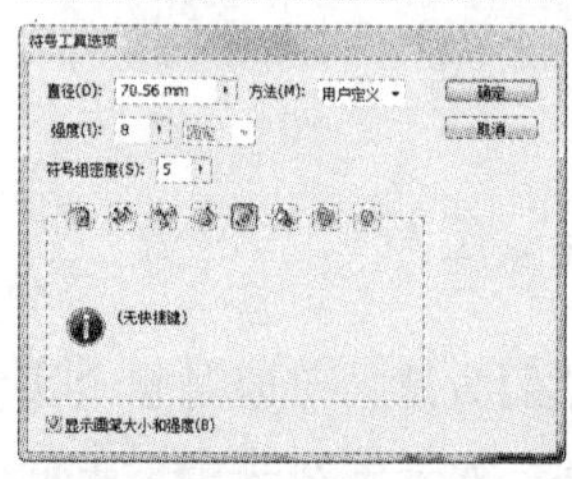
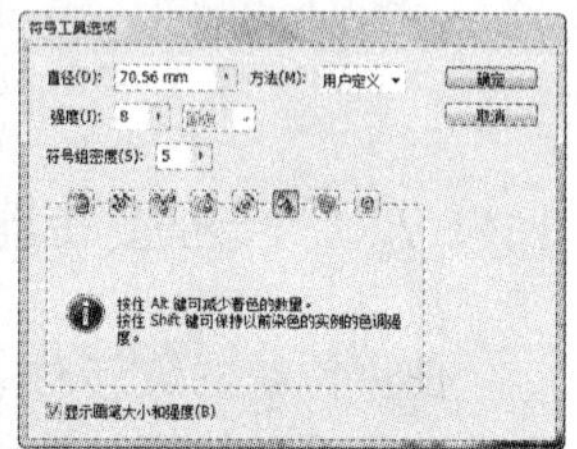
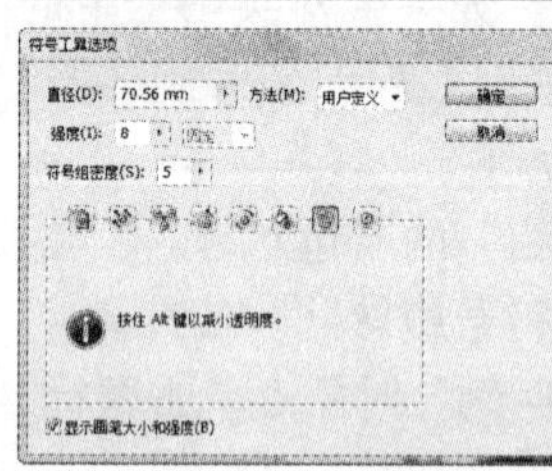
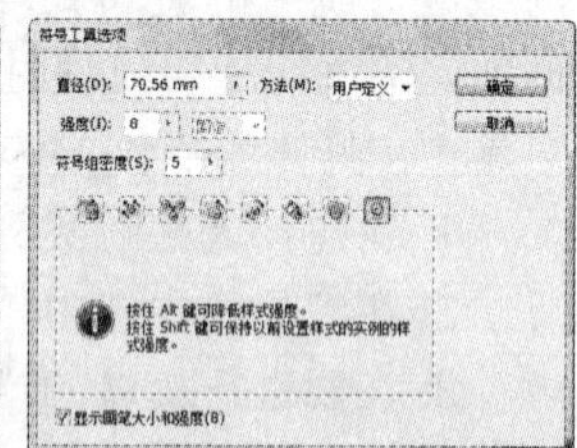

图 11-21 不同工具的“符号工具选项”对话框

- 符号组密度：指定符号组的吸引值（值越高，符号实例的堆积密度越大）。此设置应用于整个符号集。如果选择了符号集，将更改集中所有符号实例的密度，不仅是新创建的实例。
- 方法：指定“符号紧缩器”、“符号缩放器”、“符号旋转器”、“符号着色器”、“符号滤色器”和“符号样式器”工具，调整符号实例的方式。选择“用户定义”选项，根据光标位置逐步调整符号。选择“随机”选项，在光标下的区域随机修改符号。选择“平均”选项逐步平滑符号值。
- 显示画笔大小和强度：使用工具时显示大小。
- 符号喷枪选项：仅当选择“符号喷枪”工具时，符号喷枪选项（“紧缩”、“大小”、“旋转”、“滤色"、"染色"和"样式"）才会显示在"符号工具选项"对话框中的常规选项下，并控制新符号实例添加到符号集的方式。每个选项提供两个选择：

> 平均：添加一个新符号，具有画笔半径内现有符号实例的平均值。例如，添加到平均现有符号实例为50%透明度区域的实例将为50%透明度；添加到没有实例的区域的实例将为不透明。

提示

"平均"设置仅考虑"符号喷枪"工具的画笔半径内的实例，您可使用"直径"选项进行设置。要在工作时看到半径，请选中"显示画笔大小和强度"复选项。

> "用户定义"：为每个参数应用特定的预设值："紧缩"（密度）预设为基于原始符号大小；"大小"预设为使用原始符号大小；"旋转"预设为使用鼠标方向（如果鼠标不移动则没有方向）；"滤色"预设为使用100%不透明度；"染色"预设为使用当前填充颜色和完整色调量；"样式"预设为使用当前样式。

- 符号缩放器选项：仅在选择"符号缩放器"工具时，"符号缩放器"选项显示在"符号工具选项"对话框中"常规"选项下。
- 等比缩放：保持缩放时每个符号实例的形状一致。
- 调整大小影响密度：放大时，使符号实例彼此远离；缩小时，使符号实例彼此靠拢。

11.2 用"符号"制作"招牌通栏"

本节将使用Illustrator软件中的"符号"功能，制作一个非常漂亮的"招牌通栏"，一般情况下，"招牌通栏"在尺寸上的限定为950×150像素，下面将讲述具体的操作流程：

1. 启动Adobe Illustrator软件，执行"文件">"新建"命令，或使用快捷键Ctrl+N，弹出如图11-22所示的"新建文档"对话框，在"宽度"文本框中输入950，在"高度"文本框中输入150，在"单位"下拉列表中选中"像素"选项，其他选项保持默认，单击"确定"按钮创建文档。

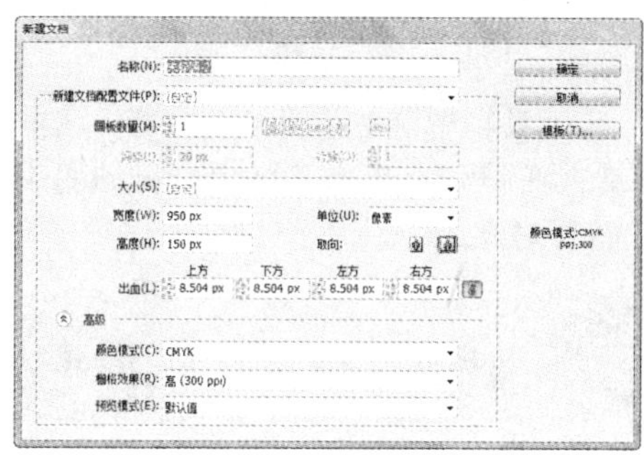

图 11-22

2. 在工具箱中选中"矩形"工具，沿着文档的边缘，绘制一个矩形对象，如图11-23所示。

图 11-23

3. 保持该对象的当选状态，调出"渐变"面板，单击该面板中"渐变"列表按钮，在弹出的列表中选中"沙漠日落"选项，对当选对象进行渐变填充，如图11-24所示。

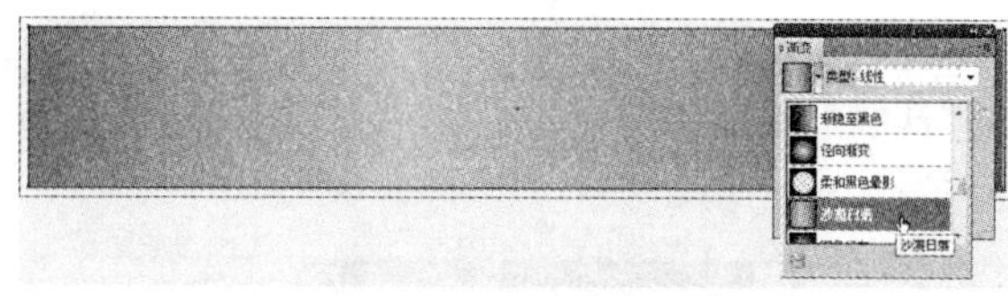

图 11-24

4. 执行"窗口">"符号库">"复古"命令，将如图11-25所示的"复古"面板调出。

5. 在工具箱中选中"符号喷枪"工具，并在"复古"面板中单击"嘴唇"选项。

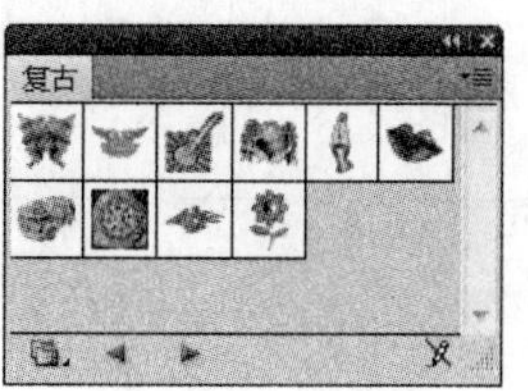

图 11-25

6. 使用“符号喷枪”工具，在图像中喷涂相应的符号，如图 11–26 所示。

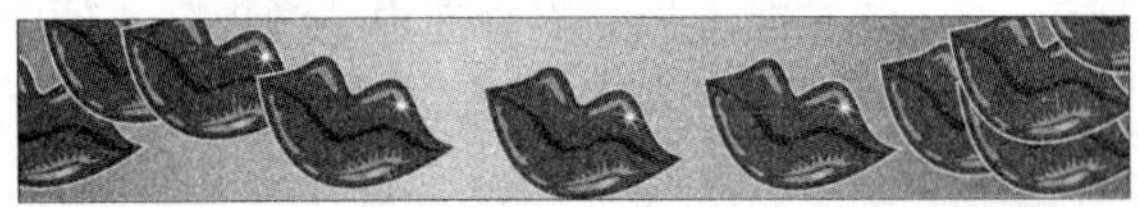

图 11–26

7. 在工具箱中选中“符号缩放器”工具，按下 Alt 键，在符号上单击并拖曳，将如图 11–27 所示的符号对象缩小。

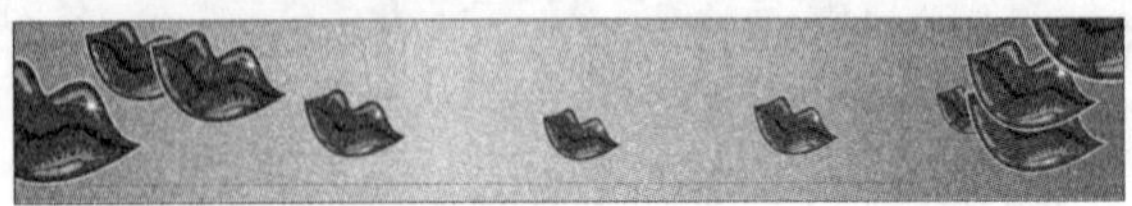

图 11–27

8. 在工具箱中选中“符号滤色器”工具，在中间的符号部分单击并拖动鼠标，对如图 11–28 所示的符号进行滤色操作。

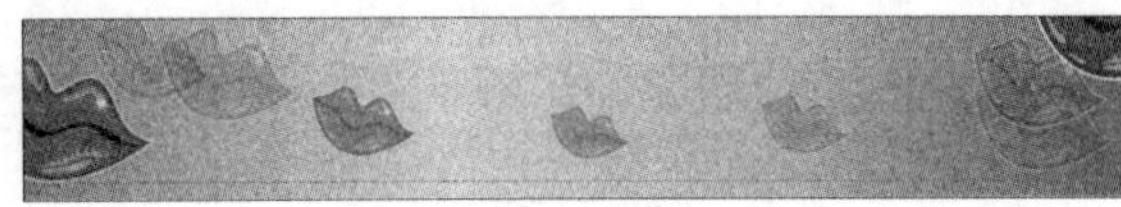

图 11–28

9. 执行“选择”>“取消选择”命令，或使用快捷组合键 Ctrl+Shift+A，将所有的选取取消。

10. 执行“窗口”>“符号库”>“庆祝”命令，将“庆祝”面板调出。

11. 在工具箱中选中“符号喷枪”工具，并在“庆祝”面板中选中如图 11–29 所示的“烟火”选项。

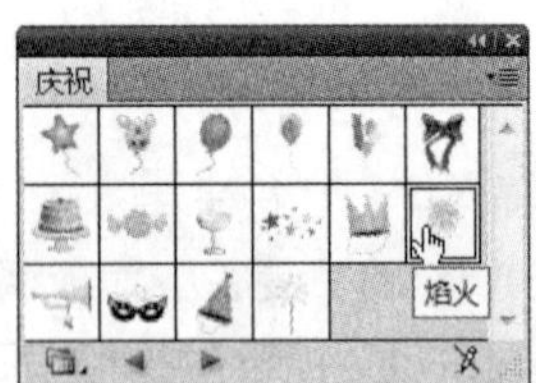

图 11–29

12. 使用“符号喷枪”工具，在图像中喷涂相应的符号，如图 11–30 所示。

图 11–30

13. 在工具箱中选中“符号缩放器”工具，按下 Alt 键，在符号上单击并拖拽，将如图 11–31 所示的符号对象缩小。

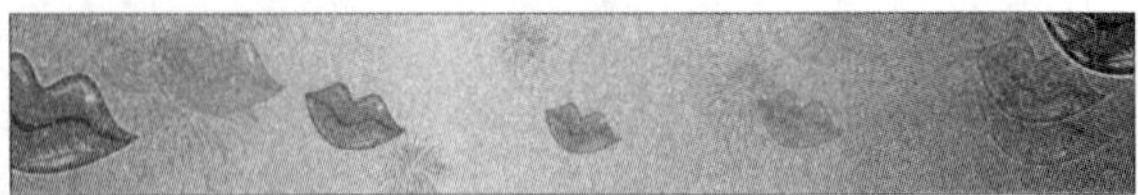

图 11–31

14. 在工具箱中选中“符号着色器”工具，在“颜色”面板中选中不同的颜色，在当选的符号上进行单击，将不同的颜色添加到不同的符号上，如图 11–32 所示。

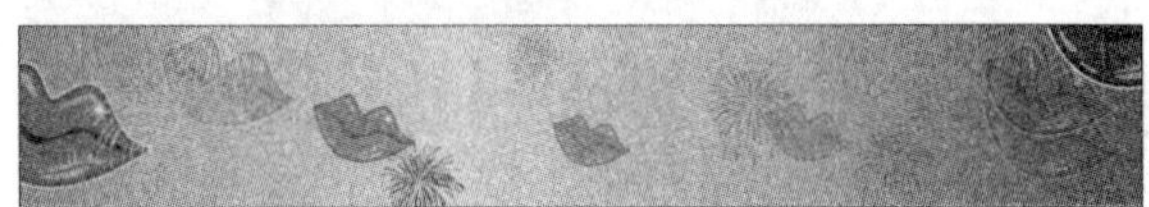

图 11–32

15. 在工具箱中选中“符号喷枪”工具，并在“庆祝”面板中单击如图 11–33 所示的“五彩纸屑”选项。

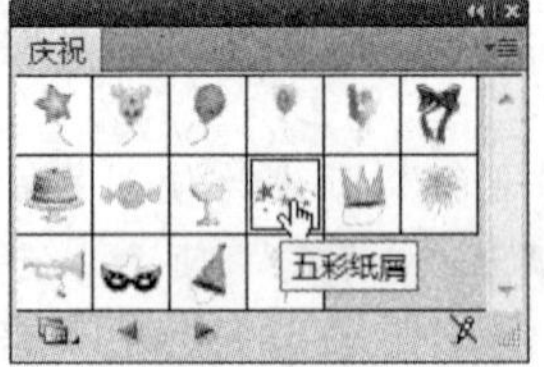

图 11–33

16. 执行“选择”>“取消选择”命令，或使用快捷组合键 Ctrl+Shift+A，将所有的选取取消。

17. 使用“符号喷枪”工具，在图像中喷涂相应的符号，如图 11–34 所示。

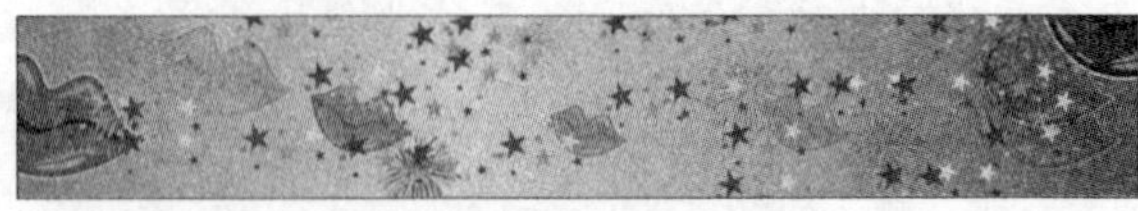

图 11–34

18. 在工具箱中选中“符号旋转器”工具，在当选的符号对象上单击并拖动鼠标，对符号进行旋转，如图 11–35 所示。

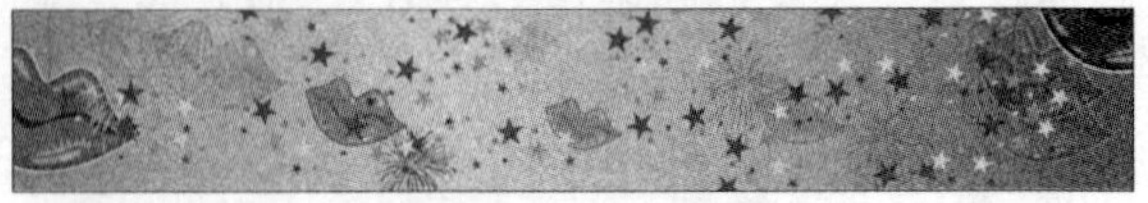

图 11–35

19. 在工具箱中选中“符号滤色器”工具，在中间的符号部分单击并拖动鼠标，对如图11-36所示的符号进行滤色处理。

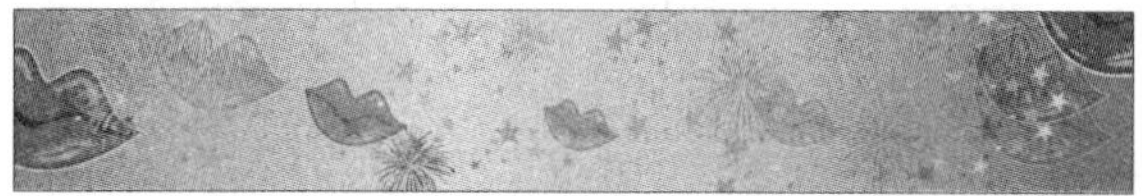

图 11-36

20. 执行“窗口”>“符号库”>“花朵”命令，将“花朵”面板调出。

21. 执行“选择”>“取消选择”命令，或使用快捷组合键 Ctrl+Shift+A，将所有的选取取消。

22. 在工具箱中选中“符号喷枪”工具，并在“花朵”面板中选中如图11-37所示的“大丁花”选项。

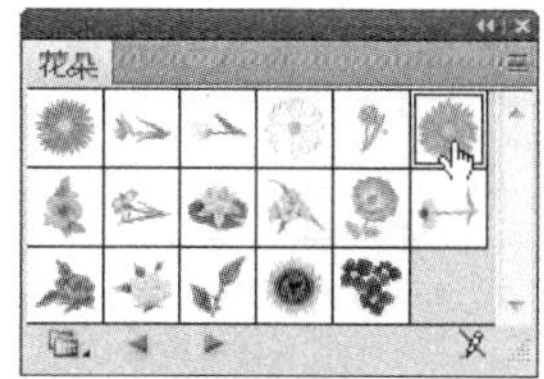

图 11-37

23. 使用“符号喷枪”工具，在图像中喷涂相应的符号，如图11-38所示。

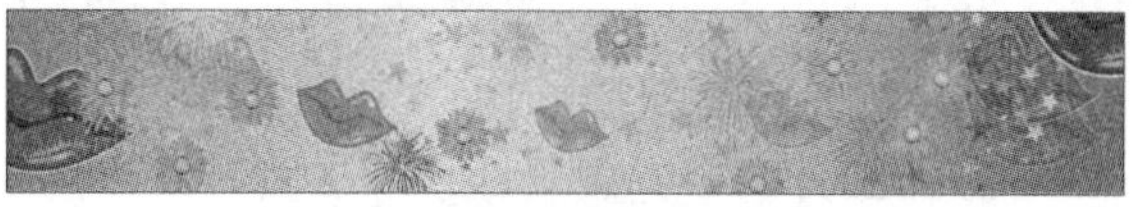

图 11-38

24. 在工具箱中选中“符号缩放器”工具，在符号上单击并拖曳，将如图11-39所示的符号对象放大。

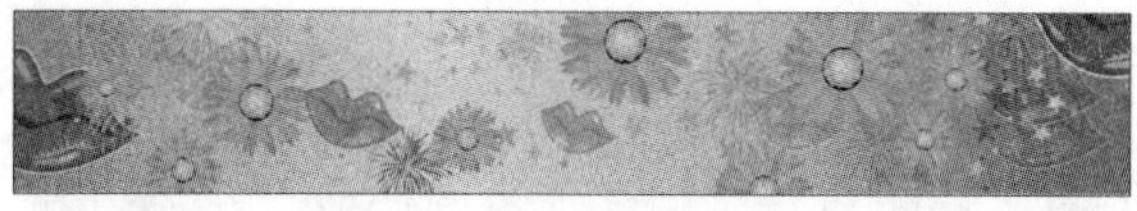

图 11-39

25. 在工具箱中选中“符号滤色器”工具，在中间的符号部分单击并拖动鼠标，对如图11-40所示的符号进行滤色处理。

图 11-40

26. 执行“窗口”>“符号库”>“提基”命令，将“提基”面板调出。

27. 在该面板中选中如图11-41所示的“女性”选项，并直接拖曳到图像中。

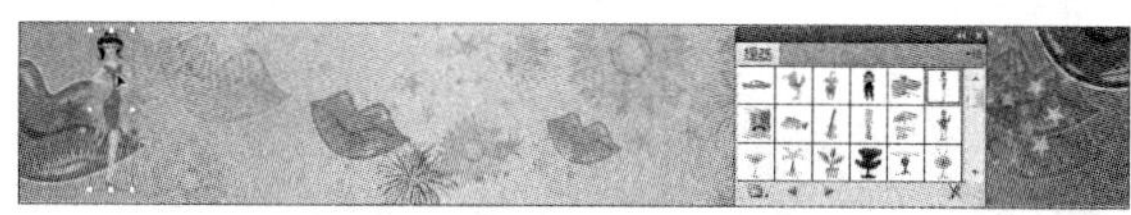

图 11-41

28. 在工具箱中选中“文字”工具，在图像中单击鼠标，并输入“Macmaker WorkGroup Design”（或其他）字样，调整字体和字号，如图11-42所示。

图 11-42

29. 保持对象的当选状态，执行“窗口”>“图形样式库”>“文字效果”命令，将如图11-43所示的“文字效果”面板调出，选中该面板中的“波形”选项。

图 11-43

30. 在工具箱中选中“文字”工具，在图像中单击鼠标，并输入“自己做老板点亮智慧人生”（或其他广告语）字样，并调整字体和字号，如图11-44所示。

图 11-44

31. 保持对象的当选状态，执行“窗口”>“图形样式库”>“彩虹效果”命令，将如图11-45所示的“彩虹效果”面板调出，选中该面板中的“浅水绿色霓虹”选项。

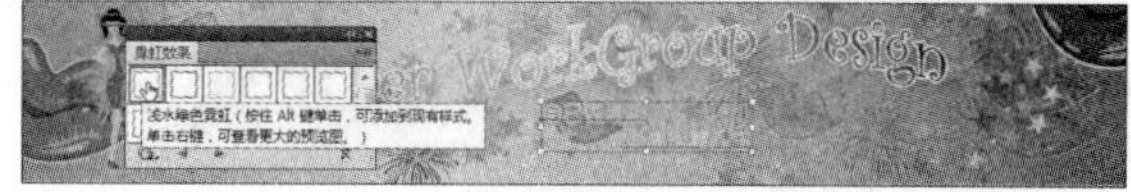

图 11-45

32. 在工具箱中选中“文字”工具，在图像中单击鼠标，并输入“QQ:283617831”（或其他联系方式）字样，调整字体和字号，如图 11-46 所示。

图 11-46

33. 保持对象的当选状态，执行“窗口”>“图形样式库”>“艺术效果”命令，将如图 11-47 所示的“艺术效果”面板调出，选择该面板中的“RGB 树胶水彩画”选项。

图 11-47

34. 到此整个“招牌通栏”制作完毕，还可以到 Photoshop 软件中制作一些动画效果。

11.3 动态招牌通栏

本节制作一个比较有意思的动画通栏，并且在这些动画中并不使用矢量的素材，而是全部采用位图的素材，这就需要大家在 Photoshop 软件中，利用选区功能，将素材挑选出来。具体的操作方法如下：

1. 启动 Adobe Photoshop 软件，执行“文件”>“打开”命令，或使用快捷键 Ctrl+O，打开如图 11-48 所示的素材文件。

图 11-48

2. 因为要制作的图像尺寸为 950×150 pt，所以这个素材过高，要将其高度降低。执行“图像”>“图像大小”命令，弹出如图 11-49 所示的“图像大小”对话框。在该对话框中取消对“约束比例”复选项的勾选，并选中“重定图像像素”复选项，在“宽度”文本框中输入 950，在“高度”文本框中输入 250，单击“确定”按钮，调出图像尺寸，如图 11-50 所示。

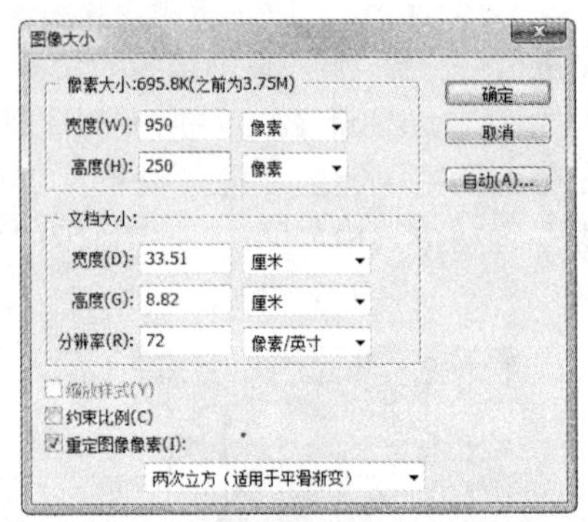

图 11-49

图 11-50

3. 在工具箱中选中“裁切”工具，或使用快捷键 C，在状态栏中的“宽度”文本框中输入 950 pt，在“高度”文本框中输入 150 pt，在图像中单击并拖动鼠标，对图像进行裁切，如图 11-51 所示。

图 11-51

4. 下面准备第二个素材，执行“文件”>“打开”命令，或使用快捷键 Ctrl+O，打开如图 11-52 所示的素材文件。

5. 在工具箱中选中“钢笔”工具，或使用快捷键 P，在“状态栏”中单击“路径”按钮，沿着主体图像进行路径的勾勒，如图 11-53 所示。

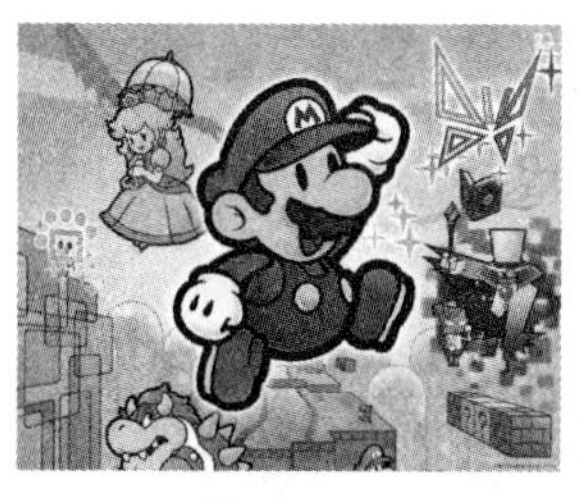

图 11-52　　图 11-53

6. 将“路径”面板调出，按住 Ctrl 键，单击“工作路径”图标，将路径转换为选区，如图 11-54 所示。

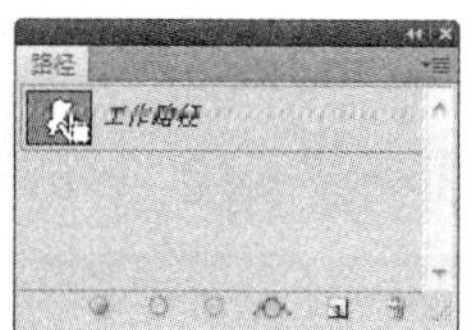

图 11-54

7. 按下快捷键 Ctrl+C，对选区中的图像进行复制。

8. 回到原始的背景图像中，按下快捷键 Ctrl+V，将图像复制到该图像中，如图 11-55 所示。

图 11-55

9. 因为两个素材的尺寸并不是非常匹配，所以需要将复制的素材缩小。按下快捷键 Ctrl+T，再按下 Shift 键，将该素材等比例缩小到如图 11-56 所示的尺寸。

图 11-56

10. 下面先来制作这部分动画效果，将“动画（时间轴）”面板调出，单击该面板的“菜单”按钮，在弹出的菜单中选择“文档设置”命令，弹出如图 11-57 所示的“文档时间轴设置”对话框，在“持续时间”文本框中输入 0:00:10:00，调整“帧速率”为 10，单击“确定”按钮，调整动画长度。

图 11-57

11. 按下快捷键 Ctrl+R，将图像的标尺调出，如图 11-58 所示。

图 11-58

12. 将鼠标放到标尺上，单击并拖动鼠标，可以创建相应的辅助线，将一条辅助线放到如图 11-59 所示的位置上。

图 11-59

13. 采用相同的方法，创建如图 11-60 所示的所有参考线。

图 11-60

14. 在“动画（时间轴）”面板中，将时间指针调整到开始的位置，展开“马里奥”图层的属性，单击“位置”属性的“动画开关”按钮，创建一个关键帧，如图 11-61 所示。

图 11-61

15. 使用“移动”工具，在图像中移动“马里奥”到如图 11-62 所示的位置上，使用辅助线进行吸附。

图 11-62

16. 将时间指针调整到 6 帧的位置，将“马里奥”移动到如图 11-63 所示的位置上，使用辅助线进行吸附。

图 11-63

17. 将时间指针调整到 1 秒的位置，将“马里奥”移动到如图 11-64 所示的位置上，使用辅助线进行吸附。

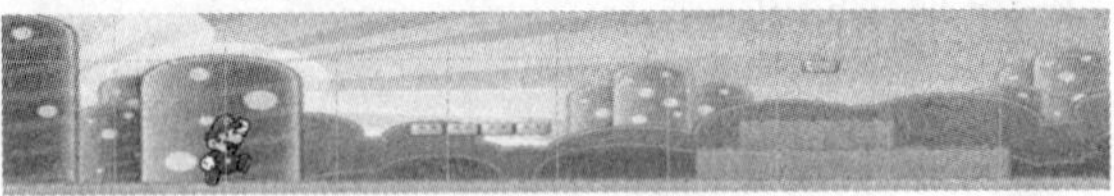

图 11-64

18. 将时间指针调整到 1 秒 6 帧的位置，将“马里奥”移动到如图 11-65 所示的位置上，使用辅助线进行吸附。

图 11-65

19. 将时间指针调整到 2 秒的位置，将“马里奥”移动到如图 11-66 所示的位置上，使用辅助线进行吸附。

图 11-66

20. 将时间指针调整到 2 秒 6 帧的位置，将“马里奥”移动到如图 11-67 所示的位置上，使用辅助线进行吸附。

图 11-67

21. 将时间指针调整到 3 秒的位置，将“马里奥”移动到如图 11-68 所示的位置上，使用辅助线进行吸附。

图 11-68

22. 将时间指针调整到 3 秒 6 帧的位置，将“马里奥”移动到如图 11-69 所示的位置上，使用辅助线进行吸附。

图 11-69

23. 将时间指针调整到 4 秒的位置，将“马里奥”移动到如图 11-70 所示的位置上，使用辅助线进行吸附。

图 11-70

24. 将时间指针调整到 4 秒 6 帧的位置，将“马里奥”移动到如图 11-71 所示的位置上，使用辅助线进行吸附。

图 11-71

25. 将时间指针调整到 5 秒的位置，将“马里奥”移动到如图 11-72 所示的位置上，使用辅助线进行吸附。

图 11-72

26. 下面制作一个“木箱”的动画，首先打开如图 11–73 所示的素材图像。

图 11–73

27. 在工具箱中选中“矩形选区”工具，沿着如图 11–74 所示的“木箱”图像进行框选。

图 11–74

28. 按下快捷键 Ctrl+C，将选区中的内容进行复制。

29. 回到场景的图像中，按下快捷键 Ctrl+V，将复制的图像粘贴到该图像中，如图 11–75 所示。

图 11–75

30. 在工具箱中选中“移动”工具，将“木箱”图像移动到如图 11–76 所示的位置上。

图 11–76

31. 下面制作“马里奥”顶起“木箱”的动画。将时间指针移动到 5 秒 2 帧的位置，在视图中移动“马里奥”到如图 11–77 所示的位置上。

图 11–77

32. 将时间指针移动到 5 秒 4 帧的位置，在视图中移动“马里奥”到如图 11–78 所示的位置上。

图 11–78

33. 将时间指针移动到 5 秒 2 帧的位置，展开“木箱”图层的属性，单击“位置”属性的“动画开关”按钮，创建一个关键帧，如图 11–79 所示。

图 11–79

34. 将时间指针移动到 5 秒 3 帧的位置，在视图中移动“木箱”到如图 11–80 所示的位置上。

图 11–80

35. 将时间指针移动到 5 秒 4 帧的位置，在视图中移动“木箱”到如图 11–81 所示的位置上。

图 11–81

36. 当“马里奥”顶起“木箱”时，将出现本店的名称。下面将制作动画，首先将制作文字素材。在工具箱中选中“文字”工具，并输入“游戏天下”（或其他）字样，调整字体和字号，如图 11–82 所示。

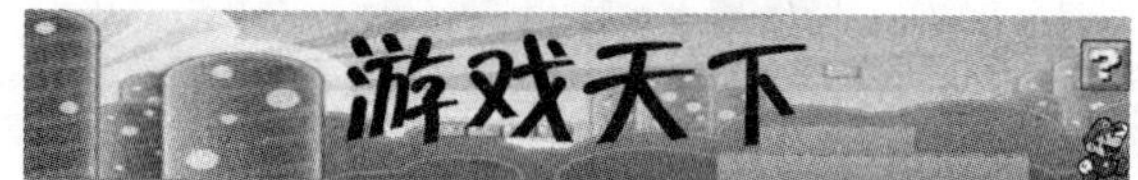

图 11–82

37. 调出“样式”面板，选中如图 11-83 所示的样式选项。

图 11-83

38. 在“图层”面板中单击“创建新图层”按钮，创建一个空白的图层，如图 11-84 所示。

39. 将文字图层和刚刚创建的空白图层同时选中，可以采用按下 Ctrl 键，分别单击两个图层。

40. 按下快捷键 Ctrl+E，将两个图层合并，这样可以将图层的图层样式属性去掉，如图 11-85 所示。

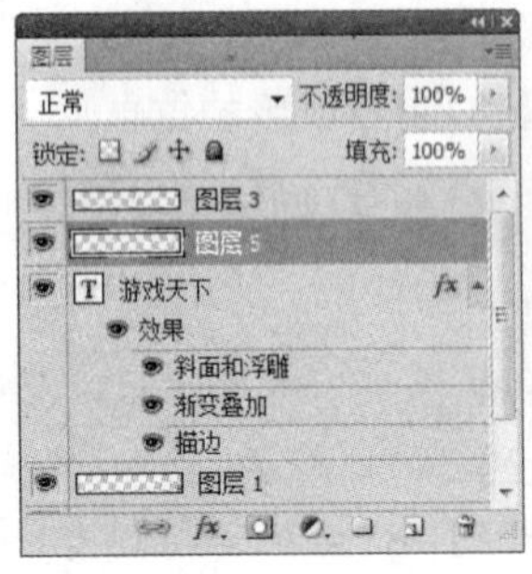

图 11-84

图 11-85

41. 保持该图层的当选状态，单击“创建图层蒙版”按钮，创建一个图层蒙版，如图 11-86 所示。

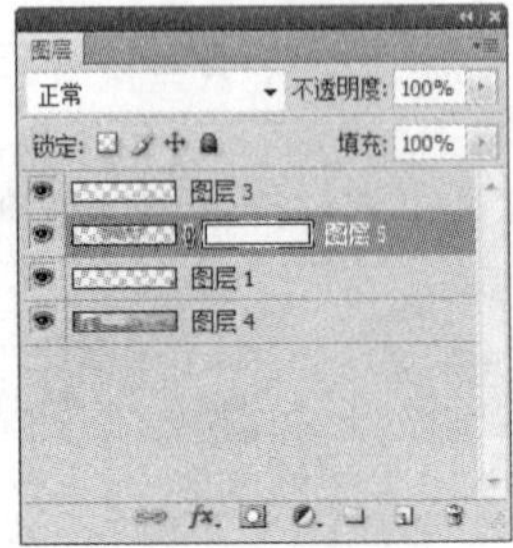

图 11-86

42. 在工具箱中选中“渐变”工具，并调整渐变颜色为黑到白。

43. 按下 Shift 键，从下到上单击并拖动鼠标，填充蒙版，如图 11-87 所示。

图 11-87

44. 在图层蒙版中单击“图层”和“图层蒙版”之间的链接标记，将位置关系断开，并单击“图层”缩略图，进入图层的编辑状态，如图 11-88 所示。

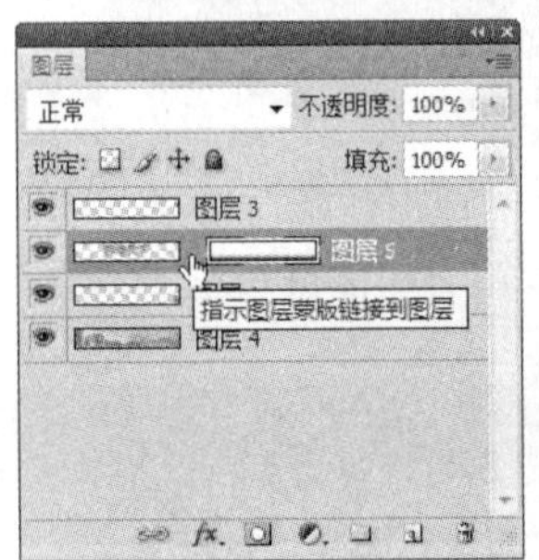

图 11-88

45. 在“动画（时间轴）”面板中，调整时间指针到 5 秒 5 帧的位置上，单击“文字”图层的“位置”动画开关按钮，创建一个关键帧，如图 11-89 所示。

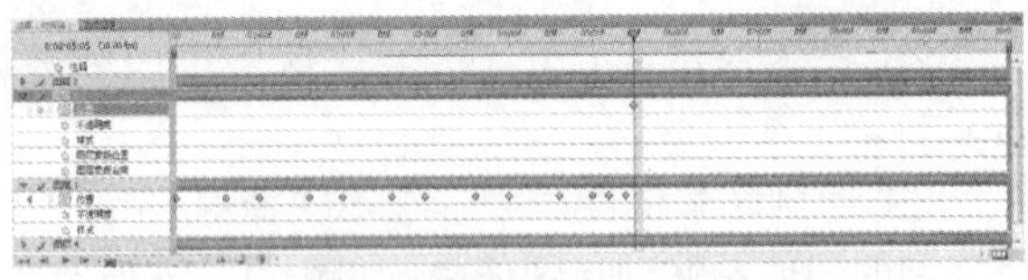

图 11-89

46. 在图像中将“文字”图层移动到图像的底部，使其不可见，如图 11-90 所示。

图 11-90

47. 调整时间指针到 9 秒的位置上，在图像中将“文字”图层移动到图像的中部，如图 11-91 所示，自动创建一个关键帧。

图 11-91

48. 如果希望添加更多的文字内容，还可以采用动画的方式进行添加。到此该招牌通栏制作完毕，执行“文件”>“保存为 Web 和设备所用格式”命令，或使用快捷组合键 Ctrl+Shift+Alt+S，保存为动画的 GIF 格式，并设置为永远循环播放，如图 11-92 所示。

图 11-92

11.4 为促销商品制作招牌通栏

有时，为了对某一个商品进行促销，可以将相应的信息临时放置在招牌通栏中，这样可以非常好地对商品进行宣传。本节中制作一个这样的招牌通栏，具体的操作方法如下：

1. 启动 Adobe Photoshop 软件，打开如图 11-93 所示的素材文件。

图 11-93

2. 按下快捷键 Ctrl+A 和 Ctrl+C，对图像进行复制。

3. 按下快捷键 Ctrl+N，创建一个 950×150 px 的文件，再按下快捷键 Ctrl+V，进行粘贴，如图 11-94 所示。

图 11-94

4. 此时图像的尺寸比较大，按下快捷键 Ctrl+T，再按下 Shift 键，将图像缩小，如图 11-95 所示。

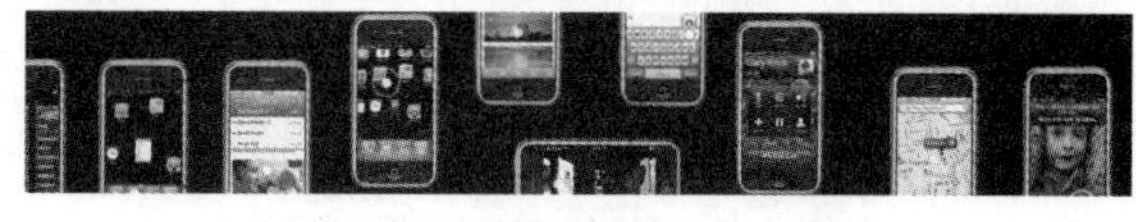

图 11-95

5. 首先来制作底图的动画效果。将“动画(时间轴)”面板调出，单击该面板中的“菜单”按钮，在弹出的菜单中选择“文档设置”命令，弹出如图 11-96 所示的“文档时间轴设置”对话框，在“持续时间”文本框中输入 0:00:10:00，调整“帧速率”为 10，单击“确定”按钮，调整动画长度。

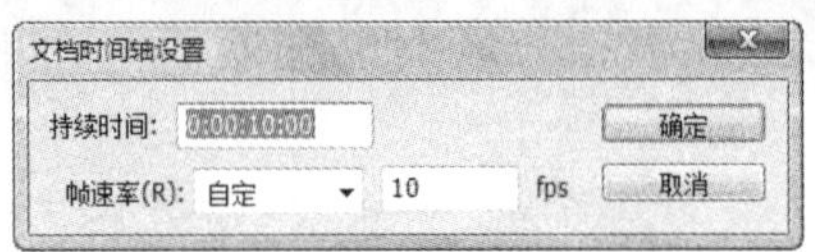

图 11–96

6. 将时间指针调整到动画的开头位置，展开该图层的属性，并单击“位置”的动画开关按钮，创建一个关键帧，如图 11–97 所示。

图 11–97

7. 将时间指针调整到右侧的任意位置，并随意调整图层的位置，创建一个关键帧。如图 11–98 所示。

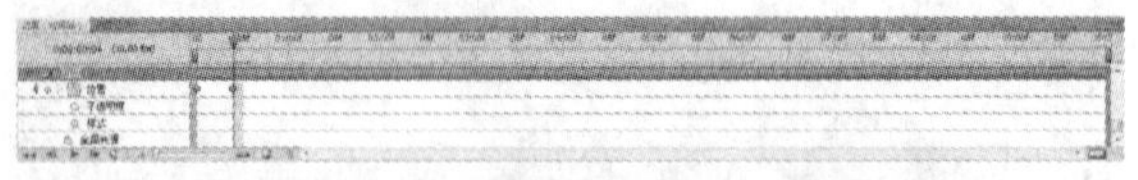

图 11–98

8. 采用相同的方法，在 0 到 5 秒的时间中创建 N 个关键帧，并随意移动位置。但是最后一个关键帧的位置要摆正，如图 11–99 所示。

图 11–99

9. 下面制作广告语的动画效果，首先准备素材。启动 Adobe Illustrator 软件，并打开如图 11–100 所示的素材文件。

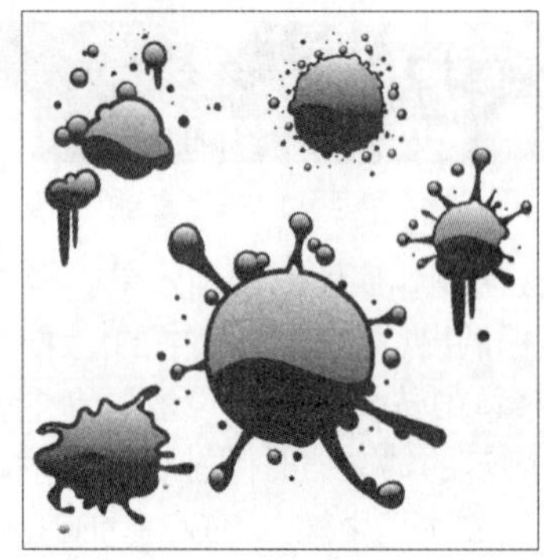

图 11–100

10. 在工具箱中选中“文字”工具，在如图 11–101 所示的位置上单击鼠标，并输入“皇冠”（或其他）字样，调整字体和字号。

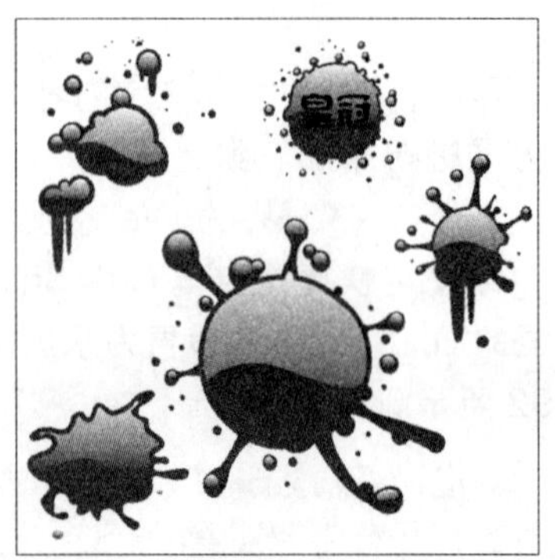

图 11–101

11. 调出“文字效果”面板，保持文字对象的当选状态，选中如图 11–102 所示的样式选项，为文字添加图层样式。

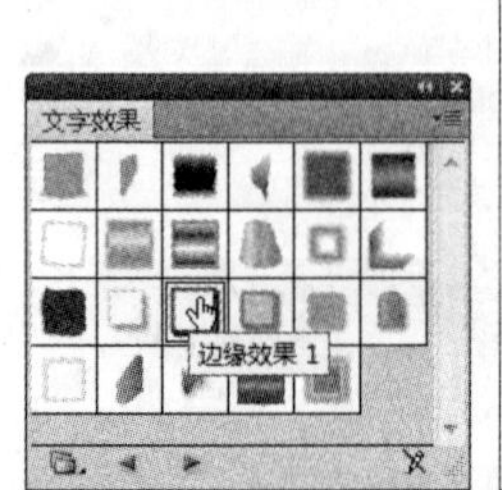

图 11–102

12. 采用相同的方法，为其他部件添加文字，并调整字体和字号，将它们同时选中，单击相同的图层样式选项，如图 11–103 所示。

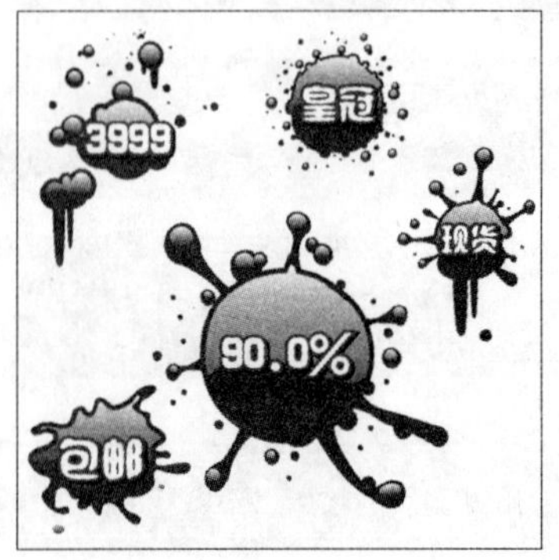

图 11–103

13. 将所有的文字对象同时选中，按下快捷组合键 Ctrl+Shift+O，将文字转换为普通的路径，如图 11–104 所示。

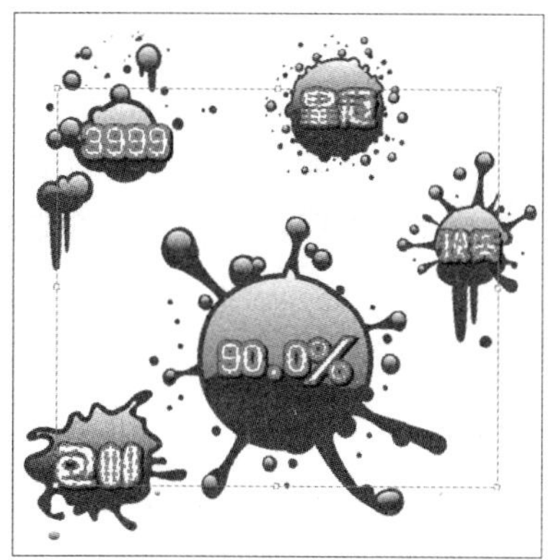

图 11–104

14. 选中如图 11–105 所示的对象部分，并按下快捷键 Ctrl+C，将其复制。

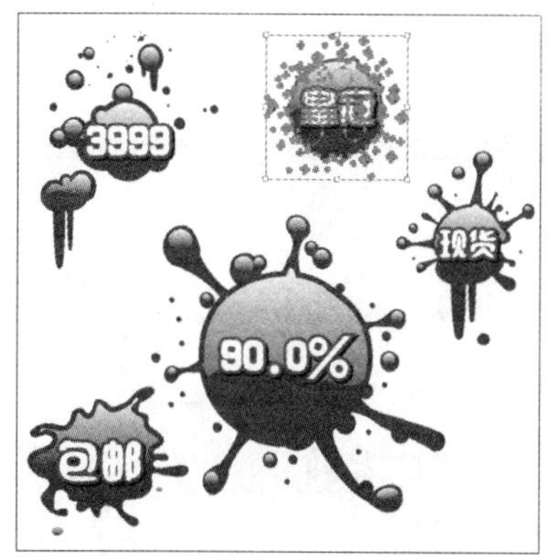

图 11–105

15. 回到 Photoshop 软件中，按下快捷键 Ctrl+V，将相应的素材粘贴到图像中，并调整尺寸到如图 11–106 所示的状态。

图 11–106

16. 在“图层”面板中双击该图层，调出如图 11–107 所示的“图层样式”对话框，在该对话框中勾选左侧的“投影”复选项，其他参数保持默认，单击“确定”按钮，添加图层效果。

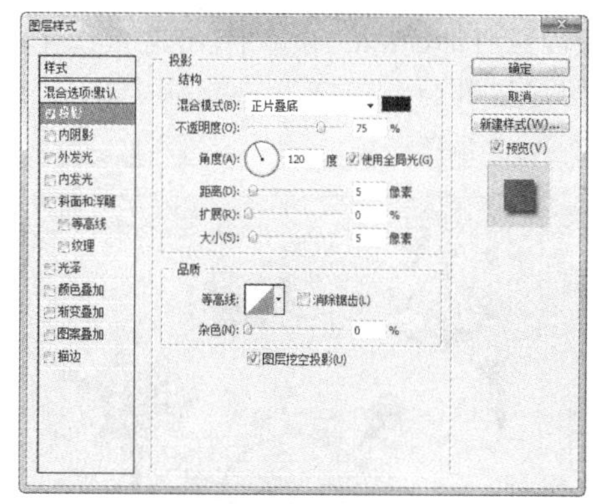

图 11–107

17. 使用“移动”工具，将该图层移动到如图 11–108 所示的位置上。

图 11–108

18. 下面制作该图层的动画效果。调出“动画（时间轴）”面板，将时间指针调整到 5 秒的位置上，展开该图层的属性，并单击“不透明度”的动画开关按钮，创建一个关键帧，如图 11–109 所示。

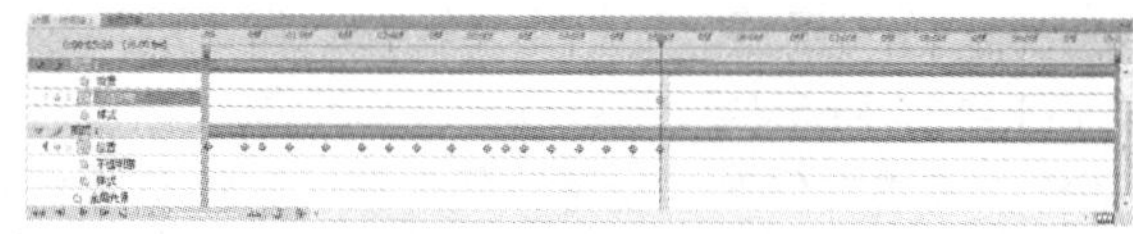

图 11–109

19. 调出“图层”面板，将该图层的“不透明度”调整为 0%，如图 11–110 所示。

20. 将时间指针调整到 6 帧，在“图层”面板中调整“不透明度”为 100%，将时间指针调整到 7 秒，调整“不透明度”为 0%，如图 11–111 所示。

图 11–110

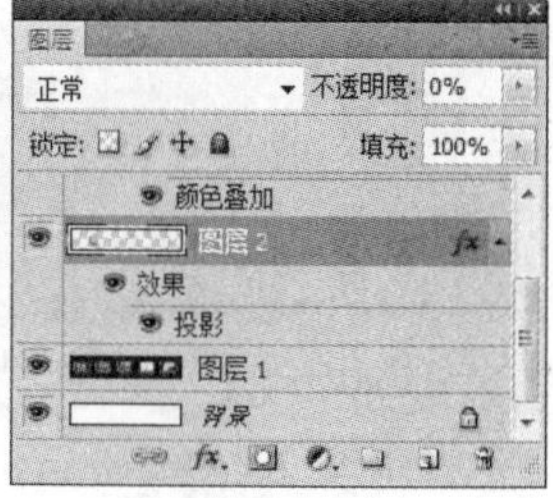

图 11–111

21. 回到 Illustrator 软件中，选中如图 11–112 所示的对象部分，并按下快捷键 Ctrl+C，将其复制。

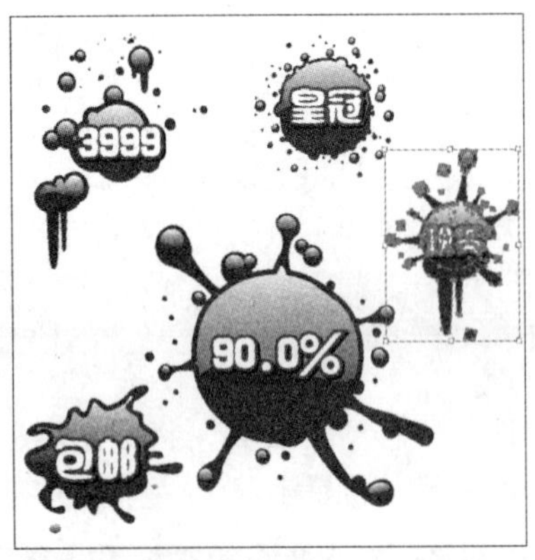

图 11–112

22. 回到 Photoshop 软件中，按下快捷键 Ctrl+V，将素材粘贴到图像中，并调整尺寸到如图 11–113 所示的状态。

图 11–113

23. 在“图层”面板中双击该图层，调出如图 11–114 所示的“图层样式”对话框，在该对话框中勾选左侧的“投影”复选项，其他参数保持默认，单击“确定”按钮，添加图层效果。

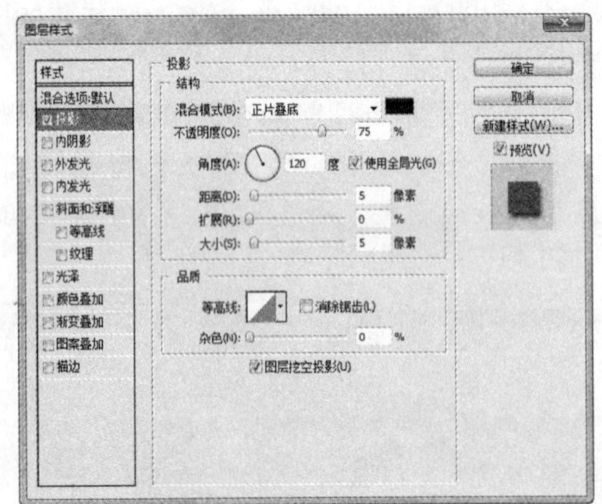

图 11–114

24. 使用“移动”工具，将该图层移动到如图 11–115 所示的位置上。

图 11–115

25. 下面制作该图层的动画效果。调出“动画（时间轴）”面板，将时间指针调整到 5 秒 5 帧的位置上，展开该图层的属性，并单击“不透明度”的动画开关按钮，创建一个关键帧，如图 11–116 所示。

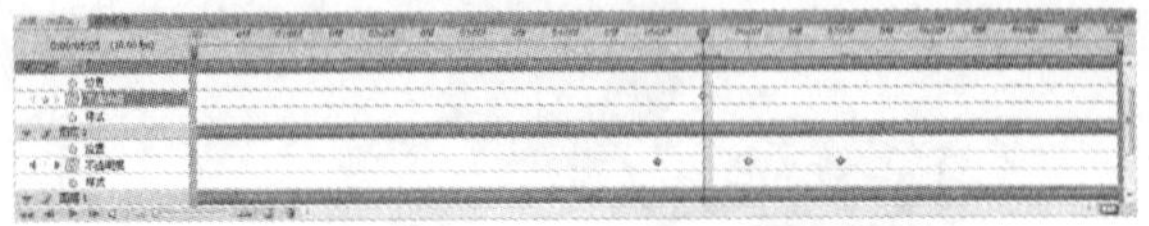

图 11–116

26. 调出“图层”面板，将该图层的“不透明度”调整为 0%，如图 11–117 所示。

27. 将时间指针调整到 6 帧 5 帧，在“图层”面板中调整“不透明度”为 100%，将时间指针调整到 7 秒 5 帧，调整“不透明度”为 0%，如图 11–118 所示。

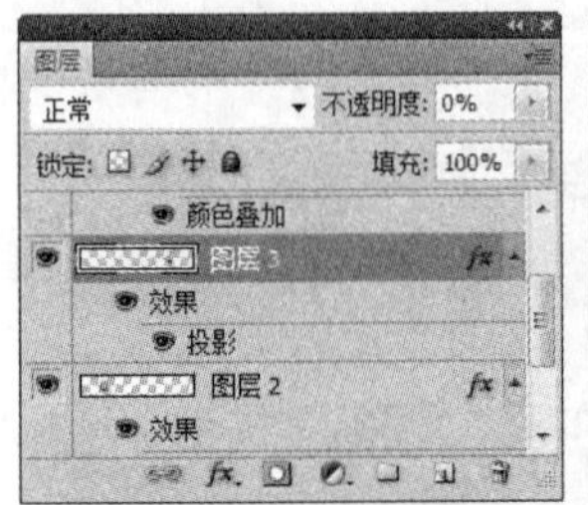

图 11–117

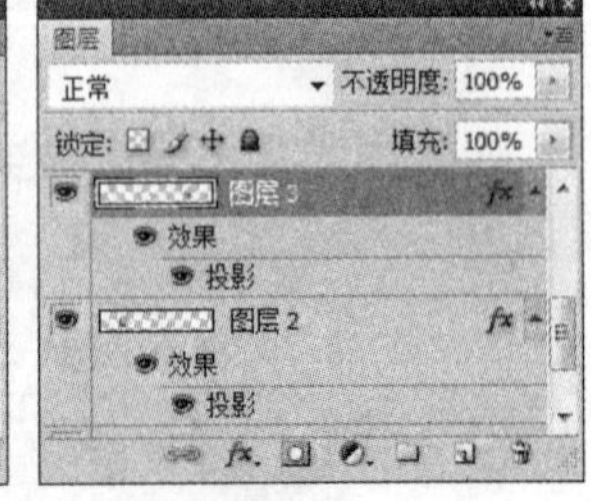

图 11–118

28. 回到 Illustrator 软件中，选中如图 11–119 所示的对象部分，并按下快捷键 Ctrl+C，将其复制。

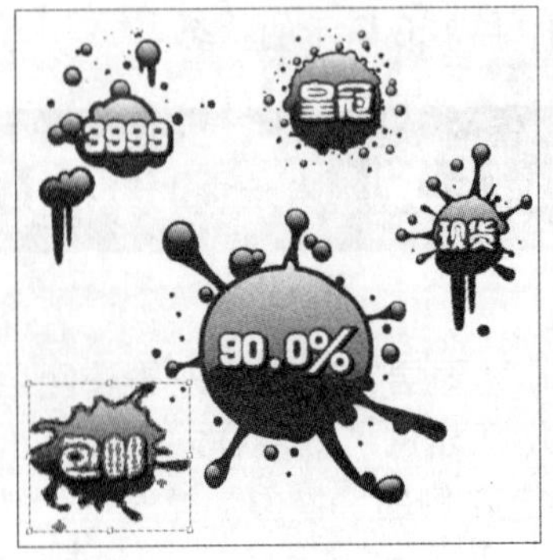

图 11–119

29. 回到 Photoshop 软件中，按下快捷键 Ctrl+V，将素材粘贴到图像中，并调整尺寸到如图 11–120 所示的状态。

图 11–120

30. 在“图层”面板中双击该图层，调出如图 11–121 所示的“图层样式”对话框，在该对话框中勾选左侧的“投影”复选项，其他参数保持默认，单击“确定”按钮，添加图层效果。

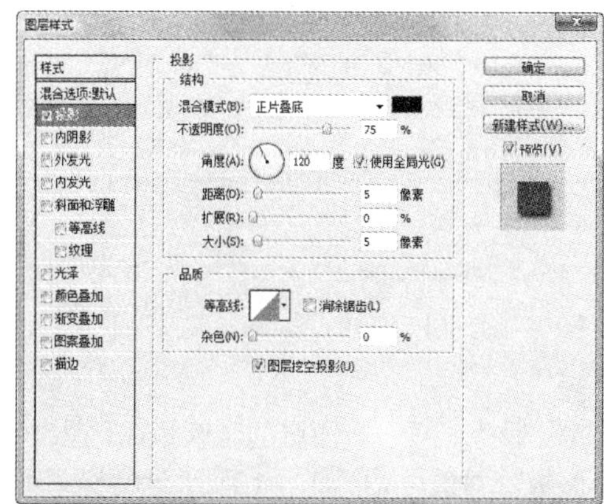

图 11–121

31. 使用“移动”工具，将该图层移动到如图 11–122 所示的位置上。

图 11–122

32. 下面制作该图层的动画效果。调出“动画（时间轴）”面板，将时间指针调整到 5 秒的位置上，展开该图层的属性，并单击“不透明度”的动画开关按钮，创建一个关键帧，如图 11–123 所示。

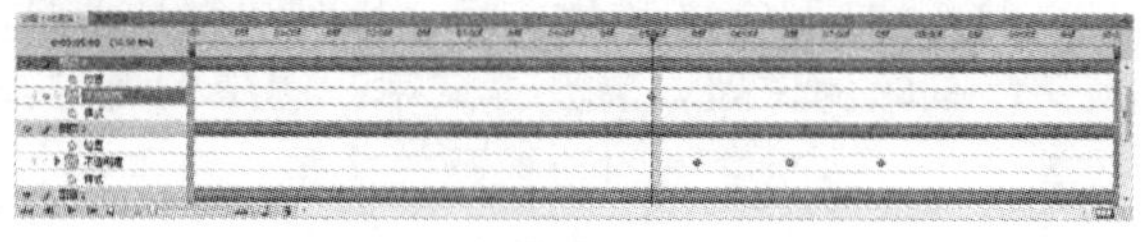

图 11–123

33. 调出“图层”面板，将该图层的“不透明度”调整为 0%，如图 11–124 所示。

34. 将时间指针调整到 6 帧，在“图层”面板中调整“不透明度”为 100%，将时间指针调整到 7 秒，调整“不透明度”为 0%，如图 11–125 所示。

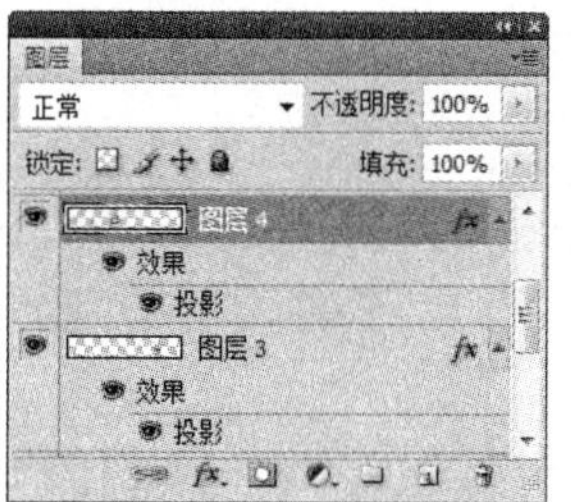

图 11–124

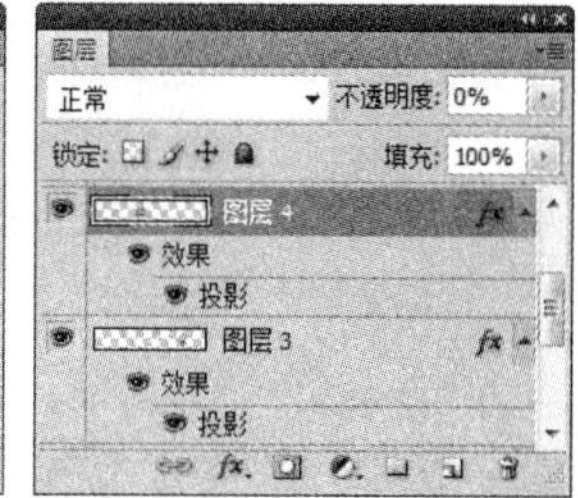

图 11–125

35. 回到 Illustrator 软件中，选中如图 11–126 所示的对象部分，并按下快捷键 Ctrl+C，将其复制。

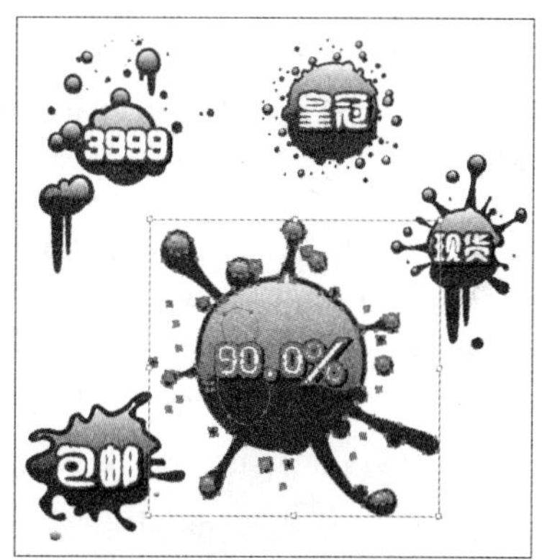

图 11–126

36. 回到 Photoshop 软件中，按下快捷键 Ctrl+V，将素材粘贴到图像中，并调整尺寸到如图 11–127 所示的状态。

图 11–127

37. 在“图层”面板中双击该图层，调出如图 11–128 所示的“图层样式”对话框，在该对话框中勾选左侧的“投影”复选项，其他参数保持默认，单击“确定”按钮，添加图层效果。

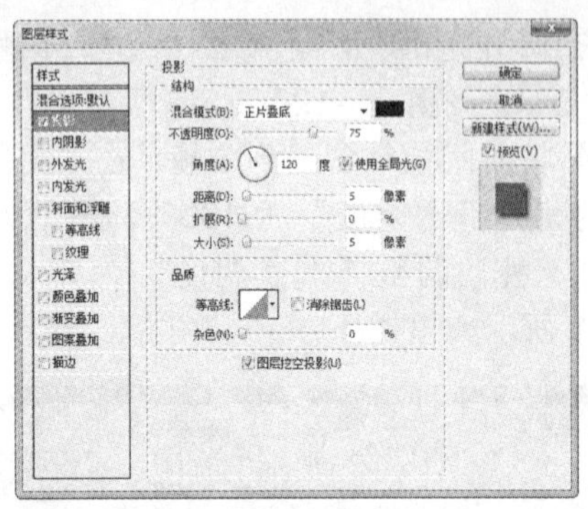

图 11-128

38. 使用“移动”工具，将该图层移动到如图 11-129 所示的位置上。

图 11-129

39. 下面制作该图层的动画效果。调出“动画（时间轴）”面板，将时间指针调整到 5 秒 5 帧的位置上，展开该图层的属性，并单击“不透明度”的动画开关按钮，创建一个关键帧，如图 11-130 所示。

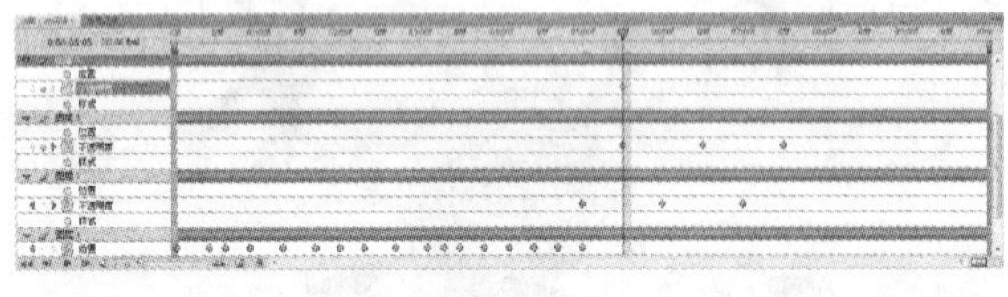

图 11-130

40. 调出“图层”面板，将该图层的“不透明度”调整为 0%，如图 11-131 所示。

41. 将时间指针调整到 6 帧 5 帧，在“图层”面板中调整“不透明度”为 100%，将时间指针调整到 7 秒 5 帧，调整“不透明度”为 0%，如图 11-132 所示。

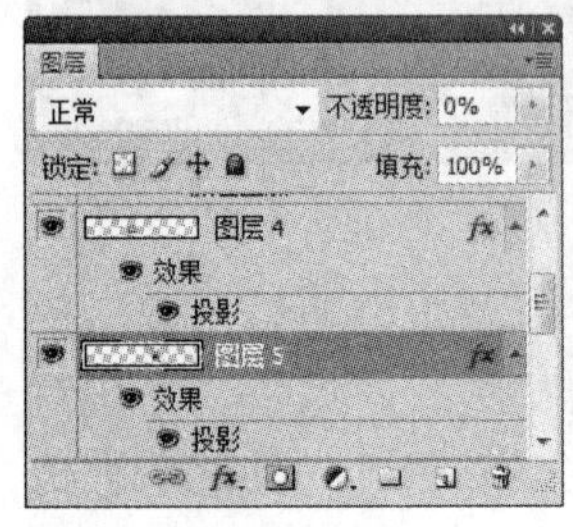

图 11-131

图 11-132

42. 在工具箱中选中“文字”工具，在如图 11-133 所示的位置上，单击鼠标并输入“吐血销售”（或其他）字样，调整字体和字号。

图 11-133

43. 将所有的文字选中，在状态栏中单击“变形文字”按钮，在弹出的“变形文字”对话框的“样式”下拉列表中选中“膨胀”选项，并调整“弯曲”参数为 +100%，其他参数保持默认，单击“确定”按钮，如图 11-134 所示。

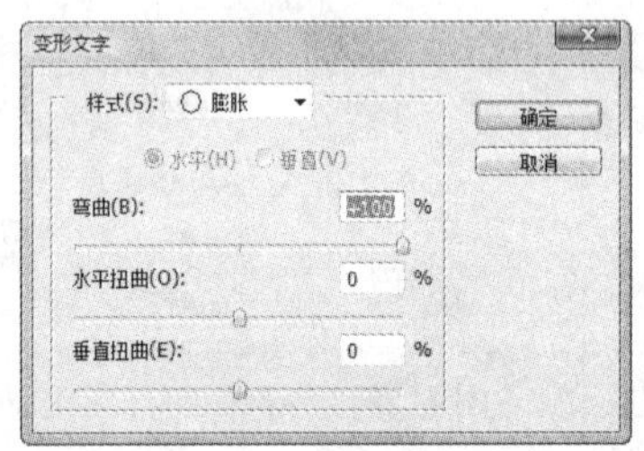

图 11-134

44. 保持“文字”图层的当选状态，调出“样式”面板，并选中如图 11-135 所示的样式图标，添加样式，如图 11-136 所示。

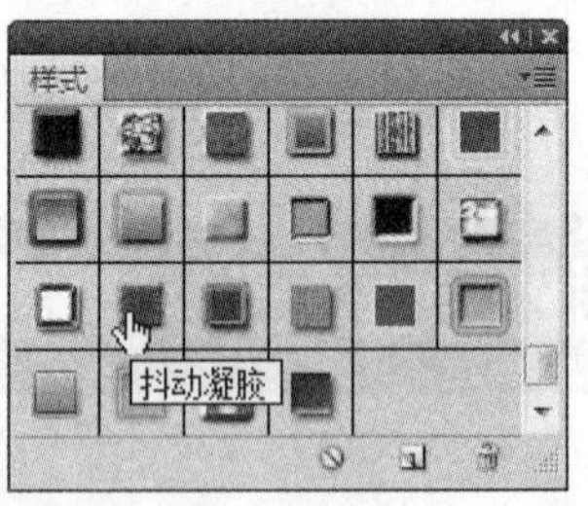

图 11-135

图 11-136

45. 下面制作这部分动画，将时间指针调整到 7 秒 5 帧的位置，展开“文字”图层的属性，并单击“不透明度”的动画开关按钮，创建一个关键帧，如图 11-137 所示。

图 11-137

46. 在“图层”面板中调整该图层的“不透明度”为 0%，将时间指针调整到 8 秒 5 帧的位置，调整“不透明度”为 100%，如图 11-138 所示。

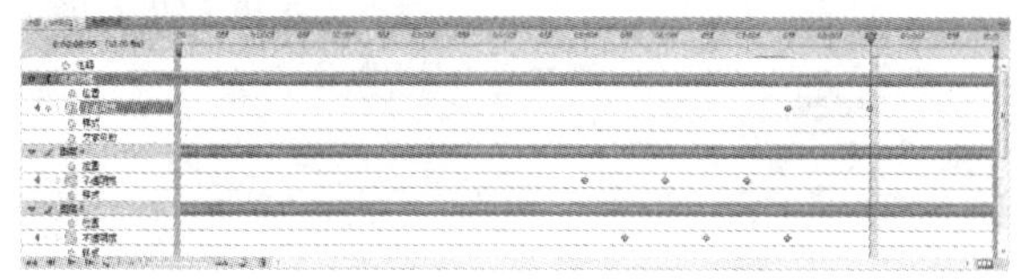

图 11-138

47. 回到 Illustrator 软件中，选中如图 11-139 所示的对象部分，并按下快捷键 Ctrl+C，将其复制。

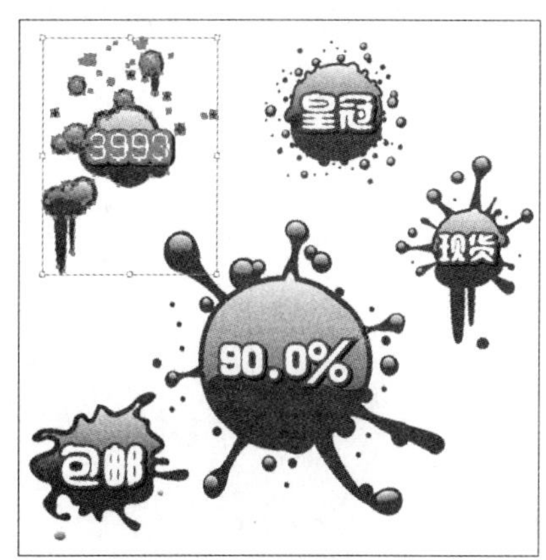

图 11-139

48. 回到 Photoshop 软件中，按下快捷键 Ctrl+V，将素材粘贴到图像中，并调整尺寸到如图 11-140 所示的状态。

图 11-140

49. 在“图层”面板中双击该图层，调出如图 11-141 所示的“图层样式”对话框，在该对话框中勾选左侧的“投影”复选项，其他参数保持默认，单击“确定”按钮，添加图层效果。

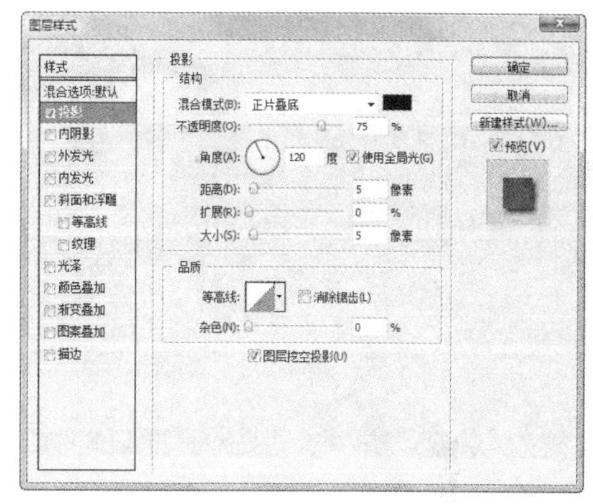

图 11-141

50. 将时间指针调整到 8 秒 5 帧的位置，展开该图层的属性，并单击“位置”的动画开关按钮，创建一个关键帧。在视图中移动到右上角的位置，将图像隐藏，如图 11-142 所示。

图 11-142

51. 将时间指针调整到 9 秒的位置，按下 Shift 键，向下移动图像到如图 11-143 所示的位置上，软件自动创建一个关键帧。

图 11-143

52. 如果希望添加更多的文字内容，还可以采用动画的方式添加。到此该招牌通栏制作完毕，执行“文件” > “保存为 Web 和设备所用格式”命令，或使用快捷键组合 Ctrl+Shift+Alt+S，保存为动画的 GIF 格式，并设置为永远循环播放，如图 11-144 所示。

图 11-144

小结

在本章中，主要介绍了招牌通栏的制作方法，本章提供的实例都比较复杂，但是因为招牌通栏都放置到比较靠上的位置，所以在下载该部分时，也比较靠前。如果文件的尺寸比较大，可能就会影响整个页面的下载速度，可以制作稍微简单一些的招牌通栏，或通过更高的压缩比例来解决这个问题。

第 12 章　制作左侧模块

左侧模块将被放置在店铺分类的上面和下面，其中会出现“收藏店铺”、“联系方式”、“店铺名称”、“热销商品”等内容。本章将提供一些制作“左侧模块”的实例，希望可以带给读者一些灵感。

12.1　利用模板制作静态的“左侧模块”

本实例将使用一个现成的素材进行制作，首先将素材打开，并将没有用的部分删除，调整尺寸，并添加需要的素材和内容。具体的操作方法如下：

1. 启动 Adobe Illustrator 软件，打开如图 12–1 所示的素材。

2. 在工具箱中选中“选择”工具，将如图 12–2 所示的无用对象选中。

3. 按下 Delete 键，将选中的对象删除，如图 12–3 所示。

图 12–1　图 12–2　图 12–3

4. 在工具箱中选中“文字”工具，在如图 12–4 所示的位置上单击鼠标，并输入“收藏本店”字样，调整字体和字号。

5. 在工具箱中选中“文字”工具，在如图 12–5 所示的位置上单击鼠标，并输入“favorites me”字样，调整字体和字号。

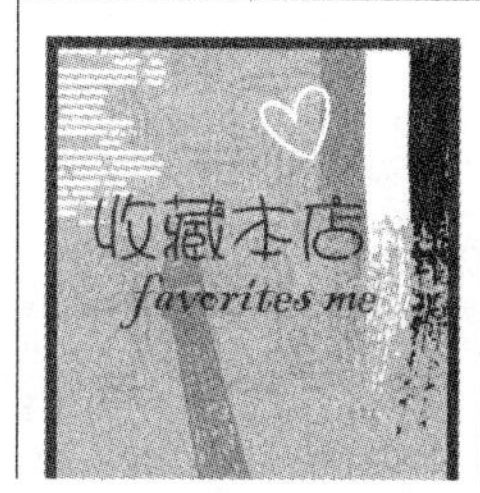

图 12–4　图 12–5

6. 将两个文字对象同时选中，按下 Alt 键，并移动很少的距离，复制一组相同的对象，如图 12–6 所示。

7. 将原始的一组对象同时选中，调出“颜色”面板，将文字填充颜色修改为“白色”，如图 12–7 所示。

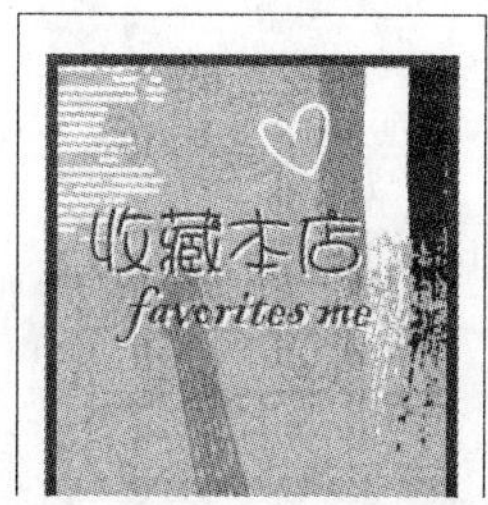

图 12–6　图 12–7

8. 在工具箱中选中“直线”工具，按下 Shift 键，在如图 12–8 所示的位置上绘制一条直线。

9. 保持该直线的当选状态，调出颜色面板，将描边颜色调整为棕色（和边框的颜色相同），如图 12–9 所示。

图 12–8

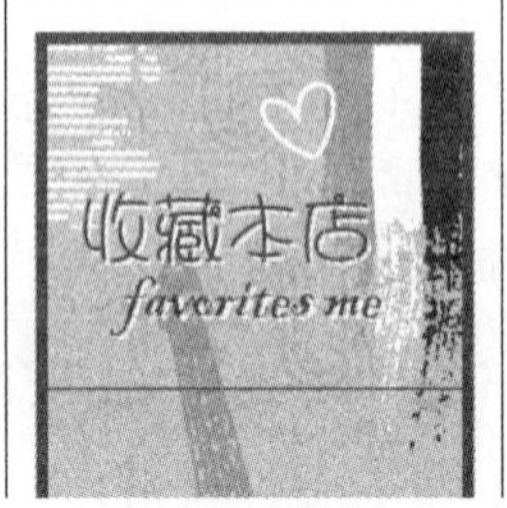

图 12–9

10. 保持该直线的当选状态，调出“描边”面板，调整“粗细”数值为 1pt，勾选“虚线”复选项，并在第一个文本框中输入 3 pt，将直线调整为虚线，如图 12–10 所示。

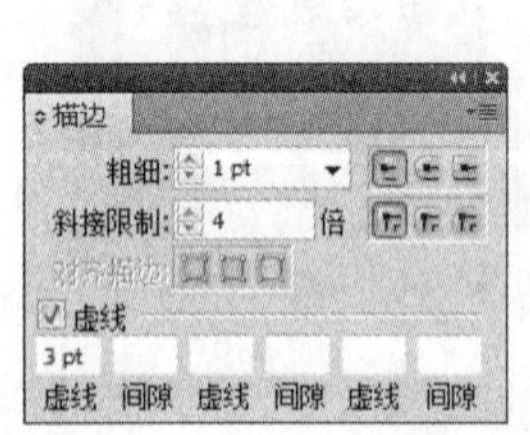

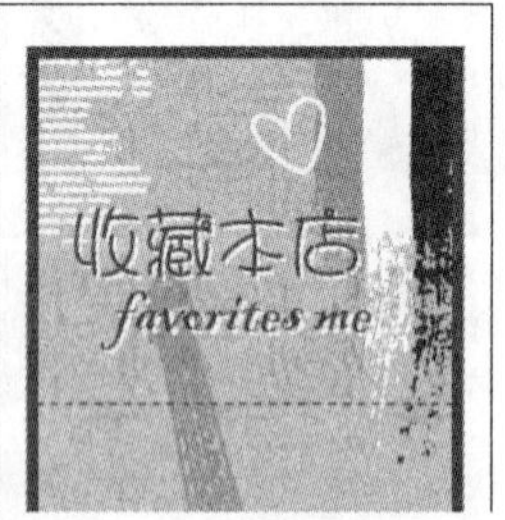

图 12–10

11. 打开素材文件，并选中如图 12–11 所示的两个对象。

图 12–11

12. 按下快捷键 Ctrl+C，将选中的对象复制。回到制作的文件中，按下快捷键 Ctrl+V，进行粘贴。如图 12–12 所示。

图 12–12

13. 在工具箱中选中“挑选”工具，将如图 12–13 所示的对象选中，并按下 Delete 键，将相应的部分删除。

图 12–13

14. 在工具箱中选中“选择”工具，按下 Shift 键，将两个人物对象同时选中，如图 12–14 所示。

图 12–14

15. 调出“对齐”面板，在该面板中单击“水平居中对齐”按钮，为对象进行对齐处理，如图 12–15 所示。

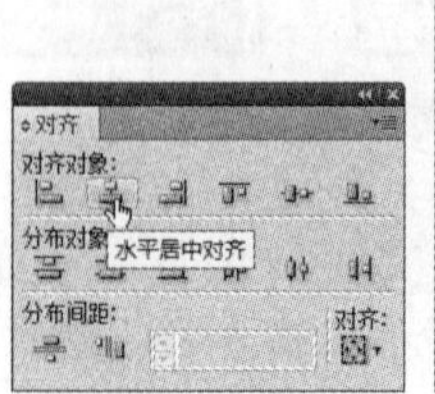

图 12–15

16. 保持两个对象的当选状态，执行“效果”>“风格化”>“投影”命令，弹出如图 12-16 所示的“投影”对话框，调整“X 位移”数值为 3 px，“Y 位移”数值为 3 px，“模糊”数值为 5 px，其他参数保持默认，单击“确定”按钮。

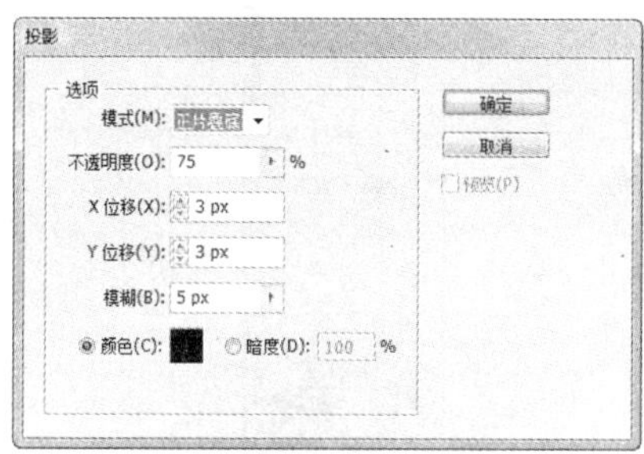

图 12-16

17. 通过后期的 HTML 内码编辑，可以将“淘宝旺旺”的链接信息放置到如图 12-17 所示的位置上。

图 12-17

18. 选中“选择”工具，按下 Shift 和 Alt 键，选中“虚线”对象，并向下拖动，复制一个“虚线”对象到如图 12-18 所示的位置。

图 12-18

19. 执行“文件”>“置入”命令，弹出“置入”对话框，选中要置入的“宝贝”图片，并放置到如图 12-19 所示的位置上。

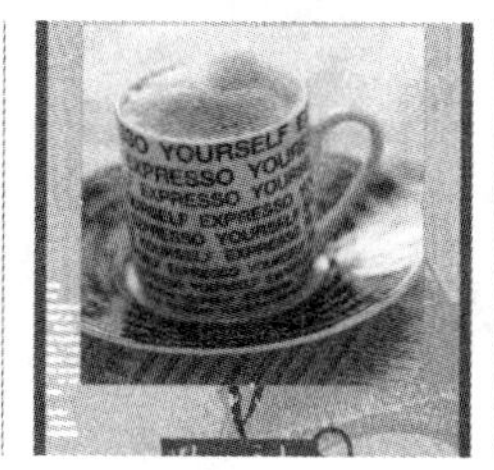

图 12-19

20. 保持对象的当选状态，执行“效果”>“风格化”>“投影”命令，会弹出如图 12-20 所示的“投影”对话框，调整“X 位移”数值为 2 px，“Y 位移”数值为 2 px，“模糊”数值为 1 px，其他参数保持默认，单击“确定”按钮。

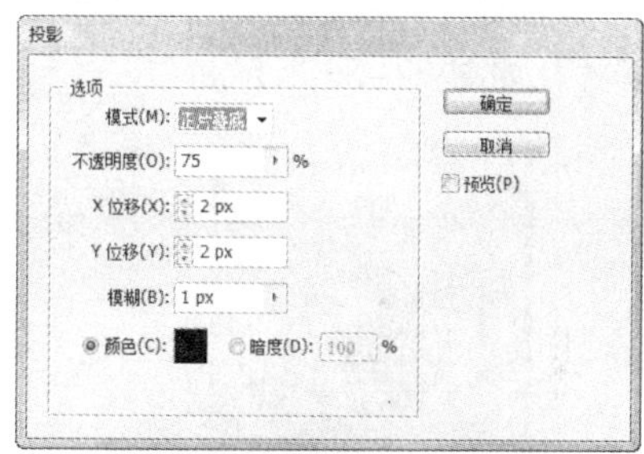

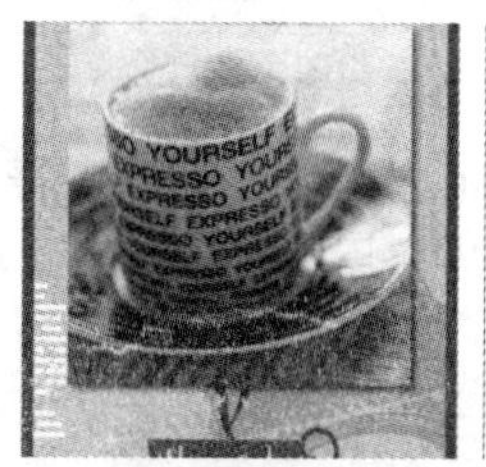

图 12-20

21. 在工具箱中选中“文字”工具，在如图 12-21 所示的位置上输入“宝贝”的名称和价格，并调整字体和字号。

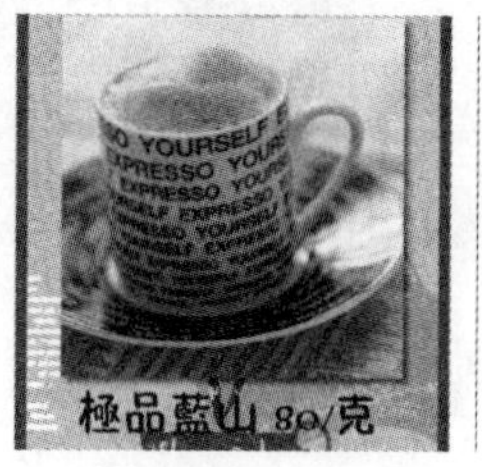

图 12-21

22. 采用相同的方法，将其他的宝贝添加到图像中，并添加文字，如图 12–22 所示。

图 12–22

23. 到此，图形部分制作完毕，为了实现链接功能，需要通过“切片”功能来实现。Adobe Illustrator 软件和 Adobe Photoshop 软件中的“切片”使用方法基本相同，但是可以通过选中的对象进行切片的建立，所以操作更加简单。首先选中第一个宝贝的图片，执行“对象”>“切片”>“从所选对象创建”命令，此时软件将自动创建该对象的切片，如图 12–23 所示。

图 12–23

24. 采用相同的方法，对需要链接的部分，全部创建相应的切片，如图 12–24 所示。

图 12–24

25. 到此整个“左侧模块”制作完毕，如果需要，还可以添加一些其他的信息，如图 12–25 所示。最后执行“文件”>“保存为 Web 和设备所用格式”命令，将文件保存为文件和 HTML。

图 12–25

12.2 制作分段“左侧模块”

在制作“左侧模块”时，除了上面讲述的一种外，还可以将“左侧模块”分成两部分，分别出现在“宝贝分类”的上面和下面，在顶部的“左侧模块”中会出现“收藏店铺”、“联系方式”和“收藏宝贝”等，而底部的“左侧模块”中主要出现一些老板要提示的重要信息。本节将分别制作“左侧模块”的顶部和底部两部分，我们将顶部的称为“左侧模块 A”，底部的称为“左侧模块 B”。

12.2.1 制作“左侧模块 A”

先来制作“左侧模块”的顶部部分，方法还是通过一些素材进行制作，使用的软件还是 Adobe Illustrator。

1. 启动 Adobe Illustrator 软件，打开如图 12–26 所示的素材文件。

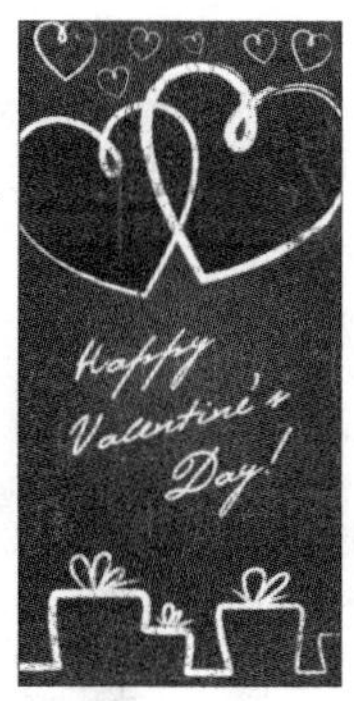

图 12–26

2. 在工具箱中选中“选择”工具，并将中间的文字部分选中，按下 Delete 键，将其删除，如图 12–27 所示。

图 12–27

3. 在该部分中要出现比较多的内容，所以素材的高度不够，需要在增加高度。首先使用“选择”工具，在素材的中部单击并拖动鼠标，将底图部分全部选中，如图 12–28 所示。

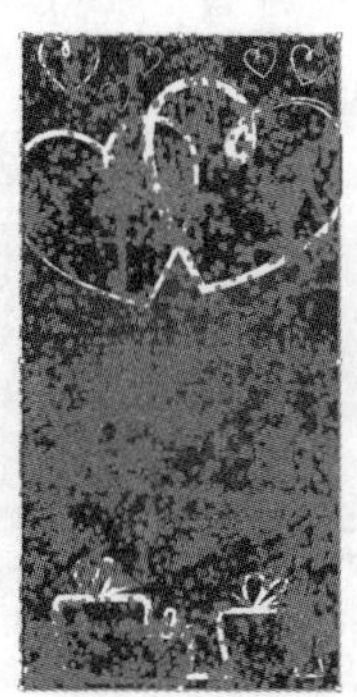

图 12–28

4. 将鼠标放到变形框底部的控制柄上，直接向下拖动鼠标，增加图形的高度，如图 12–29 所示。

5. 在空白处单击鼠标，将选取状态释放。选中原图底部的对象，按下 Shift 键，并将该对象移动到图形的底部位置，如图 12–30 所示。

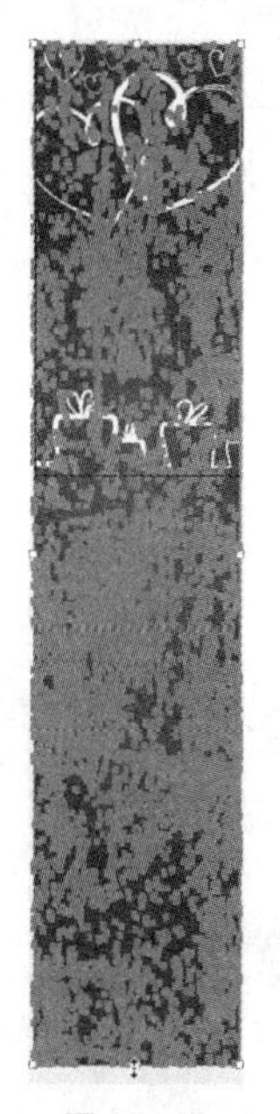

图 12–29　　图 12–30

6. 素材准备好后，进行内容的添加。在工具箱中选中“文字”工具，在如图 12–31 所示的位置上单击鼠标，并输入“收藏本店”字样，调整字体和字号，调整文字颜色为白色。

7. 在工具箱中选中“文字”工具，在如图 12–32 所示的位置上单击鼠标，并输入“favorites me”字样，调整字体和字号，调整文字颜色为白色。

图 12–31

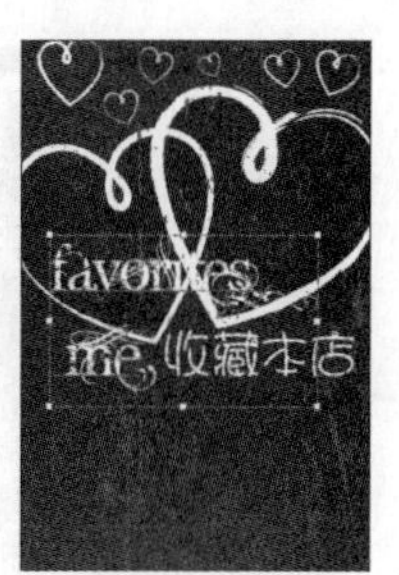

图 12–32

8. 在工具箱中选中“选择”工具，选中如图 12–33 所示的“桃心”图形，按下 Alt 键，将该图形复制到如图 12–34 所示的位置。

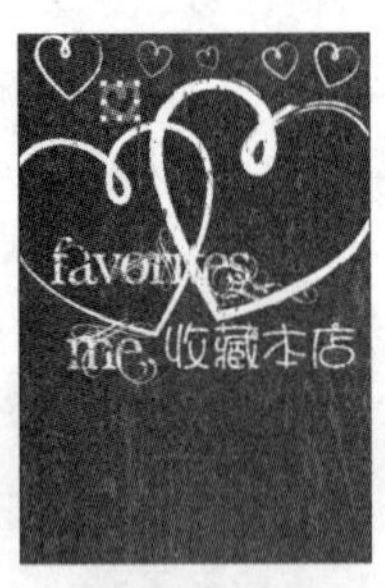

图 12–33

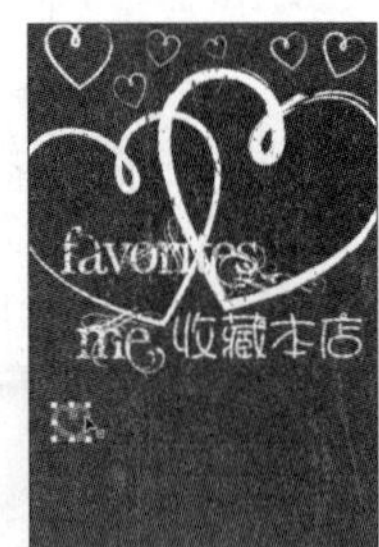

图 12–34

9. 选中如图 12–35 所示的“桃心”图形，按下 Alt 键，将该图形复制到如图 12–36 所示的位置。

图 12–35

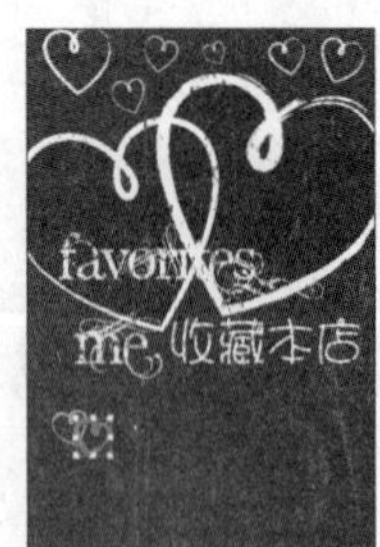

图 12–36

10. 将两个“桃心”图形同时选中，按下快捷键 Ctrl+G，将两个图形结成一组。

11. 按下 Alt 和 Shift 键，向下拖动鼠标，复制一组相同的图形，如图 12–37 所示。

12. 在工具箱中选中“文字”工具，在如图 12–38 所示的位置上单击鼠标，输入“销售: ”字样，调整字体和字号，并调整文字颜色为白色。

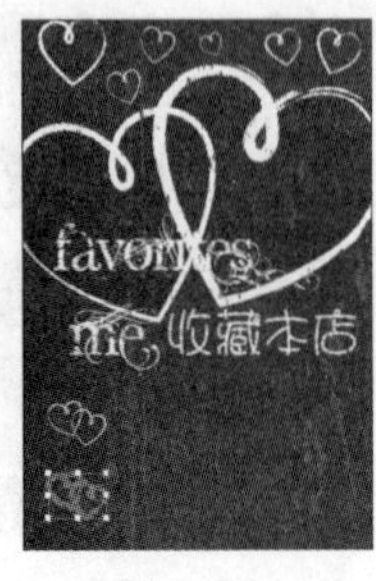

图 12–37

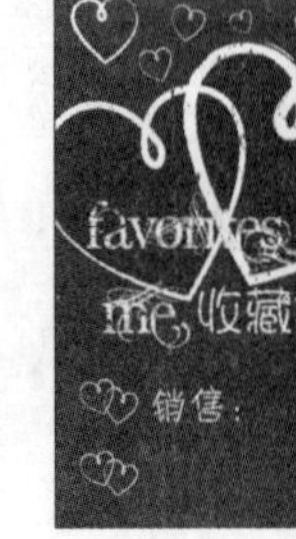

图 12–38

13. 在如图 12–39 所示的位置上单击鼠标，输入“售后: ”字样，调整字体和字号，并调整文字颜色为白色。

14. 在工具箱中选中“选择”工具，按下 Shift 键，将两个文字对象同时选中，如图 12–40 所示。

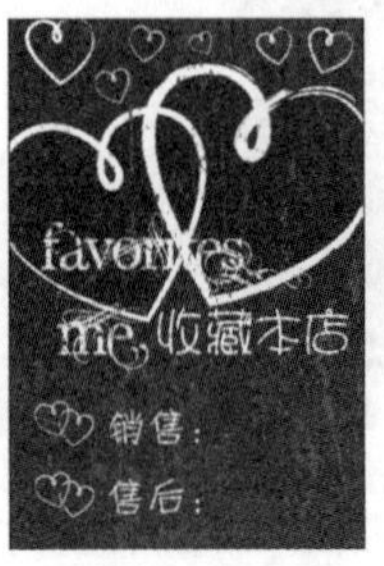

图 12–39

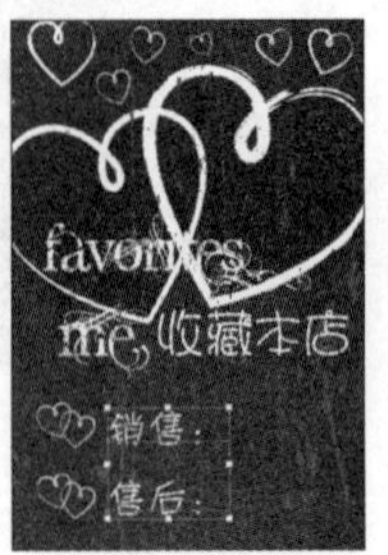

图 12–40

15. 调出“对齐”面板，在该面板中单击“水平居中对齐”按钮，将对象进行对齐处理，如图 12–41 所示。

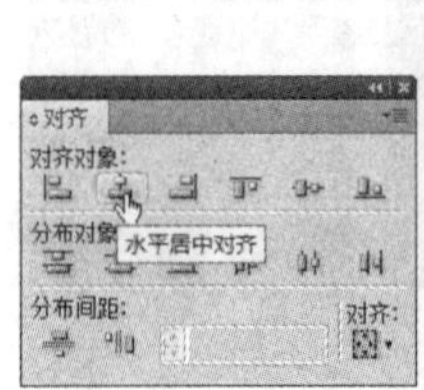

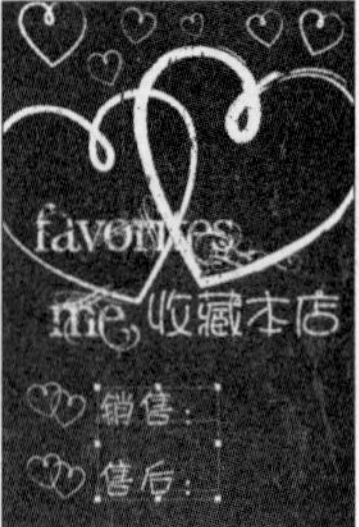

图 12–41

16. 通过后期的 HTML 内码编辑，可以将“淘宝旺旺”的链接信息放置到如图 12–42 所示的位置上。

17. 下面添加促销的宝贝图片，首先在工具箱中选中“矩形”工具，按下 Shift 键，在如图 12–43 所示的位置上绘制一个正方形。

图 12–42

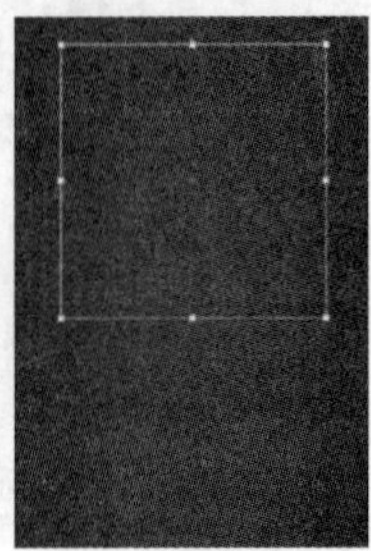
图 12–43

18. 执行“窗口”>“画笔库”>“艺术效果”>“艺术效果 _ 粉笔炭笔铅笔”命令，将如图 12-44 所示的“艺术效果 _ 粉笔炭笔铅笔”面板调出。

图 12-44

19. 保持正方形对象的当选状态，选择“艺术效果 _ 粉笔炭笔铅笔”面板中的“炭笔”选项，如图 12-45 所示。

图 12-45

20. 执行“文件”>“置入”命令，在弹出的“置入”对话框中选中要置入的“宝贝”图片，并放到如图 12-46 所示的位置上。

21. 在工具箱中选中“文字”工具，在如图 12-47 所示的位置上输入“宝贝”的名称和价格，并调整字体和字号。

图 12-46　　图 12-47

22. 采用相同的方法，将其他宝贝添加到图像中，并添加文字，如图 12-48 所示。

23. 在工具箱中选中“选择”工具，按下 Shift 键，将“宝贝边框”、“宝贝图片”和“宝贝名称”全部选中，如图 12-49 所示。

图 12-48　　图 12-49

24. 调出“对齐”面板，在该面板中单击“水平居中对齐”按钮，将对象进行对齐处理，如图 12-50 所示。

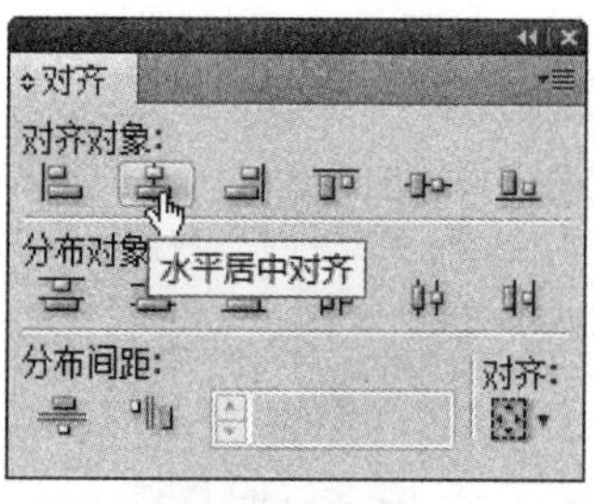

图 12-50

25. 选中一个宝贝的图片，执行“对象”>“切片”>“从所选对象创建”命令，此时软件将自动创建该对象的切片，如图 12-51 所示。

26. 采用相同的方法，对需要链接的部分全部创建相应的切片，如图 12-52 所示。

27. 到此整个“左侧模块 A”制作完毕，最后执行“文件”>“保存为 Web 和设备所用格式”命令，将文件保存为图像文件和 HTML 文件。

图 12-51

图 12-52

12.2.2 制作“左侧模块 B”

在“左侧模块 B”中，一般不规定内容的范围，只是写一些老板想说的话，例如：“兴趣”、“促销信息”、“销售规则”等。通常这部分还是用 Adobe Illustrator 软件来实现，首先要打开一个类似的素材，所以在挑选素材时，一定要考虑周全。

1. 启动 Adobe Illustrator 软件，打开如图 12-53 所示素材文件。

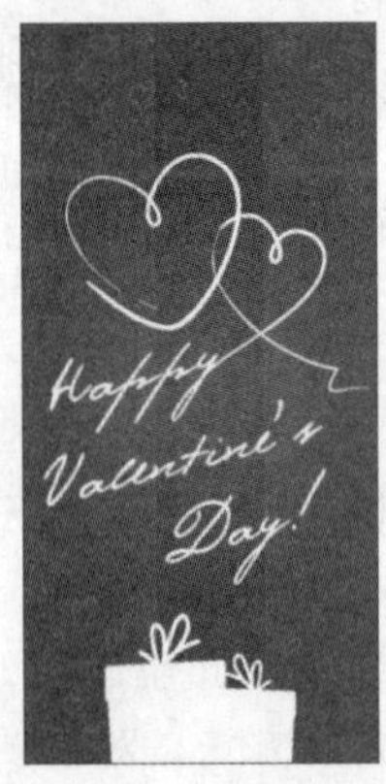

图 12-53

2. 在工具箱中选中“选择”工具，并将中间的文字部分选中，按下 Delete 键，将其删除，如图 12-54 所示。

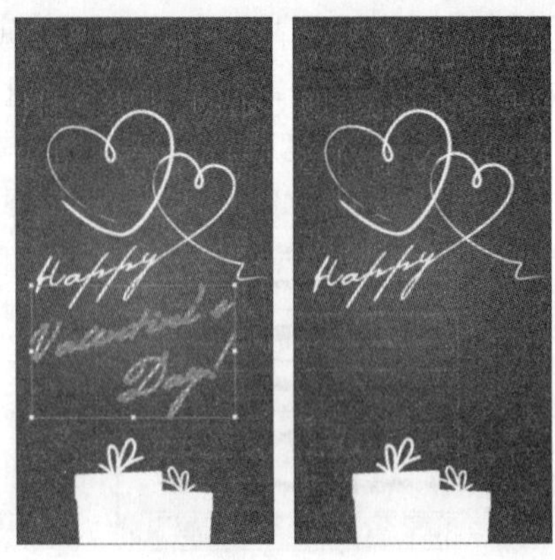
图 12-54

3. 使用“选择”工具，在素材的中部单击并拖动鼠标，将底图部分全部选中，如图 12-55 所示。

4. 将鼠标放到变形框底部的控制柄上，直接向下拖动鼠标，增加图形的高度，如图 12-56 所示。

图 12-55　　图 12-56

5. 在空白处单击鼠标，将选取状态释放。选中原图底部的对象，按下 Shift 键，并将该对象移动到图形的底部，如图 12-57 所示。

6. 在工具箱中选中“圆角矩形”工具，在如图所示的位置上单击并拖动鼠标，创建一个圆角矩形对象，如图 15-58 所示。

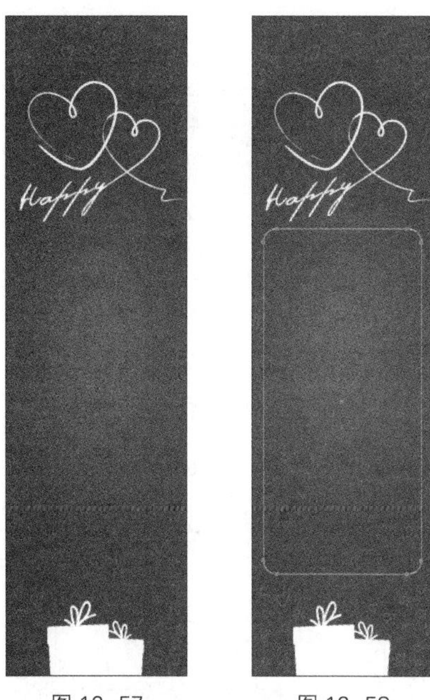

图 12-57　　图 12-58

7. 执行“窗口”>“画笔库”>“艺术效果”>“艺术效果 _ 粉笔炭笔铅笔”命令，将如图 12-59 所示的“艺术效果 _ 粉笔炭笔铅笔”面板调出。

图 12-59

8. 保持正方形对象的当选状态，单击“艺术效果 _ 粉笔炭笔铅笔”面板中的“铅笔 _ 羽化”选项，如图 12-60 所示。

9. 在工具箱中选中“文字”文件，在如图 12-61 所示的位置上，单击鼠标并输入“快乐心情”（或其他）字样，调整字体和字号，并定义文字颜色为白色。

图 12-60　　图 12-61

10. 在如图 12-62 所示的位置上，单击鼠标并输入“在线时间：9：00 ~ 20：00 星期一 ~ 星期六”（经营时间）字样，调整字体和字号，并定义文字颜色为红色。

11. 在“快乐心情”文本框中的文字，可以通过后期的 HTML 编辑来添加，也可以直接在软件中输入相应的内容，如图 12-63 所示。

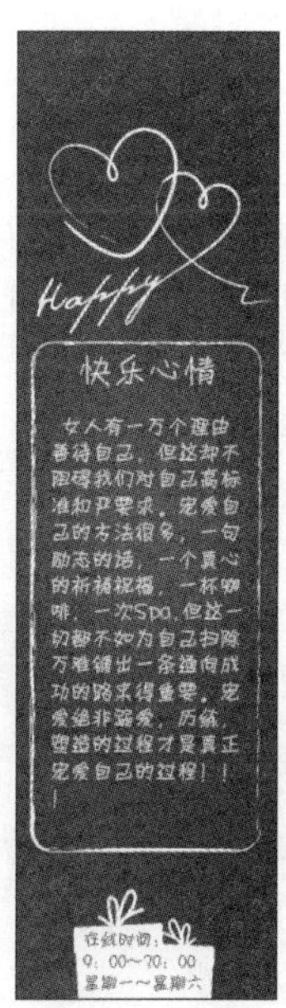

图 12-62　　图 12-63

12. 到此，整个“左侧模块 B”制作完毕，最后执行“文件”>“保存为 Web 和设备所用格式”命令，将文件保存为图像文件和 HTML 文件。

12.3 制作动画版“左侧模块”III

本节中将制作一个动态的“左侧模块”，并且按照 A、B 分成两块。在 A 部分将放置“欢迎”和“收藏本店”，在 B 部分中将出现推荐的宝贝。具体的操作方法如下：

12.3.1 动画版“左侧模块 A”

1. 启动 Adobe Illustrator 软件，打开如图 12-64 所示的素材文件。

图 12-64

2. 在工具箱中选中“选择”工具，选中如图 12-65 所示的 Welcome 字样对象，按下 Delete 键，将该对象删除。

图 12-65

3. 执行“选择”>“全部”命令，或使用快捷键 Ctrl+A，将所有对象选中。按下快捷键 Ctrl+C 进行复制，如图 12-66 所示。

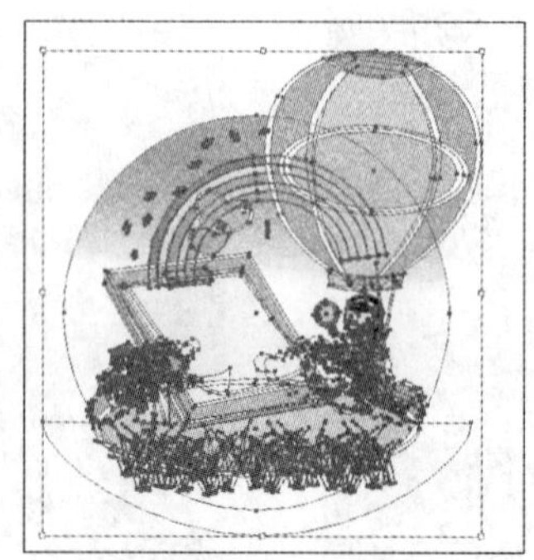

图 12-66

4. 启动 Adobe Photoshop 软件，创建一个新文件，按下快捷键 Ctrl+V，将图形粘贴为“像素”，如图 12-67 所示。

图 12-67

5. 在工具箱中选中“文字”工具，在如图 12-68 所示的位置上单击鼠标，并输入“Welcome”字样。

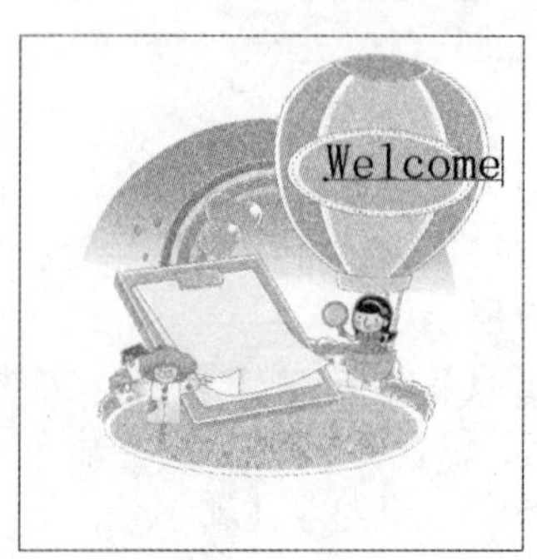

图 12-68

6. 按下快捷键 Ctrl+A，将所有的文字同时选中，调整文字的字体和字号，如图 12-69 所示。

图 12-69

7. 保持文字的当选状态，单击属性栏中的“文字变形”按钮，会弹出如图 12-70 所示的“变形文字”对话框，在“样式”下拉列表中选中“凸起”选项，并调整“弯曲”数值为 45，单击“确定”按钮。

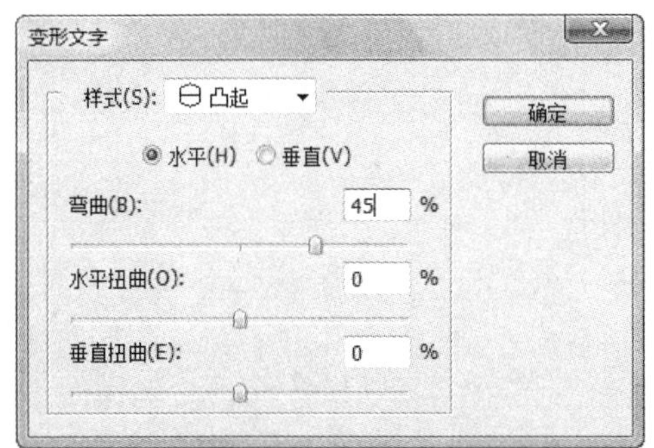

图 12-70

8. 执行“窗口”>“颜色”命令，将“颜色”面板调出。使用“文字”工具，依次选中不同的文字，并定义不同的颜色，如图 12-71 所示。

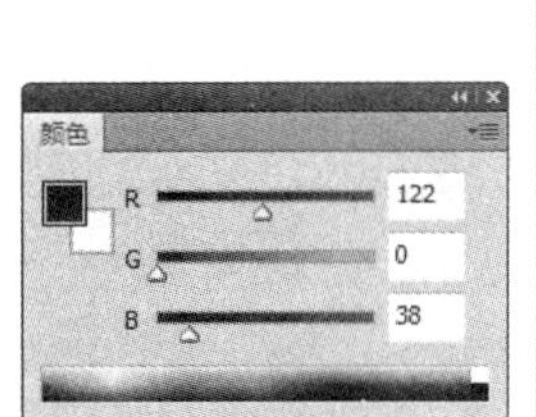

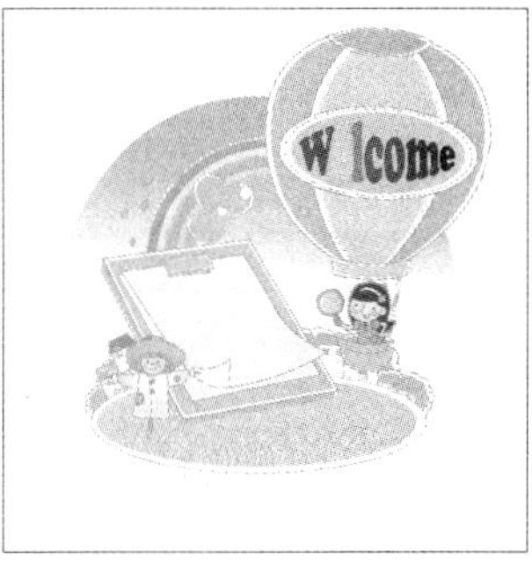

图 12-71

9. 在“图层”面板中双击“文字”图层，会弹出如图 12-72 所示的“图层样式”对话框，勾选左侧的“描边”复选项，调整“大小”数值为 2 像素，调整“颜色”为白色。

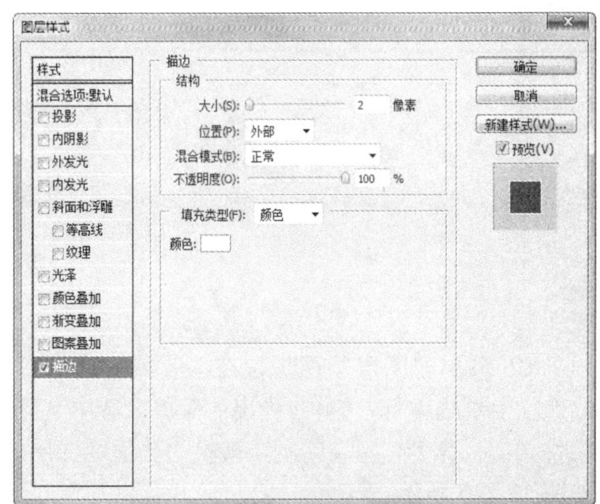

图 12-72

10. 在工具箱中选中“文字”工具，在如图 12-73 所示的位置上，单击鼠标并输入“收藏本店”字样。

图 12-73

11. 将文字全部选中，并调整文字的字体，将颜色调整为粉色，如图 12-74 所示。

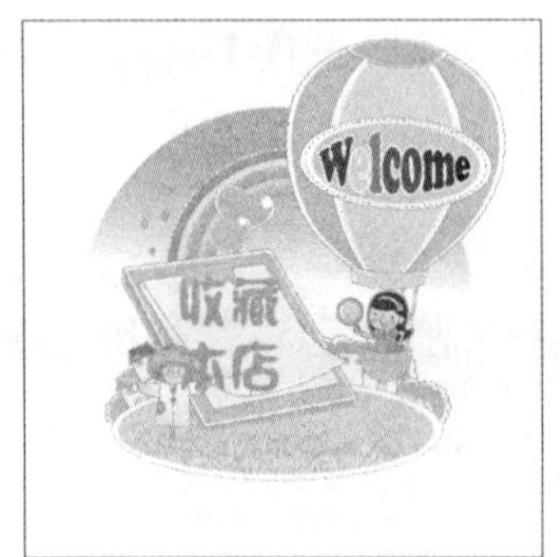

图 12-74

12. 调出“图层”面板，在“收藏本店”图层选项上单击鼠标右键，在弹出的菜单中选中“栅格化文字”命令，将文字图层转换为普通的图层，如图 12-75 所示。

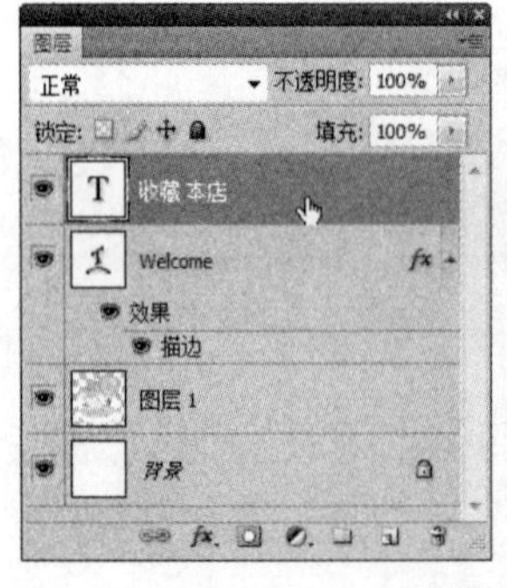

图 12-75

13. 保持文字图层的当选状态，按下快捷键 Ctrl+T，再按下 Ctrl 键，分别拖动角落上的控制点，对图像进行畸变，如图 12-76 所示。

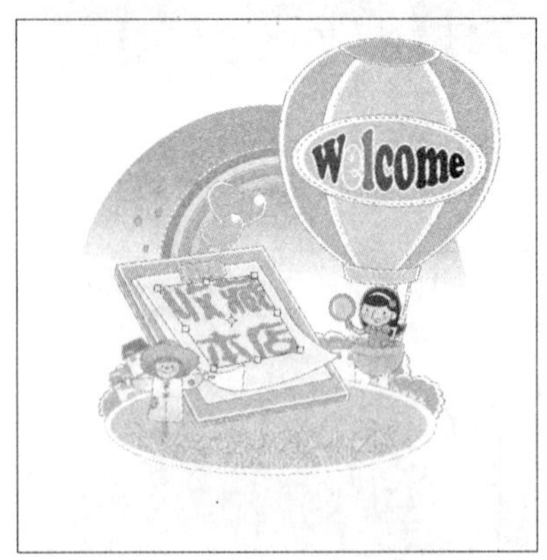

图 12-76

14. 调整完毕后，按下 Enter 键，确定变形操作，如图 12-77 所示。

图 12-77

15. 下面制作动画效果，在“图层”面板中，将 Welcome 图层拖曳到“新建图层”按钮上，对该图层进行复制，如图 12-78 所示。

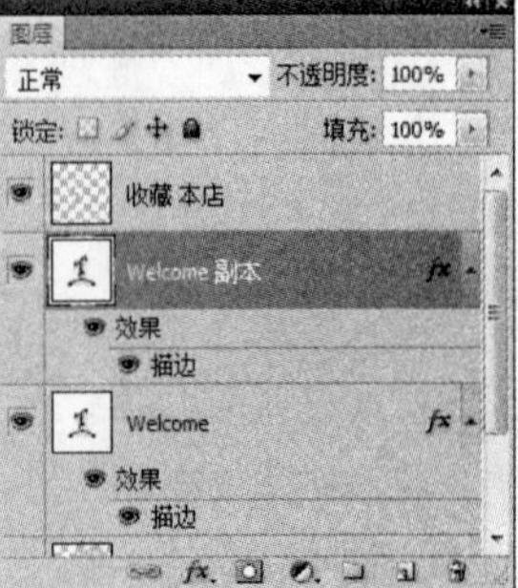

图 12-78

16. 执行“窗口”>“颜色”命令，将“颜色”面板调出。使用“文字”工具，依次选中不同的文字，并定义不同的颜色。注意不要和原始的颜色相同，尽量采用较浅的颜色，图 12-79 所示为调整前后的效果对比。

图 12-79

17. 将“动画（时间轴）”面板调出，单击该面板的“转化为帧动画”按钮，将该面板转换为“动画（帧）”面板，如图 12-80 所示。

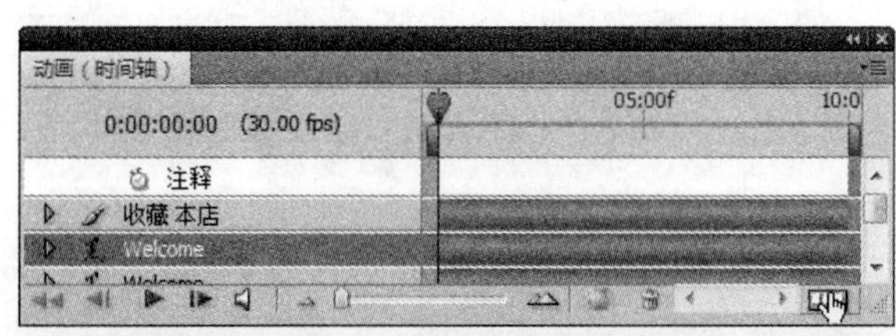

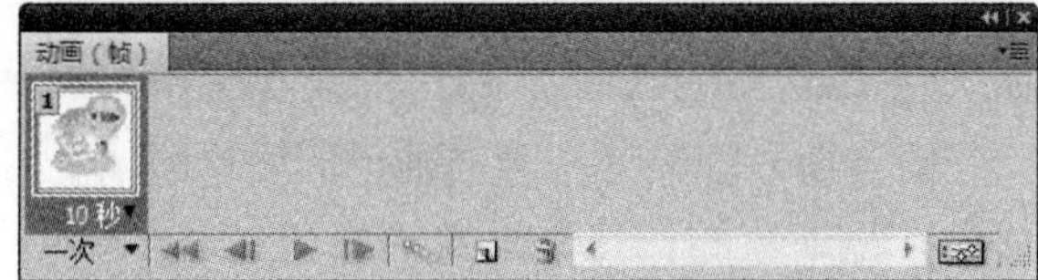

图 12-80

18. 在“动画（帧）”面板中，单击 1 帧下侧的下三角按钮，在弹出的列表中选中“0.5 秒”选项，定义该帧的时长，如图 12-81 所示。

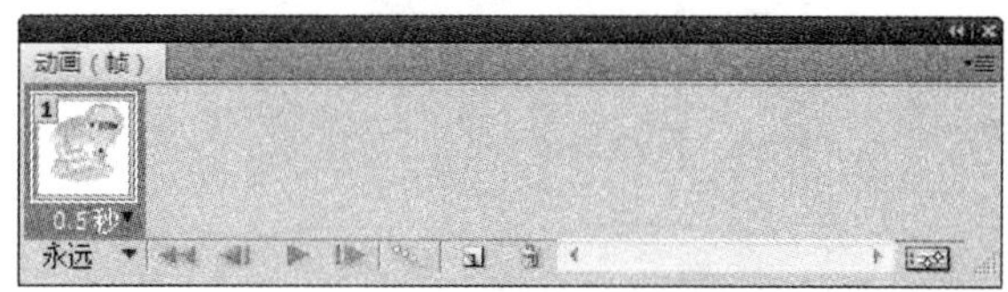

图 12-81

19. 调出“图层”面板，将复制出的 Welcome 图层隐藏，定义第 1 帧的内容，如图 12-82 所示。

图 12-82

20. 回到“动画（帧）”面板中，单击“复制所选帧”按钮，复制一个新帧，如图 12-83 所示。

图 12-83

21. 保持该帧的当选状态，调出“图层”面板，将复制的 Welcome 图层显示出来，如图 12-84 所示。

图 12-84

22. 在“动画(帧)”面板左下角的下拉列表中选中“永远”选项,定义播放的循环方式为“永远”,如图 12-85 所示。到此该部分制作完毕。

图 12-85

12.3.2 动画版“左侧模块 B”

1. 启动 Adobe Illustrator 软件,打开如图 12-86 所示的素材文件。

图 12-86

2. 在工具箱中选中“选择”工具,将图形顶部的“房屋”对象同时选中,如图 12-87 所示。

图 12-87

3. 按下 Shift 键,垂直向上单击并拖动鼠标,将该对象移动到如图 12-88 所示的位置上。

图 12-88

4. 使用“选择”工具,将如图 12-89 所示的“信纸”部分选中。

5. 将鼠标放到变形框顶部中心的控制柄上,单击并拖动鼠标,将该对象调高,如图 12-90 所示。

图 12-89

图 12-90

6. 执行“选择”>“全部”命令，或使用快捷键 Ctrl+A，将所有的对象选中。按下快捷键 Ctrl+C 进行复制。

7. 启动 Adobe Photoshop 软件，创建一个新文件，按下快捷键 Ctrl+V，将图形粘贴为“像素”，如图 12-91 所示。

图 12-91

8. 在工具箱中选中“文字”工具，在如图 12-92 所示的位置上单击鼠标，并输入“镇店之宝”字样。

图 12-92

9. 按下快捷键 Ctrl+A，将所有的文字同时选中，调整文字的字体和字号，如图 12-93 所示。

图 12-93

10. 保持文字的当选状态，单击属性栏中的“文字变形”按钮，会弹出如图 12-94 所示的“变形文字”对话框，在“样式”下拉列表中选中“挤压”选项，并调整“弯曲”数值为 -38，单击“确定”按钮。

图 12-94

11. 执行“窗口”>“颜色”命令，将“颜色”面板调出。使用“文字”工具，依次选中不同的文字，并定义不同的颜色，如图 12-95 所示。

图 12-95

12. 在“图层”面板中双击“文字”图层，弹出如图 12-96 所示的“图层样式”对话框，勾选左侧的“投影”复选项，其他选项保持默认。

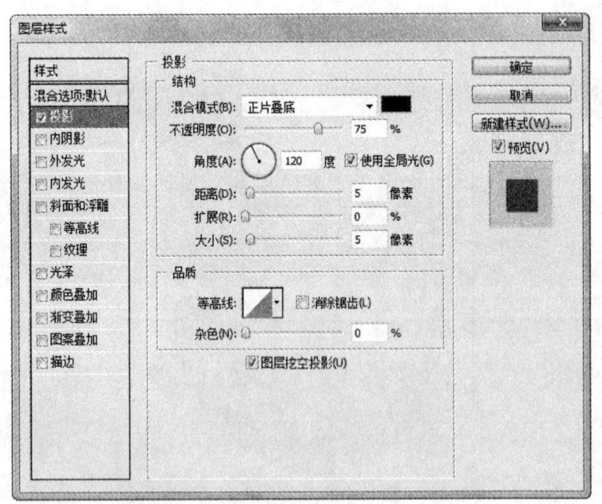

图 12-96

13. 在“图层”面板中，将“镇店之宝”图层拖曳到“新建图层”按钮上，对该图层进行复制，如图 12-97 所示。

14. 执行“窗口”>“颜色”命令，将“颜色”面板调出。使用“文字”工具，依次选中不同的文字，并定义不同的颜色。注意不要和原始的颜色相同，

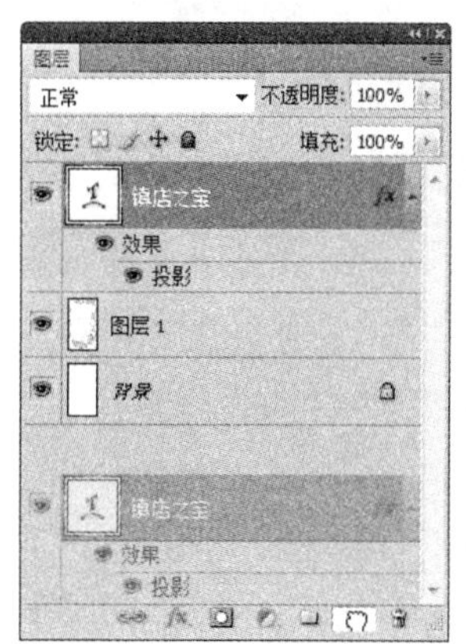
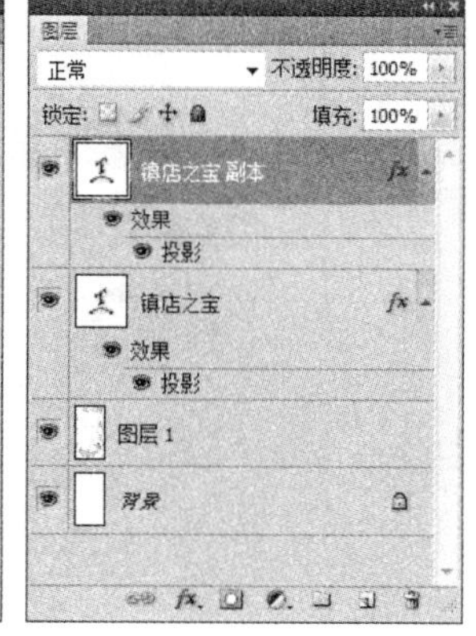

图 12-97

尽量采用较浅的颜色，如图 12-98 所示为调整前后的效果。

图 12-98

15. 下面添加相应的宝贝图片，打开如图 12-99 所示的宝贝图片。

16. 在工具箱中选中“矩形选区”工具，按下 Shift 键，在“宝贝”图片中单击并拖动鼠标，定义正方形选区。如图 12-100 所示。

17. 按下快捷键 Ctrl+C，进行复制。回到制作的图像文件中，按下快捷键 Ctrl+V，进行粘贴。如图 12-101 所示。

图 12-99

图 12-100

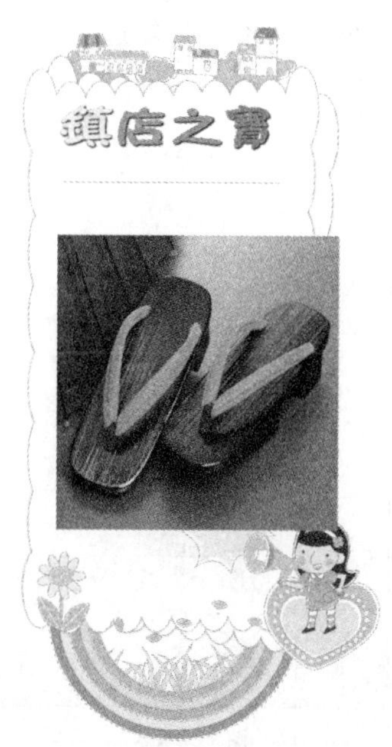

图 12-101

18. 按下快捷键 Ctrl+T，再按下 Shift 键，拖曳变形框对图像进行缩小，并放置到如图 12-102 所示的位置。

图 12-102

19. 在“图层”面板中双击“宝贝”图层，会弹出如图 12-103 所示的“图层样式”对话框，勾选左侧的“投影”复选项，其他选项保持默认。

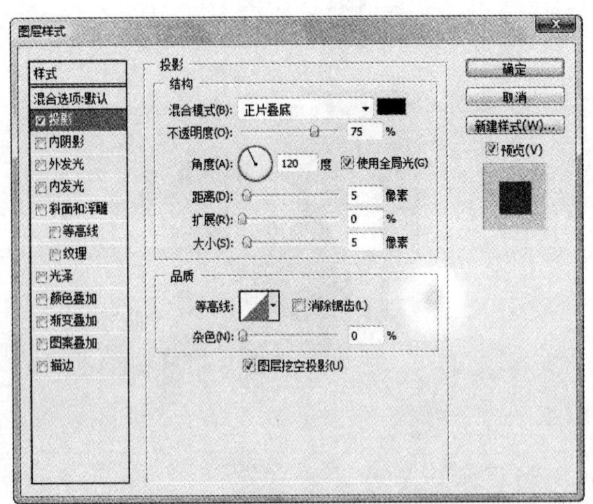

图 12-103

20. 在工具箱中选中“文字”工具，在如图 12-104 所示的位置上单击鼠标，并输入宝贝名称和价格，调整字体和字号。

21. 采用相同的方法，将其他的宝贝对象添加到图像中，并添加名称和价格，如图 12-105 所示。

图 12-104

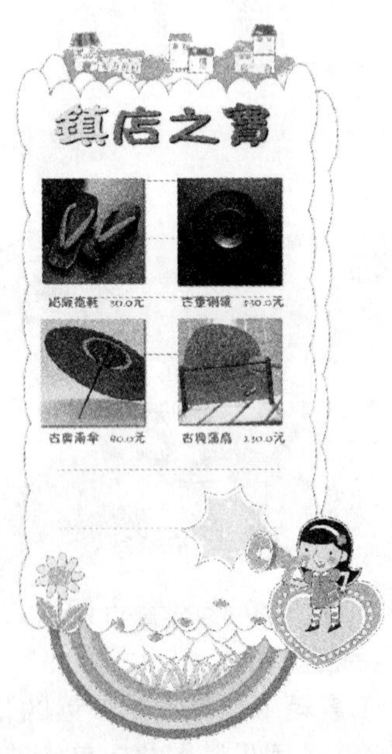

图 12-105

22. 将“动画（时间轴）”面板调出，单击该面板的“转化为帧动画”按钮，将该面板转换为“动画（帧）”面板，如图 12-106 所示。

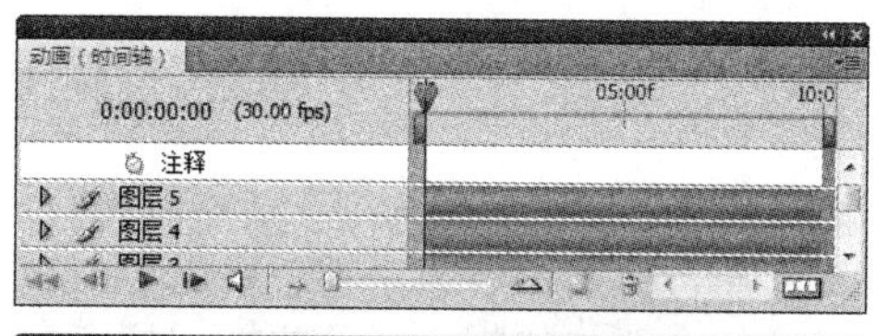

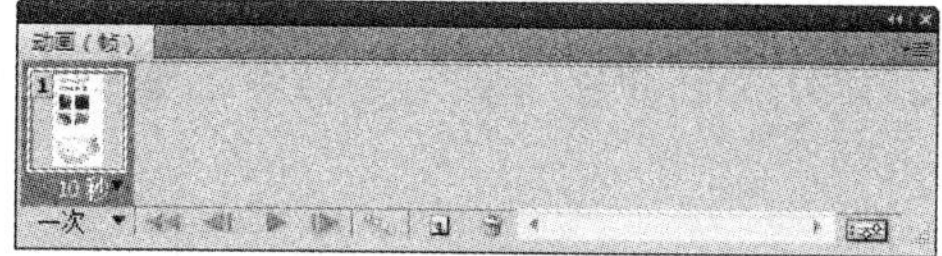

图 12-106

23. 在"动画（帧）"面板中，展开 1 帧下侧的下拉列表，选中"0.5 秒"选项，定义该帧的时长，如图 12-107 所示。

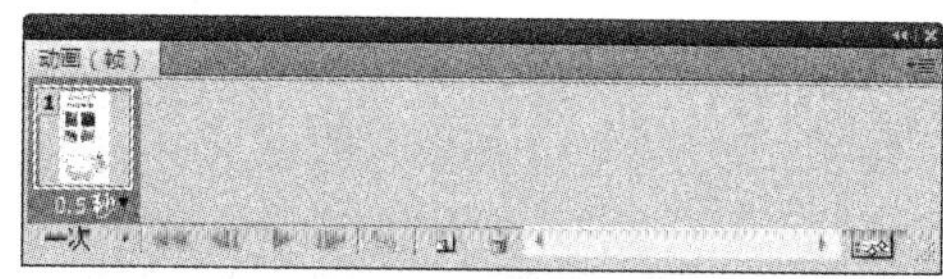

图 12-107

24. 调出"图层"面板，将复制出的"镇店之宝"图层隐藏，定义第 1 帧的内容，如图 12-108 所示。

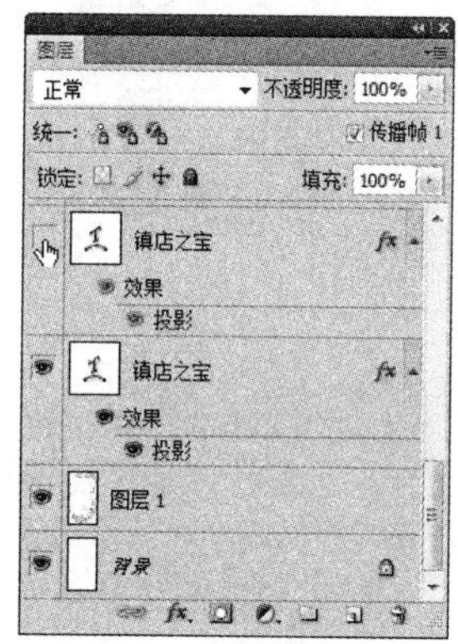

图 12-108

25. 回到"动画（帧）"面板中单击"复制所选帧"按钮，复制一个新帧，如图 12-109 所示。

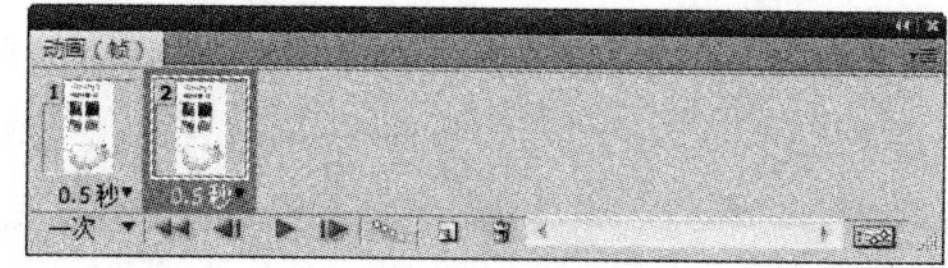

图 12-109

26. 保持该帧的当选状态，调出"图层"面板，将复制的"镇店之宝"图层显示出来，如图 12-110 所示。

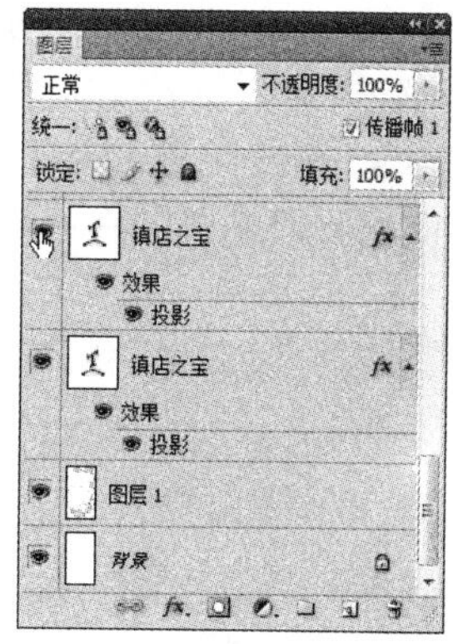

图 12-110

27. 在"动画（帧）"面板中左下角的下拉列表中，选中"永远"选项，定义播放的循环方式为"永远"，如图 12-111 所示。到此该部分制作完毕。

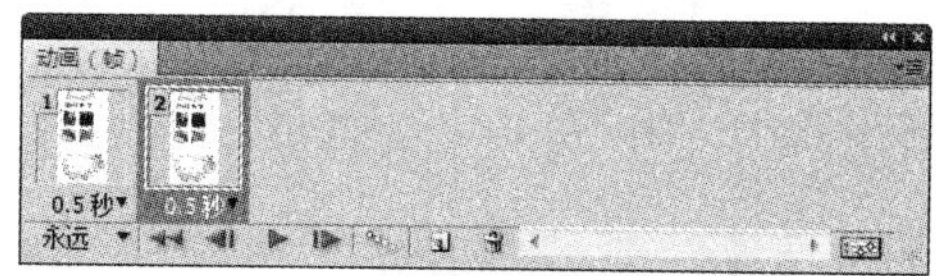

图 12-111

28. 在工具箱中选中"切片"工具，沿着每一个"宝贝"的边缘进行裁切，如图 12-112 所示。

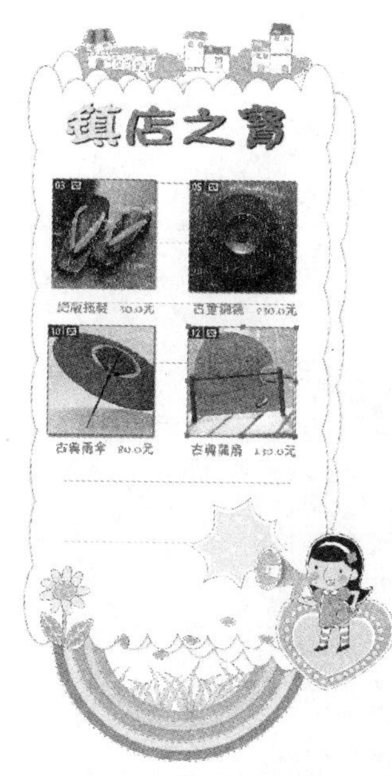

图 12-112

29. 执行“文件”>“保存为Web和设备所用格式”命令，或使用快捷组合键Ctrl+Shift+Alt+S，弹出如图12-113所示的“保存为Web和设备所用格式”对话框。在该对话框中进入“四联”选项卡，并选中一个压缩和效果都比较好的选项，设置保存格式为GIF选项，单击“存储”按钮。

小结

在店铺的页面中，左侧除了可以定义分类外，还可以使用两个左侧模板添加一些信息，这些信息并没有什么严格的规定，只要按照相应的制作方法，将内容添加进去即可。注意不要出现重复的内容即可。

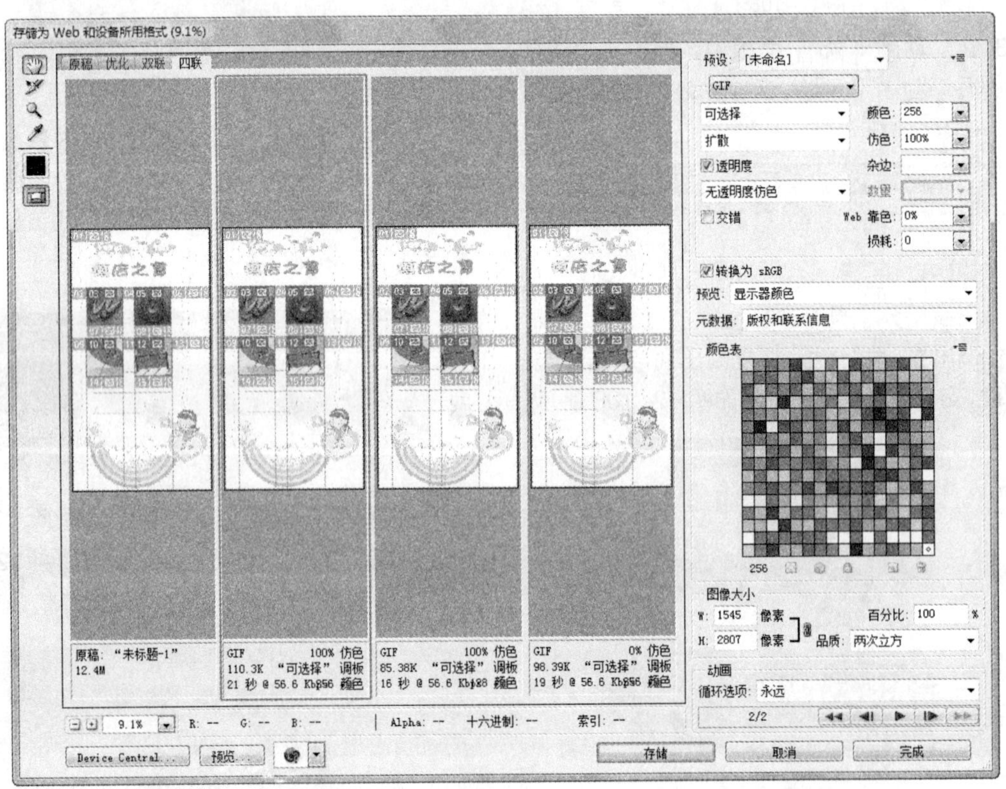

图12-113

第 13 章　制作右侧模块

右侧模块中包含的对象比较多，您可以将所有的模块都制作出来，也可以挑其中的某些放置在您的店铺中。其中可以包括“秒杀”、“促销信息”、“宝贝展示”、“店主语录”和“信用评价”等，只要您觉得那些内容比较重要，就可以放。在制作时，并不是要非常绚丽，只要结构清晰、风格统一即可。在本章中，将制作几个要出现在店铺右侧模块中的实例，希望对您的店铺装修有一定的启发。

13.1　制作“秒杀”公告

所谓“秒杀”，就是网络卖家发布一些超低价格的商品，所有买家在同一时间网上抢购的一种销售方式。由于商品价格低廉，往往一上架就被抢购一空，有时只用一秒钟。目前，在淘宝等大型购物网站中，“秒杀店”的发展可谓迅猛。如果您希望在店铺中添加一些秒杀的商品，来提高店铺的浏览量，一定要在店铺的首页添加一个“秒杀”公告，在其中加一些内容介绍，比如，活动的时间、销售的商品等。本节制作的“秒杀”公告，一般就放到“左侧模块”中。具体的操作方法如下:

1. 启动 Adobe Illustrator 软件，创建一个新文档。

2. 在工具箱中选中“矩形”工具，沿着整个文档的边缘绘制一个矩形对象，并填充红色，如图 13-1 所示。

图 13-1

3. 在工具箱中选中“圆角矩形”工具，绘制一个比例相同，但尺寸稍小的圆角矩形对象，在绘制的时候可以按“向上”或“向下”箭头键，调整圆角的程度，为该对象填充浅红色，如图 13-2 所示。

图 13-2

4. 继续使用“圆角矩形”工具，绘制一个尺寸稍小的对象，并填充为白色，圆角的幅度是相同的。如图 13-3 所示。

图 13-3

5. 按下快捷键 Ctrl+A，将所有的对象同时选中，调出“对齐”面板，分别单击“水平居中对齐”

和“垂直居中对齐”按钮，对当选对象进行中心对齐操作，如图 13-4 所示。

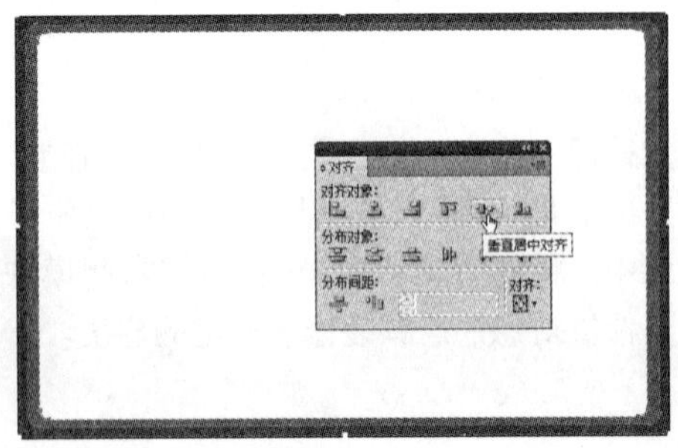

图 13-4

6. 在工具箱中选中“矩形”工具，在如图 13-5 所示的位置上绘制一个矩形对象，并填充浅红色。

图 13-5

7. 在工具箱中选中“多边形”工具，在视图中单击鼠标，在弹出的“多边形”对话框中调整“边数”为 3，单击“确定”按钮，创建一个三角形，如图 13-6 所示。

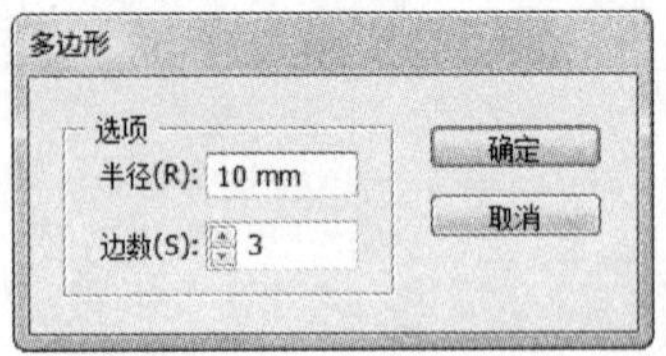

图 13-6

8. 在工具箱中选中“选择”工具，将鼠标放到三角形对象的外侧，拖曳鼠标将该对象旋转 180°，并拖曳到如图 13-7 所示的位置上，调整对象的比例。

图 13-7

9. 在工具箱中选中“直排文字”工具，在如图 13-8 所示的位置上单击鼠标，并输入“Welcome To Macmaker　　降”字样，调整文字的字体、字号和颜色。

图 13-8

10. 在工具箱中选中“圆角矩形”工具，在如图 13-9 所示的位置上绘制圆角矩形对象。

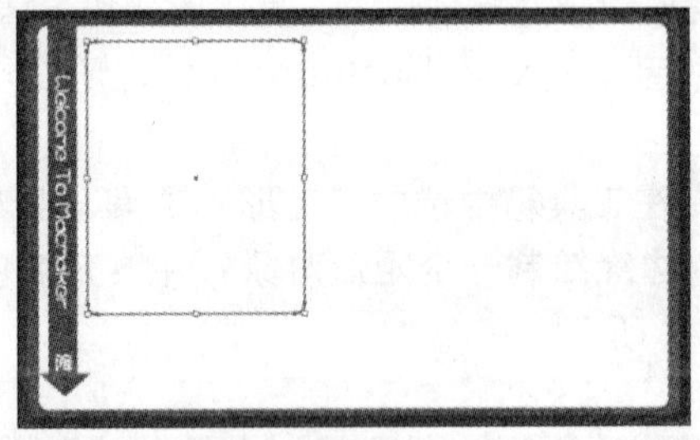

图 13-9

11. 在工具箱中选中“矩形”工具，在如图 13-10 所示的位置上绘制矩形对象。

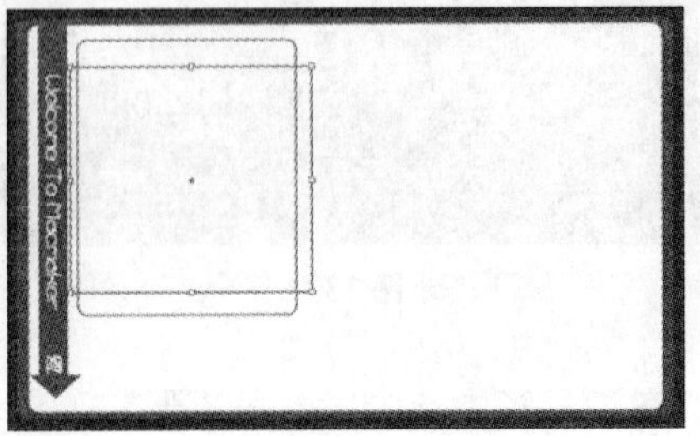

图 13-10

12. 在工具箱中选中两个对象，调出“路径寻找器”面板，单击“分割”按钮，将该对象分离为多个对象，如图 13-11 所示。

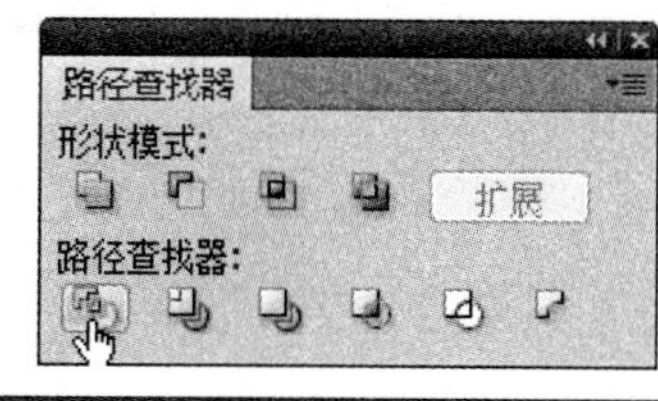

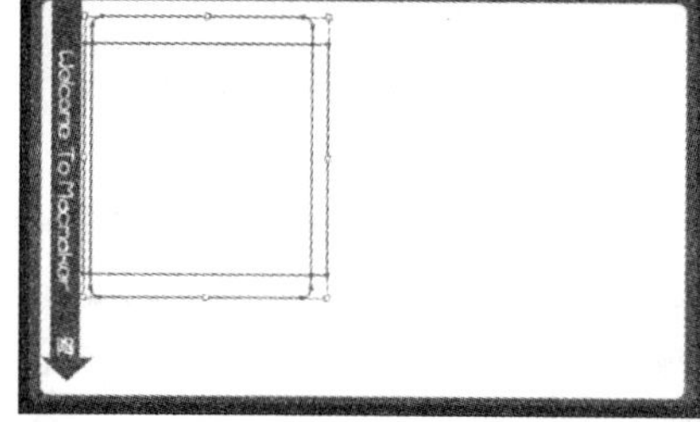

图 13-11

13. 保持该对象的当选状态，按下快捷组合键 Ctrl+Shift+G，将这组对象解组。

14. 在工具箱中选中“选择”工具，按下 Shift 键，将如图 13-12 所示的对象同时选中。按下 Delete 键，将选中对象删除，如图 13-13 所示。

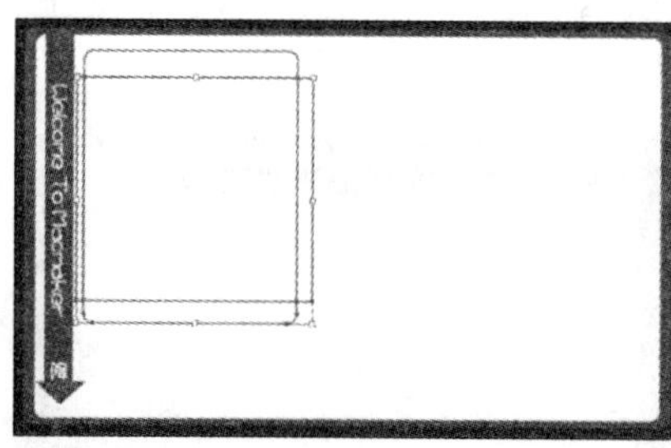

图 13-12

图 13-13

15. 使用“选择”工具，将如图 13-14 所示的对象选中，并填充为红色，描边为无色。

图 13-14

16. 为了给该部分对象添加一个纹理，调出“外观”面板，如图 13-15 所示。

图 13-15

17. 在“外观”面板中选中“填色”选项，并单击“复制所选项目”按钮，创建一个填充内容，如图 13-16 所示。

18. 在“外观”面板中保持选项的当选状态，执行“窗口”>“色板库”>“图案”>“装饰”>“装饰 _ 古典”命令，将该面板调出，如图 13-17 所示。

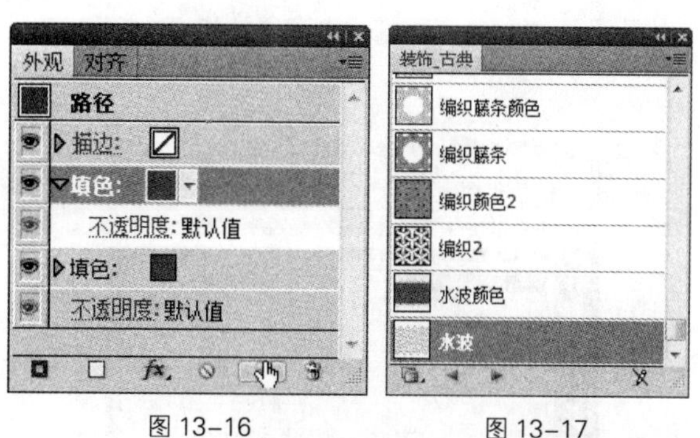

图 13-16 图 13-17

19. 保持对象的当选状态，选中“装饰 _ 古典”面板中的“水波”选项，为对象添加纹理，如图 13-18 所示。

图 13-18

20. 选中该对象下面的矩形对象，在“外观”面板中单击“描边”选项，并在右侧的下拉列表中选中 0.25 选项，定义描边的宽度，如图 13-19 所示。

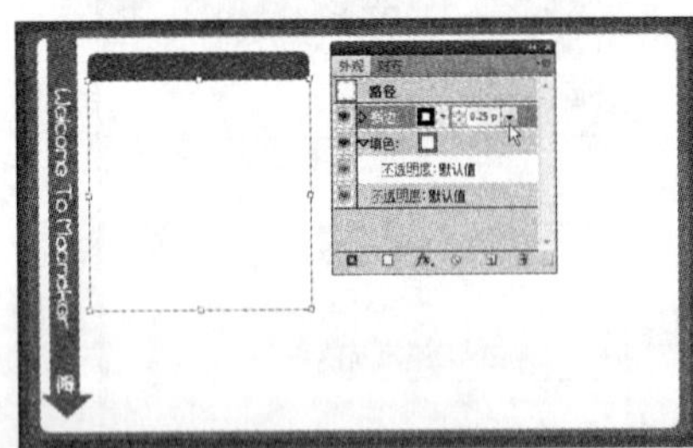

图 13-19

21. 将两个对象同时选中，执行“效果”>“风格化”>“投影”命令，在弹出的对话框中调整“X 位移”数值为 1 mm，“Y 位移”数值为 1 mm，“模糊”数值为 1 mm，单击“确定”按钮，添加投影效果，如图 13-20 所示。

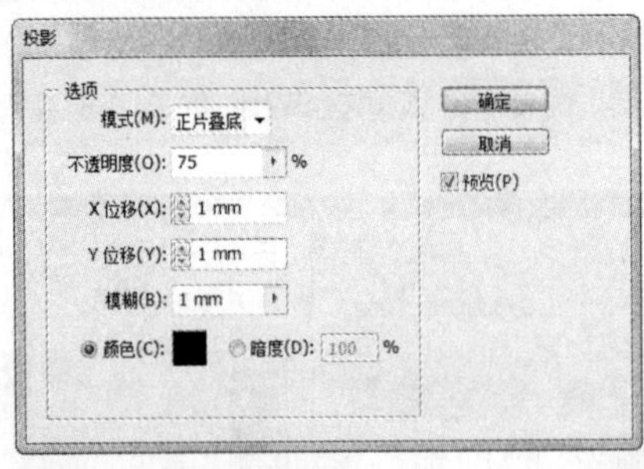

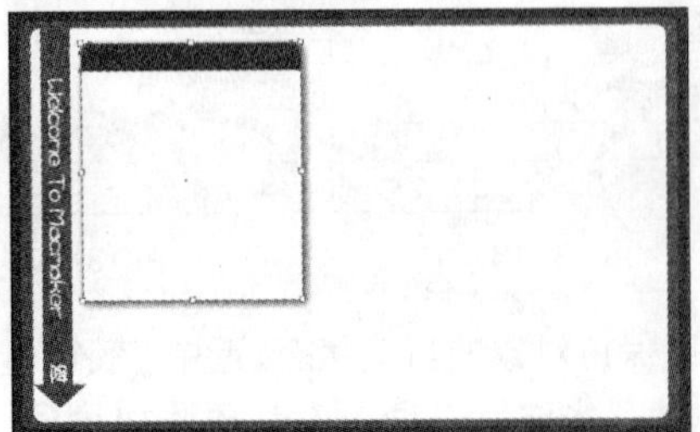

图 13-20

22. 在工具箱中选中“文字”工具，在如图 13-21 所示的位置上单击鼠标，并输入“A . 秒杀 ING ……”字样，调整字体、字号和颜色。

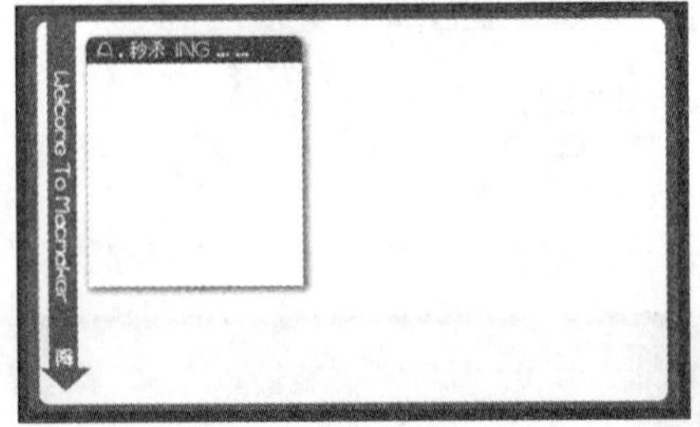

图 13-21

23. 将如图 13-22 所示的所有对象选中。

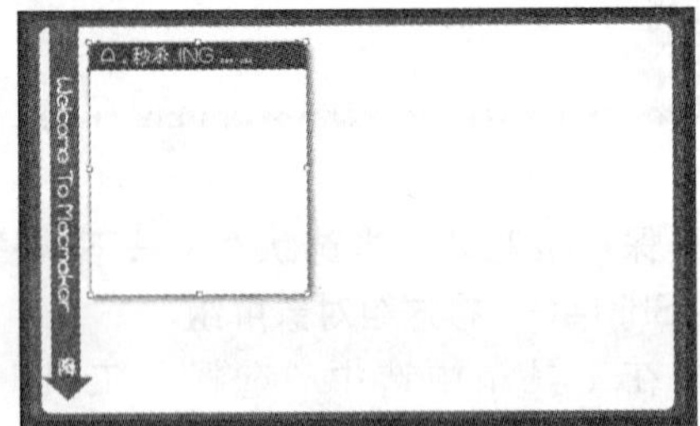

图 13-22

24. 使用“选择”工具，按下快捷键 Shift+Alt，横向拖动对象到如图 13-23 所示的位置上，复制一组相同的对象。

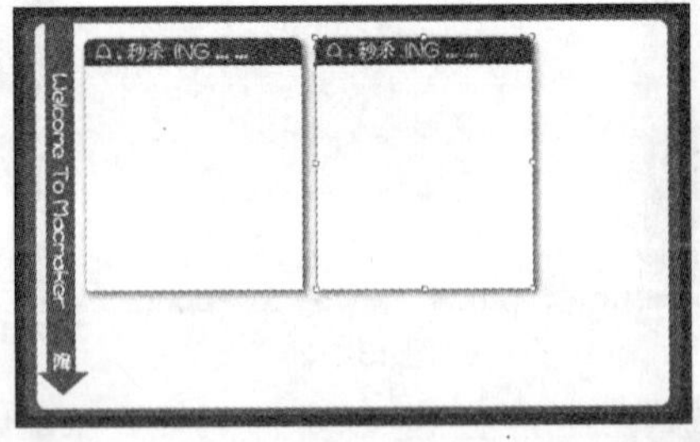

图 13-23

25. 两次按下快捷键 Ctrl+D，再次复制两组相同的对象，如图 13-24 所示。

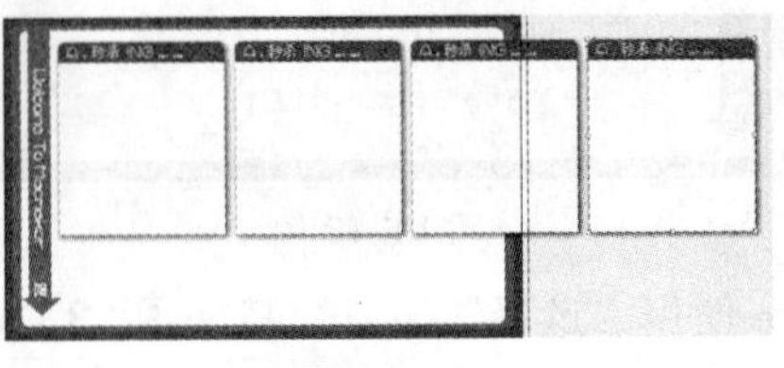

图 13-24

26. 使用“选择”工具，将复制出的 3 组对象同时选中，按下 Shift 键，将这些对象等比例缩小，如图 13-25 所示。

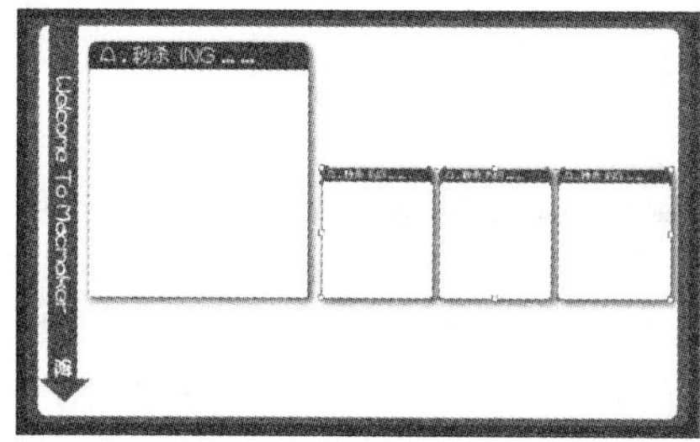

图 13-25

27. 将如图 13-26 所示的对象选中，调出“外观”面板，选中“红色”选项。

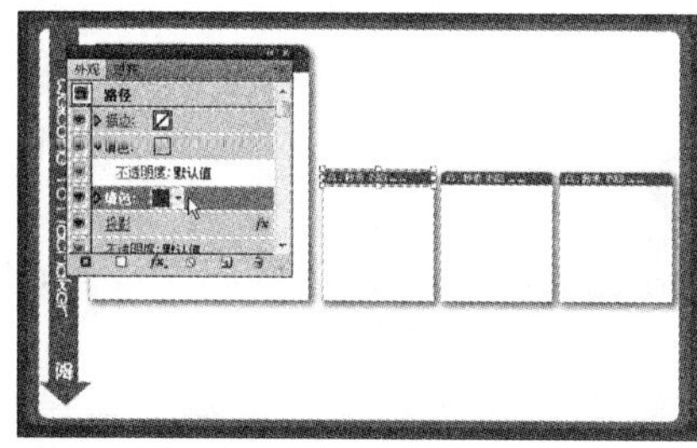

图 13-26

28. 调出“颜色”面板，将填充的颜色调整为其他颜色，如图 13-27 所示。

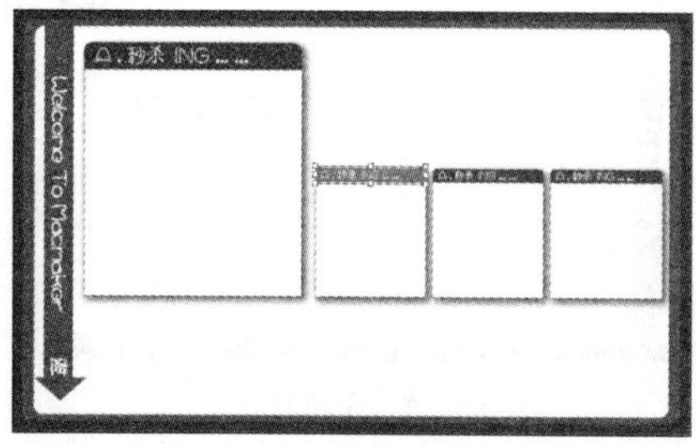

图 13-27

29. 采用相同的方法，对其他两个对象的颜色也进行修改，如图 13-28 所示。

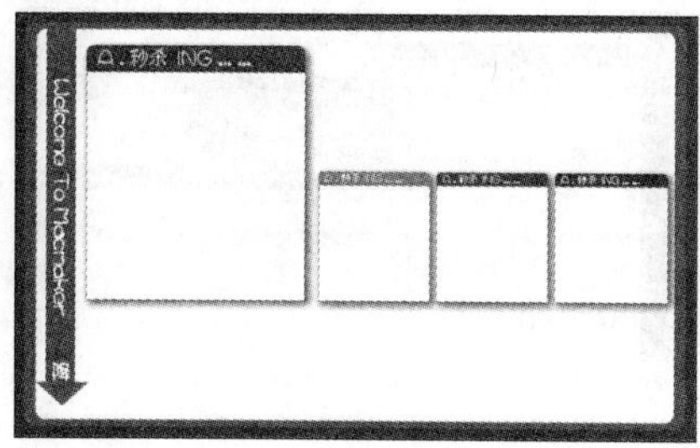

图 13-28

30. 在工具箱中选中“文字”工具，单击第二组对象的文字部分，将文字修改为“B . 排队 ING ……”，如图 13-29 所示。

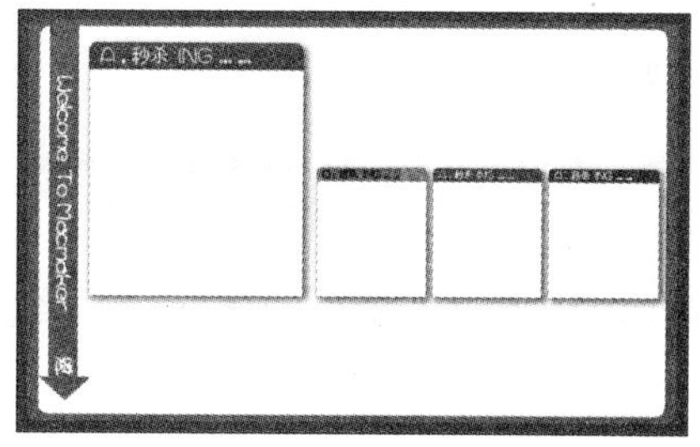

图 13-29

31. 采用相同的方法，将其他两组对象中的文字也修改为“C . 排队 ING ……”和“D . 排队 ING ……”，如图 13-30 所示。

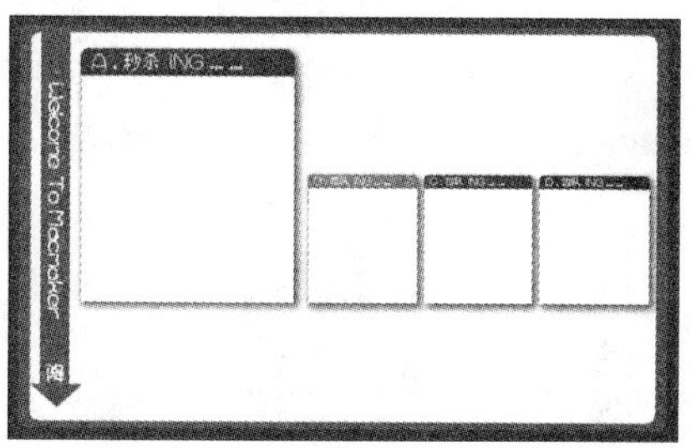

图 13-30

32. 在工具箱中选中“文字”工具，在如图 13-31 所示的位置上单击鼠标，并输入“Buying Rule‘秒杀’游戏规则”字样，调整字体、字号和颜色。

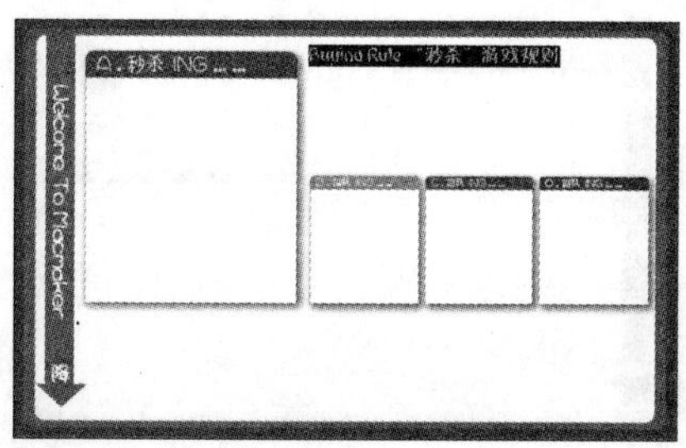

图 13-31

33. 在工具箱中选中“直线”工具，按下 Shift 键，在如图 13-32 所示的位置上绘制一条直线，并定义描边颜色为红色。

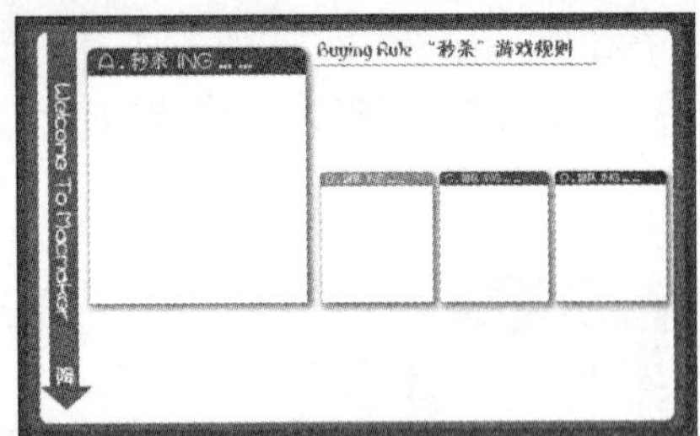

图 13-32

34. 打开如图 13-33 所示的素材文件，选中对象。

图 13-33

35. 按下快捷键 Ctrl+C，回到原始的图形中，再按下快捷键 Ctrl+V，粘贴到相应的位置上，并调整尺寸，如图 13-34 所示。

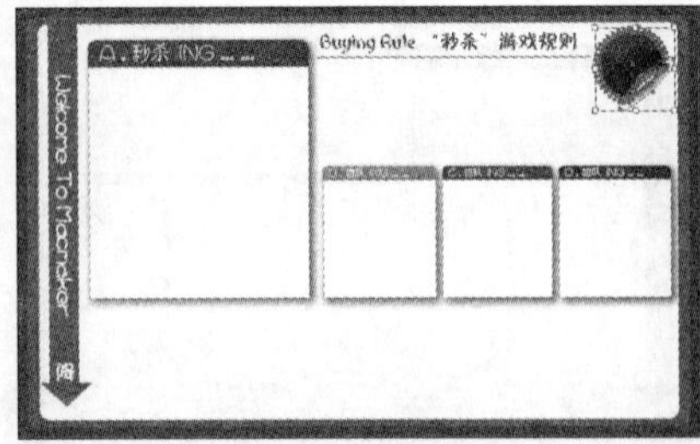

图 13-34

36. 在工具箱选中“文字”工具，在如图 13-35 所示的位置上单击鼠标，并输入“秒杀”字样，调整字体和字号，调整颜色为黄色。

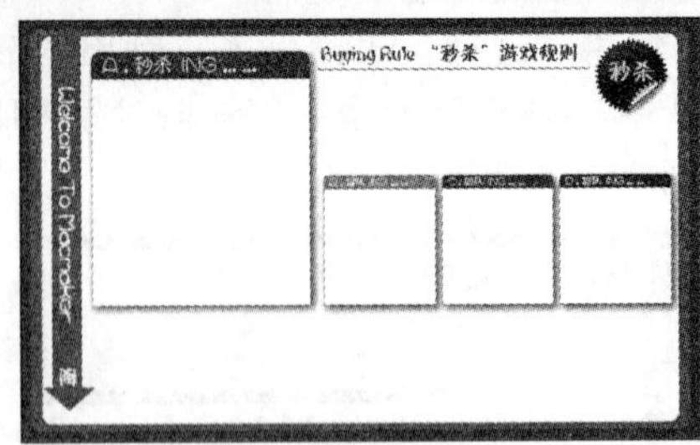

图 13-35

37. 使用“选择”工具，选中该文字对象，并将鼠标放到文字的外侧，单击并拖动鼠标，将其旋转到如图 13-36 所示的角度。

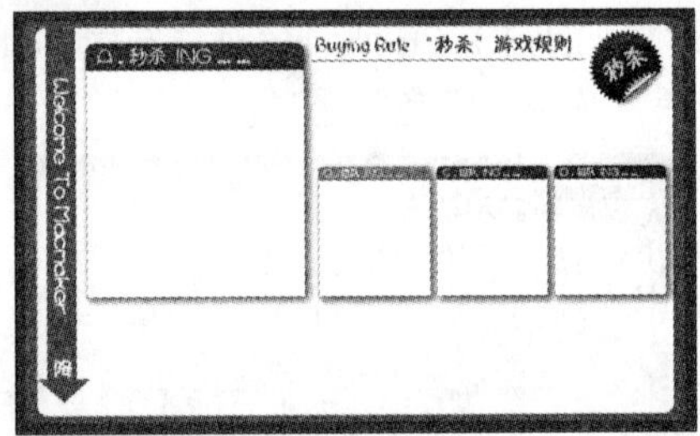

图 13-36

38. 在工具箱中选中“直线”工具，按下 Shift 键，单击并拖动鼠标，绘制一条直线，如图 13-37 所示。

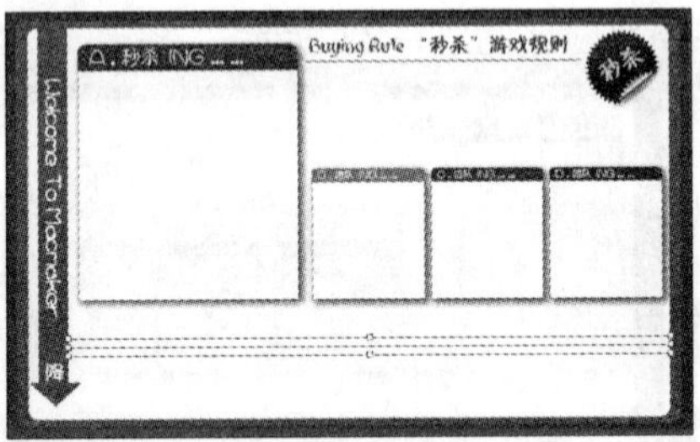

图 13-37

39. 保持该直线对象的当选状态，调出“描边”面板，调整“粗细”为 0.25pt，勾选“虚线”复选项，并在文本框中输入 3，如图 13-38 所示。

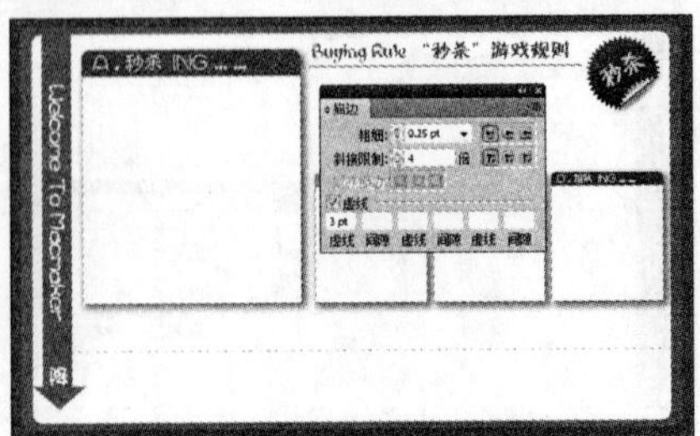

图 13-38

40. 保持该直线对象的当选状态，使用“选择”工具，并同时按下快捷键 Shift+Alt，垂直拖动鼠标，复制一条相同的虚线对象，如图 13-39 所示。

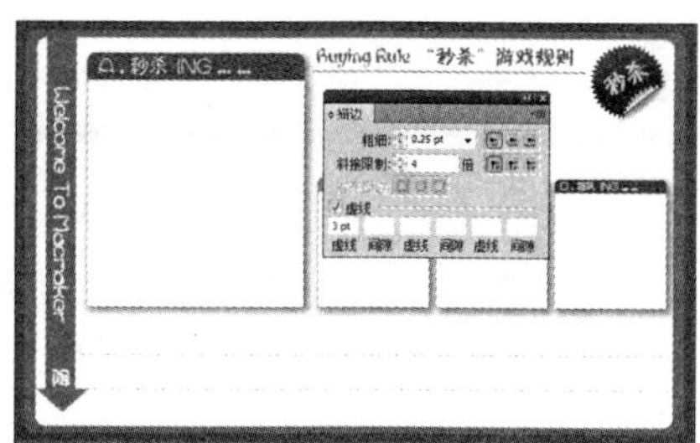

图 13-39

41. 在工具箱中选中“直线”工具，按下 Shift 键，单击并拖动鼠标，绘制一条直线，如图 13-40 所示。

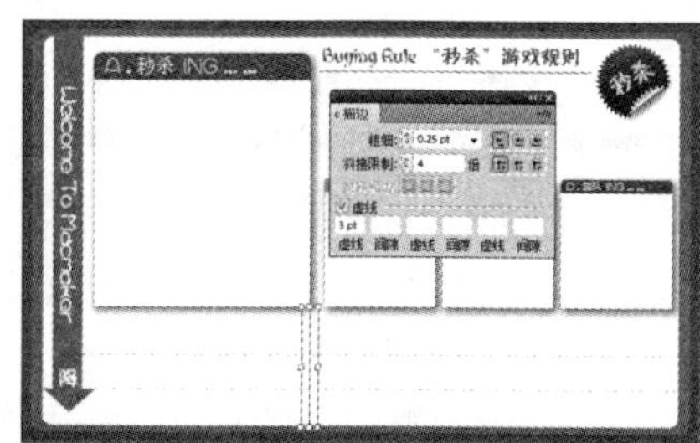

图 13-40

42. 保持该直线对象的当选状态，使用“选择”工具，并同时按下快捷键 Shift+Alt，水平拖动鼠标，复制两条相同的虚线对象，如图 13-41 所示。

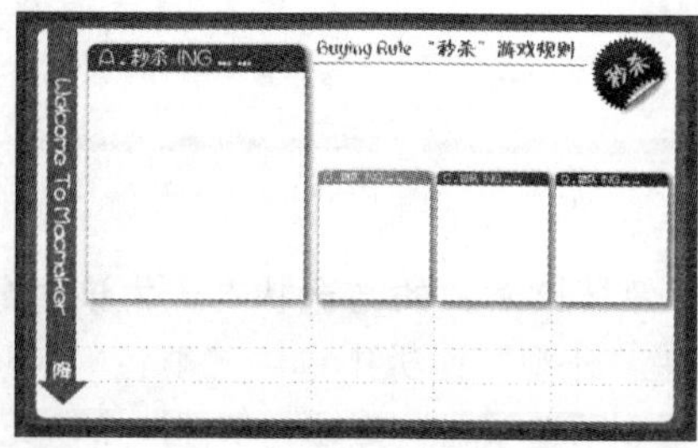

图 13-41

43. 在工具箱中选中“椭圆形”工具，按下 Shift 键，在如图 13-42 所示的位置上绘制一个正圆形对象。

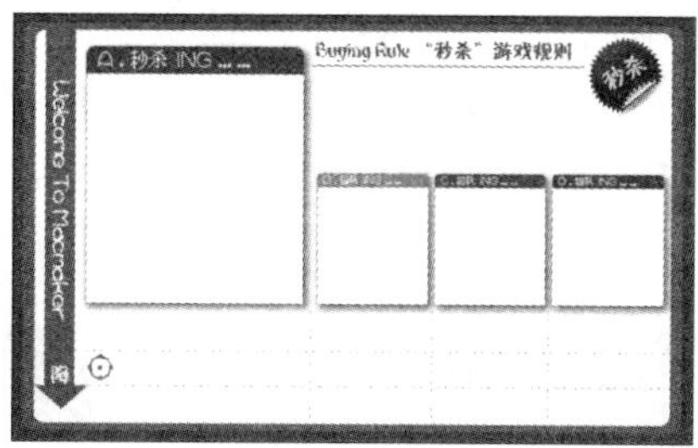

图 13-42

44. 保持该对象的当选状态，在工具箱中选中“吸管”工具，在如图 13-43 所示的位置上单击鼠标，复制填充内容。

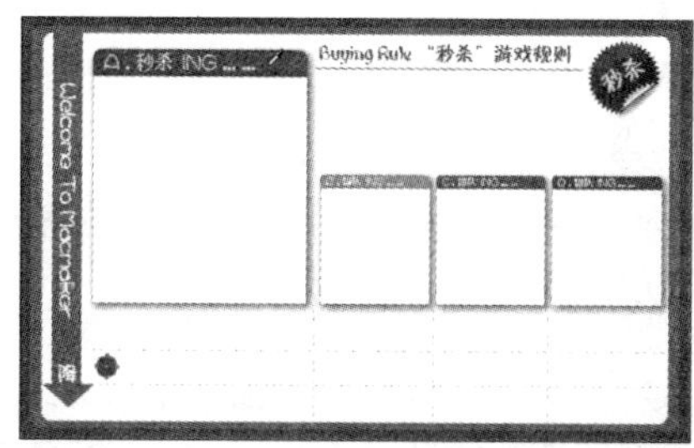

图 13-43

45. 在工具箱中选中“文字”工具，在如图 13-44 所示的位置上单击鼠标，并输入“原”字样，并调整字体、字号和颜色。

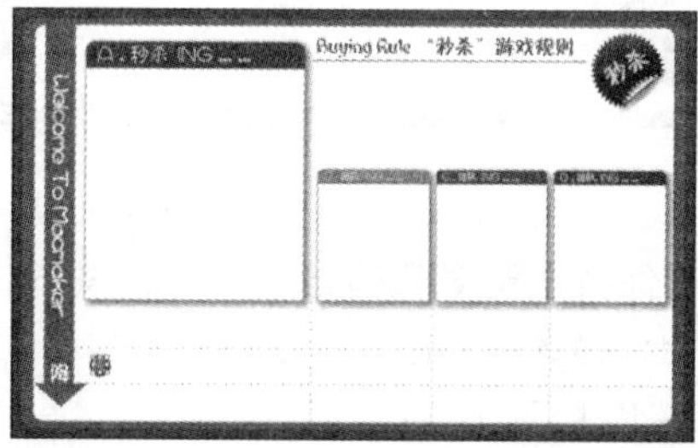

图 13-44

46. 继续使用“文字”工具，在如图 13-45 所示的位置上单击鼠标，并输入“秒杀价”字样，并调整字体、字号和颜色。

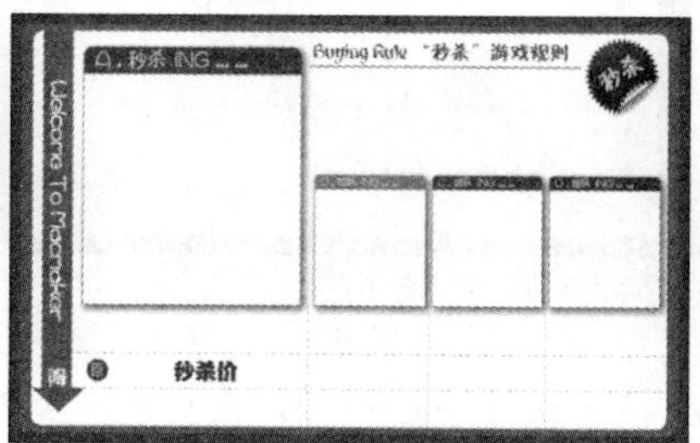

图 13-45

47. 在工具箱中选中“选择”工具，将“原”文字和正圆形对象同时选中。按下快捷键Shift+Alt，横向拖动鼠标，复制一组相同的对象。如图 13-46 所示。

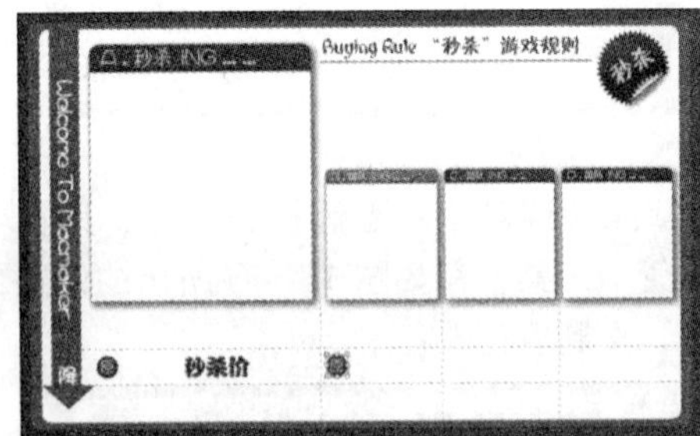

图 13-46

48. 按下 Shift 键，将该对象等比例缩小，如图 13-47 所示。

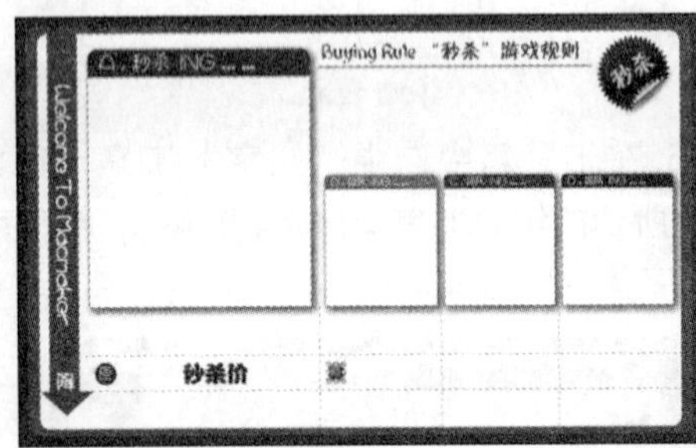

图 13-47

49. 保持该组对象的当选状态，按下快捷键Shift+Alt，横向拖动鼠标，复制一组相同的对象，如图 13-48 所示。

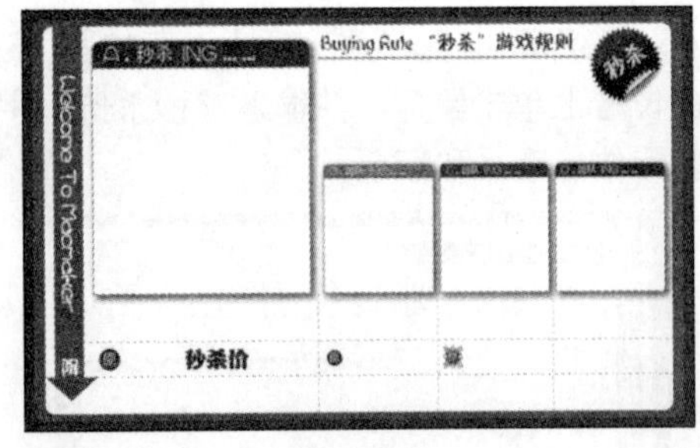

图 13-48

50. 按下快捷键 Ctrl+D，再复制一组相同的对象，如图 13-49 所示。

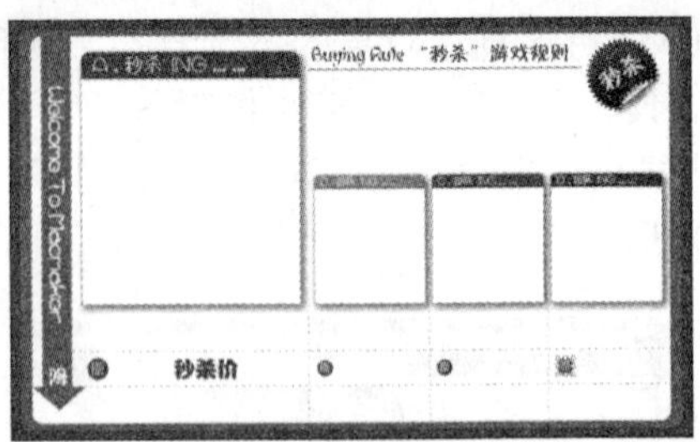

图 13-49

51. 采用相同的方法，再制作如图所示的圆点和文字对象，其中的文字修改为“秒”，如图 13-50 所示。

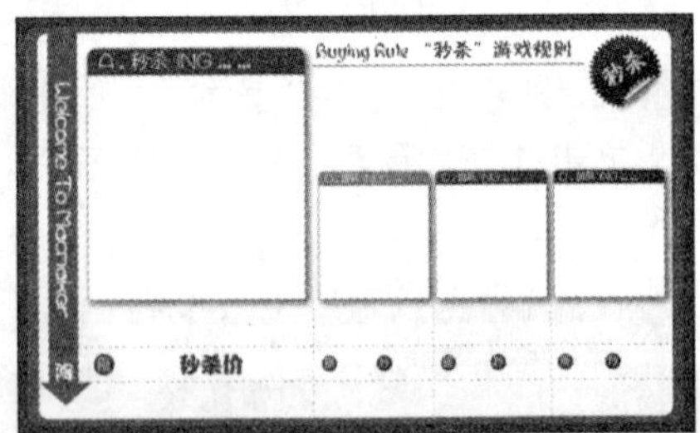

图 13-50

52. 在工具箱中选中“圆角矩形”工具，绘制一个比例相同，但尺寸稍小的圆角矩形对象，可以按下↑或↓键调整圆角的程度，如图 13-51 所示。

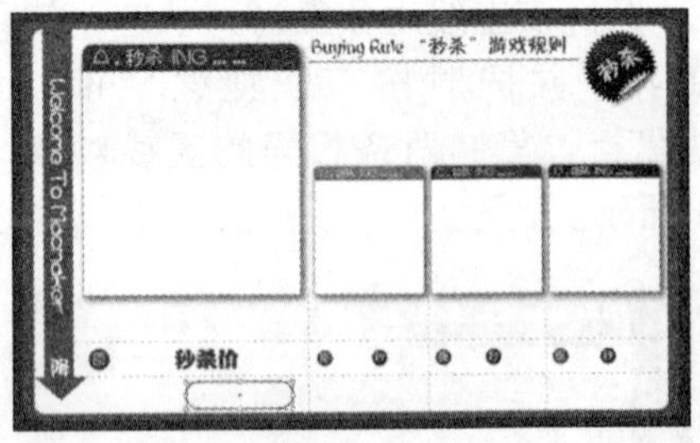

图 13-51

53. 保持该对象的当选状态，为该对象填充红色。在“外观”面板中选中“填色”选项，并单击“复制所选项目”按钮，创建一个填充内容。如图 13-52 所示。

54. 在“外观”面板中保持选项的当选状态，执行“窗口”>“色板库”>“图案”>“装饰”>“装饰 _ 古典”命令，将该面板调出，如图 13-53 所示。

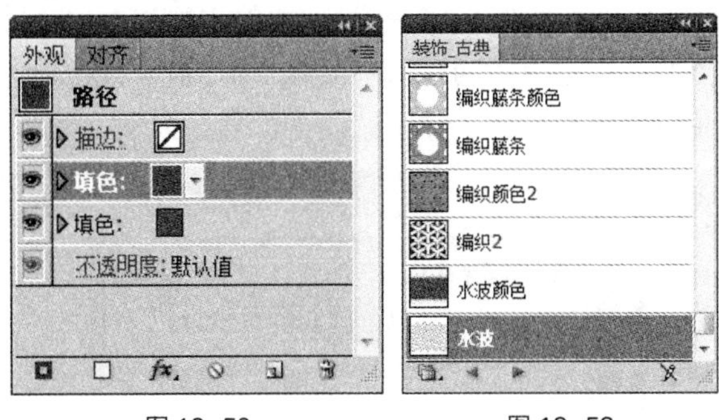

图 13-52　　图 13-53

55. 保持对象的当选状态，选中“装饰 _ 古典”面板中的“水波”选项，为对象添加纹理，如图 13-54 所示。

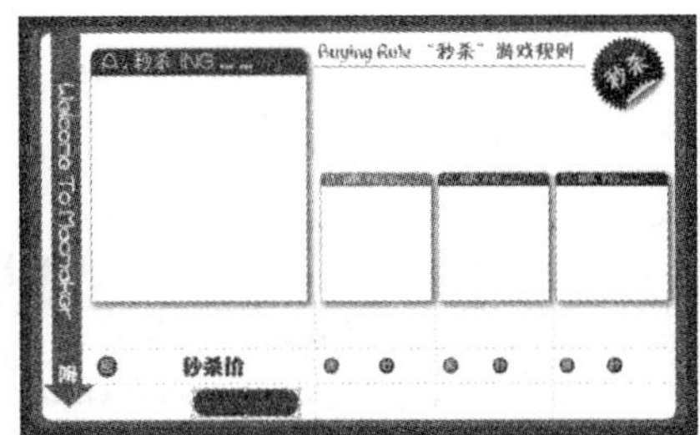

图 13-54

56. 在“外观”面板中选中“描边”选项，调整颜色为红色，调整描边粗细为 3 pt，如图 13-55 所示。

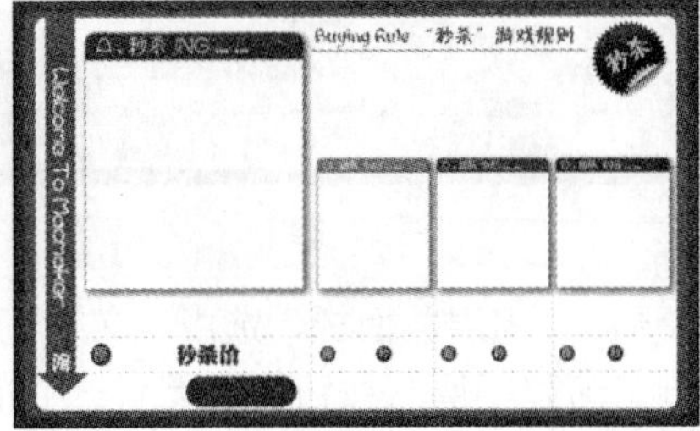

图 13-55

57. 继续使用“文字”工具，在如图 13-56 所示的位置上单击鼠标，并输入“>> 加入游戏”字样，调整字体、字号和颜色。

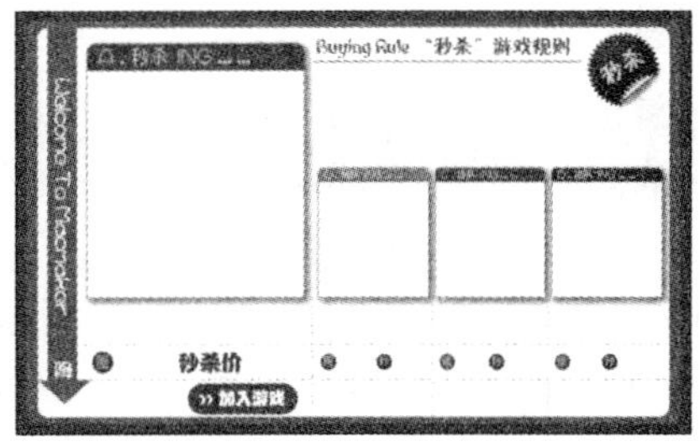

图 13-56

58. 打开如图 13-57 所示的素材文件，选中相应的对象。

图 13-57

59. 按下快捷键 Ctrl+C，回到原始的图形中，再按下快捷键 Ctrl+V，粘贴到相应的位置上，并调整尺寸，如图 13-58 所示。

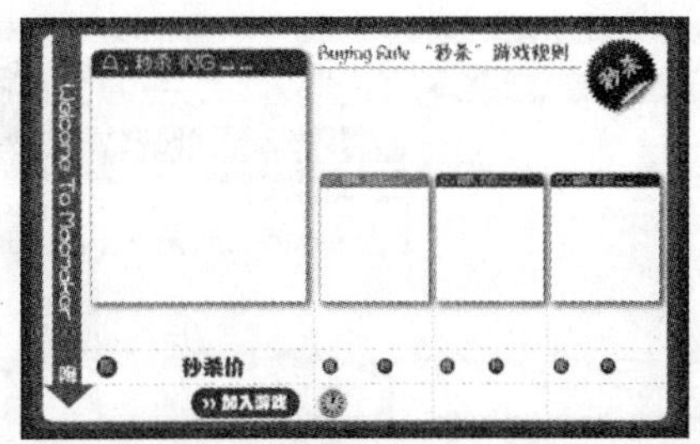

图 13-58

60. 采用相同的方法，将两个素材对象也粘贴到相应的位置上，如图 13-59 所示。

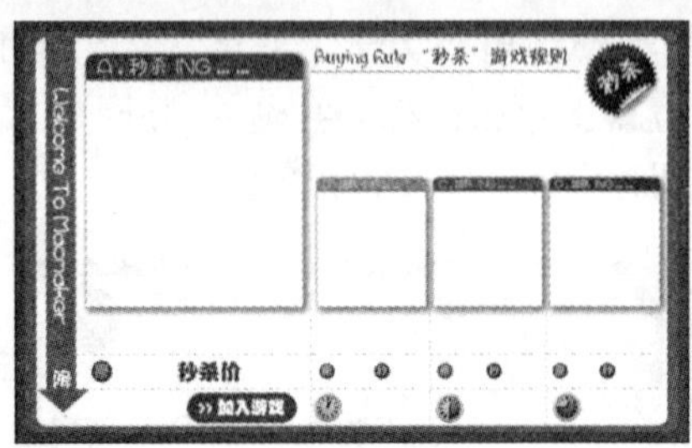

图 13-59

61. 使用“选择”工具，将3个“钟表”对象同时选中，调出“对齐”面板，单击“垂直居中对齐”按钮，如图 13-60 所示。

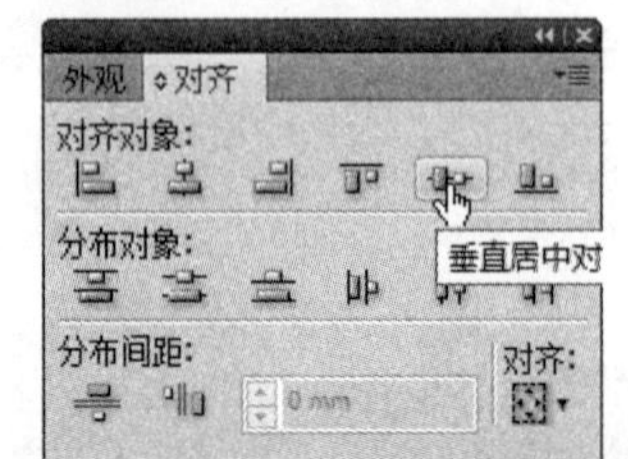

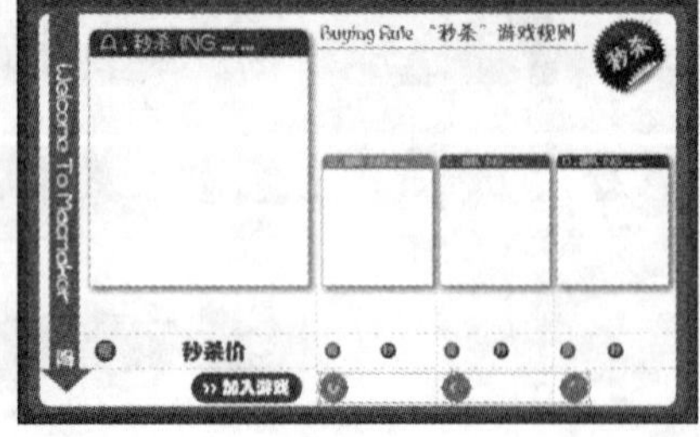

图 13-60

62. 到此一个“秒杀”的模板制作完毕，如果您不需要在 HTML 编辑器中进行文字编辑，可以继续在 Illustrator 软件中添加文字，如图 13-61 所示。

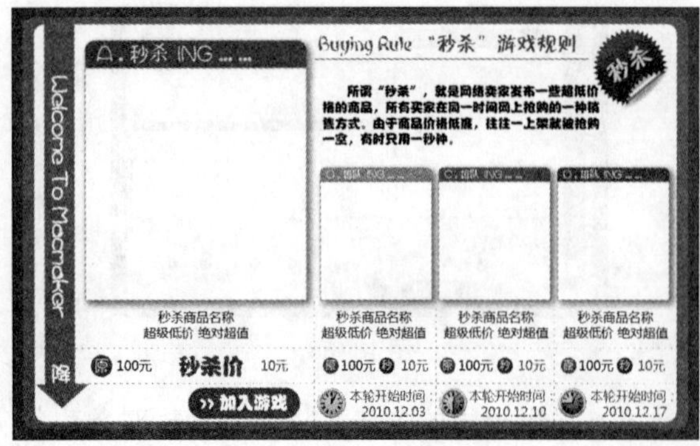

图 13-61

63. 下面进入 Photoshop 软件粘贴宝贝图像，并制作“跑表”的动画效果。在 Photoshop 软件中创建新文件，并粘贴制作的素材文件，如图 13-62 所示。

图 13-62

64. 打开“宝贝”照片，调整大小，并放到相应的位置上，如图 13-63 所示。

图 13-63

65. 下面制作“秒表”的动画效果，在工具箱中选中“文字”工具，在如图 13-64 所示的位置上输入 00:01:10 字样，调整字体和字号。

图 13-64

66. 调出“图层”面板，选中“文字”图层，并拖曳到“新建图层”按钮上，复制一个相同的图层，如图 13-65 所示。

67. 采用相同的方法，将文字图层复制 9 个，如图 13–66 所示。

图 13–65　　　　图 13–66

68. 选中“00:01:10 副本”图层，双击该图层的缩略图，进入文字编辑状态，将文字修改为 00:01:09，采用相同的方法，依次对其他文字复制图层进行修改，如图 13–67 所示。

图 13–67

69. 下面制作动画部分，调出“动画（帧）”面板，进入 1 帧的下拉列表，并选择“其他”选项，在弹出的“设置帧延迟”对话框中输入 0.01，单击“确定”按钮，定义帧的延时，如图 13–68 所示。

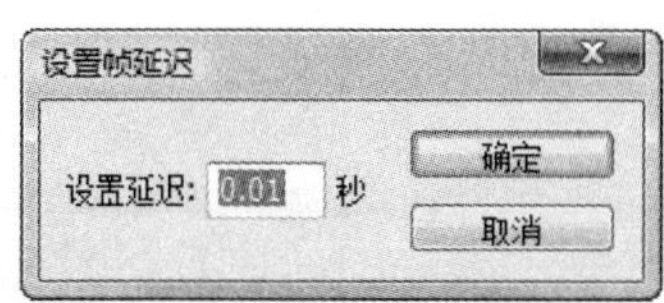

图 13–68

70. 在“图层”面板中将所有的文字副本图层隐藏，定义该帧的显示内容，如图 13–69 所示。

图 13–69

71. 在“动画(帧)”面板中单击“复制帧”按钮，复制一帧，如图 13–70 所示。

图 13–70

72. 在“图层”面板中将所有的文字图层隐藏，只显示 00:01:09 图层，如图 13–71 所示。

图 13–71

73. 采用相同的方法，复制 9 个帧，并定义显示内容，如图 13–72 所示。

图 13–72

74. 在"动画(帧)"面板左下角的下拉列表中,选中"永远"选项,定义播放的循环方式为"永远",如图 13-73 所示。到此制作完毕。

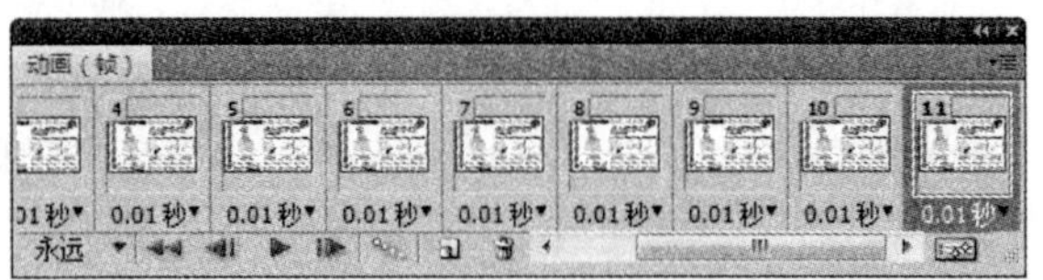

图 13-73

75. 在工具箱中选中"切片"工具,沿着每一个"宝贝"的边缘进行裁切,如图 13-74 所示。

图 13-74

76. 执行"文件">"保存为Web和设备所用格式"命令,或使用快捷组合键 Ctrl+Shift+Alt+S,弹出的"保存为Web和设备所用格式"对话框,将文件保存为图像文件和 HTML 文件。

13.2 右侧促销栏

"促销栏"同样出现到店铺首页的右侧,样式比较简单。您可以将希望促销的宝贝放到这一部分中。具体的操作方法如下:

1. 启动 Adobe Illustrator 软件,创建一个新的文件。

2. 执行"视图">"显示标尺"命令,或使用快捷键 Ctrl+R,将标尺显示出来。

3. 在水平标尺上单击并拖动鼠标,创建一条水平参考线,在垂直标尺上单击并拖动鼠标,创建一条垂直参考线,得到一个中心点,如图 13-75 所示。

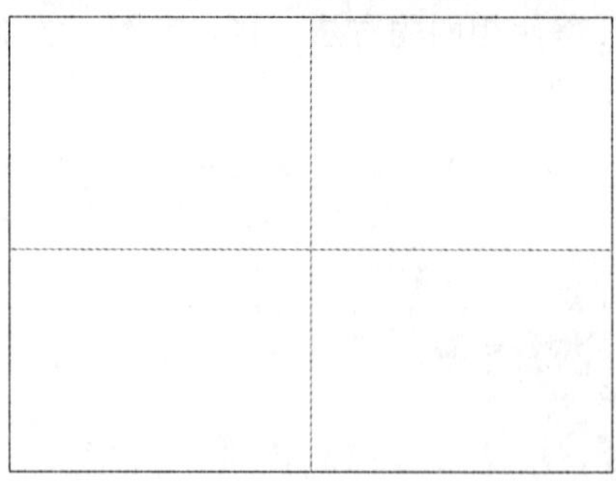

图 13-75

4. 在工具箱中选中"椭圆形"工具,按下快捷键 Shift+Alt,在水平参考线上绘制一个正圆形对象,如图 13-76 所示。

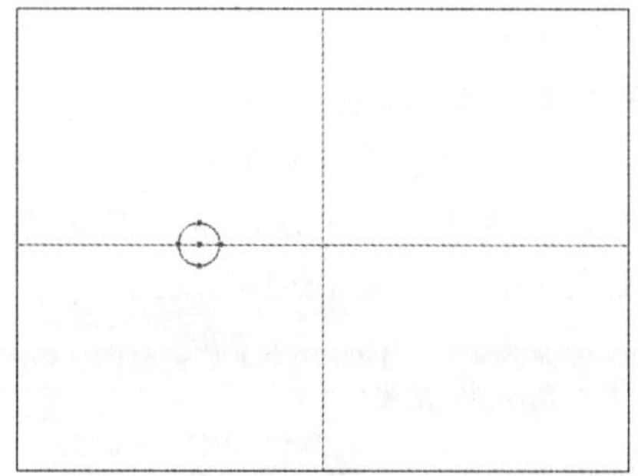

图 13-76

5. 在工具箱中选中"旋转"工具,按下 Alt 键,在中心点的位置上单击鼠标,弹出如图 13-77 所示的"旋转"对话框,在"角度"文本框中输入 -15,单击"复制"按钮,旋转并复制一个正圆形对象。

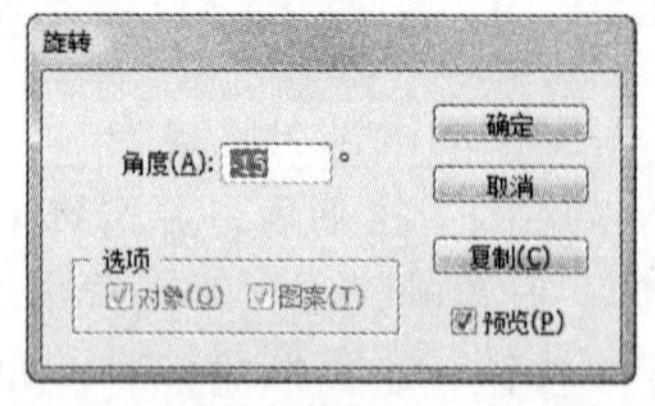

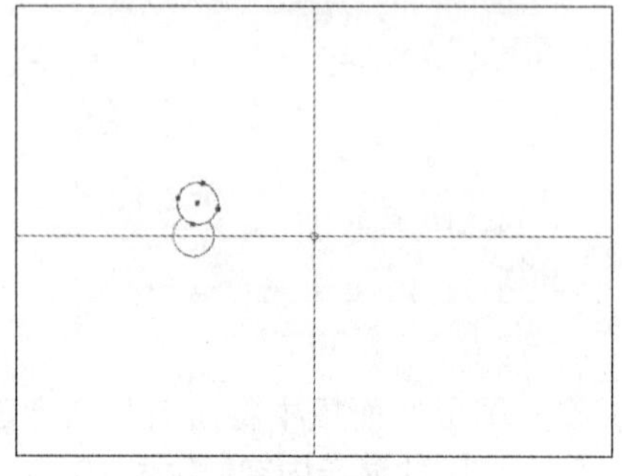

图 13-77

6. 按下快捷键 Ctrl+D，继续复制正圆形对象，复制如图 13-78 所示的数量。

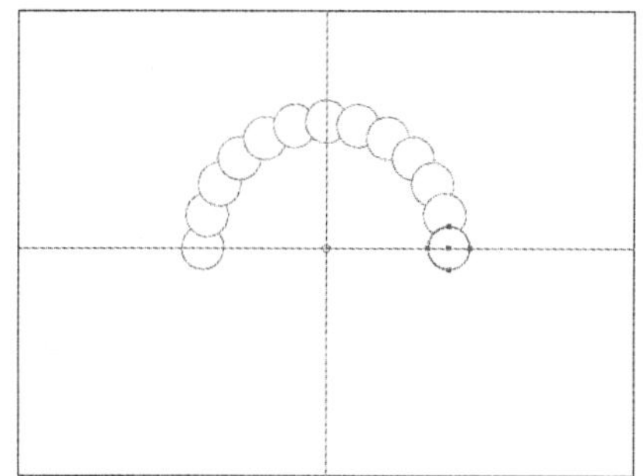

图 13-78

7. 按下快捷键 Ctrl+A，将所有的对象同时选中，执行“窗口”>“路径查找器”命令，将“滤镜查找器”面板调出，单击如图 13-79 所示的“联合”按钮，将所有的对象融为一体。

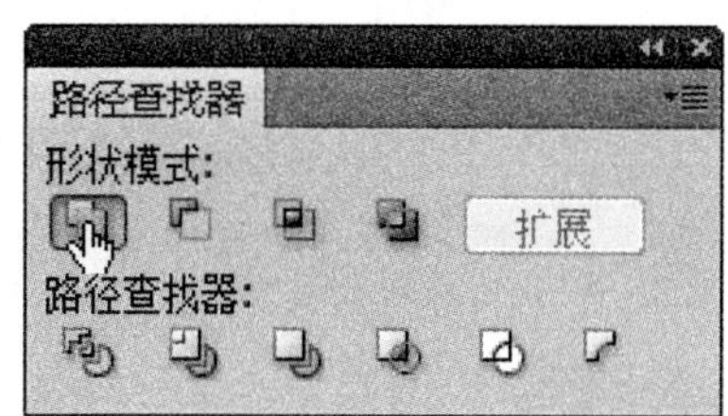

图 13-79

8. 在工具箱中选中“椭圆形”工具，按下快捷键 Shift+Alt，在水平参考线上绘制一个正圆形对象，如图 13-80 所示。

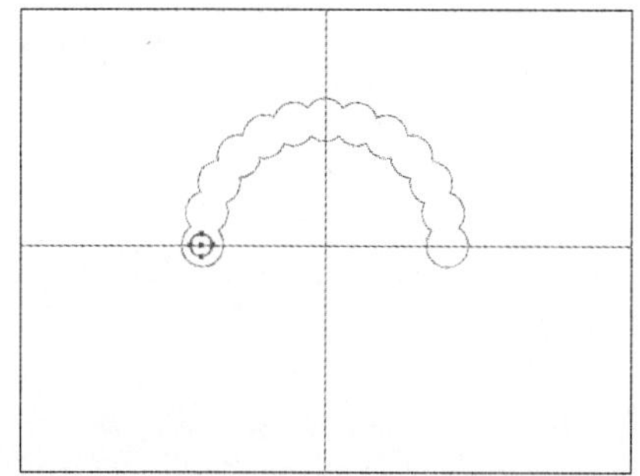

图 13-80

9. 在工具箱中选中“旋转”工具，按下 Alt 键，在中心点的位置上单击鼠标，弹出如图 13-81 所示的“旋转”对话框，在“角度”文本框中输入 -15，单击“复制”按钮，旋转并复制一个正圆形对象。

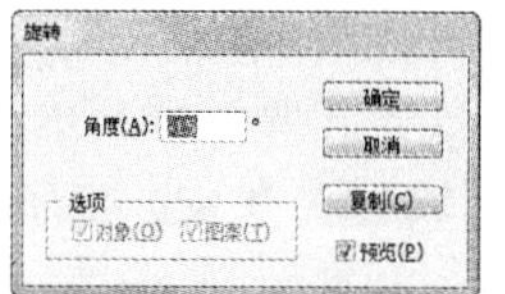

图 13-81

10. 按下快捷键 Ctrl+D，继续复制正圆形对象，复制如图 13-82 所示的数量。

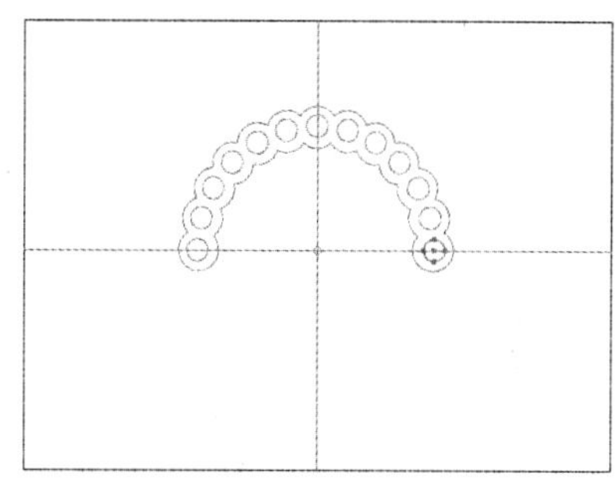

图 13-82

11. 按下快捷键 Ctrl+A，将所有的对象同时选中，将“滤镜查找器”面板调出，单击如图 13-83 所示的“减去顶层”按钮，将对象剪切。

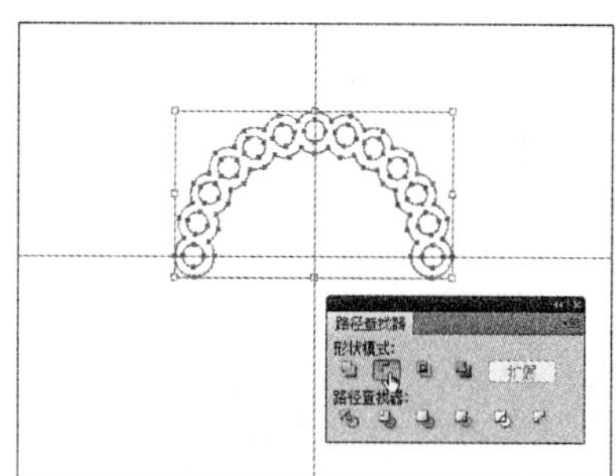

图 13-83

12. 在工具箱中选中“椭圆形”工具，按下快捷键 Shift+Alt，在参考线中心绘制一个正圆形对象，如图 13-84 所示。

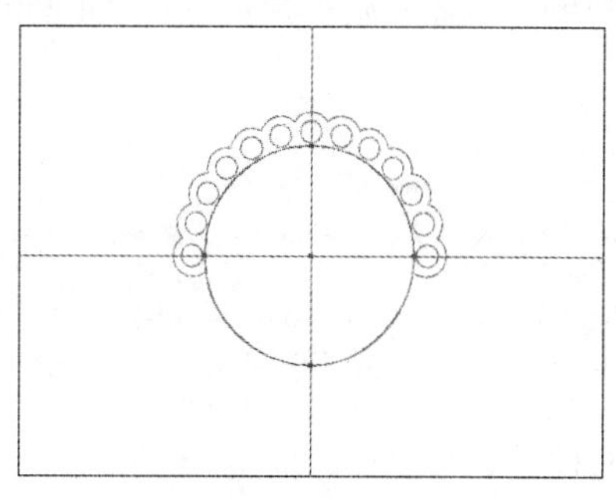

图 13-84

13. 按下快捷键 Ctrl+A，将所有的对象同时选中，将“滤镜查找器”面板调出，单击如图 13-85 所示的“联合”按钮，将所有的对象融为一体。

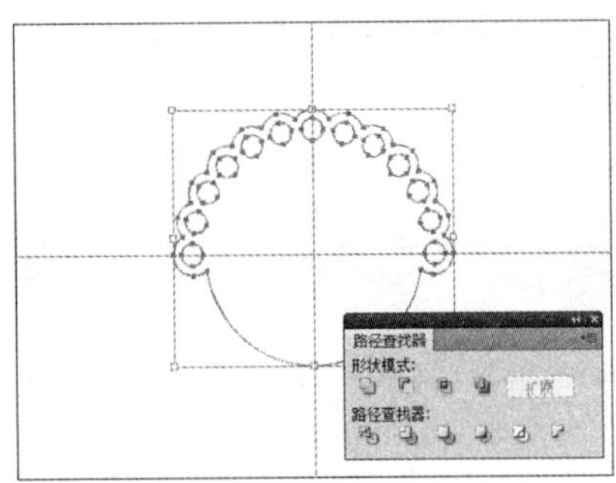

图 13-85

14. 在工具箱中选中“椭圆形”工具，按下快捷键 Shift+Alt，在水平参考线上绘制一个正圆形对象，如图 13-86 所示。

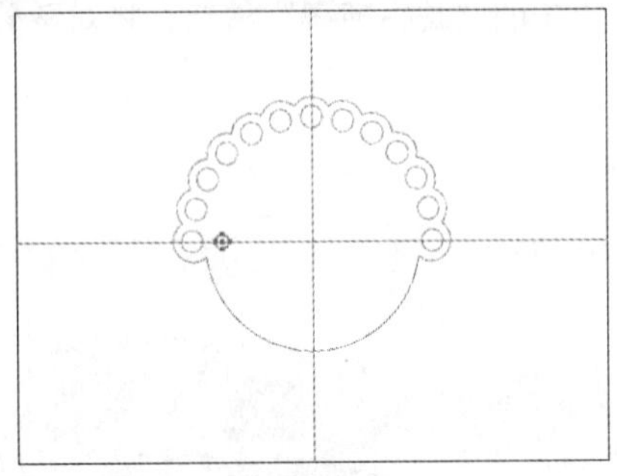

图 13-86

15. 在工具箱中选中“旋转”工具，按下 Alt 键，在中心点的位置上单击鼠标，弹出如图 13-87 所示的“旋转”对话框，在“角度”文本框中输入 -15，单击“复制”按钮，旋转并复制一个正圆形对象。

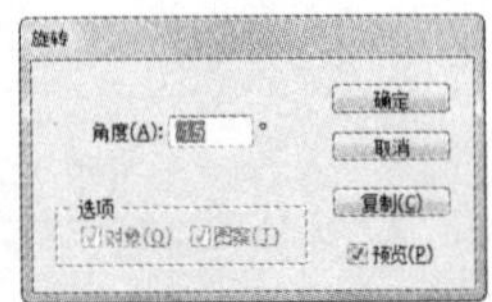

图 13-87

16. 按下快捷键 Ctrl+D，继续复制正圆形对象，复制如图 13-88 所示的数量。

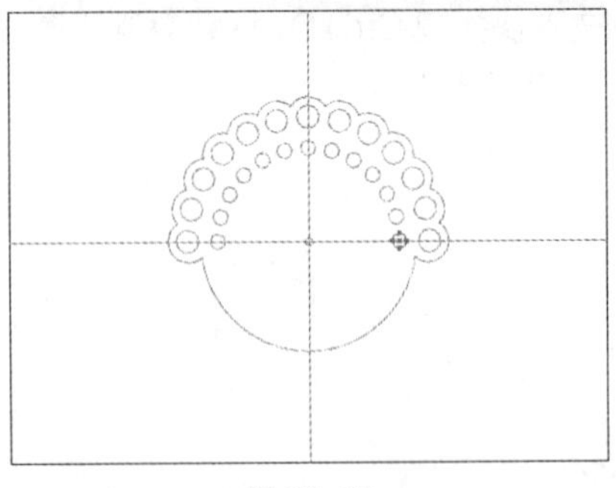

图 13-88

17. 按下快捷键 Ctrl+A，将所有的对象同时选中，将“滤镜查找器”面板调出，单击如图 13-89 所示的“减去顶层”按钮，将对象剪切。

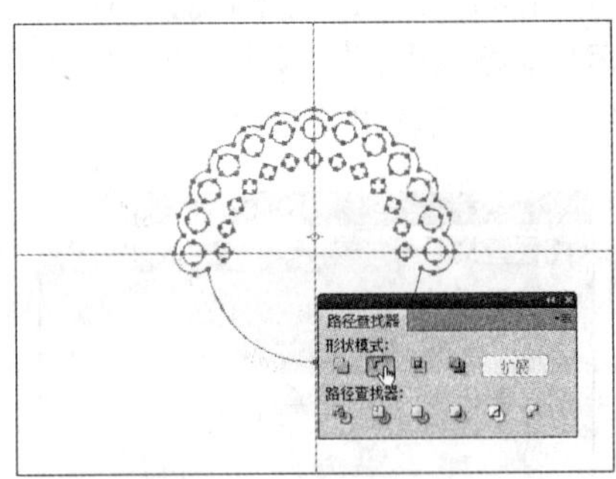

图 13-89

18. 在工具箱中选中“矩形”工具，沿着水平参考线绘制一个矩形，矩形的宽度和当前对象相同，如图 13-90 所示。

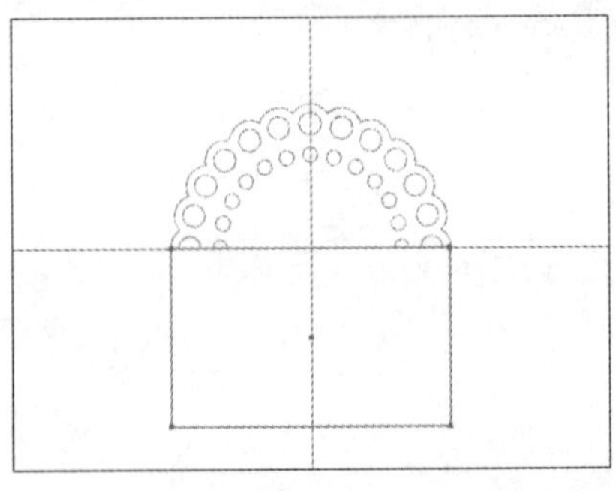

图 13-90

19. 按下快捷键 Ctrl+A，将所有的对象同时选中，将“滤镜查找器”面板调出，单击如图 13-91 所示的“联合”按钮，将所有的对象融为一体。

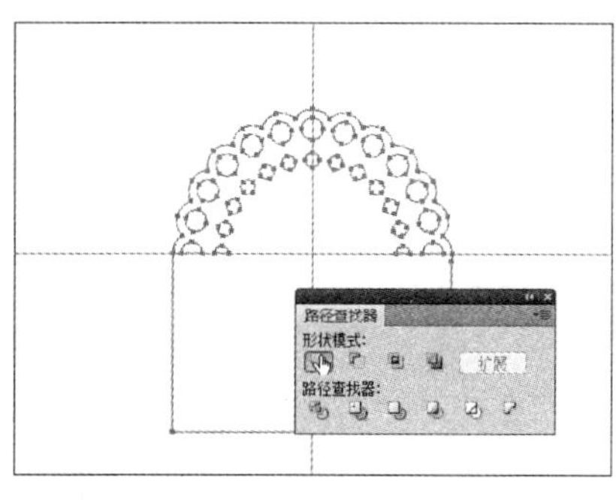

图 13-91

20. 将该对象移动到如图 13-92 所示的位置上，并将该对象的尺寸缩小。

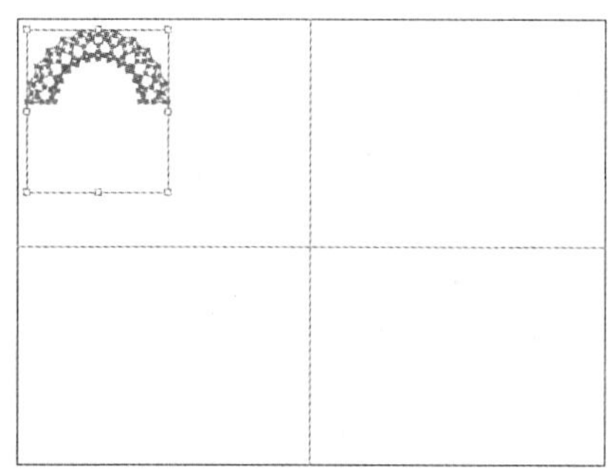

图 13-92

21. 使用“选择”工具，按下快捷键 Shift+Alt，横向拖动该对象，并进行复制，复制后两个对象之间没有距离，如图 13-93 所示。

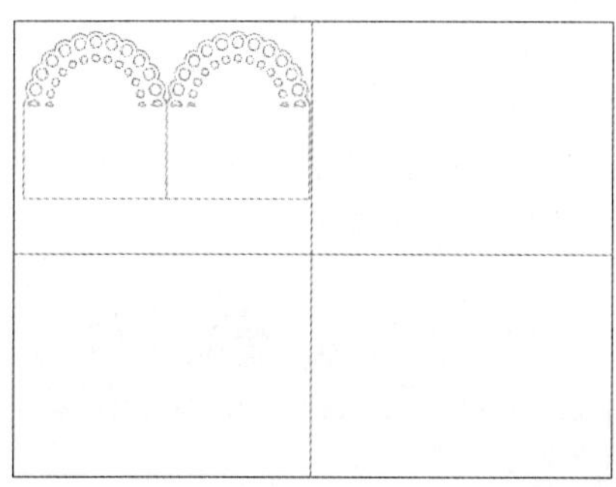

图 13-93

22. 两次按下快捷键 Ctrl+D，再复制两个相同的对象，如图 13-94 所示。

图 13-94

23. 按下快捷键 Ctrl+A，将所有的对象同时选中，将“滤镜查找器”面板调出，单击如图 13-95 所示的“联合”按钮，将所有的对象融为一体。

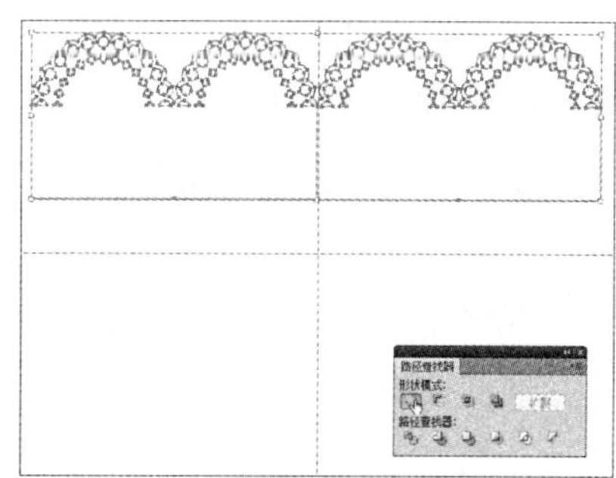

图 13-95

24. 在工具箱中选中“圆角矩形”工具，矩形的宽度和当前对象相同，如图 13-96 所示。

图 13-96

25. 按下快捷键 Ctrl+A，将所有的对象同时选中，将“滤镜查找器”面板调出，单击如图 13-97 所示的“联合”按钮，将所有的对象融为一体。

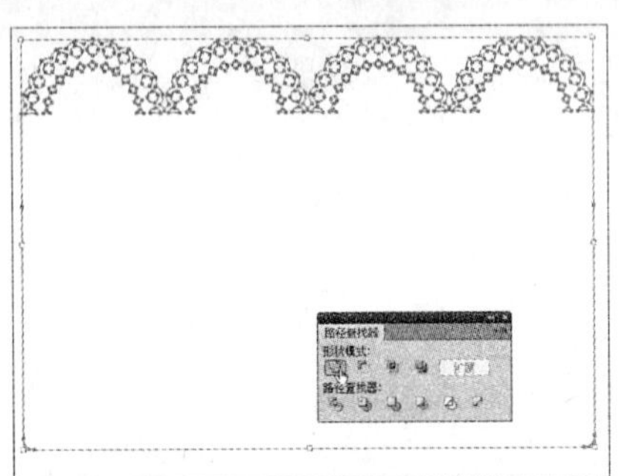

图 13-97

26. 保持对象的当选状态，定义对象的描边颜色为无色透明。

27. 执行“窗口”>“色板库”>“图案”>“装饰”>“装饰_古典”命令，将该面板调出，如图 13-98 所示。保持对象的当选状态，选中“装饰_古典”面板中的“格子花纹”选项，为对象添加纹理，如图 13-99 所示。

图 13-98

图 13-99

28. 执行“效果”>“风格化”>“投影”命令，在弹出的对话框中调整“X 位移”数值为 1mm，“Y 位移”数值为 1mm，“模糊”数值为 1mm，单击“确定”按钮，添加投影效果，如图 13-100 所示。

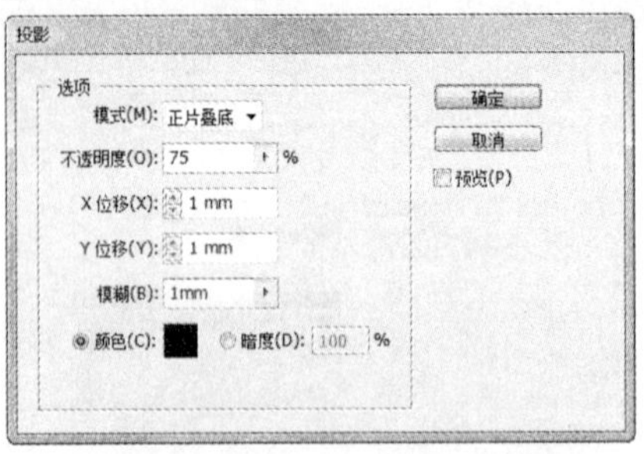

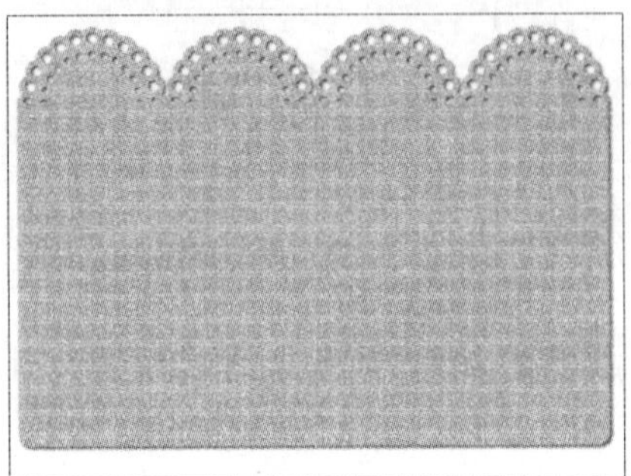

图 13-100

29. 在工具箱中选中“圆角矩形”工具，在如图 13-101 所示的位置上绘制一个圆角矩形对象。

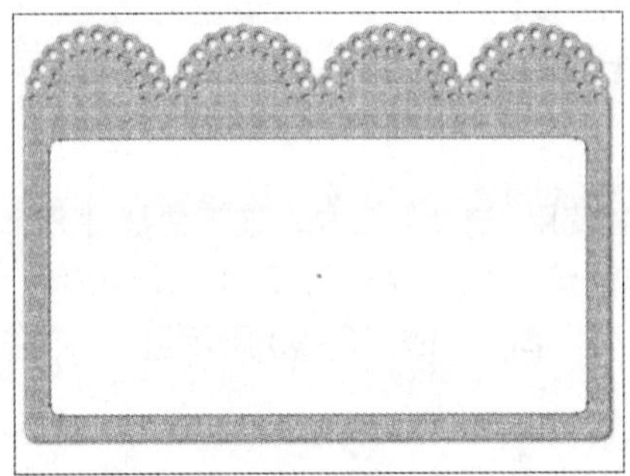

图 13-101

30. 保持该对象的当选状态，定义填充为白色，描边为黑色，如图 13-102 所示。

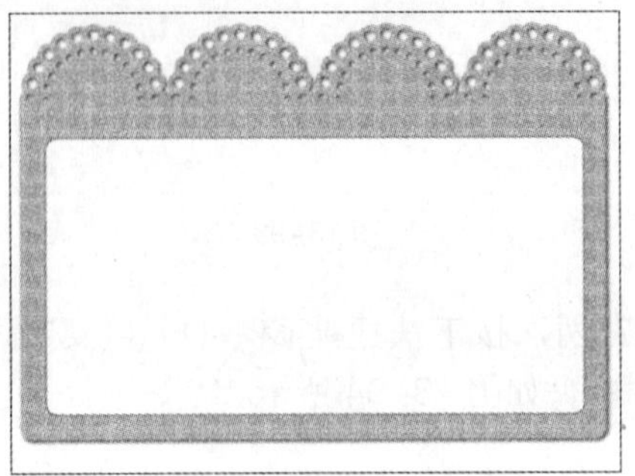

图 13-102

31. 保持该对象的当选状态，执行“效果”>“风格化”>“投影”命令，在弹出的对话框中调整“X位移”数值为1 mm，“Y位移”数值为1 mm，“模糊”数值为1 mm，单击“确定”按钮，添加投影效果，如图13-103所示。

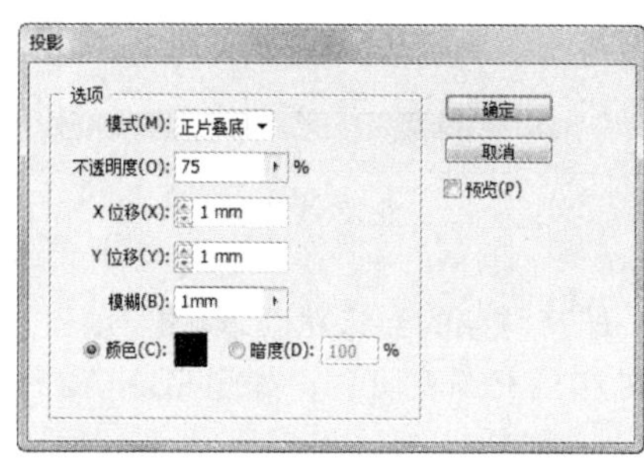

图13-103

32. 在工具箱中选中“圆角矩形”工具，在如图13-104所示的位置上绘制一个圆角矩形对象。

图13-104

33. 保持该对象的当选状态，定义填充为白色，描边为黑色。

34. 保持该直线对象的当选状态，调出“描边”面板，调整“粗细”为0.75，勾选“虚线”复选项，并在文本框中输入6，如图13-105所示。

图13-105

35. 在工具箱中选中“矩形”工具，在如图13-106所示的位置上绘制一个矩形对象。

图13-106

36. 保持该对象的当选状态，调出“渐变”面板，并在对象中填充渐变颜色，如图13-107所示。

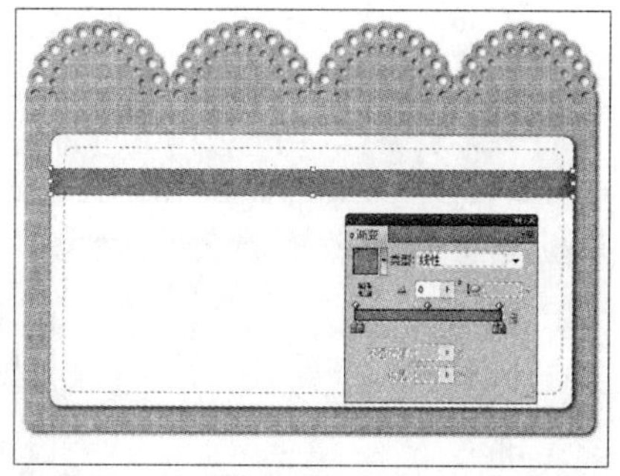

图13-107

37. 在工具箱中选中“直线”工具，按下Shift键，在如图13-108所示的位置上绘制一条直线。

图 13-108

38. 保持该直线对象的当选状态，调出“描边”面板，调整“粗细”为 0.75，勾选“虚线”复选项，并在文本框中输入 6，如图 13-109 所示。

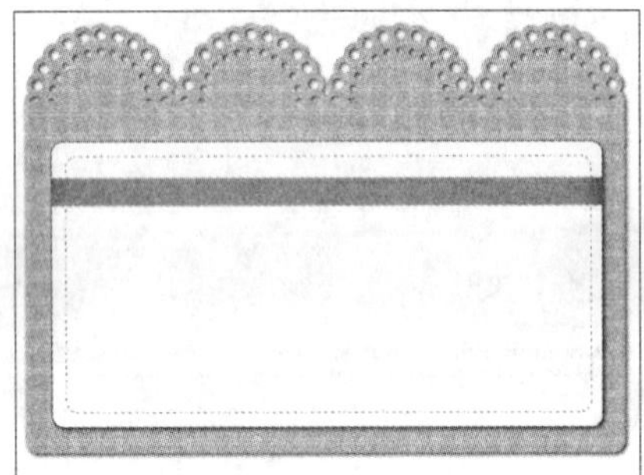
图 13-109

39. 使用“选择”工具，选中直线对象，按下快捷键 Shift+Alt，向下拖动鼠标，复制一条相同的直线对象，如图 13-110 所示。

图 13-110

40. 在工具箱中选中“钢笔”工具，在如图 13-111 所示的位置上绘制封闭路径。

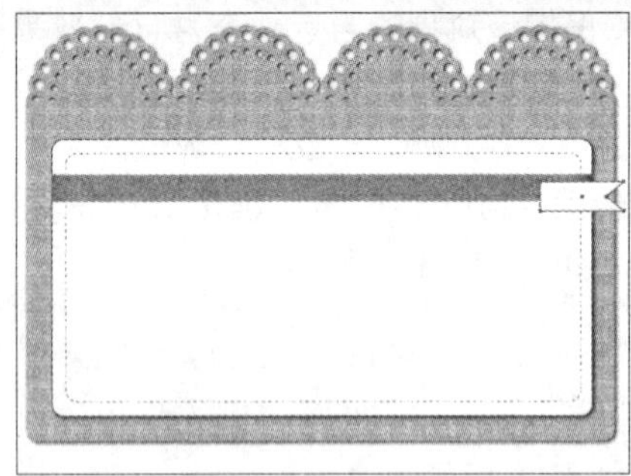
图 13-111

41. 保持对象的当选状态，调出“渐变”面板，并在对象中填充渐变颜色，如图 13-112 所示。

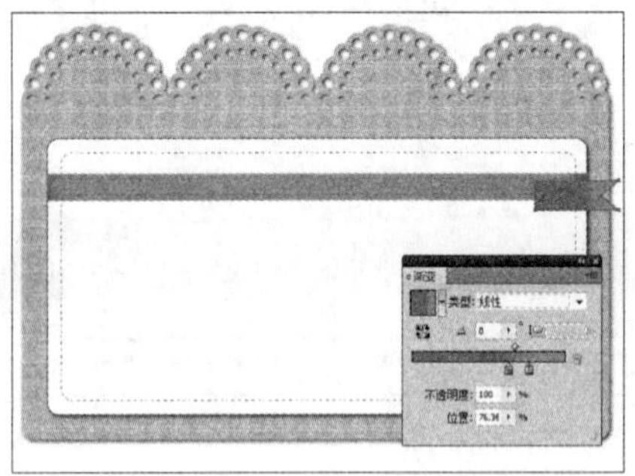
图 13-112

42. 使用快捷键 Ctrl+[数次，调整对象的层次，如图 13-113 所示。

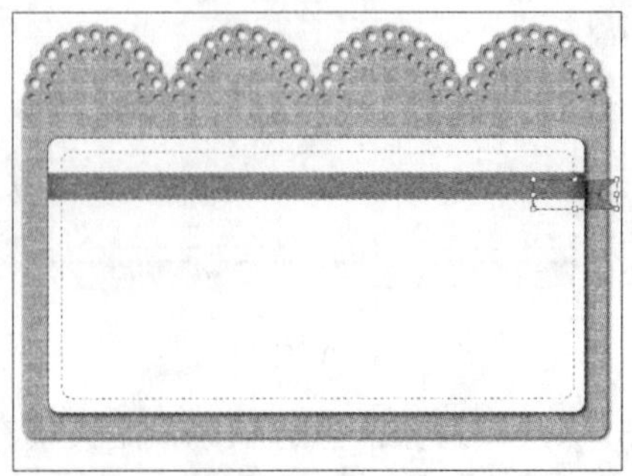
图 13-113

43. 使用“钢笔”工具，在如图 13-114 所示的位置上绘制路径。

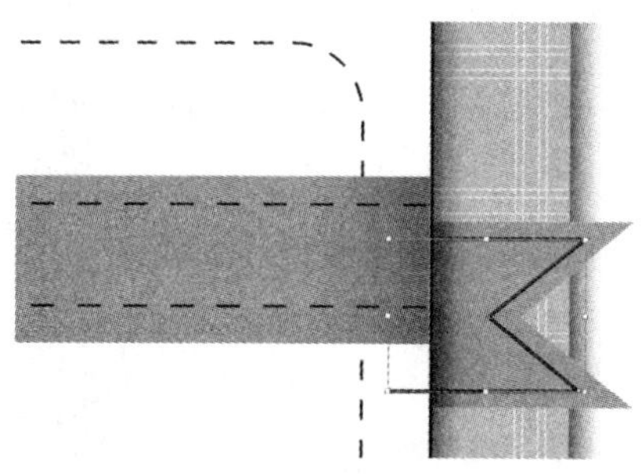

图 13-114

44. 保持该路径对象的当选状态，调出“描边”面板，调整“粗细”为 0.75，勾选“虚线”复选项，并在文本框中输入 6，如图 13-115 所示。

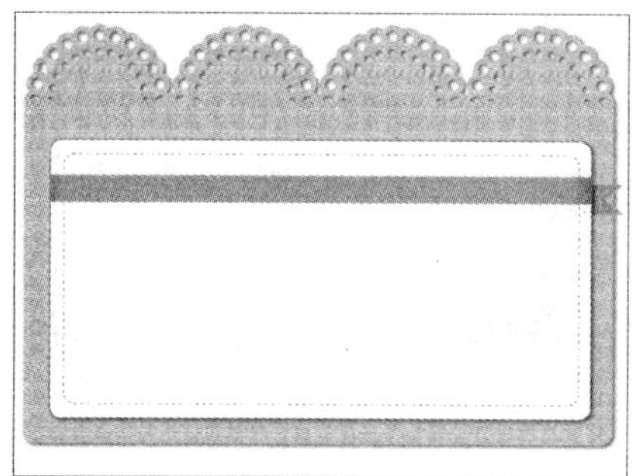

图 13-115

45. 将如图所示的两个对象同时选中，按下快捷键 Ctrl+G，将当选对象编成一组，如图 13-116 所示。

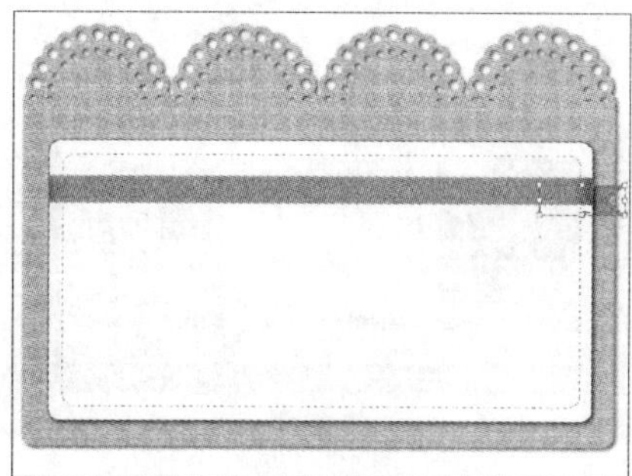

图 13-116

46. 保持该组对象的当选状态，执行“对象”>“变换”>“对称”命令，在弹出如图 13-117 所示的“镜像”对话框中选中“垂直”单选项，并单击“复制”按钮。

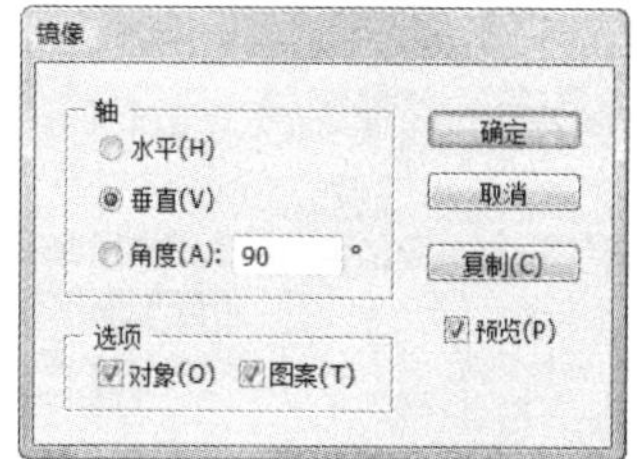

图 13-117

47. 使用“选择”工具，将复制的对象移动到如图 13-118 所示的位置上，按下 Shift 键，可以保证移动的水平方向。

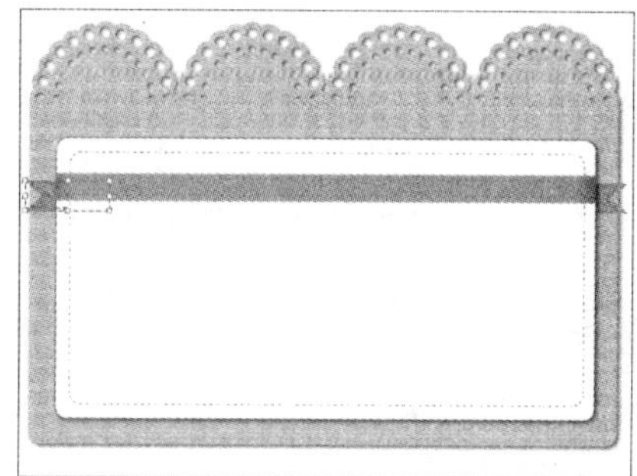

图 13-118

48. 在工具箱中选中“文字”工具，在如图 13-119 所示的位置上输入“店主推荐”字样，并调整字体和字号。

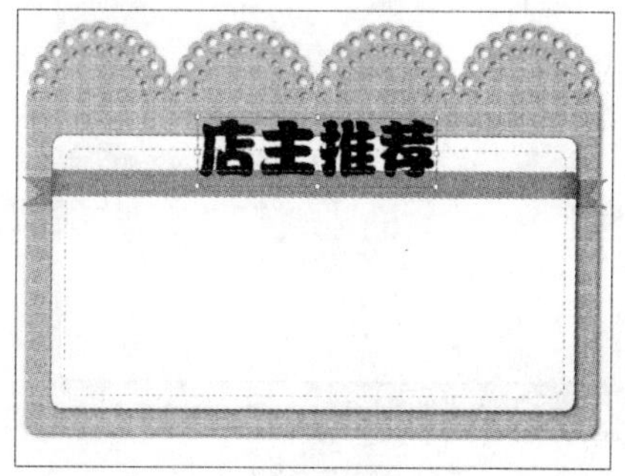

图 13-119

49. 保持对象的当选状态，执行“窗口”>“图形样式库”>“涂抹效果”命令，将“涂抹效果”

面板调出，选中如图 13-120 所示的图形样式选项，添加到当选的文字对象上。

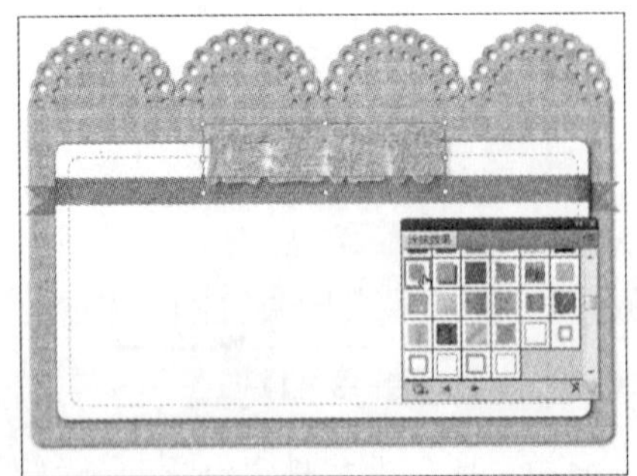
图 13-120

50. 在工具箱中选中“直线”工具，按下 Shift 键，在如图 13-121 所示的位置上绘制一条直线。

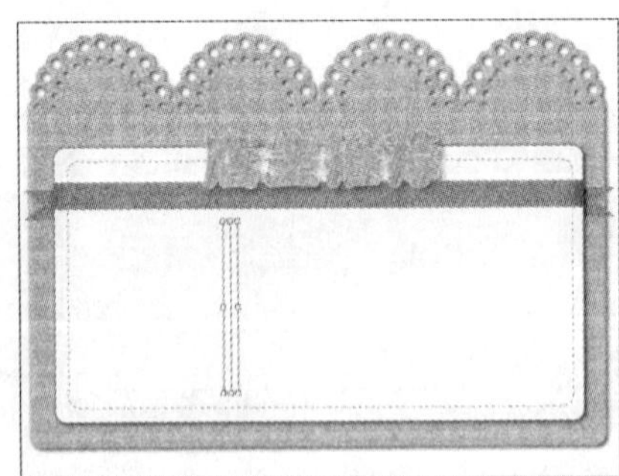
图 13-121

51. 保持该直线对象的当选状态，调出“描边”面板，调整“粗细”为 0.75，勾选“虚线”复选项，并在文本框中输入 6，如图 13-122 所示。

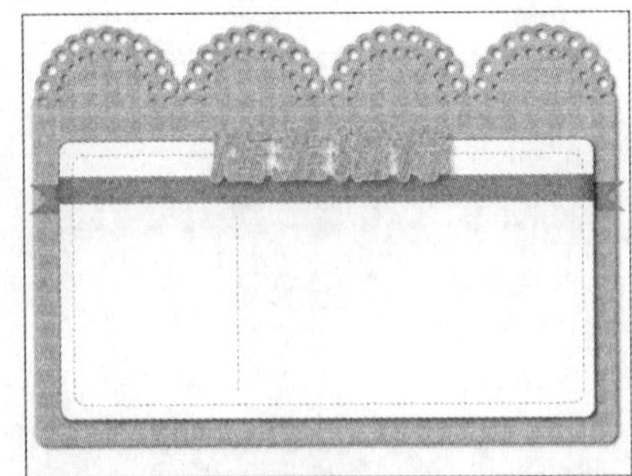
图 13-122

52. 使用“选择”工具，选中直线对象，按下快捷键 Shift+Alt，向左拖动鼠标，复制一条相同的直线对象，如图 13-123 所示。

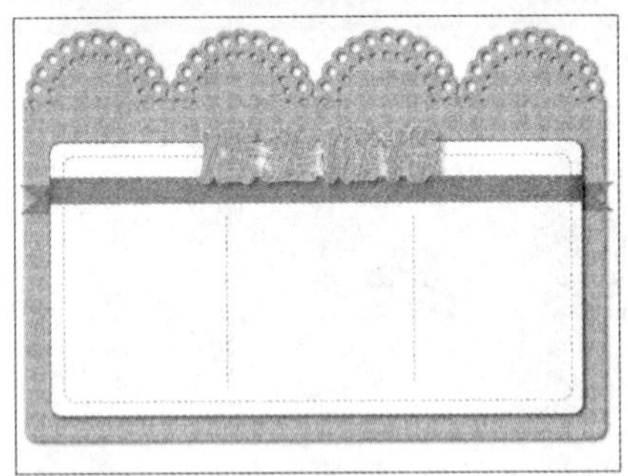
图 13-123

53. 打开“宝贝”照片，并且调整大小，放到相应的位置上，如图 13-124 所示。

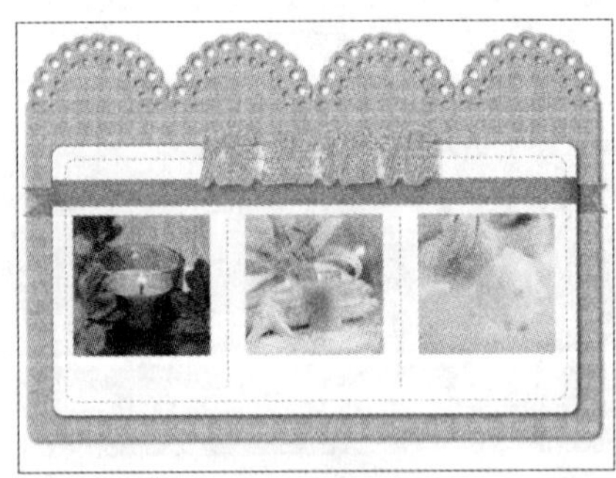
图 13-124

54. 在工具箱中选中“文字”工具，在如图 13-125 所示的位置上输入宝贝的名称和价格。

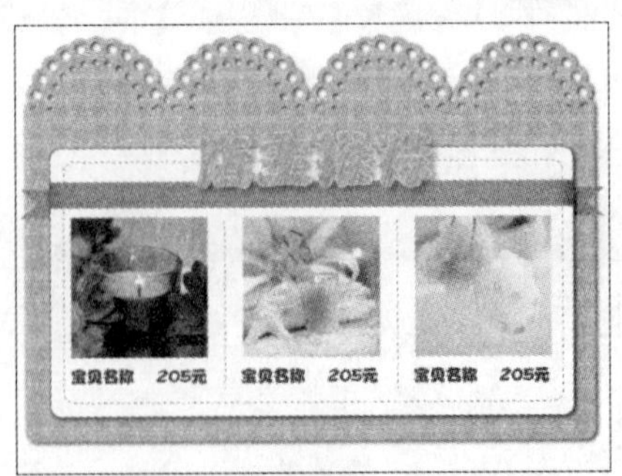

图 13-125

55. 选中第一个宝贝的图片，执行“对象”>“切片”>“从所选对象创建”命令，此时软件将自动创建该对象的切片，如图 13-126 所示。

图 13–126

56. 采用相同的方法，对需要链接的部分全部创建相应的切片，如图 13–127 所示。

图 13–127

57. 到此整个“左侧促销栏”制作完毕，如果需要，还可以添加一些其他的信息。最后执行“文件”>“保存为 Web 和设备所用格式”命令，将文件保存为图像文件和 HTML 文件。

13.3　会员制度栏

当店铺的销售量慢慢增加后，如果每次都和买家商讨优惠的幅度，当然比较麻烦。为了更好地进行销售，可适度地增加销售量，可以先制定好优惠的方式，并作为“会员制度”放到店铺的左侧部分。本节将带领大家制作一个“会员制度栏”，其中的内容只是一个参考，大家可以按照自己的实际具体情况来制定内容。

1. 在 Adobe Illustrator 软件，打开如图 13–128 所示的素材文件。

图 13–128

2. 在“工具箱”中选中“选择”工具，按下 Shift 键，将如图 13–129 所示的所有对象选中，按下 Delete 键，将其删除。

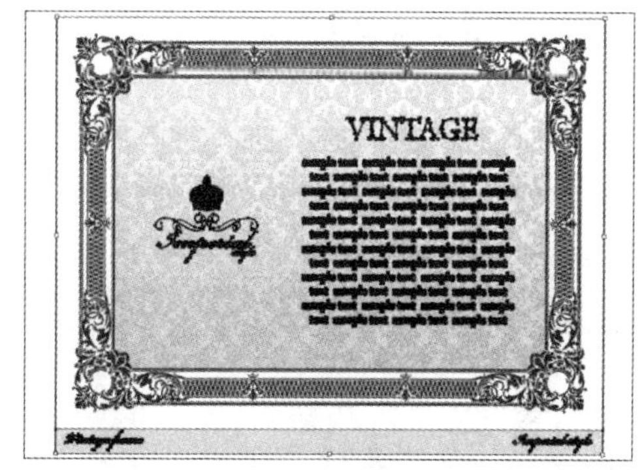

图 13–129

3. 打开如图 13–130 所示的素材文件，将素材对象选中。

图 13–130

4. 按下快捷键 Ctrl+C，进行复制，回到制作的文件中，按下快捷键 Ctrl+V，进行粘贴，如图 13-131 所示。

图 13-131

5. 按下快捷键 Ctrl+G，将该对象编组，并移动到如图 13-132 所示的位置，调整相应的材质。

图 13-132

6. 保持对象的当选状态，执行“效果”>“风格化”>“投影”命令，在弹出的对话框中调整“X 位移”数值为 1 mm，“Y 位移”数值为 1 mm，“模糊”数值为 1 mm，单击“确定”按钮，添加投影效果，如图 13-133 所示。

图 13-133

7. 在工具箱中选中“文字”工具，在如图 13-134 所示的位置上单击鼠标，输入 accede to us（也可以是店名）字样，调整字体和字号。

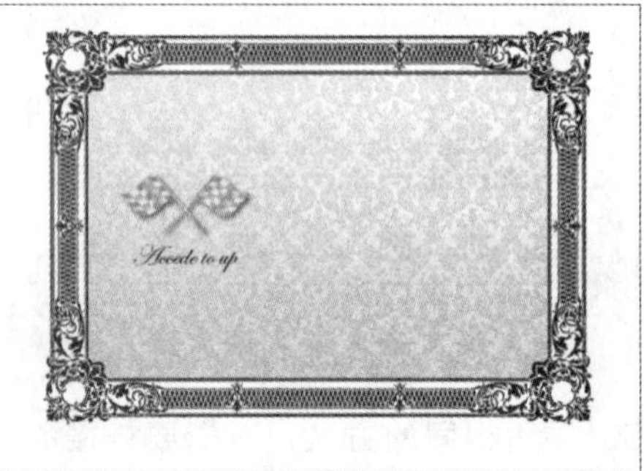

图 13-134

8. 保持该对象当选状态，执行“窗口”>“图形样式库”>“图像效果”命令，将“图像效果”面板调出，并选中“金属金”选项，如图 13-135 所示。

图 13-135

9. 保持对象的当选状态，执行“效果”>“风格化”>“投影”命令，在弹出的对话框中调整“X 位移”数值为 1 mm，“Y 位移”数值为 1 mm，“模糊”数值为 1 mm，单击“确定”按钮，添加投影效果，如图 13-136 所示。

图 13-136

10. 进入素材的文件，选中如图 13-137 所示的对象，按下快捷键 Ctrl+C，进行复制。

图 13-137

11. 回到制作的文件中，按下快捷键 Ctrl+V，进行粘贴，如图 13-138 所示。

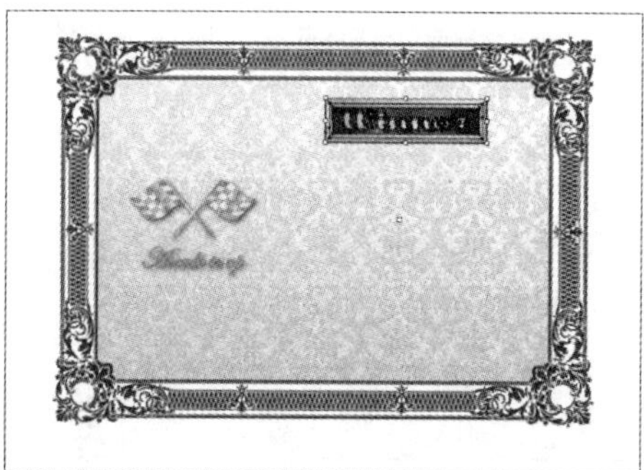

图 13-138

12. 选中如图 13-139 所示的文字对象，按下 Delete 键，将其删除。

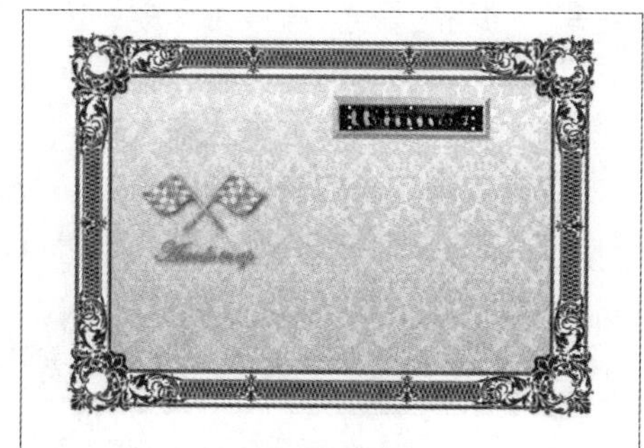

图 13-139

13. 选中粘贴入的对象，执行“效果”>“风格化”>“投影”命令，在弹出的对话框中调整“X 位移”数值为 1 mm，“Y 位移”数值为 1 mm，“模糊”数值为 1 mm，单击“确定”按钮，添加投影效果，如图 13-140 所示。

图 13-140

14. 在工具箱中选中“文字”工具，在如图 13-141 所示的位置上单击鼠标，输入“Associator”（也可以是店名）字样，调整字体和字号。

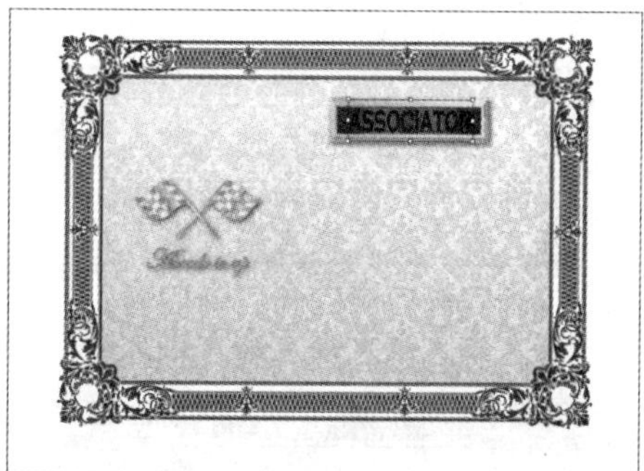

图 13-141

15. 保持该对象当选状态，执行“窗口”>“图形样式库”>“照亮样式”命令，将“照亮样式”面板调出，并单击“金色”选项，如图 13-142 所示。

图 13-142

16. 进入素材文件，选中如图 13-143 所示的对象，按下快捷键 Ctrl+C，进行复制。

图 13-143

17. 回到制作的文件中，按下快捷键 Ctrl+V，进行粘贴，如图 13-144 所示。

图 13-144

18. 将 1 文字对象选中，按下 Delete 键，将该对象删除，如图 13-145 所示。

图 13-145

19. 在工具箱中选中“文字”工具，在如图 13-146 所示的位置上单击鼠标，并输入 1 字样，调整字体和字号。

图 13-146

20. 保持文字的当选状态，执行“窗口”>“图形样式库”>“文字效果”命令，调出“文字效果”面板，并选中“金属金”选项，如图 13-147 所示。

图 13-147

21. 将如图 13-148 所示的对象全部选中，按下快捷键 Ctrl+G，将当选的对象成组。

图 13-148

22. 保持该对象的当选状态，执行“效果”>“风格化”>“投影”命令，在弹出的对话框中调整“X位移”数值为1mm，“Y位移”数值为1mm，“模糊”数值为1mm，单击“确定”按钮，添加投影效果，如图13-149所示。

图 13-149

23. 将该对象移动到如图13-150所示的位置上，并进行缩小。

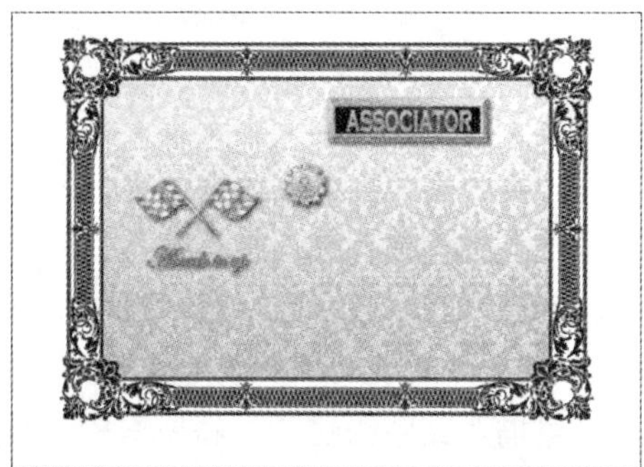

图 13-150

24. 使用“选择”工具，按下快捷键Shift+Alt，垂直向下拖拽鼠标，复制两个相同的对象，如图13-151所示。

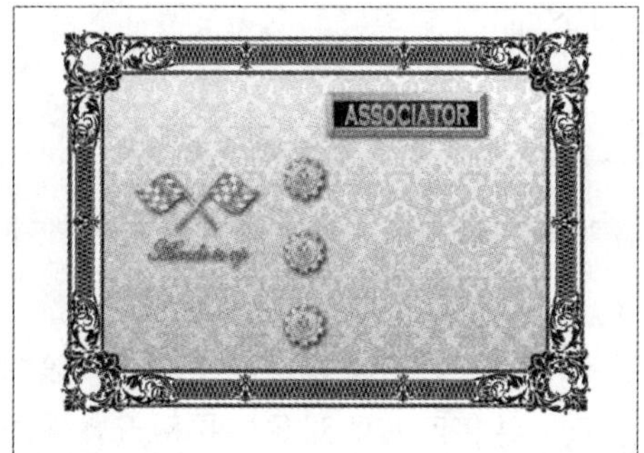

图 13-151

25. 在工具箱中选中“文字”工具，在复制出的对象上单击鼠标，将第二个对象中的1修改为2，将第三个对象中的1修改为3，如图13-152所示。

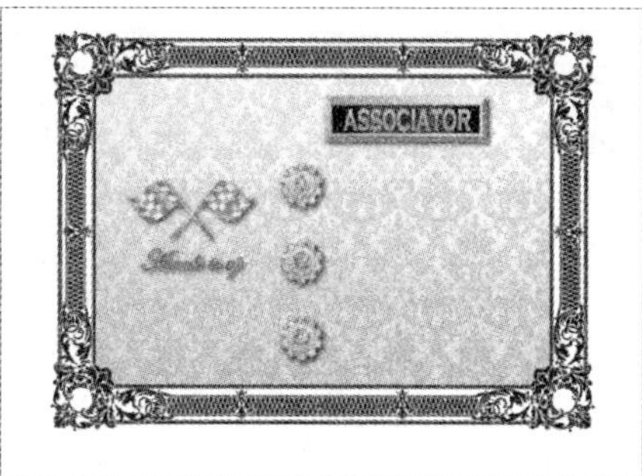

图 13-152

26. 在工具箱中选中“文字”工具，在如图13-153所示的位置上单击鼠标，并输入“普通会员”的规则和优惠方式，调整字体和字号。

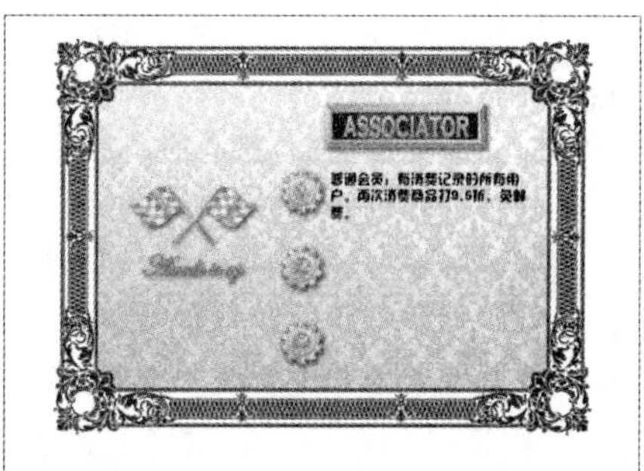

图 13-153

27. 保持文字对象的当选状态，执行“窗口”>“图形样式库”>“图像效果”命令，将“图像效果”面板调出，并选中“金属金”选项，如图13-154所示。

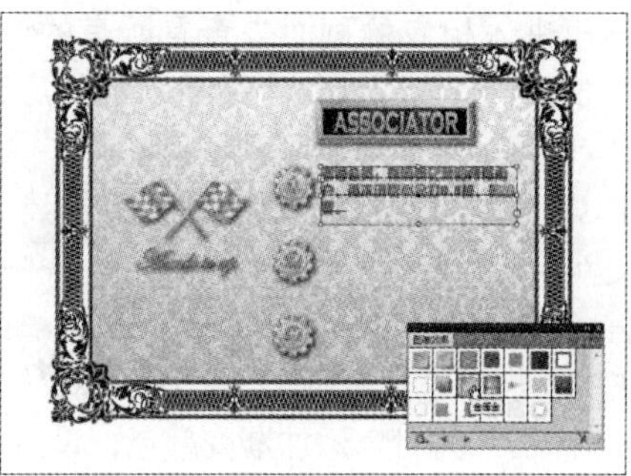

图 13-154

28. 采用相同的方法，将“VIP 会员”和“超级会员”的规则和优惠方式也制作出来，如图 13-155 所示。

图 13-155

29. 到此整个“左侧会员制度”制作完毕，如果需要，还可以添加一些其他的信息。最后执行“文件”>“保存为 Web 和设备所用格式”命令，将文件保存为图像文件。

13.4 精品评价栏

“评价”是买家是否在您这里购买商品的最大依据，如果评价非常好，则对您的销售非常有力。有时可能因为您销售的商品、销售策略、售后服务和一些别的原因，导致评价并不是非常漂亮。遇到这种情况，一定要尽可能地将这些不好的评价去掉，如果实在没有办法，可以将一些较好的评价制作为一个评价栏，并放到店铺的首页，或其他部分，只要买家浏览到这部分内容，就有可能不再进入相应的页面去查看所有的评价了。本节将制作这样一个实例，希望对您的店铺有所帮助。

1. 启动 Adobe Illustrator 软件，创建一个空白的文件。

2. 在工具箱中选中“矩形”工具，在如图 13-156 所示的位置上绘制一个矩形对象，调出“渐变”面板，为对象添加渐变颜色，设置描边颜色为透明。

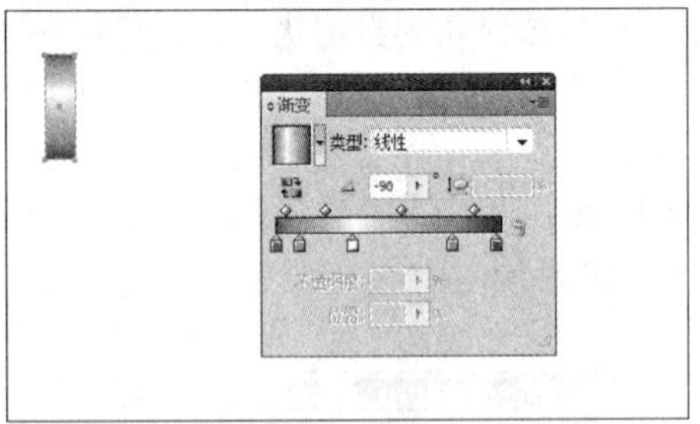

图 13-156

3. 在如图 13-157 所示的位置上，绘制一个矩形对象，并且将两个对象水平对齐，采用相同的方法，填充渐变颜色，设置描边颜色为透明。

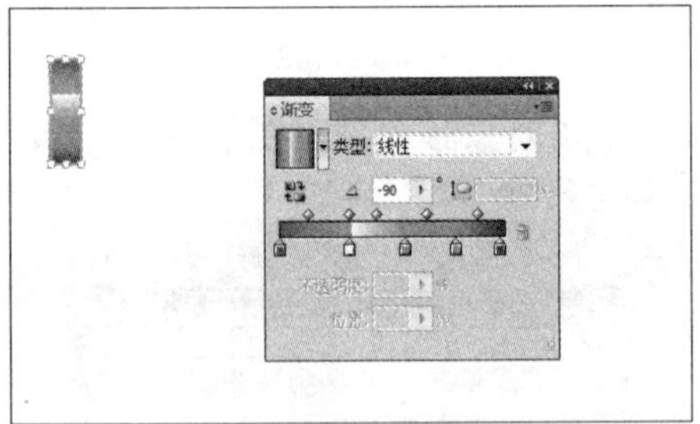

图 13-157

4. 使用“矩形”工具，在如图 13-158 所示的位置上绘制一个较大的矩形对象，并填充渐变颜色，设置描边颜色为透明。将所有的对象中心对齐。

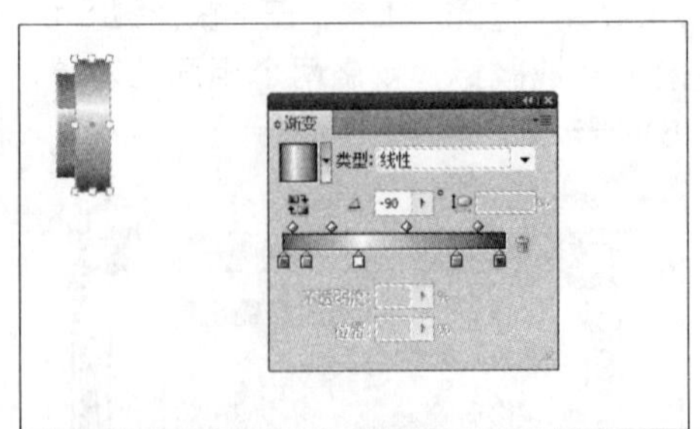

图 13-158

5. 在如图 13-159 所示的位置上，绘制一个矩形对象，并将所有的对象水平对齐，采用相同的方法，填充渐变颜色，设置描边颜色为透明。

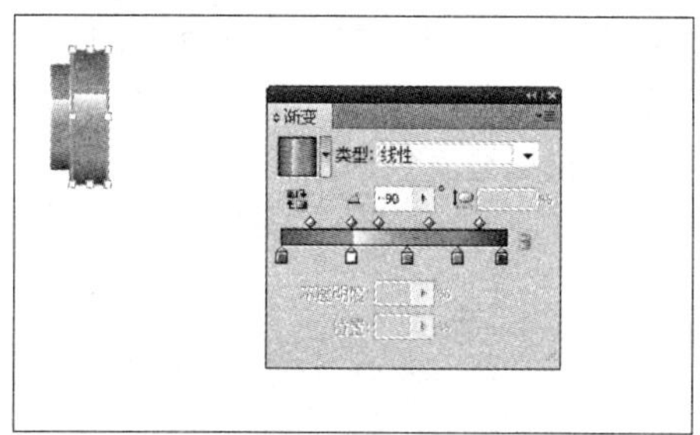

图 13-159

6. 按下快捷键 Ctrl+A，将所有的对象选中，调出“对齐”面板，并单击“垂直居中对齐”按钮，将所有的对象中心对齐。

7. 按下快捷键 Ctrl+G，将当选的所有对象结成一组。

8. 在工具箱中选中“钢笔”工具，在如图 13-160 所示的位置上绘制一个封闭路径。

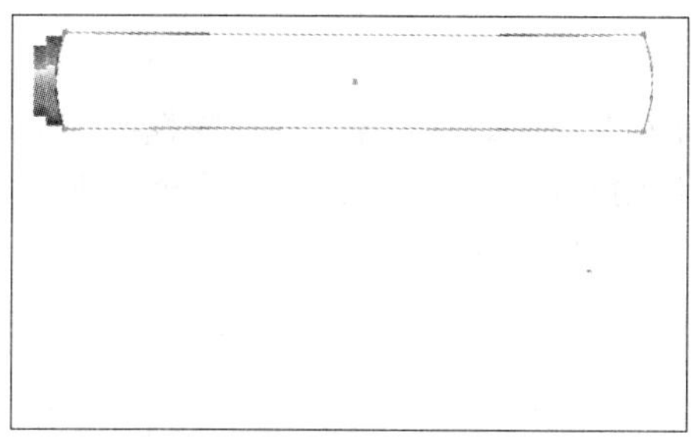

图 13-160

9. 保持该对象的当选状态，填充渐变颜色，设置描边颜色为透明，如图 13-161 所示。

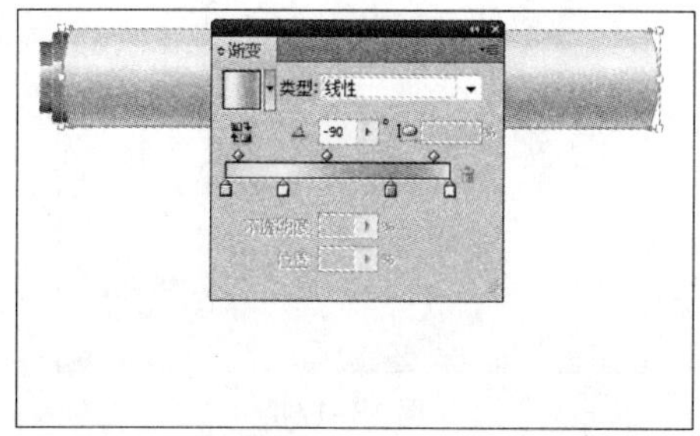

图 13-161

10. 在工具箱中选中“钢笔”工具，在如图 13-162 所示的位置上绘制一个封闭路径。

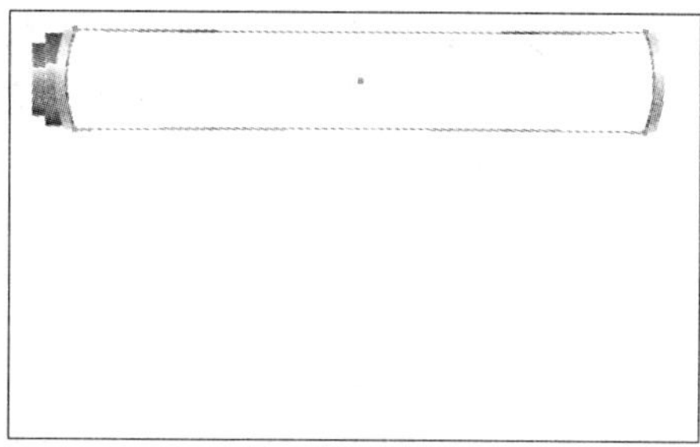

图 13-162

11. 保持该对象的当选状态，填充渐变颜色，设置描边颜色为透明，如图 13-163 所示。

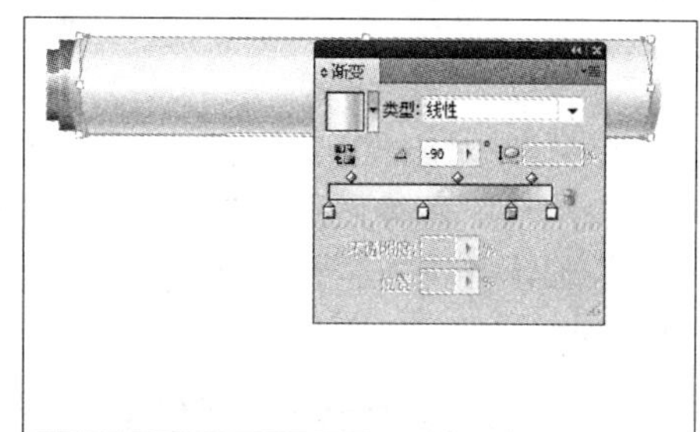

图 13-163

12. 选中左侧的对象组，执行“对象”>“变换”>“对称”命令，在弹出如图 13-164 所示的“镜像”对话框中选中“垂直”单选项，并单击“复制”按钮。

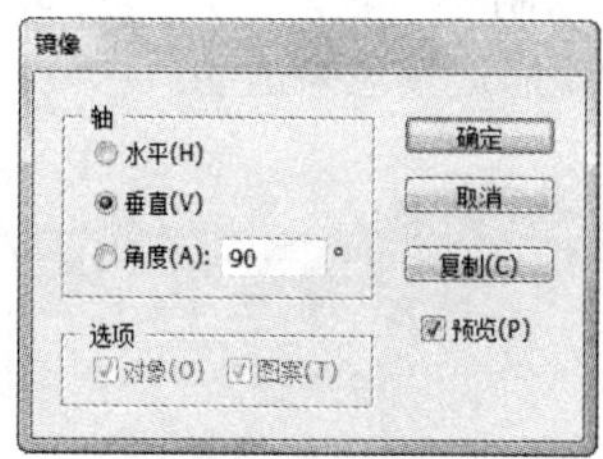

图 13-164

13. 使用“选择”工具，按下 Shift 键，移动到右侧对等的位置上，如图 13-165 所示。

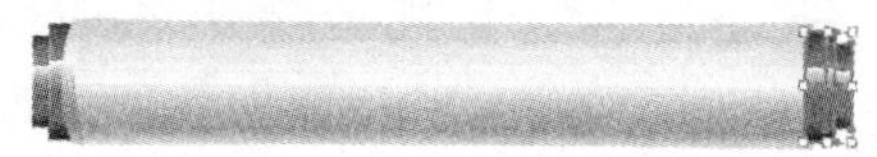

图 13-165

14. 保持该对象组的当选状态，按下快捷组合键 Ctrl+Shift+[，将对象组移动到所有对象的底部，如图 13-166 所示。

图 13-166

15. 在工具箱中选择“文字”工具，在如图 13-167 所示的位置上输入“精品评价”字样，并调整字体和字号。

图 13-167

16. 保持文字对象的当选状态，执行“窗口”>“图形样式库”>“图像效果”命令，将“图像效果”面板调出，并选择“投影硬化”选项，如图 13-168 所示。

图 13-168

17. 使用“矩形”工具，在如图 13-169 所示的位置上绘制一个较大的矩形对象，并填充渐变颜色，设置描边颜色为透明。

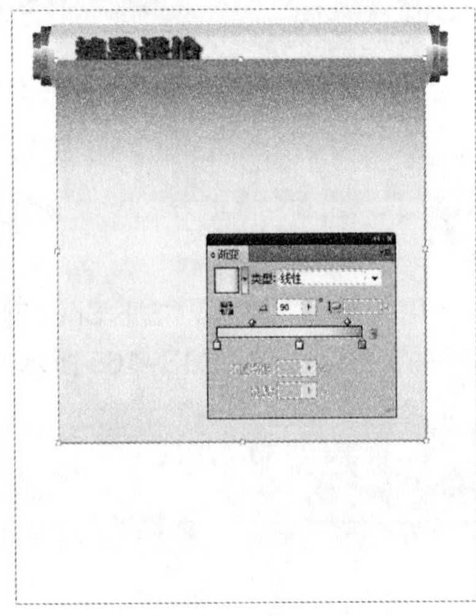

图 13-169

18. 使用“矩形”工具，在如图 13-170 所示的位置上绘制一个较细的矩形对象，并填充渐变颜色，设置描边颜色为透明。

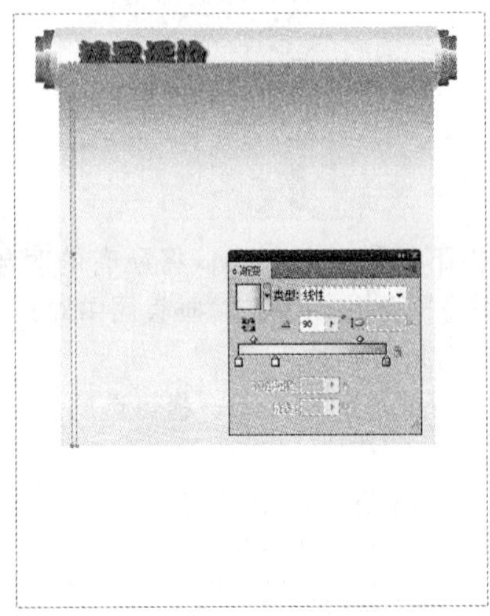

图 13-170

19. 选中该矩形对象，按下快捷键 Shift+Alt，水平移动到右侧的位置上，对该对象进行复制，如图 13-171 所示。

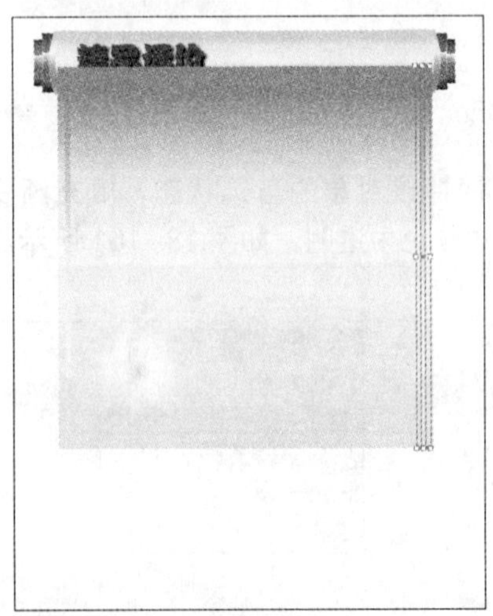

图 13-171

20. 将中间的 3 个对象同时选中，按下快捷组合键 Ctrl+Shift+[，将对象移动到所有对象的底部，如图 13-172 所示。

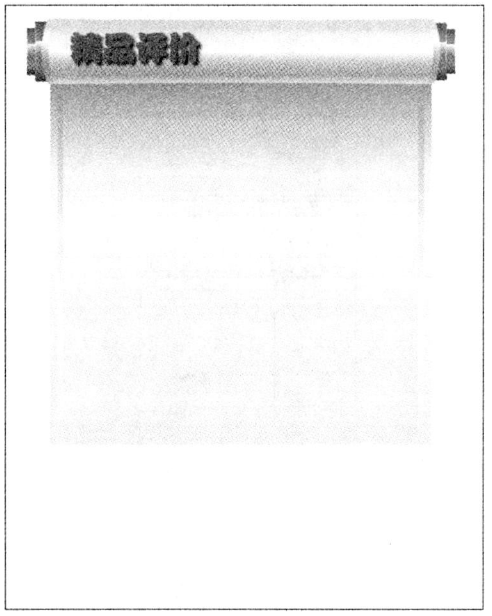

图 13-172

21. 在工具箱中选中“选择”工具，将如图 13-173 所示的顶部对象选中。

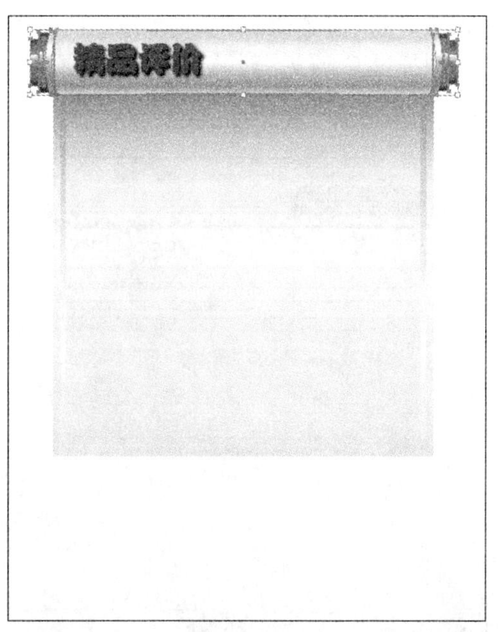

图 13-173

22. 按下快捷键 Shift+Alt，垂直拖动鼠标，复制一组相同的对象到如图 13-174 所示的位置。

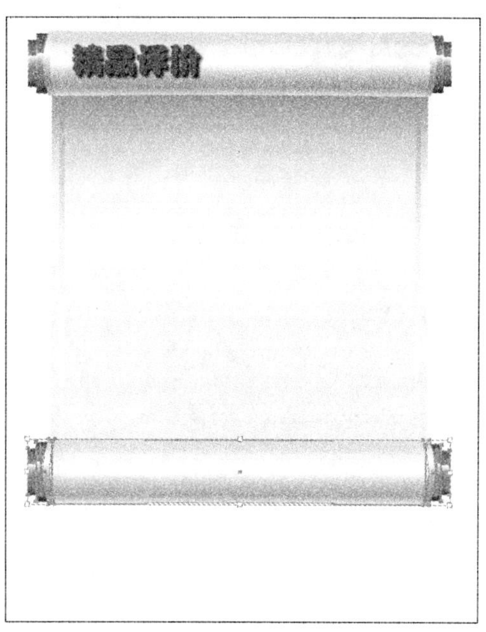

图 13-174

23. 选中如图 13-175 所示的对象，并修改它的渐变颜色。

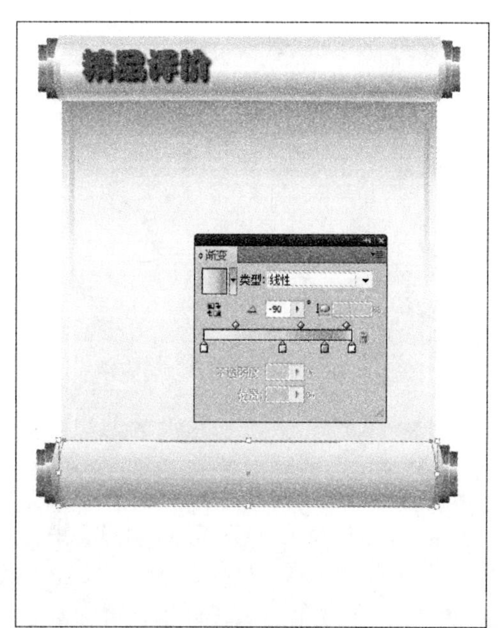

图 13-175

24. 在工具箱中选中“椭圆形”工具，在如图 13-176 所示的位置上绘制一个椭圆形对象，并填充渐变色，设置描边为透明。

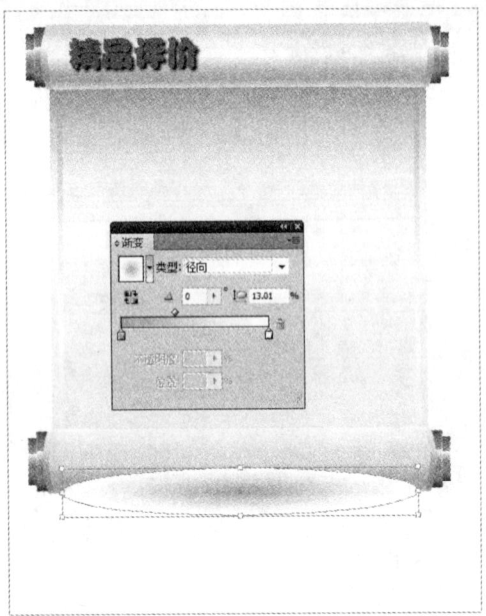

图 13-176

25. 保持该对象的当选状态，按下快捷组合键 Ctrl+Shift+[，将对象移动到所有对象的底部，如图 13-177 所示。

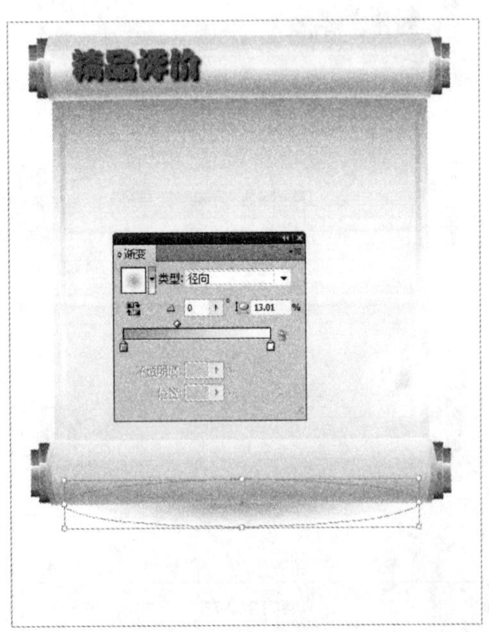

图 13-177

26. 打开如图 13-178 所示的素材，并选中相应的对象。

图 13-178

27. 按下快捷键 Ctrl+C，回到原始的图形中，再按下快捷键 Ctrl+V，粘贴到相应的位置上，并调整尺寸，如图 13-179 所示。

图 13-179

28. 保持该对象组的当选状态，执行“窗口”>“颜色参考”命令，将如图13-180所示的“颜色参考”面板调出。

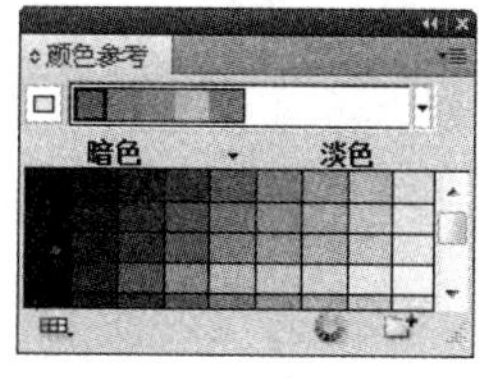

图 13-180

29. 保持该对象的当选状态，单击“颜色参考”面板中的菜单按钮，在弹出的菜单中选择“重新着色图稿”命令，弹出如图13-181所示的“重新着色图稿”对话框。

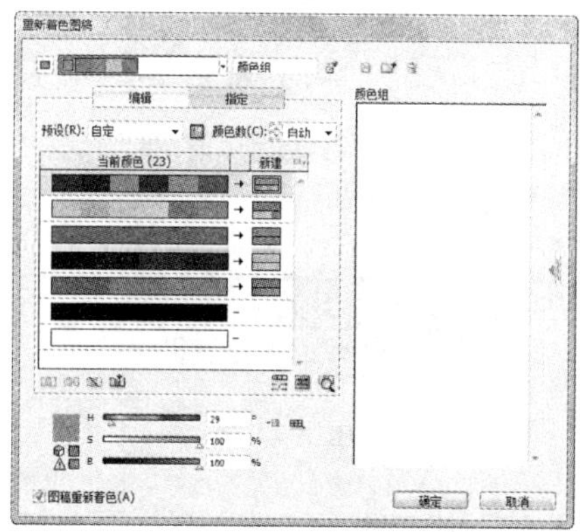

图 13-181

30. 在该对话框中调整H为29°、S为100%、B为100%，单击“确定”按钮，为图形重新着色，如图13-182所示。

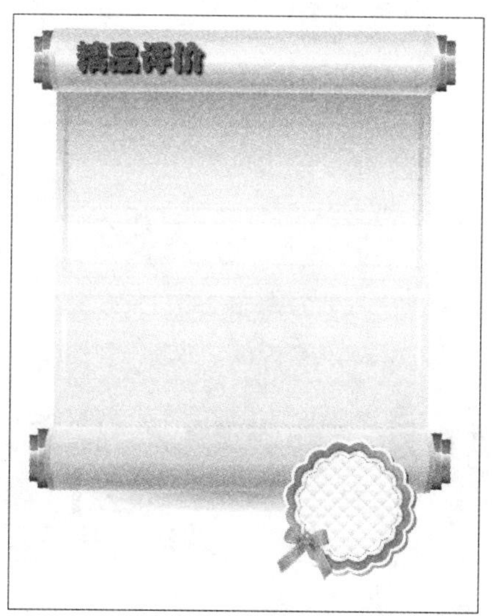

图 13-182

31. 在工具箱中选中“文字”工具，在如图所示的位置上输入“100% GOOD”字样，并调整字体和字号，如图13-183所示。

图 13-183

32. 保持文字对象的当选状态，执行“窗口”>“图形样式库”>“图像效果”命令，将“图像效果”面板调出，并选择“投影硬化”选项，如图13-184所示。

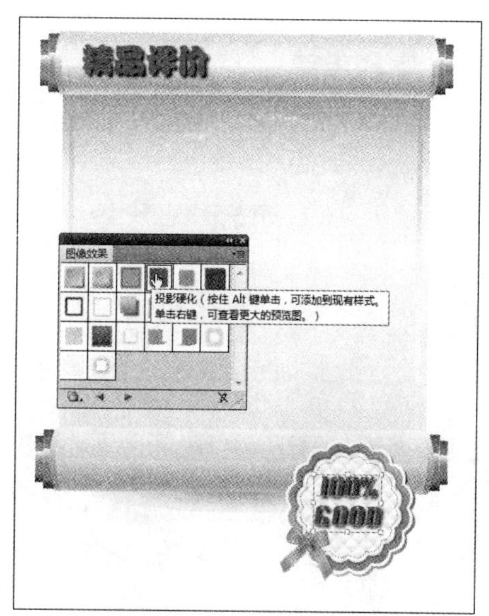

图 13-184

33. 在工具箱中选中“文字”工具，在如图13-185所示的位置上输入“不找托儿、不作假，真诚展现”字样，并调整字体和字号。

图 13-185

34. 保持文字对象的当选状态，执行“窗口”>“图形样式库”>“图像效果”命令，将“图像效果”面板调出，并选中“投影硬化”选项，如图13-186所示。

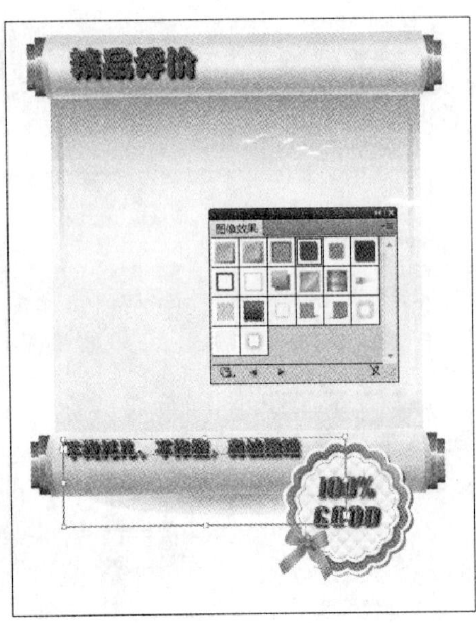

图 13-186

35. 打开如图13-187所示的素材，并选中对象。

图 13-187

36. 按下快捷键Ctrl+A，将所有的对象同时选中，按下快捷键Ctrl+C进行复制。回到制作的文件中，按下快捷键Ctrl+V进行粘贴。调整位置和尺寸到如图13-188所示的状态。

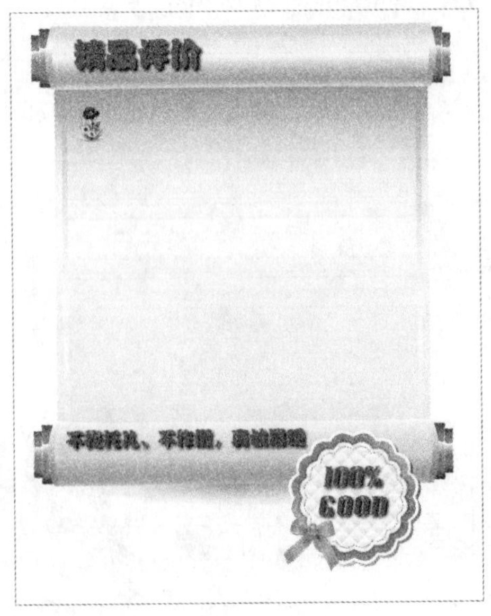

图 13-188

37. 保持该对象的当选状态，使用“选择”工具，按下快捷键 Shift+Alt，向下拖动鼠标进行复制，如图 13-189 所示。

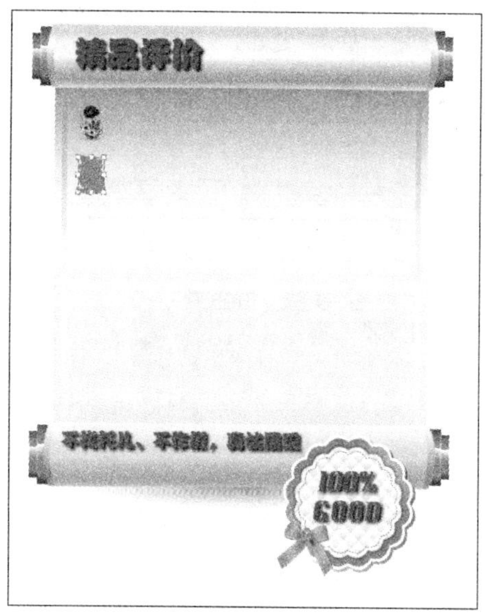

图 13-189

38. 按下快捷键 Ctrl+D 数次，复制多个相同的对象，如图 13-190 所示。

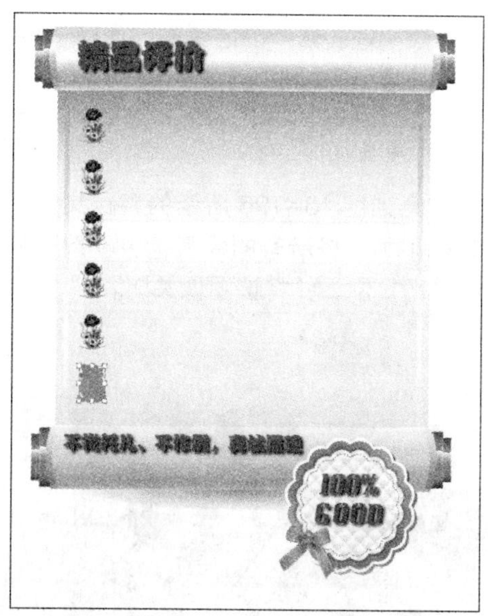

图 13-190

39. 在工具箱中选中“直线”工具，按下 Shift 键，单击并拖动鼠标，绘制一条直线，如图 13-191 所示。

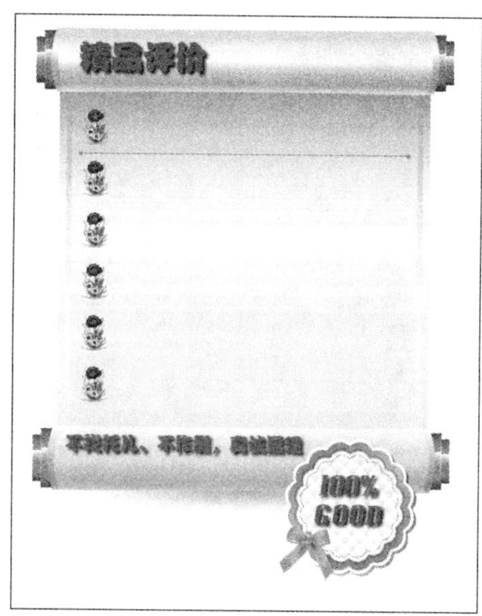

图 13-191

40. 保持该直线对象的当选状态，调出“描边”面板，调整“粗细”为 0.5，勾选“虚线”复选项，并在文本框中输入 5，如图 13-192 所示。

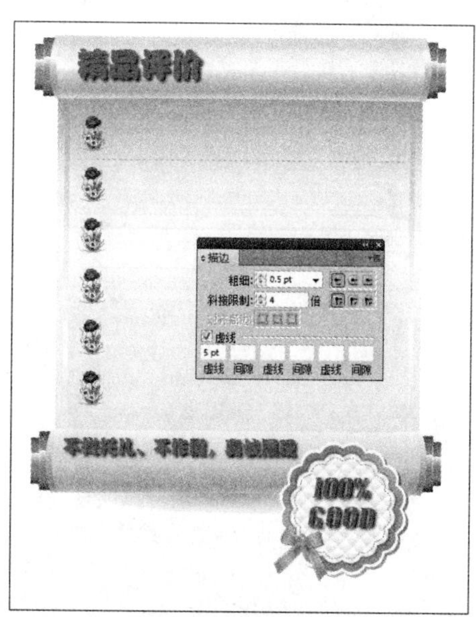

图 13-192

41. 保持该对象的当选状态，使用“选择”工具，按下快捷键 Shift+Alt，向下拖动鼠标进行复制，如图 13-193 所示。

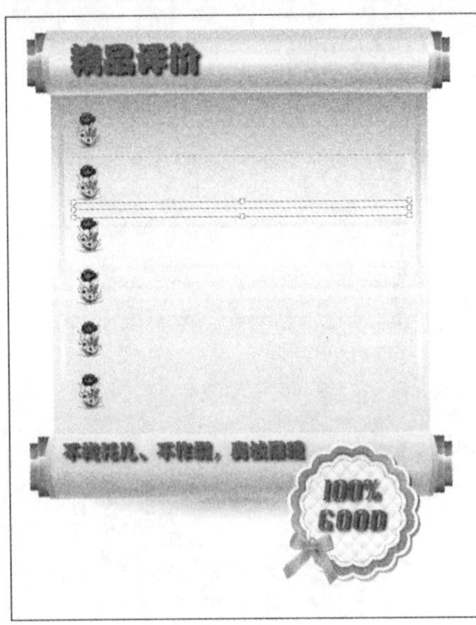

图 13-193

42. 数次按下快捷键 Ctrl+D，复制多个相同的对象，如图 13-194 所示。

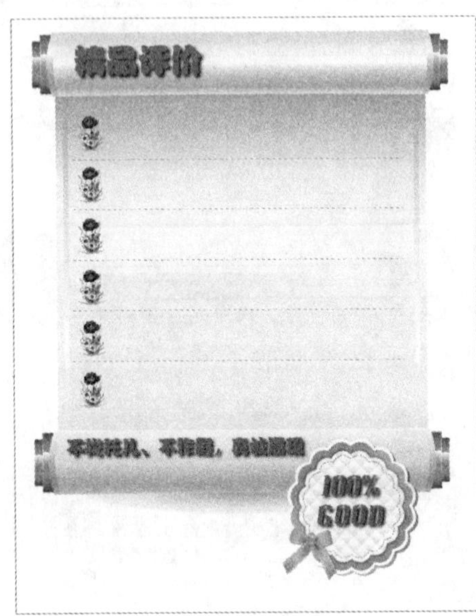

图 13-194

43. 到此“精品评价”栏制作完毕，可以将该图形导入到 HTML 软件中进行编辑，也可以直接将一些评价内容粘贴到 Illustrator 软件中使用，如图 13-195 所示。

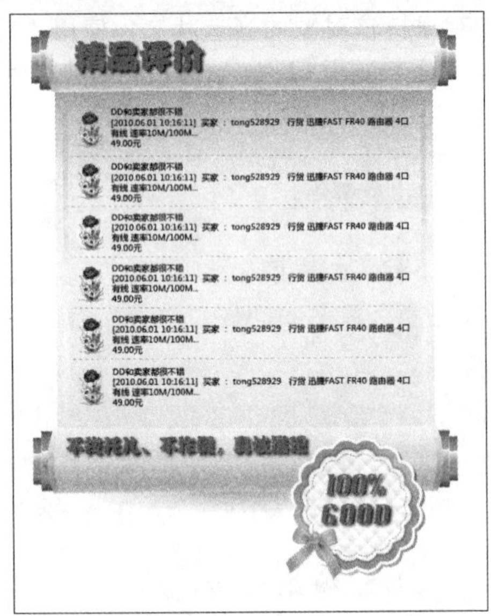

图 13-195

13.5 促销快报

“促销快报”栏和普通的促销栏有所不同，除了展示一些最重要的促销产品外，还需要将一些次要的销售产品，以文字的方式来展示。本节将制作一个家庭装修产品店铺的“促销快报”栏，希望对您的店铺有所帮助。

1. 启动 Adobe Photoshop 软件，新建空白文件。

2. 打开如图 13-196 所示的素材文件，按下快捷键 Ctrl+A，将所有的像素选中。按下快捷键 Ctrl+C 进行复制，并将该图像关闭。

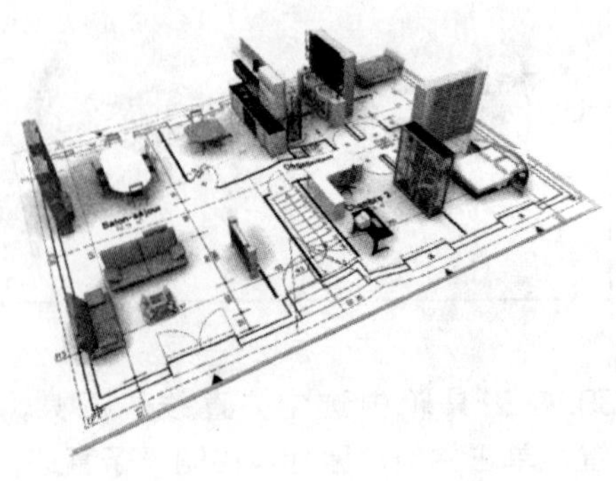

图 13-196

3. 回到新建的空白文件中，按下快捷键Ctrl+V进行粘贴。再按下快捷键Ctrl+T和Shift键，等比例缩小图像，如图13–197所示。

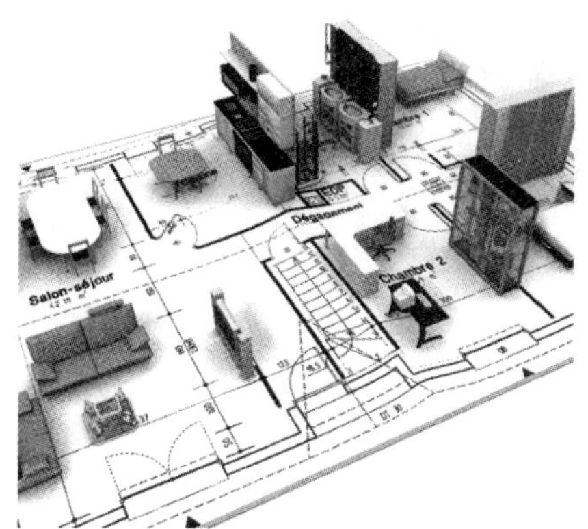

图13–197

4. 调出“图层”面板，将粘贴的图层的不透明度调整为10%，作为一幅隐约的底图，如图13–198所示。

图13–198

5. 打开如图13–199所示的素材文件，按下快捷键Ctrl+A，将所有的像素选中。按下快捷键Ctrl+C进行复制，并将该图像关闭。

图13–199

6. 回到制作的文件中，按下快捷键Ctrl+V进行粘贴。再按下快捷键Ctrl+T和Shift键，等比例缩小图像，如图13–200所示。

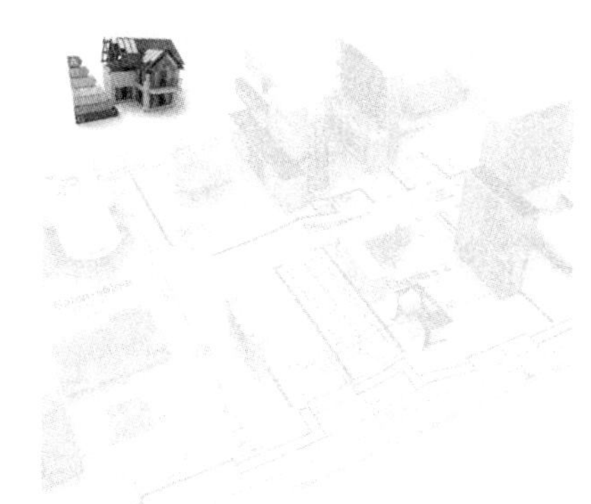

图13–200

7 调出“图层”面板，选中刚刚粘贴的图层选项，调整该图层的混合模式为“正片叠底”，如图13–201所示。

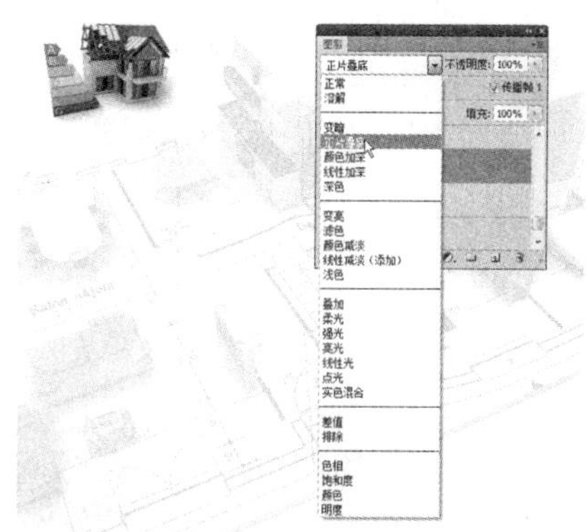

图13–201

8. 打开如图13–202所示的素材文件，按下快捷键Ctrl+A，将所有的像素选中。按下快捷键Ctrl+C进行复制，并将该图像关闭。

图13–202

9. 回到制作的文件中，按下快捷键 Ctrl+V 进行粘贴。再按下快捷键 Ctrl+T 和 Shift 键，等比例缩小图像，如图 13-203 所示。

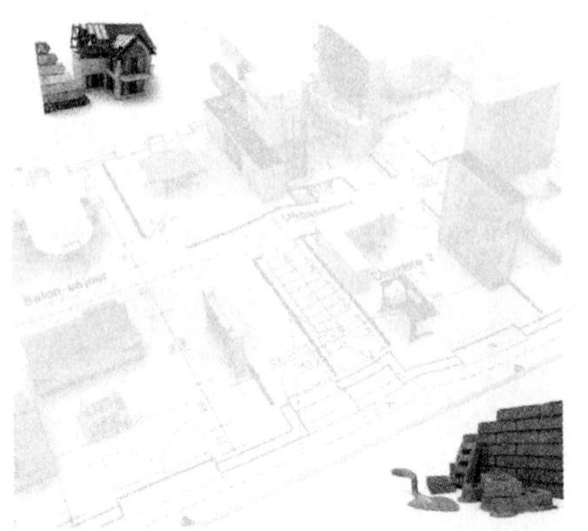

图 13-203

10. 调出“图层”面板，选中刚刚粘贴的图层选项，调整该图层的混合模式为“正片叠底”，如图 13-204 所示。

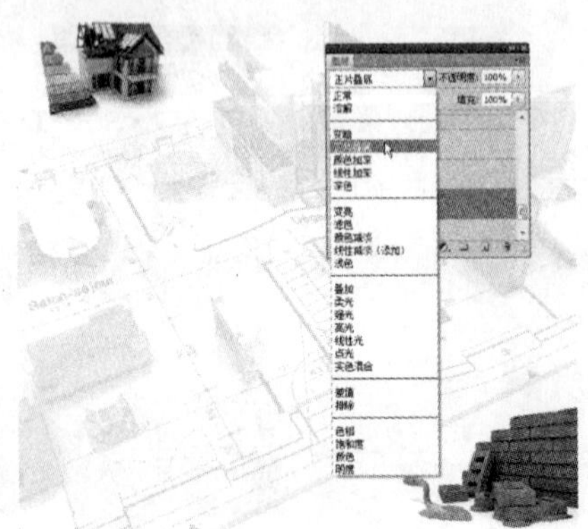

图 13-204

11. 打开如图 13-205 所示的素材文件，按下快捷键 Ctrl+A，将所有的像素选中。按下快捷键 Ctrl+C 进行复制，并将该图像关闭。

图 13-205

12. 回到制作的文件中，按下快捷键 Ctrl+V，进行粘贴。再按下快捷键 Ctrl+T 和 Shift 键，等比例缩小图像，如图 13-206 所示。

图 13-206

13. 调出“图层”面板，选中刚刚粘贴的图层选项，调整该图层的混合模式为“正片叠底”，如图 13-207 所示。

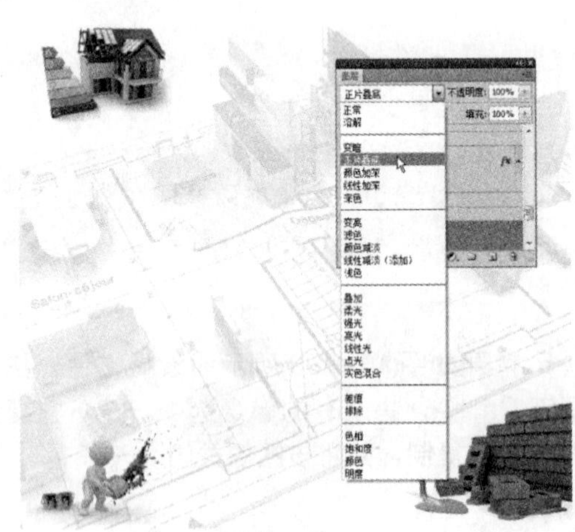

图 13-207

14. 在工具箱中选中“直排文字”工具，在如图 13-208 所示的位置上单击鼠标，并输入“DIY MY HOME”(也可为其他)字样，调整字体和字号。

15. 在“图层”面板中双击“文字”图层，调出“图层样式”对话框。在该对话框中勾选“渐

图 13-208

变叠加”复选项，如图 13-209 所示。调整渐变颜色为“棕到蓝”，定义叠加的渐变色。

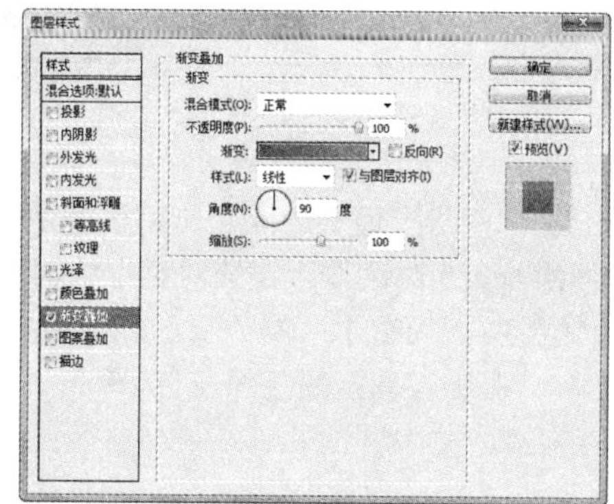

图 13-209

16. 在“图层样式”对话框中勾选“投影”复选项，其他参数保持默认，单击“确定”按钮定义图层样式，如图 13-210 所示。

图 13-210

17. 在工具箱中选中“矩形选区”工具，在如图 13-211 所示的位置上定义一个矩形选区。

图 13-211

18. 调出“图层”面板，创建一个空白图层，在工具箱中定义前景色为“白色”，按下快捷键 Alt+Backspace，将白色填充到选区中，如图 13-212 所示。

图 13-212

19. 在“图层”面板中双击刚刚创建的图层，调出“图层样式”对话框。在该对话框中勾选“外发光”复选项，如图 13-213 所示。调整“混合模式”为“正常”，调整颜色为灰色，单击“确定”按钮。

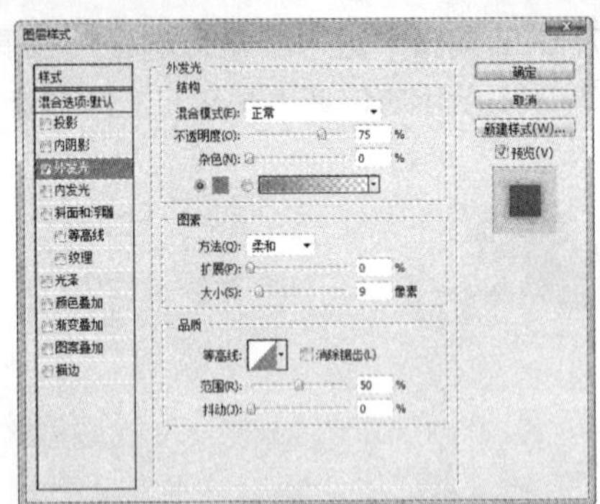

图 13-213

20. 在工具箱中选中“文字”工具，在如图 13-214 所示的位置上单击鼠标，输入“最新公告 | NOTICE”字样，调整字体和字号，设置颜色为灰色。

图 13-214

21. 在工具箱中选中“矩形选区”工具，按下 Shift 键，在如图 13-215 所示的位置上定义一个正方形选区。

图 13-215

22. 调出“图层”面板，创建一个空白图层，在工具箱中定义前景色为“白色”，按下快捷键 Alt+Backspace，将白色填充到选区中，如图 13-216 所示。

图 13-216

23. 在“图层”面板中双击刚刚创建的图层，调出“图层样式”对话框。在该对话框中勾选“外发光”复选项，如图 13-217 所示。调整“混合模式”为“正常”，调整颜色为灰色，单击“确定”按钮。

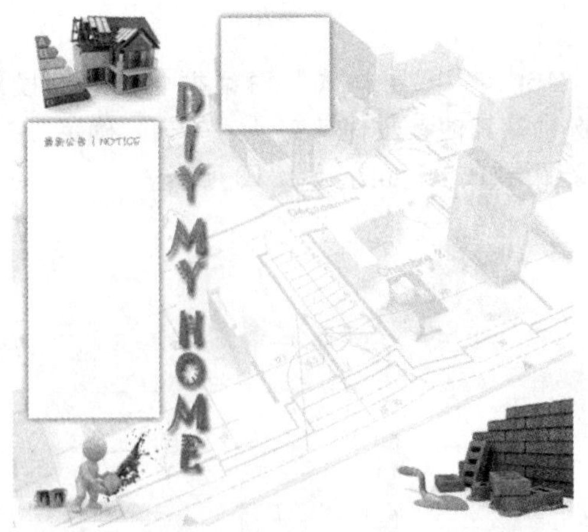

图 13-217

24. 在工具箱中选中“移动”工具，按下快捷键 Shift+Alt，对该对象进行复制，一共复制 6 个，如图 13-218 所示。

图 13-218

25. 将宝贝图像张贴到相应的位置，如图 13-219 所示。

图 13-219

26. 在工具箱中选中“文字”工具，在如图 13-220 所示的位置上输入宝贝的名称和价格，这一步也可以在 HTML 软件中添加。

图 13-220

27. 在工具箱中选中“矩形选区”工具，在如图 13-221 所示的位置上定义一个矩形选区。

图 13-221

28. 调出“图层”面板，创建一个空白图层，在工具箱中定义前景色为“白色”，按下快捷键 Alt+Backspace，将白色填充到选区中。如图 13-222 所示。

图 13-222

29. 在“图层”面板中双击刚刚创建的图层，调出“图层样式”对话框。在该对话框中勾选“外发光”复选项，如图 13-223 所示。调整“混合模式”为“正常”，调整颜色为灰色，单击“确定”按钮。

图 13-223

30. 在工具箱中选中“文字”工具，在如图 13-224 所示的位置上单击鼠标，输入“联系我们 | CONTACT”字样，调整字体和字号，设置颜色为灰色。

图 13-224

31. 到此，“促销快报”栏制作完毕，通过切片和 HTML 编辑软件添加剩余的文字部分，将链接制作完毕，如图 13-225 所示。

图 13-225

13.6 买家必读

在网络中进行销售时，不可避免会有些销售问题，这些问题如果不能事先说明，很可能在售后出现纠纷。这些要在售前说明的问题，如果一一在“旺旺”进行说明，非常麻烦，可以将这些说明放到首页或宝贝的页面右侧。本节中将制作一个“买家必读”栏，希望对您的店铺有所帮助。

1. 启动 Adobe Illustrator 软件，创建一个空白的文件。

2. 在工具箱中选中“文字”工具，在如图 13-226 所示的位置上单击鼠标，并输入 Macmaker（店标），调整字体和字号，定义颜色为黄色。

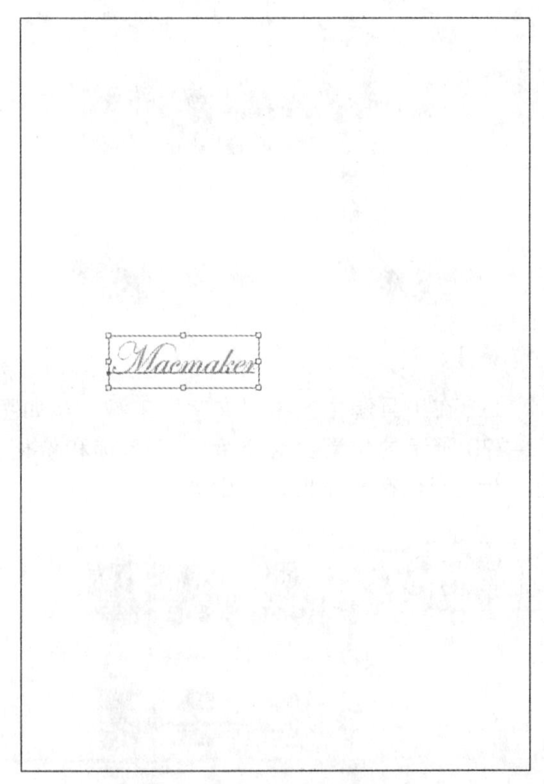

图 13-226

3. 保持该文字的当选状态，按下快捷组合键 Ctrl+Shfit+O，将文字转换为路径。如图 13-227 所示。

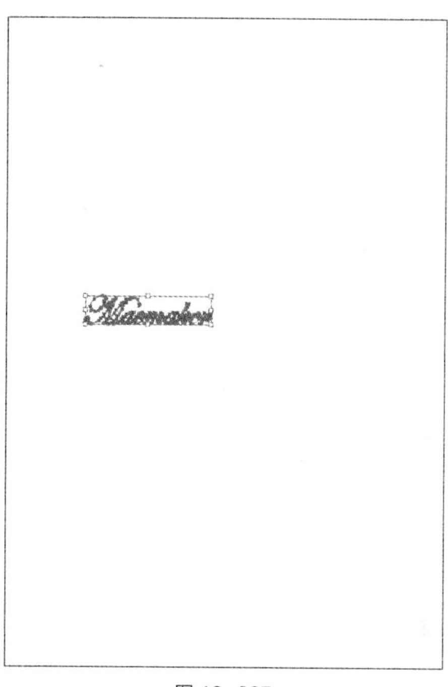

图 13-227

4. 在工具箱中选中“选择”工具，按下快捷键 Shift+Alt，水平拖动鼠标，复制一个相同的对象，如图 13-228 所示。

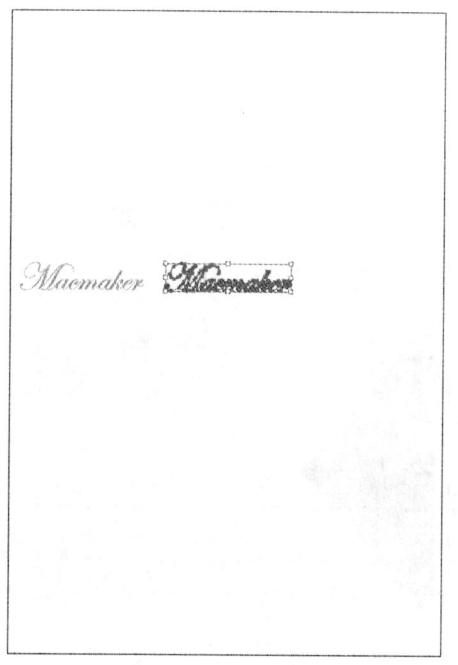

图 13-228

5. 按下快捷键 Ctrl+D，继续复制相同的对象，如图 13-229 所示。

图 13-229

6. 采用相同的方法，复制若干个文字对象，如图 13-230 所示。

图 13-230

7. 按下快捷键 Ctrl+A，将所有的对象同时选中，如图 13-231 所示。

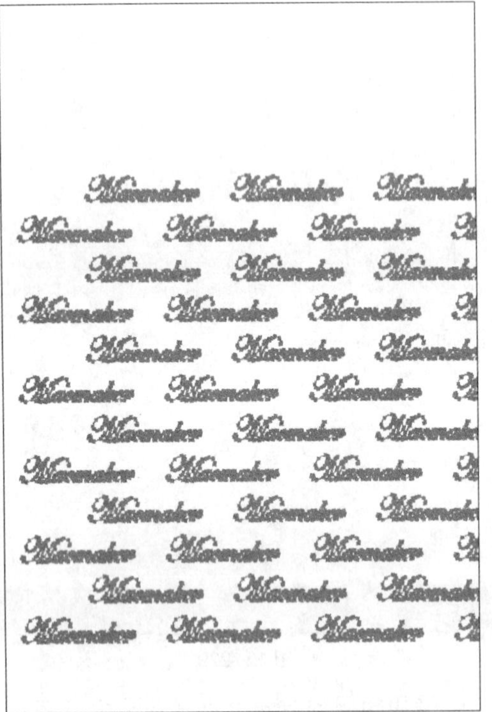

图 13-231

8. 保持对象的当选状态，执行“编辑” > “定义图案”命令，在弹出的“新建色板”对话框中的“色板名称”文本框中输入“店标”字样，单击“确定”按钮，如图 13-232 所示。

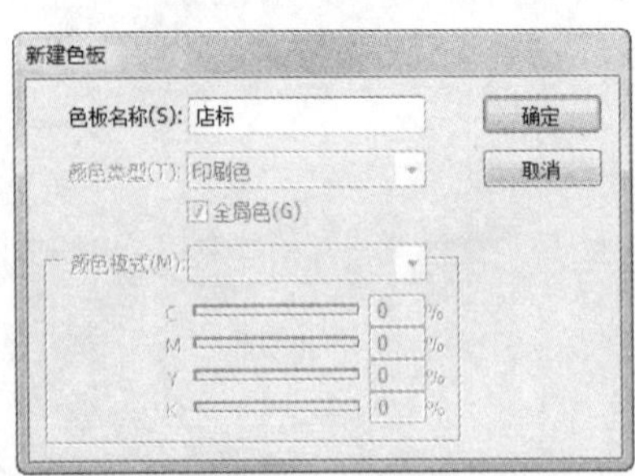

图 13-232

9. 按下 Delete 键，将文字对象全部删除。

10. 在工具箱中选中“钢笔”工具，在如图 13-233 所示的位置上，绘制一个三角形的封闭路径，定义渐变颜色，透明填充。

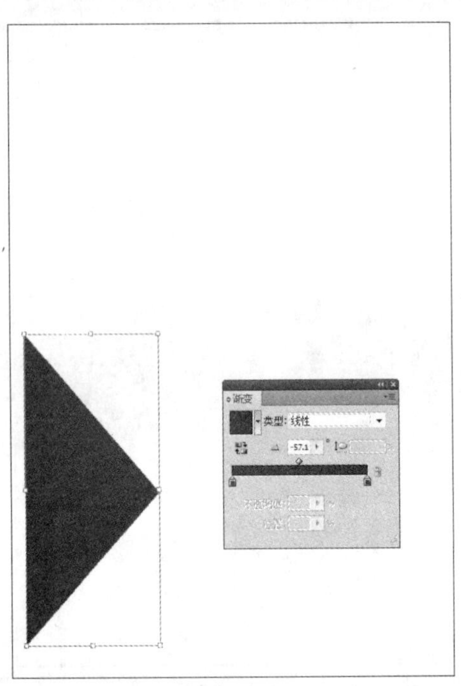

图 13-233

11. 调出“外观”面板，选中“填色”选项，单击“复制所选项目”按钮，添加一个新的“填色”选项，如图 13-234 所示。

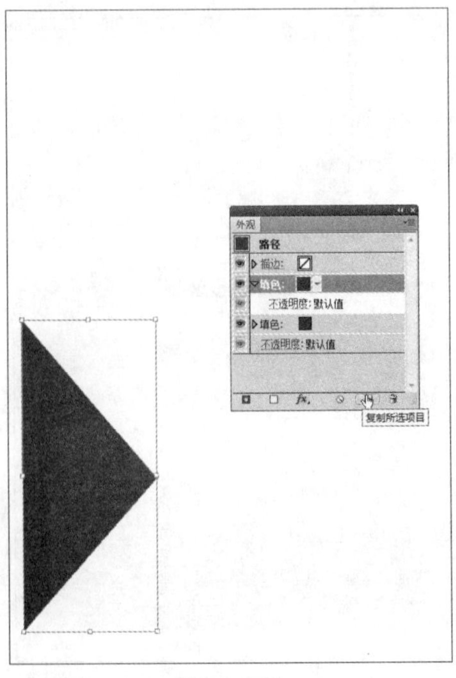

图 13-234

12. 选中复制的“填色”选项，在“色板”面板中选择创建的“店标”选项，如图 13-235 所示。

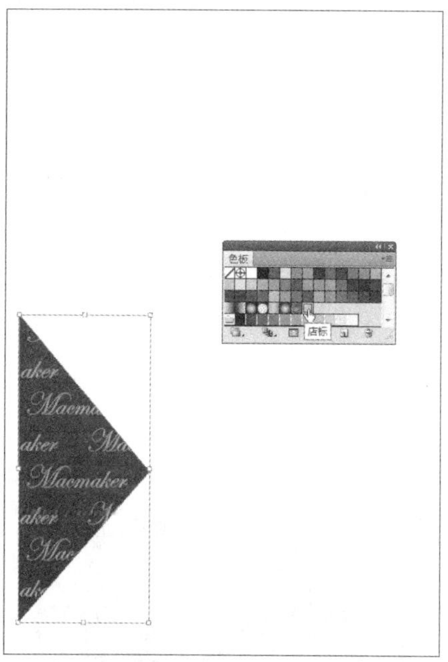

图 13-235

13. 在工具箱中选中“钢笔”工具，在如图 13-236 所示的位置上绘制一个三角形的封闭路径，定义渐变颜色，透明填充。

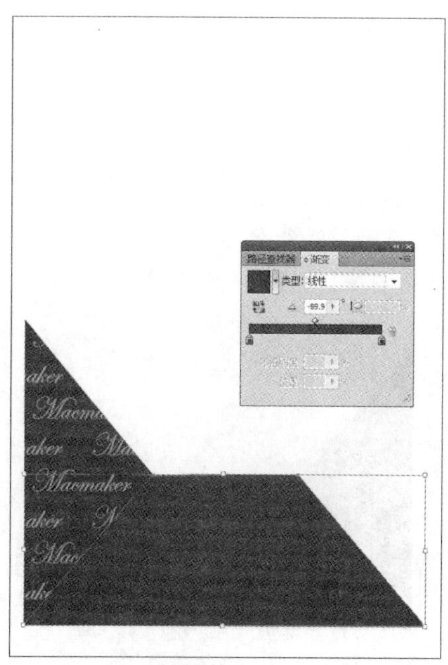

图 13-236

14. 采用相同的方法，添加一个填充，并定义“店标”图案，如图 13-237 所示。

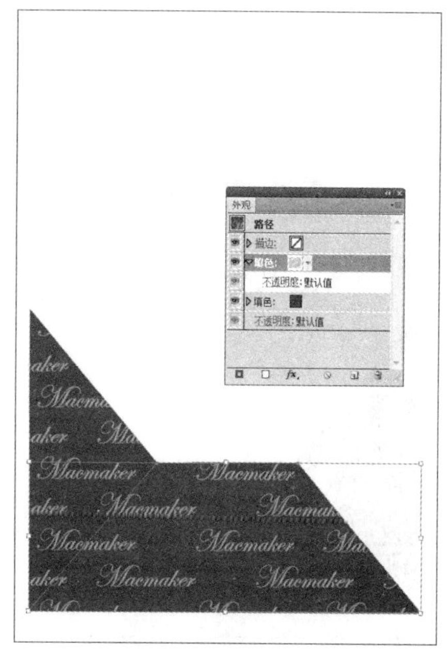

图 13-237

15. 使用“钢笔”工具，在如图 13-238 所示的位置上绘制一个三角形的封闭路径，定义渐变颜色，透明填充。

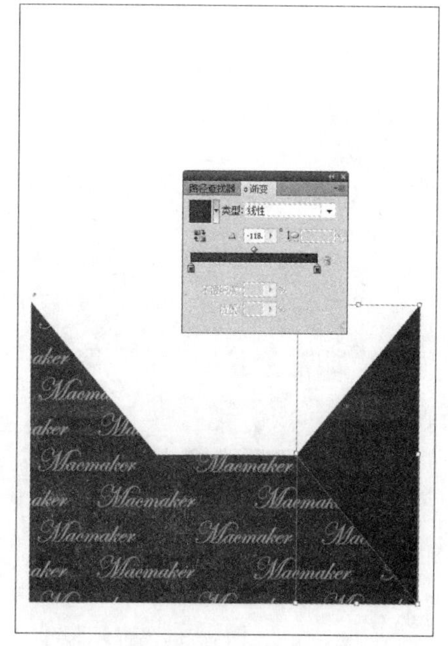

图 13-238

16. 采用相同的方法，添加一个填充，并定义“店标”图案，如图 13-239 所示。

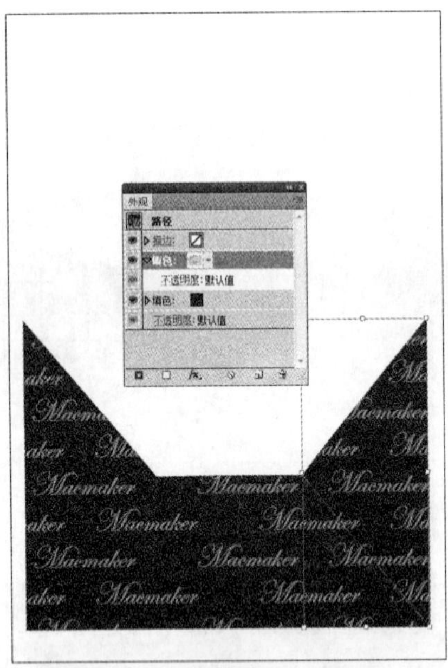

图 13-139

17. 使用“钢笔”工具，在如图 13-240 所示的位置上绘制一个封闭路径，填充灰色，设置描边为透明。

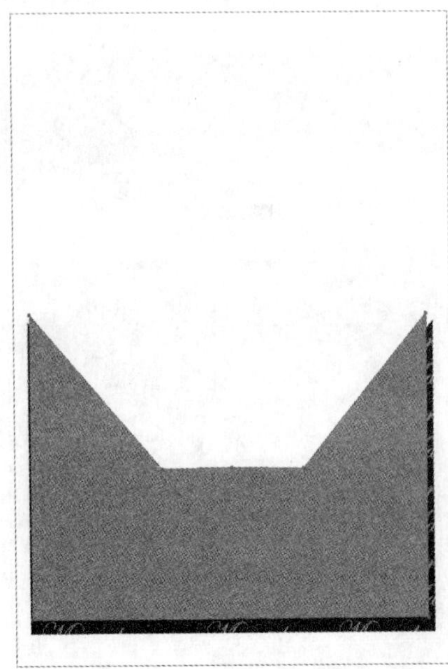

图 13-240

18. 保持对象的当选状态，执行“效果”>“风格化”>“羽化”命令，在弹出的“羽化”对话框中输入 5.29，单击“确定”按钮，添加羽化效果，如图 13-241 所示。

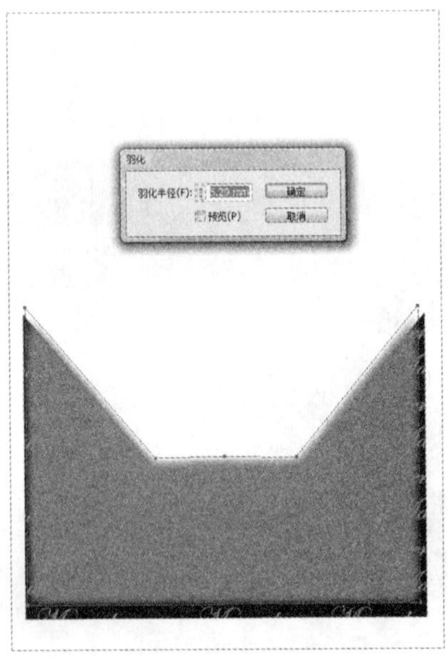

图 13-241

19. 保持该对象的当选状态，按下快捷组合键 Ctrl+Shift+[，将其移动到所有对象的底部，如图 13-242 所示。

图 13-242

20. 在工具箱中选中“矩形”工具，在如图13-243所示的位置上绘制一个矩形对象。

图 13-243

21. 在工具箱中选中“直线”工具，在如图13-244所示的位置上绘制一条直线对象。

图 13-244

22. 使用“选择”工具，将矩形对象和直线对象同时选中，如图13-245所示。

图 13-245

23. 保持对象的当选状态，调出“路径查找器”面板，单击“分割”按钮，将该对象分割为两部分，此时这两个对象为一个组。按下快捷组合键Ctrl+Shift+G，将对象组解组，如图13-246所示。

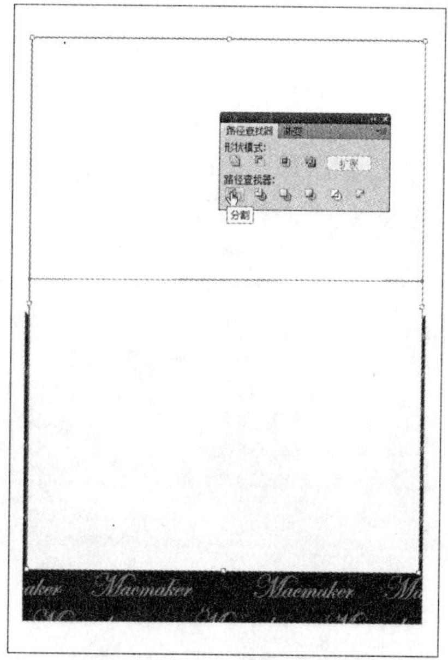

图 13-246

24. 选中底部的对象，填充渐变颜色，设置描边为透明，如图 13–247 所示。

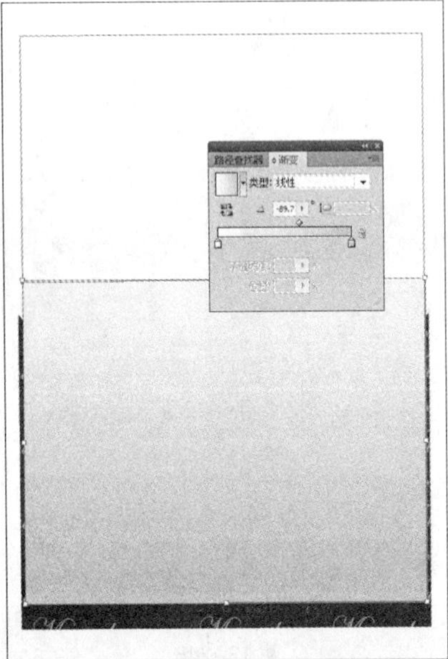

图 13–247

25. 选中顶部的对象，填充渐变颜色，设置描边为透明，如图 13–248 所示。

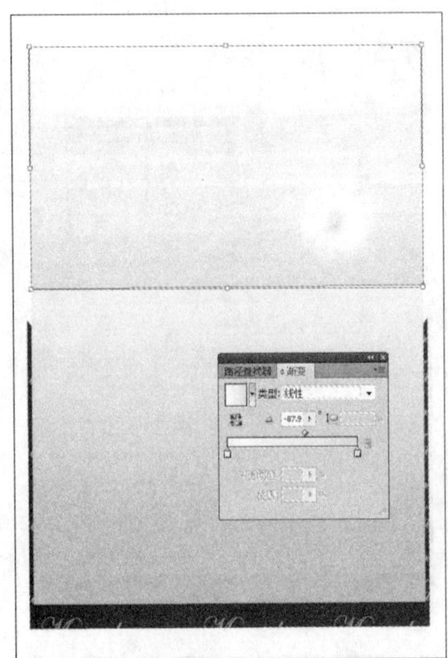

图 13–248

26. 将两部分对象同时选中，按下快捷组合键 Ctrl+Shift+[，将其移动到所有对象的底部，如图 13–249 所示。

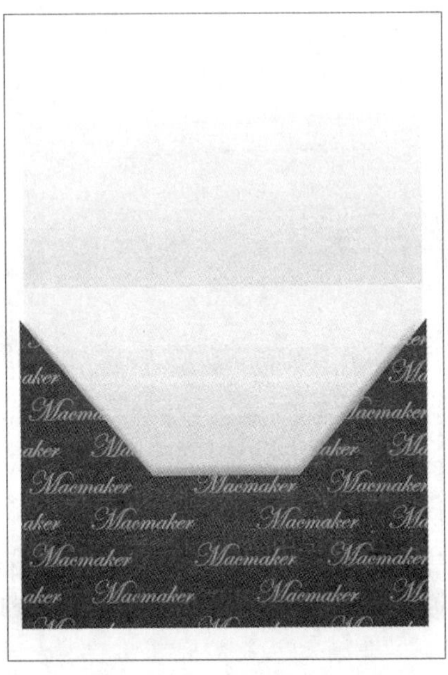

图 13–249

27. 在工具箱中选中“钢笔”工具，在如图 13–250 所示的位置上绘制一个封闭路径，填充灰色，设置描边为透明。

图 13–250

28. 保持对象的当选状态，执行“效果”>“风格化”>“羽化”命令，在弹出的“羽化”对话框中输入 5.29，单击“确定”按钮，添加羽化效果，如图 13-251 所示。

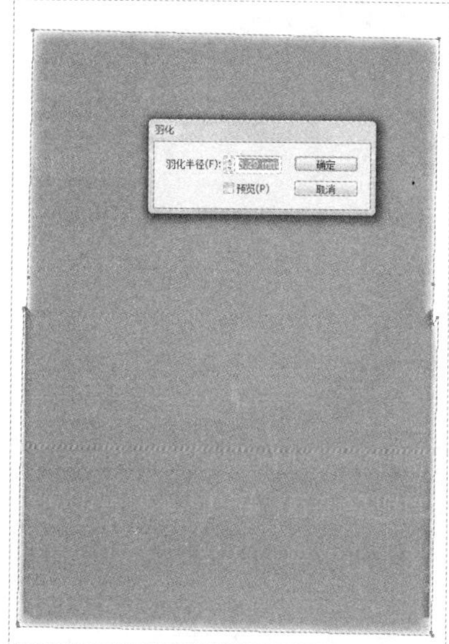

图 13-251

29. 保持对象的当选状态，调出“外观”面板，单击“不透明度”选项，并在弹出的面板中调整“混合模式”为“正片叠底”，如图 13-252 所示。

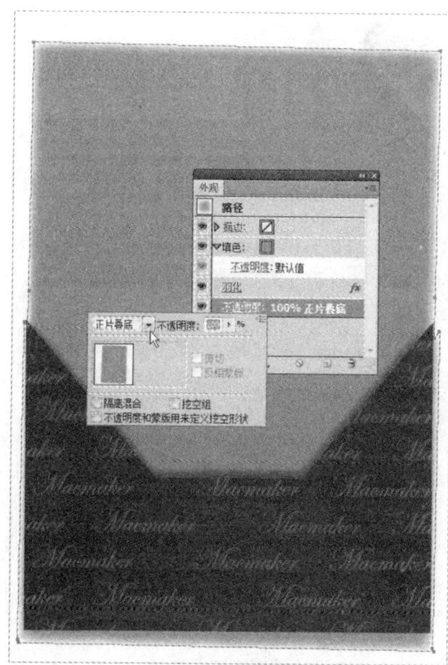

图 13-252

30. 保持对象的当选状态，按下快捷组合键 Ctrl+Shift+[，将其移动到所有对象的底部，如图 13-253 所示。

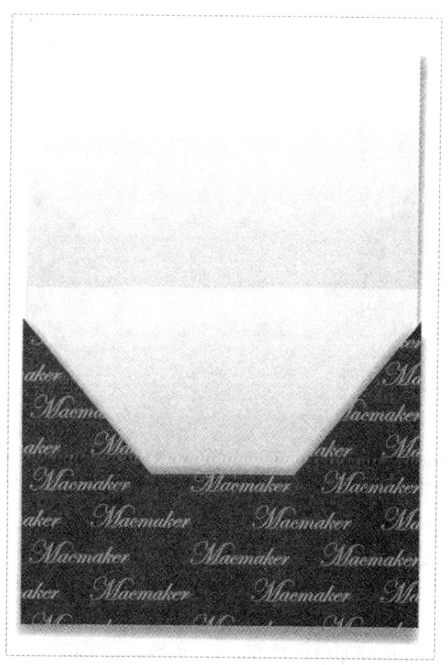

图 13-253

31. 打开如图 13-254 所示的素材文件，选中对象。

图 13-254

32. 按下快捷键 Ctrl+C，回到原始的图形中，按下快捷键 Ctrl+V，粘贴到相应的位置上，并调整尺寸和角度，如图 13-255 所示。

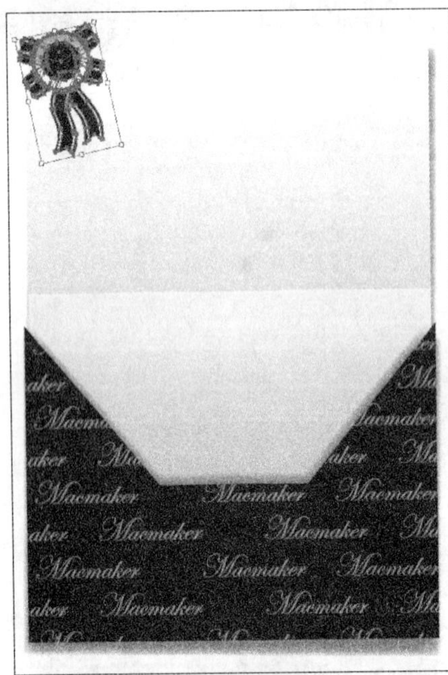

图 13-255

33. 执行“效果”>“风格化”>“投影”命令，在弹出的对话框中调整“X 位移”数值为 2mm，“Y 位移”数值为 2mm，“模糊”数值为 1mm，单击“确定”按钮，添加投影效果，如图 13-256 所示。

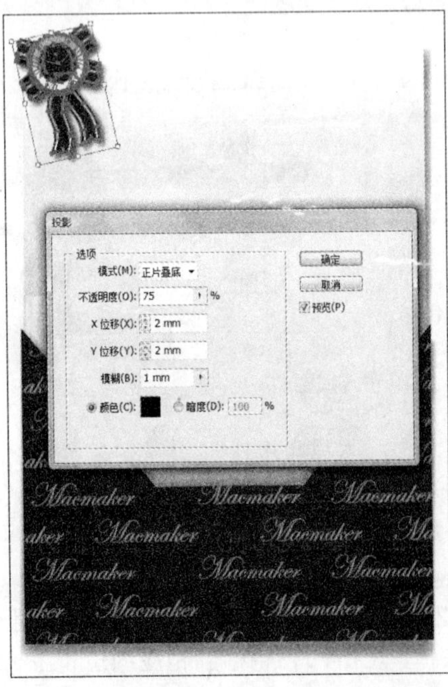

图 13-256

34. 在工具箱中选中“文字”工具，在如图 13-257 所示的位置上输入“买家必读”字样，并调整字体和字号。

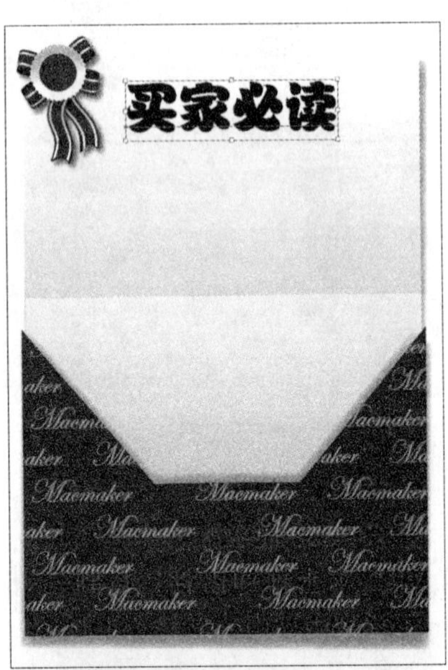

图 13-257

35. 保持对象的当选状态，执行“窗口”>“图形样式库”>“艺术效果”命令，将“艺术效果”面板调出，选中如图 13-258 所示的图形样式选项，添加到当选的文字对象上。

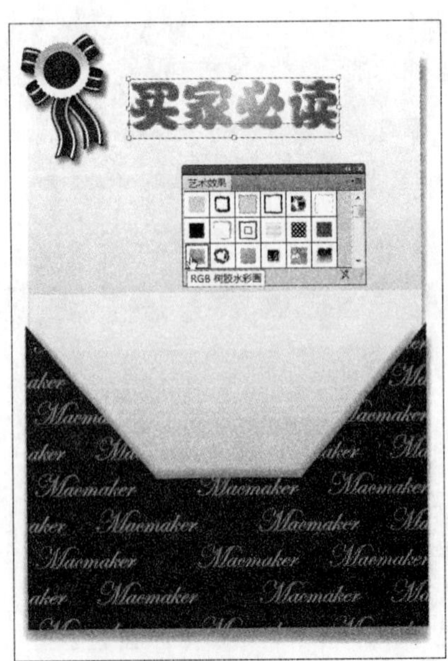

图 13-258

36. 到此“买家必读”栏制作完毕，可以将该图形导入到 HTML 软件中进行编辑，也可以直接将一些评价内容粘贴到 Illustrator 软件中使用，如图 13-259 所示。

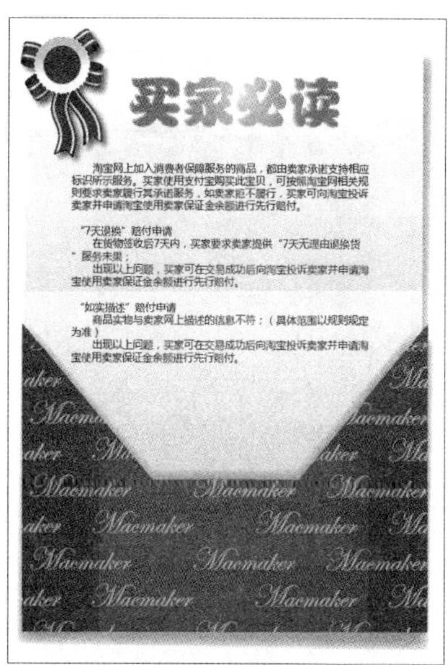

图 13-259

13.7　商品展示栏

在店铺的首页中，除了本节讲述的各部分会出现以外，还有一个最重要组件，就是商品展示栏。如果您的店铺拥有的商品比较多，还可以制作多个相同的展示栏，并为每一个栏目定义名称。本节将制作一个商品展示栏，主要通过修改相应的素材制作而成，希望对大家的店铺制作有所帮助。

1. 启动 Adobe Illustrator 软件，打开如图 13-260 所示的素材文件。

图 13-260

2. 在工具箱中选中“选择”工具，按下 Shift 键，依次单击如图 13-261 所示的对象，将它们同时选中。

图 13-261

3. 按下 Delete 键，将当选的对象删除，如图 13-262 所示。

图 13-262

4. 采用同样的方法，将如图 13-263 所示的对象同时选中。

图 13-263

5. 按下 Delete 键，将当选的对象删除，如图 13-264 所示。

图 13-264

6. 使用“选择”工具，将底部的“草地”部分同时选中，按下快捷键 Ctrl+G，将它们结成一组，如图 13-265 所示。

图 13-265

7. 按下 Shift 键，将该组对象垂直向下移动，如图 13-266 所示。

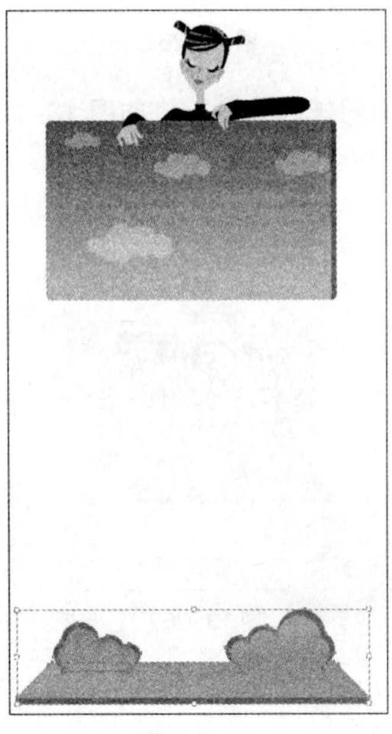

图 13-266

8. 将如图 13-267 所示的对象部分同时选中，按下快捷键 Ctrl+G，将当选对象结成一组，将鼠标放到底部的控制柄上，单击并拖动鼠标，将该对象拉长。

图 13-267

9. 使用“选择”工具，将顶部的人物对象全部选中，如图 13-268 所示。

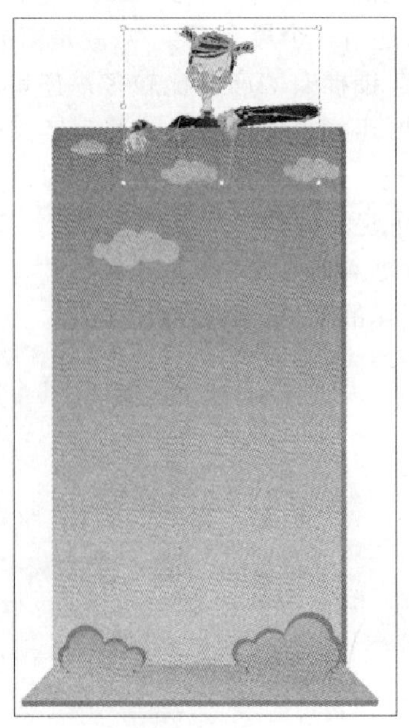

图 13-268

10. 按下 Shift 键，将该对象等比例缩小，并放到如图 13-269 所示的位置上。

图 13-269

11. 打开如图 13-270 所示的素材文件，将如图所示的对象部分选中，按下快捷键 Ctrl+C 进行复制。

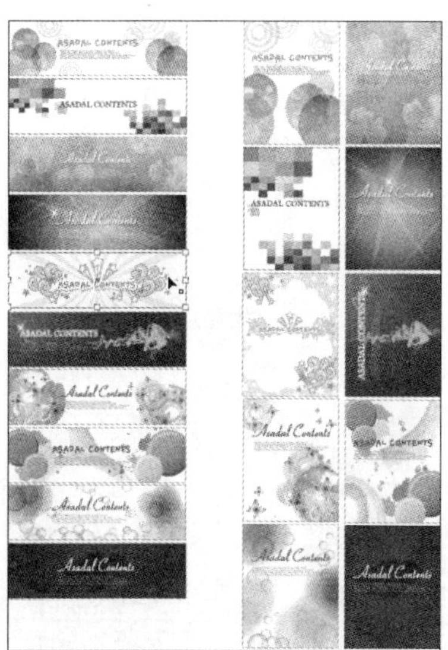

图 13-270

12. 回到制作的文件中，按下快捷键 Ctrl+V 进行粘贴，调整该对象的尺寸，并调整位置，如图 13-271 所示。

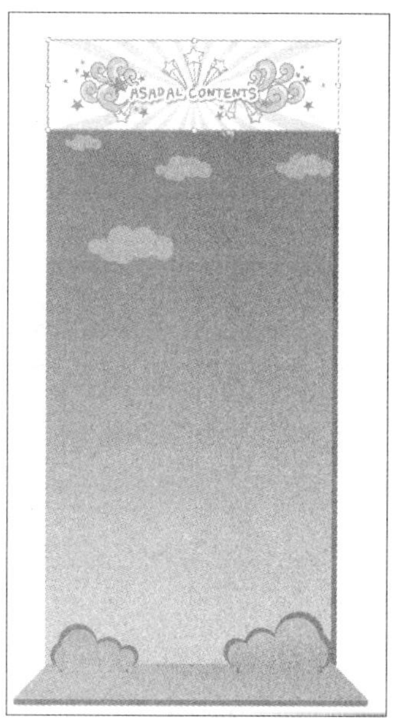

图 13-271

13. 在工具箱中选中“挑选”工具，将边框的黑色部分选中，按下 Delete 键，将相应的部分删除，如图 13-272 所示。

图 13-272

14. 采用相同的方法，将文字部分和效果同时选中，按下 Delete 键，将相应的部分删除，如图 13-273 所示。

图 13-273

15. 将顶部全部选中，按下快捷组合键 Ctrl+Shift+[，将该对象置于所有对象的底层，如图 13-274 所示。

图 13-274

16. 在工具箱中选中“文字”工具，在如图 13-275 所示的位置上单击鼠标，并输入“热销酷品”（或其他）字样，调整字体、字号，定义颜色为蓝色。

图 13-275

17. 保持文字对象的当选状态，执行“效果”>3D>“凸出和斜角”命令，弹出如图 13-276 所示的“3D 凸出和斜角选项”对话框，在该对话框的“位置”下拉列表中选中“离轴 – 前方”选项，调整“凸出厚度”数值为 20pt，其他参数保持默认，单击“确定”按钮，添加相应的效果。如图 13-277 所示。

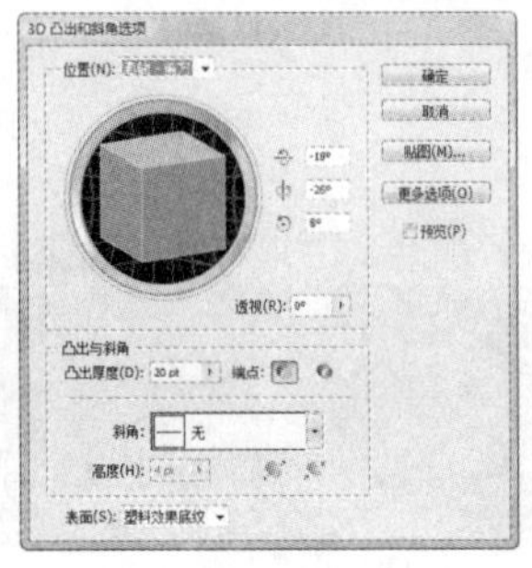

图 13-276

图 13-277

18. 到此，模板部分制作完毕，可以在 HTML 软件中添加宝贝图片和文字部分，也可以直接在 Illustrator 软件中添加宝贝图片和文字，如图 13-278 所示。

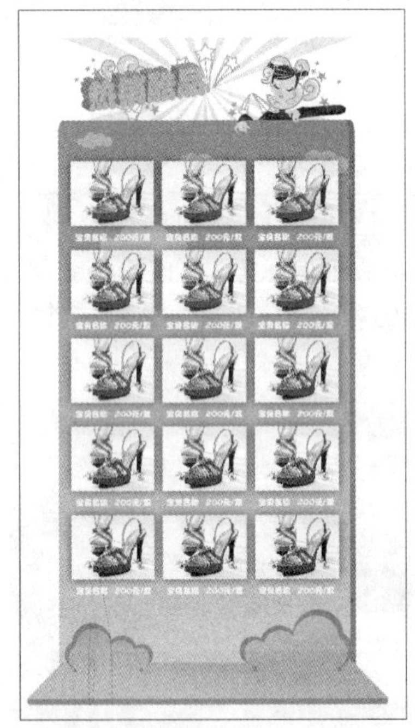

图 13-278

小结

到此，本章的所有实例都讲述完了。如果您在进行店铺装修工作时，千万不能将所有的实例组件放在一个店铺中，那样店铺会非常的乱，没有一个统一的风格。如果您喜欢实例中的某一个组件，可以重复使用相应的素材，并按照统一的风格制作所有的组件。

第 14 章　制作宝贝详情

当客户在店铺中找到希望购买或感兴趣的宝贝后，一定会进入该宝贝的页面查看具体介绍。在一般的店铺中，所有的宝贝多使用同一个模板，或一种类型的宝贝采用一个模板。当设计这些宝贝详情模板时，要考虑到不同的情况。如果所有的宝贝详情，只是照片和介绍略有不同时，可以设计一个整体的模板，并在不同的内容部分固定一个合适的尺寸。如果宝贝的介绍有较大区别时，也就是文字的数量差异较大时，就需要制作简单的模板，方便按照不同的文字量来调整。本节将制作两种不同的宝贝详情模板，希望可以对您的店铺有所帮组。

14.1　简单的宝贝详情模板

虽然说是简单的宝贝详情模板，但是制作起来并不简单，而且需要在 HTML 软件中进行调整，才能适用于所有宝贝的使用。

14.1.1　制作宝贝详情的 Banner

首先要制作一个放在页面顶部的 Banner，可以直接采用店铺首页的 Banner，也可以重新设计一个类似的 Banner。本节将制作一个专用的 Banner，使用 Photoshop 软件进行。

1. 启动 Adobe Photoshop 软件，并打开如图 14-1 所示的图像素材。

图 14-1

2. 在工具箱中选中“裁切”工具，并在属性栏中输入“宽度”和“高度”数值为 900×280 px，其他参数保持默认，如图 14-2 所示。

图 14-2

3. 使用该工具，在如图 14-3 所示的位置上单击并拖动鼠标，定义要使用的素材区域，按下 Enter 键确认裁切。

图 14-3

4. 执行“图像” > “图像旋转” > “水平翻转画布”命令，对图像进行水平镜像，如图 14-4 所示。

图 14-4

5. 在工具箱中选中“文字”工具，在如图 14-5 所示的位置上单击鼠标，并输入“店铺名称和店铺网址”，调整字体和字号。

图 14-5

6. 在“图层”面板中双击“文字”图层，调出“图层样式”对话框。在该对话框中勾选“投影”复选项。内容保持不变，如图 14-6 所示。

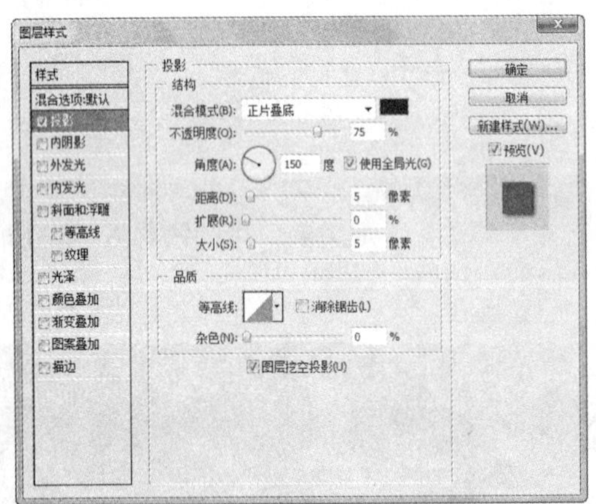

图 14-6

7. 为了让整个图像不是非常空，可以继续在图像的空白处输入其他文字内容，在工具箱中选中“钢笔”工具，在如图 14-7 所示的位置上，绘制一个封闭路径。

图 14-7

8. 在工具箱中选中“文字”工具，在绘制的路径中单击鼠标，并输入大量的文字，调整字体和字号，设置颜色为白色，如图 14-8 所示。

图 14-8

9. 到此，描述宝贝的 Banner 制作完毕，可以保存为一个 JPEG 文件。

14.1.2　制作宝贝照片栏

宝贝照片是必不可少的，一般会放在第一部分，可以将单独的照片放在这部分，也可以配合照片放置一些介绍的文字。具体的操作方法如下:

1. 使用 Photoshop 软件，打开如图 14-9 所示的素材文件。

图 14-9

2. 在工具箱中选中“裁切”工具，并在属性栏中输入“宽度”和“高度”值为 900×80 px，其他参数保持默认，如图 14-10 所示。

图 14-10

3. 使用该工具，在如图 14-11 所示的位置上单击并拖动鼠标，定义要使用的素材区域，按下 Enter 键确认裁切。

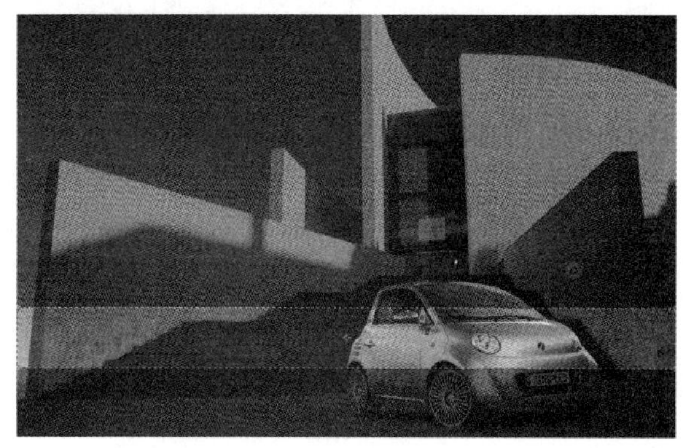

图 14-11

4. 在工具箱中选中“文字”工具，在如图 14-12 所示的位置上单击鼠标，并输入“宝贝照片 Photos”，调整字体和字号。

图 14-12

5. 在“图层”面板中双击“文字”图层，调出“图层样式”对话框。该对话框中勾选“投影”复选项，内容保持不变，如图 14-13 所示。

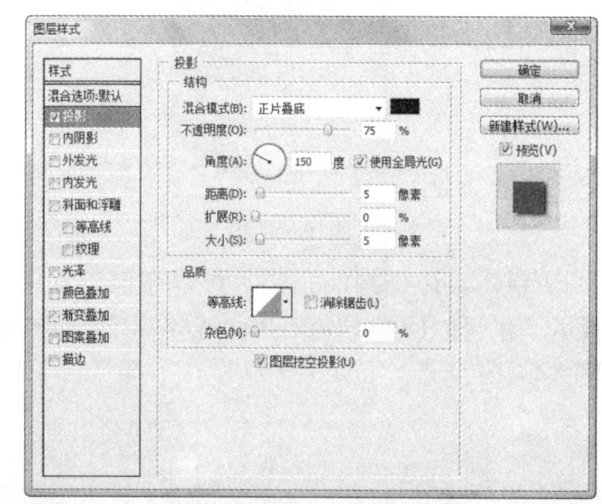

图 14-13

6. 到此，宝贝照片栏制作完毕，可以保存为一个 JPEG 文件。

14.1.3 制作宝贝照片边框

宝贝的照片拍摄并调整好后，可以直接通过 HTML 软件放到照片栏的下面，但是为了让照片效果更好，可以为其制作一个边框。

1. 启动 Adobe Illustrator 软件，创建一个新的文件。

2. 在工具箱中选中“钢笔”工具，在如图 14-14 所示的位置上绘制一个封闭路径，调整描边宽度为 2px。

图 14-14

3. 继续使用“钢笔”工具，在如图 14-15 所示的位置上绘制一个封闭路径，定义填充颜色为灰色。

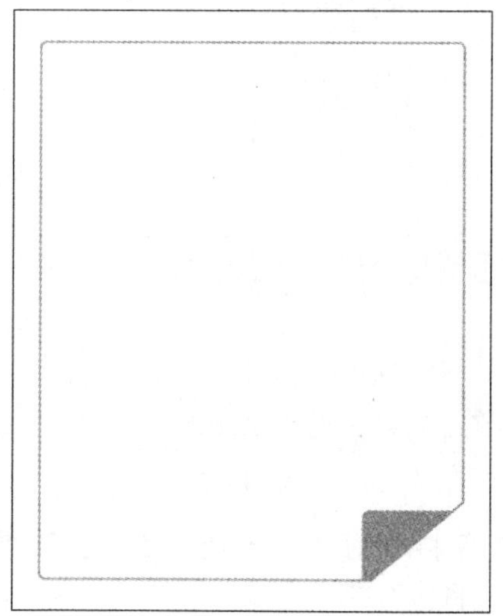

图 14-15

4. 继续绘制一个类似的对象，保持该对象的当选状态，调出“渐变”面板，并填充渐变颜色，如图 14-16 所示。

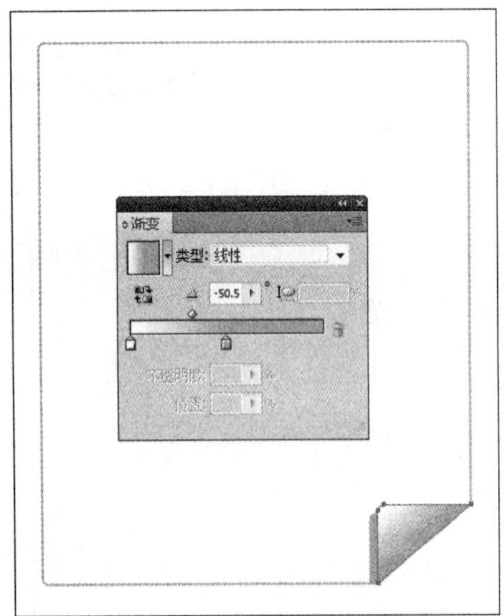

图 14-16

5. 继续绘制一个封闭路径，保持该对象的当选状态，填充渐变颜色，如图 14-17 所示。

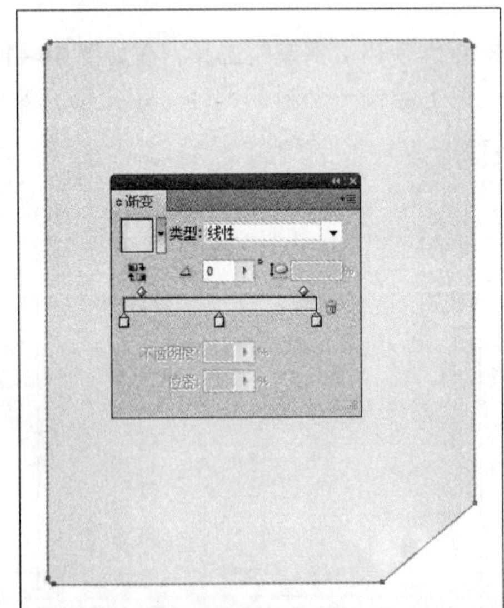

图 14-17

6. 保持该对象的当选状态，按下快捷键 Ctrl+[，将该对象向后移动到相应的层次，如图 14-18 所示。

图 14-18

7. 在工具箱中选中“圆角矩形”工具，在如图 14-19 所示的位置上绘制一个圆角矩形对象，并填充黑色。

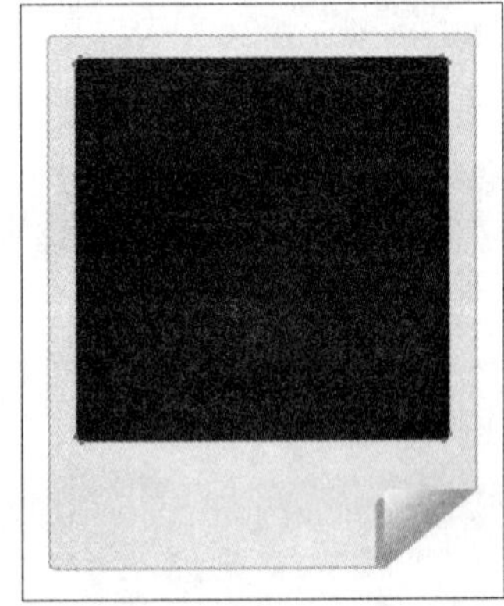

图 14-19

8. 到此，边框制作完毕，可以在该软件中添加照片，也可以回到 Photoshop 软件中添加照片，如图 14-20 所示。

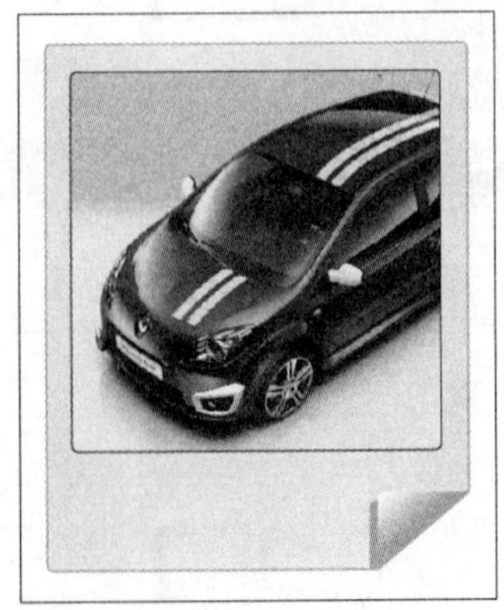

图 14-20

9. 可以使用“文字”工具，在照片底部的空白处输入一些文字注解，调整文字的尺寸和颜色，如图 14-21 所示。

图 14-21

14.1.4　其他组件

在宝贝描述中，除了要制作照片展示栏外，还需要制作一些其他的内容栏。其中包括“详细描述”、“邮资计算”、“买家必读”等。这里无需重新进行制作，只要修改即可等到。

1. 使用 Photoshop 软件，打开制作完毕的“宝贝照片栏”文件。

2. 在工具箱中选中“文字”工具，在文字上单击鼠标，并进行修改，如图 14-22 所示。

图 14-22

3. 将该文件另存为一个 JPGE 文件，但不要关闭。

4. 继续使用“文字”工具，将文字修改为其他的内容，如图 14-23 所示。

图 14-23

14.1.5　底部组件

如果您的宝贝描述页的底部是空白的，一定显得比较唐突。可以制作一些简单的图片来填补。可以在这些图片中添加一些店铺信息，或其他需要阐明的内容。具体的操作方法如下：

1. 启动 Adobe Photoshop 软件，打开如图 14-24 所示的图片素材。

图 14-24

2. 在工具箱中选中“裁切”工具，并在属性栏中输入“宽度”和“高度”值为 900 × 350 px，其他参数保持默认，如图 14-25 所示。

图 14-25

3. 使用该工具，在如图 14-26 所示的位置上单击并拖动鼠标，定义要使用的素材区域，按下 Enter 键确认裁切。

图 14-26

4. 启动 Adobe Illustrator 软件，打开如图 14-27 所示的素材文件。

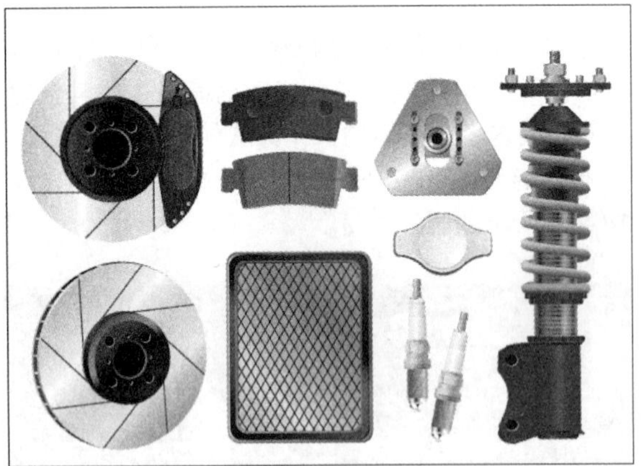

图 14-27

5. 在工具箱中选中“选择”工具，将如图 14-28 所示的对象选中，按下快捷键 Ctrl+C，进行复制。

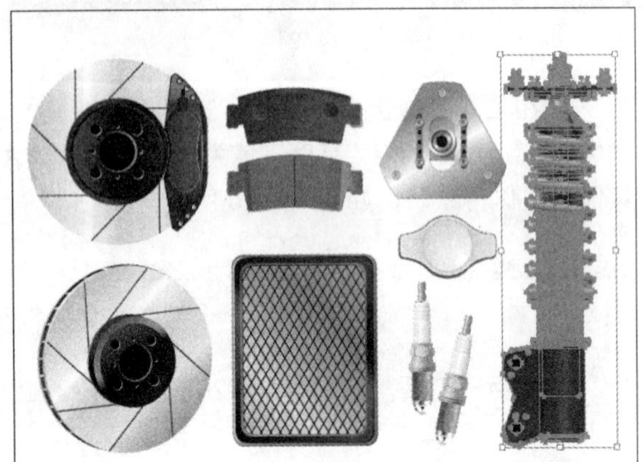

图 14-28

6. 回到 Photoshop 软件中，按下快捷键 Ctrl+V，将该对象粘贴到图像中，调整对象的尺寸和位置，如图 14-29 所示。

图 14-29

7. 调出“图层”面板，设置粘贴图层的不透明度为 50%，如图 14-30 所示。

图 14-30

8. 采用相同的方法，将其他的组件对象添加到图像中，并调整图层的透明度，如图 14-31 所示。

图 14-31

9. 在工具箱中选中“文字”工具，在如图 14-32 所示的位置上单击鼠标，并输入“Welcome to My SHOP”字样，调整字体和字号。

图 14-32

10. 到此，底部图像制作完毕，可以将其保存为一个 JPEG 文件，并添加到 HTML 页面中。

11. 最后进入 HTML 编辑软件，将制作的组件进行组合，并输入相应的内容。

14.2 制作整体描述模板

如果您的店铺中每一个商品都是类似的，可以制作一个比较固定的宝贝描述模板，将一些固定的内容直接制作在模板中，每次只修改宝贝照片即可。本节将制作一个适用于“化妆品店铺”的模板，并且是通过将一个素材修改得到的。

1. 启动 Adobe Illustrator 软件，打开如图14-33 所示的素材文件。

图 14-33

2. 在工具箱中选中“选择”工具，按下 Shift 键，同时选中如图 14-34 所示的对象，并按下 Delete 键，将这些对象删除。

图 14-34

3. 继续使用“选择”工具，将如图 14-35 所示的对象同时选中，按下快捷键 Ctrl+G，将当选对象编成一组。

图 14-35

4. 按下 Shift 键，将当选的对象组垂直向下拖曳，具体位置按照要制作的页面长度而定，如图 14-36 所示。

图 14-36

5. 使用“选择”工具，选中如图 14-37 所示的对象部分，单击并拖动底部的控制柄，将该对象垂直放大。

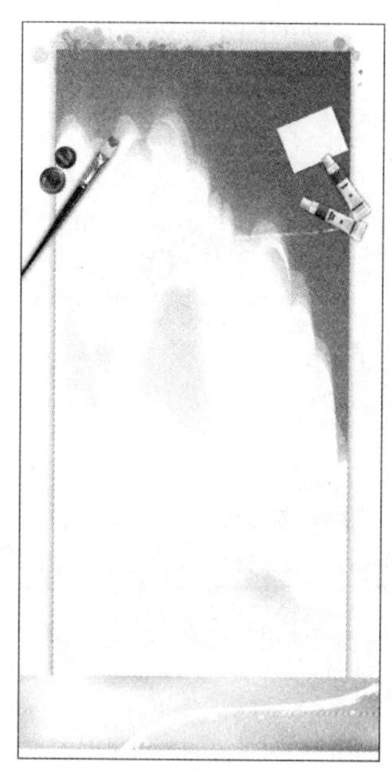

图 14-37

6. 下面开始添加文字组件，首先选中“文字”工具，在如图 14-38 所示的位置上单击鼠标，输入“店名”，并调整字体和字号。

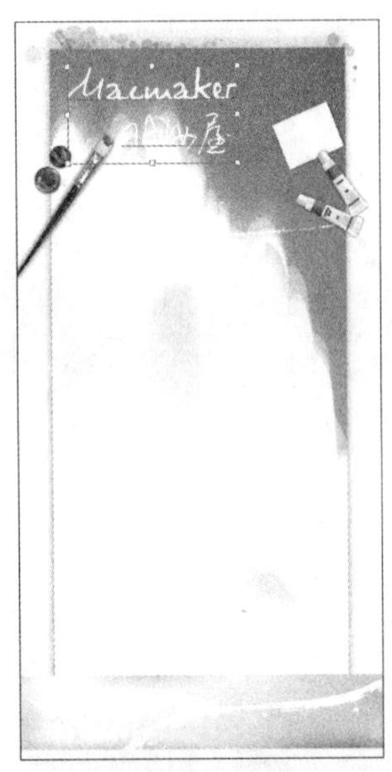

图 14-38

7. 因为文字的颜色和背景靠色了，所以为文字添加一个投影效果。保持文字对象的当选状态，执行“效果” > “风格化” > “投影”命令，在弹出的对话框中不进行任何设置，单击“确定”按钮，添加投影效果，如图 14-39 所示。

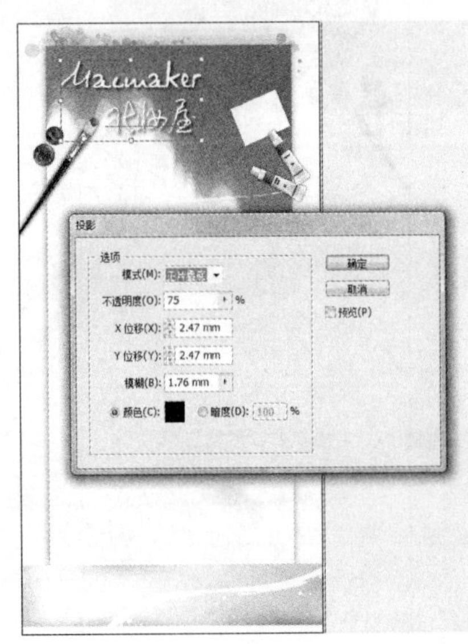

图 14-39

8. 继续使用“文字”工具，在如图 14-40 所示的位置上单击鼠标，输入“Welcome to My SHOP”字样，调整字体和字号。

图 14-40

9. 保持文字对象的当选状态，在工具箱中双击“镜像”工具，在弹出的“镜像”对话框中选中“水平”单选项，并单击“复制”按钮，镜像并复制文字对象，如图 14-41 所示。

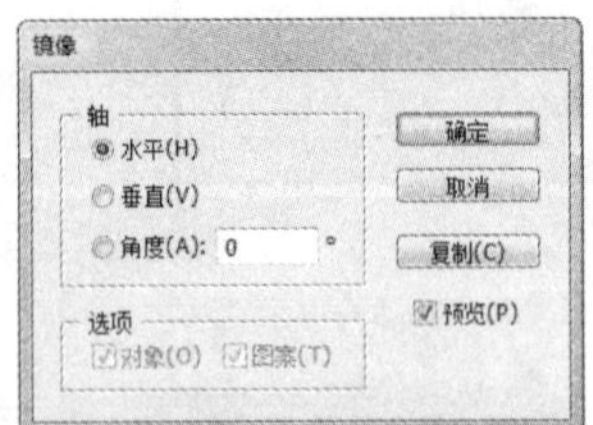

图 14-41

10. 选中复制出的文字对象，按下快捷组合键 Ctrl+Shift+O，将文字转换为路径，如图 14-42 所示。

图 14-42

11. 保持对象的当选状态，定义描边颜色为透明，调出“渐变”面板，填充颜色为渐变，如图 14-43 所示。

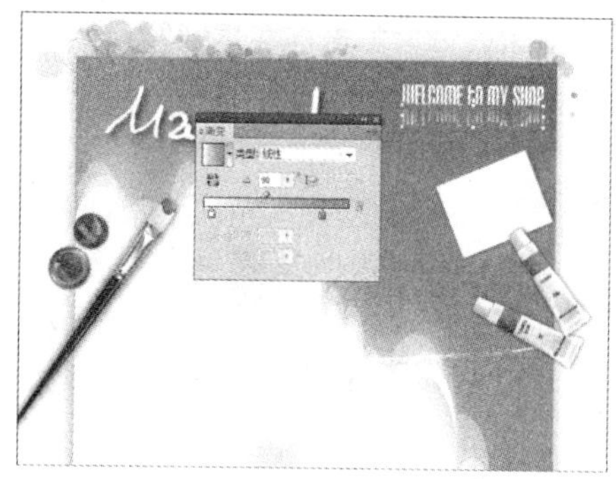

图 14-43

12. 保持该对象的当选状态，调出“外观”面板，单击“不透明度”选项，在弹出的对话框中调整不透明度为 15%，如图 14-44 所示。

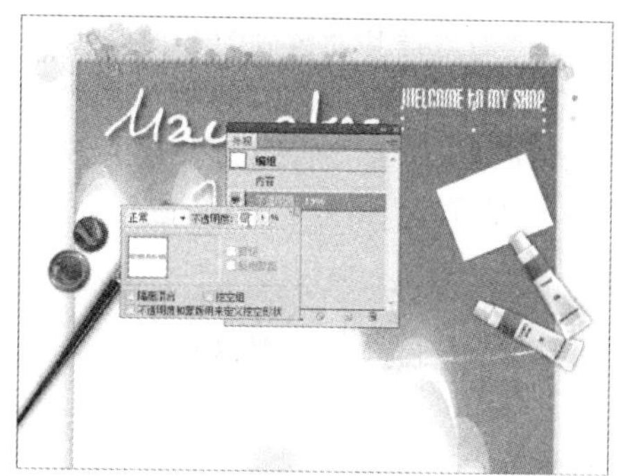

图 14-44

13. 在右侧的空白纸张对象上，可以输入一些促销的文字，也可以将自己店铺的 LOGO 粘贴到相应的位置上，如图 14-45 所示。

图 14-45

14. 保持 Logo 或文字的当选状态，使用“选择”工具，将该对象旋转如图 14-46 所示的角度。

图 14-46

15. 制作整体的宝贝描述页面，并不需要将各个部分进行严格的划分，下面就直接粘贴照片部分，打开如图 14-47 所示的素材文件。

图 14-47

16. 在素材中选中如图 14-48 所示的素材对象，按下快捷键 Ctrl+C 进行复制。

图 14-48

17. 回到制作的图像文件中，按下快捷键Ctrl+V进行粘贴，并将该对象放置到如图14-49所示的位置上。

图 14-49

18. 按下Alt键，将该对象复制到不同的位置上，一共复制5个，如图14-50所示。

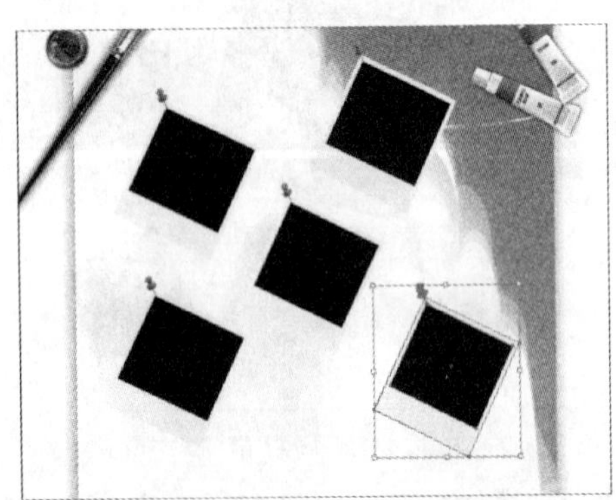

图 14-50

19. 使用“选择”工具，依次选中不同的照片对象，并旋转不同的角度，如图14-51所示。

图 14-51

20. 依次选中每个照片对象中的“图钉”对象，并移动到最高的角点处，如图14-52所示。

图 14-52

21. 将所有的照片对象同时选中，执行“效果”>“风格化”>“投影”命令，在弹出的对话框中，不进行任何设置，单击“确定”按钮，添加投影效果，如图14-53所示。

图 14-53

22. 在工具箱中选中“文字”工具，在如图14-54所示的位置上单击鼠标，输入所有的文字，例如：详细描述、买家必读、邮资计算等。调整字体和字号，并进行简单的排版。

23. 如果还有一些促销的方式，还可以在底部的对象上添加相应的内容，如图14-55所示。

24. 到此，整个模板制作完毕，可以在该软件中或HTML编辑软件中添加照片和内容，如图14-56所示。

图 14-54

图 14-55

图 14-56

小结

宝贝描述页面是否好看、是否详细，是一定要做到的。买家通过该页面，不但可以清晰地了解宝贝详情，还可以了解卖家是否专业。除此之外，还有一点一定要注意，制作宝贝详情页面时，一定要做到通用性，尽量地少修改即可得到相应的页面，否则，您的工作量将十分巨大。